PETTERS - PREISENDANZ

Praktische Strafprozeßfälle mit Lösungen

Ein induktives Lehrbuch des Strafprozeßrechts

8. Auflage

völlig neu bearbeitet von

Holger Preisendanz
Erster Staatsanwalt in Pforzheim

1966
J. SCHWEITZER VERLAG BERLIN

Satz und Druck: Walter de Gruyter & Co., Berlin 30

Vorwort zur achten Auflage

Der bisherige Herausgeber, Landgerichtsrat Dr. Petters, verstarb am 18. 1. 1963, kurz vor Vollendung seines 75. Lebensjahres. Es entspricht seinem Wunsch, daß sein Werk, an dessen Gestaltung ich bereits seit der 1961 erschienenen Vorauflage mitwirken durfte, von mir fortgeführt wird. Diesem Wunsch bin ich gerne gefolgt. Dabei habe ich mich von dem Bestreben leiten lassen, Charakter und System des vor allem in Referendarkreisen so beliebten Buchs, von dem schon Professor Ebermayer vor mehr als drei Jahrzehnten sagte, es sei für jeden jungen Juristen fast unentbehrlich, so weit wie möglich zu erhalten.

Die in der vorliegenden Auflage vorgenommenen Änderungen stehen verständlicherweise unter dem besonderen Einfluß des am 1. 4. 1965 in Kraft getretenen Strafprozeßänderungsgesetzes vom 19. 12. 1964 (BGBl. I 1067), das in allen wesentlichen Punkten berücksichtigt wurde. Obwohl es sich nur um die „Kleine Strafrechtsreform" handelt, mußten doch wesentliche Abschnitte des Buchs völlig neu gefaßt werden. Dies gilt insbesondere für die Ausführungen über die Untersuchungshaft (S. 65ff.), die gegenüber der Vorauflage erheblich erweitert wurden. Aber auch die neuen Bestimmungen über den Abschluß der Ermittlungen (S. 28), das Schlußgehör der Staatsanwaltschaft (S. 28), den Inhalt der Anklage (S. 30), die Verlesung der Anklage in der Hauptverhandlung (S. 30), die neue Bedeutung des Eröffnungsbeschlusses (S. 33), die Parteiöffentlichkeit im Vorverfahren (S. 45), die Stellung des Verteidigers (S. 89ff.), die notwendige Verteidigung (S. 48), die Auslagenentscheidung (S. 92, 109), das rechtliche Gehör im Beschlußverfahren (S. 98), das Sitzungsprotokoll (S. 78) und die außerhalb der Hauptverhandlung ergehenden Entscheidungen in der Revisionsinstanz (S. 122) wurden entsprechend ihrer Bedeutung für die juristische Ausbildung berücksichtigt. Neu gefaßt wurden außerdem Sachverhalt und Lösung der Fälle 2 und 7, die sich u. a. mit dem Legalitätsprinzip, dem Klageerzwingungsverfahren und den Prozeßvoraussetzungen befassen, ferner die Ausführungen über das Verhältnis des Urteils zur Anklage (Veränderung des rechtlichen Gesichtspunkts S. 86, Nachtragsanklage S. 88), die Stellung des Verteidigers (S. 89), die Beendigung des Verfahrens außerhalb der Hauptverhandlung (S. 64), den Verbrauch der Strafklage bei Einstellung gemäß § 153 Abs. 3 StPO (S. 160f.), die Beweiswürdigung (S. 206ff.) und die Urteilsgründe (S. 213ff.). Neu gefaßt wurde schließlich die Lösung von Fall 18, die sich bei gleichgebliebenem Sachverhalt mit dem Problem des „falschen Angeklagten" befaßt und sich jetzt entsprechend der Anregung von Oehler (JR 62, 277) der herrschenden Lehre anschließt.

Alle Änderungen erfolgten in dem Bestreben, dem Buch das eingangs erwähnte Prädikat von Ebermayer zu erhalten und dem Studierenden, insbesondere dem Referendar, den während des Studiums leider oft vernachlässigten Stoff des Strafprozeßrechts in leicht verständlicher und einprägsamer Form näher zu bringen, ihn dabei aber doch mit allen wesentlichen Problemen vertraut zu machen. Die Lösungen mit ihren Vorbemerkungen und Nachträgen gehen weit über den einzelnen Fall hinaus, um einen möglichst umfassenden, lehrbuchartigen Überblick über den im jeweiligen Fall angeschnittenen Problemkreis zu verschaffen. Sie sind wie bisher vor allem an der höchstrichterlichen Rechtsprechung ausgerichtet. Aber auch das Schrifttum wurde, soweit erforderlich, mehr als bisher berücksichtigt.

Pforzheim, März 1966

Holger Preisendanz

Inhaltsverzeichnis

Abkürzungsverzeichnis

a. A.	anderer Ansicht
a. a. O.	am angeführten Ort
AG	Amtsgericht
Alsberg	Alsberg, Die strafprozessualen Entscheidungen der Oberlandesgerichte, 1927, 1928
BAnz	Bundesanzeiger
BayObLG	Bayerisches Oberstes Landesgericht
BGB	Bürgerliches Gesetzbuch
BGBl.	Bundesgesetzblatt
BGH	Bundesgerichtshof, Entscheidungen des Bundesgerichtshofs in Strafsachen, amtliche Sammlung
BVerfGer	Bundesverfassungsgericht
Dallinger-Lackner	Dallinger-Lackner, Jugendgerichtsgesetz, 2. Aufl. 1965
DJ	Die Justiz, Amtsblatt des Justizministeriums Baden-Württemberg
DRiZ	Deutsche Richter-Zeitung
E	Entscheidungen des Reichsgerichts in Strafsachen, amtliche Sammlung
EB	Eröffnungsbeschluß
Eb. Schmidt	Eberhard Schmidt, Lehrkommentar zur Strafprozeßordnung Teil I, 2. Aufl. 1964; Teil II, 1. Aufl. 1957
GG	Grundgesetz für die Bundesrepublik Deutschland
GVG	Gerichtsverfassungsgesetz
h. A.	herrschende Ansicht
h. L.	herrschende Lehre
HV	Hauptverhandlung
IdK	Idealkonkurrenz
JGG	Jugendgerichtsgesetz
JR	Juristische Rundschau
JZ	Juristenzeitung
KG	Kammergericht
KMR	Kleinknecht-Müller-Reitberger, Kommentar zur Strafprozeßordnung, 4. Aufl. 1958

LG	Landgericht
LM	Lindenmaier-Möhring, Nachschlagewerk des BGH
Löwe-Rosenberg	Löwe-Rosenberg, Die Strafprozeßordnung und das Gerichtsverfassungsgesetz, 21. Aufl. 1963/1965
MDR	Monatsschrift für Deutsches Recht
NB	nota bene, beachte
n. F.	neue Fassung
NJW	Neue Juristische Wochenschrift
OLG	Oberlandesgericht
Petters-Preisendanz	Petters-Preisendanz, Strafgesetzbuch mit Erläuterungen und Beispielen, 25. Aufl. 1965
RAbgO	Reichsabgabenordnung
RG	Reichsgericht
RGBl.	Reichsgesetzblatt
RK	Rechtskraft
RM	Rechtsmittel
Rspr.	Rechtsprechung
Schwarz-Kleinknecht	Schwarz-Kleinknecht, Strafprozeßordnung, 25. Aufl. 1965
StA	Staatsanwalt, Staatsanwaltschaft
StPÄG 1964	Strafprozeßänderungsgesetz vom 19. 12. 1964
StPO	Strafprozeßordnung
StrK	Strafkammer
st. Rspr.	ständige Rechtsprechung
UR	Untersuchungsrichter
VU	Voruntersuchung
ZPO	Zivilprozeßordnung

Gesetzesregister

I. Die §§ der Strafprozeßordnung (StPO)

(Die Zahlen der Seiten, die grundsätzliche Ausführungen enthalten, sind **fett** gedruckt)

II. Die §§ des Gerichtsverfassungsgesetzes (GVG)

Zweiter Teil

Die Lösungen

Der 1. Teil: „Die Fälle“ (Seiten 1*—21*) liegt gesondert geheftet in der Tasche des hinteren Deckels

ZU FALL 1

A.

Die Zuständigkeit und der Aufbau der Strafgerichte

I. Die **Zuständigkeit**

1. Unter Zuständigkeit versteht man die Befugnis eines Gerichts, in einer Strafsache eine Entscheidung zu treffen. Man unterscheidet sachliche und örtliche Zuständigkeit.

2. Durch die Vorschriften über die sachliche Zuständigkeit wird festgestellt, welche Art von Gericht für die Verhandlung und Entscheidung einer bestimmten Strafsache berufen ist. Die diesbezüglichen Bestimmungen enthält das Gerichtsverfassungsgesetz (GVG). Einzelheiten siehe unten Abschnitt B.

3. Die Bestimmungen über die örtliche Zuständigkeit regeln die Frage, welches der sachlich zuständigen Gerichte im Einzelfall in Tätigkeit zu treten hat. Die diesbezüglichen Bestimmungen enthält die Strafprozeßordnung (StPO). Einzelheiten siehe unten Abschnitt C.

II. Der **Aufbau der Strafgerichte**

1. Die ordentliche Strafgerichtsbarkeit wird ausgeübt durch Amtsgerichte, Landgerichte, Oberlandesgerichte und durch den Bundesgerichtshof.

2. Die Amtsgerichte entscheiden durch Einzelrichter oder Schöffengerichte (Amtsrichter als Vorsitzender und zwei Schöffen, § 29 I GVG bzw. erweitertes Schöffengericht mit zwei Amtsrichtern und zwei Schöffen, § 29 II GVG). Ferner gibt es beim Amtsgericht noch den Jugendrichter (Amtsrichter) und das Jugendschöffengericht (Amtsrichter mit zwei Jugendschöffen, § 33 JGG).

3. Bei den Landgerichten entscheiden die Strafkammern, die für die Entscheidungen außerhalb der Hauptverhandlung mit drei Richtern besetzt sind und in der Hauptverhandlung in einer Besetzung von drei Richtern und zwei Schöffen (große Strafkammer) oder in einer Besetzung von einem Richter und zwei Schöffen (kleine Strafkammer) in Tätigkeit treten (§ 76 GVG). Ferner gibt es bei den Landgerichten noch die Jugendkammern (drei Richter und zwei Schöffen) sowie die Schwurgerichte (drei Richter und sechs Geschworene, § 81 GVG).

4. Bei den Oberlandesgerichten entscheiden Strafsenate, besetzt mit drei Richtern, in der Hauptverhandlung des ersten Rechtszuges mit fünf Richtern (§ 122 GVG).

5. Die Strafsenate des Bundesgerichtshofs entscheiden in der Besetzung von fünf Mitgliedern (§ 139 GVG). Der große Senat für Strafsachen besteht aus dem Präsidenten und acht Mitgliedern (§ 132 GVG).

6. In erster Instanz entscheiden: der Amtsrichter, der Jugendrichter, das Schöffengericht bzw. erweitertes Schöffengericht und (Bezirks-) Jugendschöffengericht, die große Strafkammer bzw. Jugendkammer, das Schwurgericht und die Strafsenate des Bundesgerichtshofs (ausnahmsweise diejenigen der Oberlandesgerichte). In der Berufungsinstanz entscheiden die große und die kleine Strafkammer. In der Revisionsinstanz entscheiden die Strafsenate der Oberlandesgerichte und des Bundesgerichtshofs.

B.

Die sachliche Zuständigkeit im einzelnen

I. Das **Amtsgericht** ist zuständig (siehe § 24 GVG) für Übertretungen und für Vergehen, wenn nicht die Staatsanwaltschaft wegen der besonderen Bedeutung des Falles Anklage beim Landgericht erhebt oder die Zuständigkeit des Landgerichts nach § 74a GVG oder des Bundesgerichtshofs nach § 134 GVG begründet ist, ferner für Verbrechen, wenn nicht entweder die Zuständigkeit des Schwurgerichts oder des Bundesgerichtshofs begründet ist oder im Einzelfall eine höhere Strafe als zwei Jahre Zuchthaus oder Ausspruch der Sicherungsverwahrung zu erwarten ist oder die Staatsanwaltschaft wegen der besonderen Bedeutung des Falles Anklage beim Landgericht erhebt. Das Amtsgericht darf nicht auf eine höhere Freiheitsstrafe als zwei Jahre Zuchthaus und nicht auf Sicherungsverwahrung erkennen.

1. Der Amtsrichter entscheidet als Einzelrichter (siehe § 25 GVG):

a) bei Übertretungen;

b) bei Vergehen, wenn sie im Privatklageweg verfolgt werden; ferner wenn die Tat mit keiner höheren Strafe als Gefängnis von sechs Monaten allein oder in Verbindung mit anderen Strafen oder mit Nebenfolgen bedroht ist; und schließlich, wenn die Staatsanwaltschaft Anklage zum Einzelrichter erhebt und keine höhere Strafe als Gefängnis von einem Jahr zu erwarten ist. Im letztgenannten Fall ist zu beachten, daß das Gesetz allein auf die zu erwartende, nicht auf die zu erkennende Strafe abstellt. Der Amtsrichter ist also nicht gehindert, den Strafrahmen des § 24 Abs. 2 GVG voll auszuschöpfen, wenn er nach dem Ergebnis der HV eine höhere Strafe als 1 Jahr Gefängnis für angemessen hält (BGH 16, 248).

c) bei Verbrechen, die nur wegen Rückfalls Verbrechen sind, wenn die Staatsanwaltschaft Anklage zum Einzelrichter erhebt und keine höhere

Strafe als Gefängnis von einem Jahr zu erwarten ist. Als Verbrechen dieser Art kommen in Betracht: Diebstahl i. R. (§ 244 StGB) und Betrug i. R. (§ 264 StGB).

2. Das Schöffengericht (ein Richter und zwei Schöffen) entscheidet (siehe § 28 GVG) in allen zur Zuständigkeit der Amtsgerichte gehörenden Strafsachen (siehe oben Abschnitt I), soweit nicht der Amtsrichter allein entscheidet. Die außerhalb der Hauptverhandlung erforderlichen Entscheidungen werden von dem Amtsrichter erlassen. Ein zweiter Amtsrichter (erweitertes Schöffengericht) wird zugezogen, wenn dem Verfahren ein besonders umfangreicher Sachverhalt zugrundeliegt und die Staatsanwaltschaft einen entsprechenden Antrag stellt oder wenn ein Gericht höherer Ordnung das Hauptverfahren vor dem Schöffengericht eröffnet, § 29 II GVG.

3. Der Jugendrichter (Einzelrichter):

a) Seine Strafgewalt (siehe § 26 GVG und § 39 JGG): Jugendstrafe bis zu einem Jahr, ferner alle Zuchtmittel und Erziehungsmaßregeln sowie alle nach § 6 JGG zulässigen Nebenstrafen und Nebenfolgen. Jugendstrafe von unbestimmter Dauer darf der Jugendrichter als Einzelrichter nie aussprechen. Die Verhängung von Maßregeln der Sicherung und Besserung (§ 42a StGB) ist im Jugendstrafrecht allgemein beschränkt auf Einweisung in eine Heil- oder Pflegeanstalt und Fahrerlaubnisentziehung, § 7 JGG.

b) Seine Zuständigkeit: Für alle Jugendgerichtssachen im Rahmen seiner Strafgewalt, soweit nicht Anklage vor dem Jugendschöffengericht oder der Jugendkammer erhoben wird.

c) Unzulässig sind gegen einen Jugendlichen (§§ 79ff. JGG): Strafbefehlsverfahren (§§ 407ff. StPO), beschleunigtes Verfahren (§ 212 StPO), Entschädigungsverfahren (§§ 403ff. StPO) sowie Privatklage (§§ 374ff. StPO) und Nebenklage (§§ 395ff. StPO).

4. Das Jugendschöffengericht (ein Amtsrichter und zwei Schöffen) ist zuständig für alle Verfehlungen, die nicht zur Zuständigkeit eines anderen Jugendgerichts gehören, § 40 I JGG. Das Jugendschöffengericht kann bis zur Eröffnung des Hauptverfahrens die Entscheidung der Jugendkammer herbeiführen, ob diese die Sache wegen ihres besonderen Umfangs übernehmen will, § 40 II JGG.

Die Strafgewalt des Jugendschöffengerichts ist unbeschränkt, soweit es sich um Strafen und Maßnahmen des Jugendstrafrechts handelt; das Jugendschöffengericht kann also alle nach dem JGG zulässigen Erziehungsmaßregeln, Zuchtmittel, Strafen, Nebenstrafen und Nebenfolgen, Maßregeln der Sicherung und Besserung, insbesondere aber die Jugendstrafe von unbestimmter Dauer aussprechen. Steht allerdings die Anwendung des allgemeinen Strafrechts in Frage (nur bei Heranwachsenden möglich, § 107ff. JGG), so sind gemäß § 108 III JGG dieselben Beschränkungen wie in § 24 II GVG zu beachten.

II. Beim **Landgericht** entscheiden als erkennende Gerichte die Strafkammern (kleine und große Strafkammern), die Schwurgerichte und die Jugendkammern.

1. Die kleine Strafkammer (Vorsitzender und zwei Schöffen) tritt nur als Berufungsgericht gegen Urteile des Amtsrichters in Tätigkeit (§ 76 GVG).

2. Die große Strafkammer (drei Richter mit Einschluß des Vorsitzenden und zwei Schöffen) ist zuständig:

a) Als erkennendes Gericht des ersten Rechtszuges für alle Verbrechen, die nicht zur Zuständigkeit des Amtsgerichts, des Schwurgerichts oder des Bundesgerichtshofs gehören. Die große Strafkammer ist ferner zuständig für alle Vergehen und Verbrechen, die von der Staatsanwaltschaft bei ihr angeklagt werden (siehe oben Abschnitt I) oder vom Amtsgericht an sie verwiesen sind, weil seine Strafgewalt zu ihrer Aburteilung nicht ausreicht.

(N. B. Die Zuständigkeitsregelung der §§ 24, 74 GVG, die der Staatsanwaltschaft die Befugnis einräumt, im Einzelfall je nach der Bedeutung des Falles Anklage vor dem Amtsgericht — Einzelrichter oder Schöffengericht — oder vor der Großen Strafkammer zu erheben, ist nicht verfassungswidrig. Art. 101 GG ist nicht verletzt, vgl. BGH 9, 367; a. A. Eb. Schmidt, Lehrkommentar, Teil II Anm. 7 zu § 209 StPO).

b) Als Berufungsgericht gegen die Urteile des Schöffengerichts (siehe §§ 74, 76 GVG).

c) Für das Sicherungsverfahren nach §§ 429a ff. als erkennendes Gericht des ersten Rechtszuges (§ 429b Abs. 3 StPO).

d) Eine Strafkammer des Landgerichts, in dessen Bezirk das Oberlandesgericht seinen Sitz hat, ist für den Bezirk des Oberlandesgerichts als erkennendes Gericht des ersten Rechtszuges zuständig für die Vergehen und Verbrechen der §§ 84, 90—97, 100d II und III, 129, 129a, 234a und 241a StGB (§ 74a GVG).

e) Die Strafkammern, besetzt mit drei Richtern, sind gemäß § 73 GVG ferner zuständig für die die Voruntersuchung betreffenden Entscheidungen und schließlich für die Entscheidungen über Beschwerden gegen Verfügungen des Untersuchungsrichters und des Amtsrichters sowie gegen Entscheidungen des Amtsrichters und des Schöffengerichts.

3. Die Schwurgerichte (drei Richter mit Einschluß des Vorsitzenden und sechs Geschworene) sind gemäß § 80 GVG zuständig für Mord (§ 211 StGB), Totschlag (§ 212 StGB) und Kindstötung (§ 217 StGB), ferner für die Verbrechen des StGB nach §§ 178, 221 Abs. 3 letzter Halbsatz, 226, 229 Abs. 2 letzter Halbsatz, 239 Abs. 3, 251, 252, 255 StGB, wenn die Strafe aus § 251 StGB zu entnehmen ist, §§ 307, 311 Abs. 1-3, 312 letzter Halbsatz, 321 Abs. 2 letzter Halbsatz, 324 letzter Halbsatz und 341 i. Verb. mit 239 Abs. 3 StGB.

Die drei Richter und sechs Geschworenen entscheiden über die Schuld- und Straffrage gemeinschaftlich; Beschlüsse und Verfügungen außerhalb der Hauptverhandlung erlassen während der Tagung die drei richterlichen Mitglieder des Schwurgerichts und außerhalb der Tagung die mit drei Richtern besetzte Strafkammer (§ 82 GVG).

4. Die Jugendkammern (drei Richter, zwei Schöffen). Ihre Strafgewalt entspricht der des Jugendschöffengerichts. Sie sind zuständig in Sachen,

a) die nach allgemeinem Strafrecht unter die Zuständigkeit des Schwurgerichts fallen,

b) die nach Vorlage durch das Jugendschöffengericht übernommen werden (s. o. I 5),

c) wenn gegen einen Heranwachsenden nach allgemeinem Strafrecht eine höhere Strafe als zwei Jahre Zuchthaus oder Sicherungsverwahrung auszusprechen ist (§ 108 Abs. 3 Satz 2 JGG). Beschlüsse und Verfügungen außerhalb der Hauptverhandlung erläßt die mit drei Richtern besetzte Jugendkammer (§ 76 Abs. 1 GVG).

III. Bei den **Oberlandesgerichten** entscheiden Strafsenate.

Sie sind gemäß § 120 GVG zuständig:

1. Im ersten und letzten Rechtszug (besetzt mit fünf Richtern einschließlich des Vorsitzenden) in den Strafsachen, die nach § 134a I GVG vom Generalbundesanwalt an die Landesstaatsanwaltschaft abgegeben werden oder in denen der Bundesgerichtshof nach § 134a III GVG bei Eröffnung des Hauptverfahrens die Verhandlung und Entscheidung dem Oberlandesgericht überweist.

2. In der Besetzung mit drei Richtern einschließlich des Vorsitzenden (siehe § 122 GVG Abs. 1) zur Verhandlung und Entscheidung über das Rechtsmittel der Revision

a) gegen die mit der Berufung nicht anfechtbaren Urteile des Amtsrichters (siehe §§ 313, 334 StPO),

b) gegen die Berufungsurteile der kleinen und großen Strafkammer,

c) gegen erstinstanzliche Urteile der großen Strafkammer und des Schwurgerichts nur dann, wenn die Revision ausschließlich auf die Verletzung einer in den Landesgesetzen enthaltenen Rechtsnorm gestützt wird (§ 121 Abs. 1 Nr. 1 GVG).

3. Die Oberlandesgerichte sind schließlich noch zuständig zur Entscheidung über die Beschwerde gegen strafrichterliche Entscheidungen, soweit nicht die Zuständigkeit der Strafkammer oder des Bundesgerichtshofs begründet ist (§ 121 Abs. 2 Nr. 2 GVG)

IV. Beim **Bundesgerichtshof** entscheiden die Strafsenate (besetzt mit fünf Richtern mit Einschluß des Vorsitzenden, § 139 GVG).

1. in erster und letzter Instanz bei Hoch- und Landesverrat, bei Verfassungsverrat, bei Anschlägen gegen ausländische Staatsmänner nach § 102 StGB, bei Parlamentsnötigung, bei Verstößen gegen § 138 StGB, wenn die Unterlassung sich auf eine Tat bezieht, die zur Zuständigkeit des BGH gehört, sowie bei Völkermord i. S. von § 220 StGB;

2. über die Revision gegen die Urteile des Schwurgerichts und der großen Strafkammer im ersten Rechtszuge, soweit nicht die Zuständigkeit des Oberlandesgerichts begründet ist (§ 135 GVG).

V. Der **Instanzenzug** (Rechtszug).

Erste Instanz	**Amtsrichter**	**Schöffengericht** (1 Richter, 2 Schöffen)	**Große Strafkammer** (3 Richter, 2 Schöffen)	**Schwurgericht** (3 Richter, 6 Geschworene)
Berufung	↓ **Kleine Strafkammer** (1 Richter, 2 Schöffen)	↓ **Große Strafkammer** (3 Richter, 2 Schöffen)		
Revision	↓ **Oberlandesgericht** (3 Richter) Im Falle des § 313 StPO ist Berufung ausgeschlossen und nur die Revision gegeben	↓ **Oberlandesgericht** (3 Richter)	↓ **Bundesgerichtshof** (5 Richter) **Oberlandesgericht** (3 Richter), falls Landesrecht verletzt	↓ **Bundesgerichtshof** (5 Richter) **Oberlandesgericht** (3 Richter), falls Landesrecht verletzt
	Im übrigen kann jedes Urteil des Amtsrichters und des Schöffengerichts unter Umgehung der Berufungsinstanz sofort mit der Revision angefochten werden (§ 335 StPO).			

VI. Die Prüfung der sachlichen Zuständigkeit.

Die Prüfung der sachlichen Zuständigkeit ist niemals von einem Antrag oder einem Einwand abhängig. Das Gericht hat vielmehr von Amts wegen gemäß § 6 StPO in jeder Lage des Verfahrens seine Zuständigkeit zu prüfen.

1. Die Prüfung der sachlichen Zuständigkeit in erster Instanz:

a) Vor Eröffnung des Hauptverfahrens:

aa) Ist der Amtsrichter schon bei Erhebung der Klage der Ansicht, daß die bei ihm eingereichte Sache die Zuständigkeit des Amtsgerichts übersteigt, so legt er die Akten durch Vermittlung der Staatsanwaltschaft dem Landgericht zur Entscheidung vor (§ 209 Abs. 3 StPO). Einer ausdrücklichen Unzuständigkeitserklärung bedarf es in diesem Falle nicht.

bb) Das Landgericht ist gemäß § 209 Abs. 1 StPO befugt, das Hauptverfahren auch vor den zu seinem Bezirk gehörenden Gerichten niederer

Ordnung zu eröffnen. In einem solchen Falle muß sich das für zuständig erachtete Gericht der Hauptverhandlung unterziehen, auch wenn es sich selbst für unzuständig hält.

b) Nach Eröffnung des Hauptverfahrens:

aa) Gewinnt das Gericht erst in der Hauptverhandlung die Überzeugung, daß seine Zuständigkeit zur Aburteilung der Tat nicht ausreicht, dann muß es durch Beschluß seine Unzuständigkeit aussprechen und die Sache an das zuständige Gericht verweisen (§ 270 Abs. 1 StPO).

bb) Ein Gericht darf sich aber in der Hauptverhandlung nicht deshalb für unzuständig erklären, weil die Sache vor ein Gericht niederer Ordnung gehöre (§ 269 StPO).

2. Das mit der Berufung befaßte Gericht (Strafkammer) hat die sachliche Zuständigkeit des Gerichts erster Instanz gemäß § 328 Abs. 3 StPO ebenfalls von Amts wegen zu prüfen und gegebenenfalls unter Aufhebung des angefochtenen Urteils die Sache an das zuständige Gericht zu verweisen, und zwar, im Gegensatz zu dem Fall des § 270 StPO, nicht durch Beschluß, sondern durch Urteil.

3. Auch das Revisionsgericht hat von Amts wegen darauf zu achten, ob die sachliche Zuständigkeit in dem Verfahren, das zu dem angefochtenen Urteil geführt hat, nicht überschritten ist (BGH 7, 27; 10, 74; 13, 157). Wird festgestellt, daß das Gericht der vorigen Instanz sich zu Unrecht für zuständig erklärt hat, so verweist das Revisionsgericht nach Aufhebung des Urteils die Sache an das zuständige Gericht (§ 355). Nur auf Rüge, nicht von Amts wegen hat das Revisionsgericht zu prüfen, ob der Jugendrichter oder der Amtsrichter bzw. — in der Berufungsinstanz — die Jugendkammer oder die allgemeine Strafkammer zu entscheiden hatten. Diese unterschiedliche Behandlung der Zuständigkeitsfrage ergibt sich daraus, daß die Jugendgerichte den ordentlichen Gerichten nicht nur äußerlich angegliedert, sondern ihnen wesensgleich sind (BGH 18, 79).

4. Die Untersuchungshandlungen eines sachlich unzuständigen Gerichts sind nicht schon aus diesem Grunde ungültig.

VII. Besondere sachliche Zuständigkeit auf Grund des Zusammenhangs (§§ 2—5 StPO).

1. Besteht zwischen einer Strafsache und einer anderen Strafsache, für die ein Gericht höherer Ordnung sachlich zuständig ist, ein Zusammenhang, so können beide Strafsachen im Wege der Verbindung bei dem Gericht höherer Ordnung anhängig gemacht werden (§ 2 StPO). Eine Verbindung zusammenhängender Sachen ist nach BGH 4, 152 auch dann möglich, wenn sich die Verfahren in verschiedenen Tatsacheninstanzen befinden. Die Verbindung hat den Vorteil, daß die Persönlichkeit des Angeklagten umfassender beurteilt werden kann und im Falle der Verurteilung eine nachträgliche Gesamtstrafenbildung nach § 79 StGB bzw. § 460 StPO erspart bleibt. Der Instanzenzug wird nicht verkürzt: Der Angeklagte hat auf jeden Fall das Rechtsmittel der Revision.

2. Ein Zusammenhang ist nach § 3 StPO vorhanden:

a) wenn eine Person mehrerer Straftaten beschuldigt wird (persönlicher Zusammenhang) oder

b) wenn bei einer strafbaren Handlung mehrere Personen als Täter, Teilnehmer, Begünstiger oder Hehler beschuldigt werden (sachlicher Zusammenhang). § 3 ist als Ausnahmevorschrift eng auszulegen. Nur dort, wo mehrere Personen bei materiell-rechtlicher Betrachtung als Täter, Teilnehmer, Begünstiger oder Hehler an der Tat beteiligt waren, kann eine Verbindung vorgenommen werden. Es genügt dagegen nicht, daß mehreren Taten im materiell-rechtlichen Sinn der gleiche Lebensvorgang zugrundeliegt, wie das z. B. bei der aktiven und passiven Bestechung der Fall ist. Hier kommt allenfalls eine Verbindung nach § 237 StPO in Betracht (vgl. BGH 11, 130).

3. Die Verbindung kann erfolgen:

a) durch die Staatsanwaltschaft, indem sie von vornherein die Strafsachen gemeinsam bei dem Gericht höherer Ordnung anklagt,

b) nachträglich durch Gerichtsbeschluß (§ 4 StPO).

4. Auch wenn der Zusammenhang nicht der in § 3 bezeichnete ist, kann das Gericht die Verbindung mehrerer bei ihm anhängiger Strafsachen zum Zwecke gleichzeitiger Verhandlung anordnen (§ 237 StPO).

C.

Die örtliche Zuständigkeit

(In den folgenden Ausführungen des ganzen Buches betreffen die Paragraphenzahlen die Strafprozeßordnung)

Die Frage der örtlichen Zuständigkeit ist, wie schon oben in Abschnitt A I 3 erwähnt wurde, in der Strafprozeßordnung behandelt (§§ 7—21). Der Ausdruck Gerichtsstand betrifft ausschließlich die örtliche Zuständigkeit.

I. Die einzelnen Gerichtsstände

1. Begründet wird der Gerichtsstand in erster Linie durch den Begehungsort (§ 7), ferner durch den Wohnsitz bzw. gewöhnlichen Aufenthaltsort oder letzten Wohnsitz des Beschuldigten (§ 8), schließlich durch den Ergreifungsort (§ 9).

a) Diese Gerichtsstände sind gleichberechtigt; gesetzlich steht keinem von ihnen ein Vorrang vor den anderen zu.

b) In der Praxis wird man allerdings den Gerichtsstand des Begehungsorts (er ist nach § 3 des Strafgesetzbuches sowohl dort begründet, wo die Ausführungshandlung vorgenommen wurde, als auch dort, wo der Erfolg eingetreten ist) gegenüber dem Gerichtsstand des Wohnsitzes bzw. Aufenthaltsorts den Vorzug geben, und zwar deshalb, weil der Staatsanwaltschaft die Person des Täters und infolgedessen der Gerichtsstand des Wohnsitzes häufig zunächst unbekannt ist. Abgesehen davon wird aber auch meistens die Erhebung der Beweise am sichersten und schnellsten am Tatort erfolgen können. Der Gerichtsstand des Wohnsitzes wird in der Regel nur dann in Frage kommen, wenn besondere Umstände vorliegen, z. B. wenn die Zeugen sämtlich am Wohnsitz des Beschuldigten, der von dem Tatort weit entfernt liegt, wohnhaft sind.

2. Der Gerichtsstand des Heimathafens (§ 10).

Er ist für solche Straftaten begründet, welche auf einem deutschen Schiff außerhalb des Geltungsbereichs der StPO oder in offener See begangen werden, und zwar ist in einem solchen Falle das Gericht zuständig, in dessen Bezirk der Heimathafen oder der Hafen liegt, welchen das Schiff nach der Tat zuerst erreicht. Entsprechendes gilt für Straftaten, die in einem deutschen Flugzeug begangen werden (§ 10 II).

3. Der Gerichtsstand für exterritoriale Deutsche (§ 11).

4. Der Gerichtsstand des Zusammenhangs (§ 13).

a) Er ist für zusammenhängende Strafsachen, die einzeln nach Z. 1 bis 4 zur Zuständigkeit verschiedener Gerichte gehören würden, bei jedem Gericht gegeben, welches für eine der zusammenhängenden Strafsachen gegeben ist. Dies gilt auch dann, wenn der Zusammenhang nach Eröffnung des Hauptverfahrens wieder wegfällt (BGH 16, 393).

b) Ein Zusammenhang ist nach § 3 vorhanden, wenn eine Person mehrerer strafbarer Handlungen beschuldigt wird oder wenn bei einer strafbaren Handlung mehrere Personen als Täter, Teilnehmer, Begünstiger oder Hehler beschuldigt werden.

5. Der Gerichtsstand des Auftrags (§ 15).

Er wird dadurch begründet, daß das obere Gericht einem an sich örtlich unzuständigen Gericht die Untersuchung und Entscheidung einer Strafsache überträgt. Dies ist möglich, wenn das an sich zuständige Gericht an der Ausübung des Richteramts rechtlich oder tatsächlich verhindert ist oder wenn von einer Verhandlung vor diesem Gericht eine Gefährdung der öffentlichen Sicherheit zu besorgen ist. Das Obergericht kann die Sache nur einem Gericht übertragen, das seinem Bezirk angehört. Soll ein Gericht außerhalb dieses Bezirks gewählt werden, so muß das gemeinschaftliche obere Gericht entscheiden (BGH NJW 61, 1484). (N. B. § 15 ist nach BGH 1, 211 entsprechend anwendbar, wenn das für ein Wiederaufnahmeverfahren an sich zuständige deutsche Gericht nicht mehr besteht; das zuständige Gericht wird in diesem Falle durch den Bundesgerichtshof bestimmt.)

6. In Jugendsachen gibt es noch die Gerichtsstände der Vormundschaft, des Aufenthalts und der Verwahrung (§ 42 I JGG). Befindet sich der Jugendliche oder Heranwachsende in einer Jugendstrafanstalt, so soll die Anklage vor dem Richter erhoben werden, in dessen Hand die Vollstreckungsleitung liegt; in allen übrigen Fällen soll nach Möglichkeit der Richter entscheiden, dem die vormundschaftsrichterlichen Erziehungsaufgaben obliegen (§ 42 I JGG). Wechselt der Beschuldigte seinen Aufenthalt, so ist § 42 III JGG zu beachten (Möglichkeit der Abgabe an das Jugendgericht, in dessen Bezirk der Beschuldigte übergewechselt ist).

7. Läßt sich ungeachtet der umfassenden Zuständigkeitsregelung im Einzelfall das gesetzlich zuständige Gericht nicht ermitteln, so bestimmt der BGH das Gericht, das sich mit der Sache zu befassen hat (§ 13a StPO). Ein nach § 13a begründeter Gerichtsstand fällt nicht dadurch wieder weg, daß später ein auf §§ 7—10 beruhender Gerichtsstand ermittelt wird (BGH 10, 255); das gemeinschaftliche obere Gericht kann jedoch in analoger Anwendung von § 12 II die Untersuchung und Entscheidung der Sache auf das nachträglich ermittelte, gemäß §§ 7 ff. zuständige Gericht übertragen (vgl. BGH a.a.O.).

II. Mehrfacher Gerichtsstand

1. Unter mehreren nach §§ 7—11 zuständigen Gerichten gebührt dem der Vorzug, welches die Untersuchung zuerst eröffnet hat (sog. Prioritätsprinzip, § 12 I).

Es hat also zunächst die Staatsanwaltschaft darüber zu entscheiden, bei welchem Gericht die Klage erhoben werden soll, wobei dem von der Staatsanwaltschaft bestimmten Gericht kein Recht zusteht, die Eröffnung der Untersuchung deshalb abzulehnen, weil es zweckmäßiger sei, die Sache vor ein anderes zuständiges Gericht zu bringen.

Gelangt die zuerst mit der Sache befaßte Staatsanwaltschaft zu der Überzeugung, daß es zweckmäßiger ist, die Sache in einem anderen Bezirk verfolgen zu lassen, so kann sie die für den anderen Gerichtsstand zuständige Staatsanwaltschaft um Übernahme ersuchen. Lehnt diese die Übernahme ab, so kann die mit der Sache zuerst befaßte Staatsanwaltschaft die Entscheidung der gemeinsam vorgesetzten Instanz einholen.

2. Nach § 12 II besteht die Möglichkeit, aus Zweckmäßigkeitsgründen auf Antrag oder von Amts wegen die Wirkung der Vorschrift des Abs. 1 wieder aufzuheben und die bereits eröffnete Untersuchung und Entscheidung der Sache einem anderen der von vornherein zuständig gewesenen Gerichte zu übertragen.

III. Die Prüfung der örtlichen Zuständigkeit

1. Von Amts wegen hat das Gericht nur bis zur Eröffnung des Hauptverfahrens seine örtliche Zuständigkeit zu prüfen und bei Bejahung der Unzuständigkeit die Eröffnung des Hauptverfahrens gemäß § 204 wegen Unzuständigkeit abzulehnen.

Später darf das Gericht seine Unzuständigkeit nur aussprechen, wenn der Angeschuldigte die fehlende Zuständigkeit ausdrücklich rügt (§ 18).

2. Das Recht des Beschuldigten, die Unzuständigkeit geltend zu machen, ist im Interesse einer Einschränkung der Erörterung über die örtliche Zuständigkeit zeitlich beschränkt:

a) Hat eine Voruntersuchung stattgefunden und ist der Beschuldigte vor ihrer Eröffnung gehört worden, ohne die Unzuständigkeit gerügt zu haben, so geht er des Einwands für das ganze weitere Verfahren verlustig.

Ist der Beschuldigte nicht gehört worden, so kann er den Einwand gemäß § 16 bis zum Schluß der Voruntersuchung geltend machen.

b) Ist eine Voruntersuchung nicht geführt worden oder auf den erhobenen Unzuständigkeitseinwand kein Beschluß ergangen, so muß der Beschuldigte den Einwand spätestens bis zum Beginn der Vernehmung zur Sache geltend machen (§ 16).

c) Rügt der Angeschuldigte die örtliche Unzuständigkeit rechtzeitig, so hat sich das Gericht außerhalb der Hauptverhandlung gemäß § 206a durch Beschluß, in der Hauptverhandlung gemäß § 206 III durch Urteil für unzuständig zu erklären. Wird die Entscheidung rechtskräftig, so ist zwar die Strafklage als solche nicht verbraucht; die StA kann jedoch nie wieder die Sache, auf die sich die Entscheidung bezog, bei diesem Gericht anklagen, und zwar auch dann nicht, wenn sich das Gericht zu Unrecht für unzuständig erklärt hatte (BGH 18, 1). Auf keinen Fall kann der alte Eröffnungsbeschluß zur Grundlage des weiteren Verfahrens gemacht werden. Dieser ist erschöpft (BGH 18, 1). Die Staatsanwaltschaft muß daher prüfen, ob noch ein anderes Gericht örtlich zuständig ist. Findet sich ein derartiges Gericht, so hat dieses über die Eröffnung des Hauptverfahrens zu entscheiden (OLG Hamm NJW 61, 232), und zwar unabhängig von dem früheren EB.

3. In der Berufungs- und Revisionsinstanz kann die Frage der örtlichen Zuständigkeit nur noch soweit Gegenstand der Prüfung sein, als es sich darum handelt, ob der Vorderrichter einen vom Angeklagten rechtzeitig erhobenen Einwand der Unzuständigkeit zu Unrecht verworfen hat.

D.

Lösung des Falles A

I. Welches Gericht hat über den Antrag zu entscheiden?

1. Die „oberen Gerichte" i. S. der §§ 12, 13, 14, 19 sind der Bundesgerichtshof, die Oberlandesgerichte und die Landgerichte.

2. Zuständig sind als „obere Gerichte"

a) das Landgericht (Strafkammer), wenn es sich um Amtsgerichte oder Schöffengerichte desselben Landgerichtsbezirks handelt,

b) das Oberlandesgericht, wenn es sich um Gerichte desselben Oberlandesgerichtsbezirks handelt und nicht Fall a) vorliegt, und

c) der Bundesgerichtshof, wenn Gerichte verschiedener Oberlandesgerichte in Frage stehen.

Im vorliegenden Fall kommt demnach als maßgebendes Gericht der Bundesgerichtshof in Frage.

II. Wie wird der Bundesgerichtshof entscheiden?

1. Die Zuständigkeit des Untersuchungsrichters in Heidelberg, der gemäß § 184 die Voruntersuchung eröffnet hat, ist gemäß §§ 7, 8 für die in Heidelberg begangene Brandstiftung und nach §§ 13, 2 für das von den drei Angeschuldigten gemeinsam in Stuttgart begangene Betrugsvergehen begründet.

2. Die beantragte Übertragung der Strafsachen nach Stuttgart gemäß § 12 Abs. 2 könnte nur erfolgen, wenn auch dort die Möglichkeit bestünde, die Anklagesachen in gleicher Weise wie in Heidelberg anhängig zu machen. Dies ist aber nicht der Fall.

a) Was die Brandstiftung betrifft, so wäre die Staatsanwaltschaft Stuttgart nicht in der Lage, die Eröffnung der Voruntersuchung gegen A zu erwirken, da der Antrag wegen Unzuständigkeit des Gerichts gemäß § 180 abgelehnt werden müßte, denn weder nach § 7 noch nach § 8 wäre ein örtlicher Gerichtsstand des Schwurgerichts in Stuttgart begründet.

b) Bezüglich der Betrugssache wäre allerdings gemäß §§ 7, 8, 13, 3 ein örtlicher Gerichtsstand gegen alle drei Angeschuldigten in Stuttgart gegeben, aber gemäß § 24 GVG bei dem dortigen Amtsgericht bzw. der Strafkammer, nicht beim Schwurgericht.

In der Betrugssache könnte somit Anklage beim Amtsgericht (Einzelrichter oder Schöffengericht in Stuttgart) erhoben werden.

c) Unmöglich wäre es, mit dieser Anklage auch die wegen Brandstiftung zu verbinden, deren Aburteilung zur sachlichen und ausschließlichen örtlichen Zuständigkeit des Schwurgerichts Heidelberg gehört. § 13 bezieht sich nämlich nur auf verschiedene örtlich zuständige Gerichte gleicher Ordnung; kommt eine verschiedene sachliche Zuständigkeit in Frage, so ist für eine Verbindung § 2 maßgebend, wonach zusammenhängende Strafsachen, welche einzeln zur Zuständigkeit von Gerichten verschiedener Ordnung gehören, verbunden nur bei demjenigen Gericht anhängig gemacht werden können, dem die höhere Zuständigkeit beiwohnt. Umgekehrt kann eine zur Zuständigkeit eines Gerichts höherer Ordnung gehörige Strafsache in Verbindung mit einer zur Zuständigkeit eines Gerichts niederer Ordnung gehörigen bei diesem letzteren nicht anhängig gemacht werden. Der Antrag auf Übertragung der Strafsachen nach Stuttgart wird daher abzulehnen sein.

III. Ist die Entscheidung anfechtbar?

Gegen die Entscheidung des „oberen Gerichts" gibt es kein Rechtsmittel.

1. Soweit das Oberlandesgericht und der Bundesgerichtshof in Frage kommt, ergibt sich die Unanfechtbarkeit aus § 304 IV.

2. Daß auch die Entscheidung des Landgerichts nicht angefochten werden kann, folgt aus der Tatsache, daß die Entscheidung gemäß § 12 Abs. 2 weder als eine solche erster Instanz, noch als eine solche der Berufungsinstanz i. S. des § 304 Abs. 1 angesehen werden kann.

E.

Lösung des Falles B

I. War das Schöffengericht in Karlsruhe zur Aburteilung zuständig?

Die Annahme des Schöffengerichts, daß die Veröffentlichung desselben Artikels in zwei verschiedenen Zeitungen selbständige Handlungen darstellt, enthält keinen Rechtsirrtum. Es sind also zwei Tatorte i. S. des Abs. 2 vorhanden, nämlich Karlsruhe und Stuttgart.

Dies führt jedoch nicht dazu, daß wegen der einen Veröffentlichung in Karlsruhe und wegen der anderen Veröffentlichung in Stuttgart Anklage erhoben werden müßte. § 7 Abs. 2 bezweckt lediglich eine Einschränkung der Zuständigkeitsregelung des § 7 Abs. 1, die bei Pressedelikten zu dem unerwünschten Ergebnis führen würde, daß eine Zuständigkeit überall dort begründet wäre, wo dei Druckschrift verbreitet worden ist. Ohne die besondere Regelung des § 7 Abs. 2 bestünde die Gefahr, daß mehrere Staatsanwaltschaften und Gerichte sich gleichzeitig mit derselben Druckschrift befassen und dabei möglicherweise zu völlig verschiedenen Ergebnissen kommen. § 7 Abs. 2 schließt jedoch nicht aus, daß die Staatsanwaltschaft ausnahmsweise nicht am Tatort, sondern am Wohnort des Beschuldigten (§ 8) oder am Ort seiner Ergreifung (§ 9) Anklage erhebt.

So ergibt sich im vorliegenden Fall die Zuständigkeit des Schöffengerichts Karlsruhe auch für die Veröffentlichung in Stuttgart zwar nicht aus § 7, wohl aber aus § 8. Im übrigen ist Karlsruhe gemäß §§ 13, 3, auch Gerichtsstand aufgrund des persönlichen Zusammenhangs.

(N. B. Hätte der durch den Inhalt des Artikels beleidigte Arzt Privatklage erhoben, so wäre gemäß § 7 II Satz 2 auch das Amtsgericht Nürnberg zuständig gewesen. § 7 II Satz 2 bringt insoweit eine wesentliche prozessuale Erleichterung für den Beleidigten. Wird nach erhobener Privatklage die Strafverfolgung gemäß § 377 II von der Staatsanwaltschaft übernommen, so bleibt der in § 7 II Satz 2 geschaffene Sondergerichtsstand erhalten (perpetuatio fori). Es wäre in der Tat unbefriedigend, wollte man dem Privatkläger, der nach der Übernahme der Strafverfolgung durch die Staatsanwaltschaft zum Nebenkläger wird, mit der Beseitigung des bisher bestehenden Sondergerichtsstands auch seine bisherigen prozessualen Erleichterungen nehmen, vgl. BGH 11, 56; Eb. Schmidt Teil II Erl. 15 zu § 7 StPO.)

II. Der Beschluß des Schöffengerichts vom 20. Dezember

1. Vorbemerkung: Nach § 201 Abs. 1 hat der Vorsitzende des Gerichts die Anklageschrift dem Angeschuldigten mitzuteilen und ihn zugleich aufzufordern, sich innerhalb einer zu bestimmenden Frist zu erklären, ob er die Vornahme einzelner Beweiserhebungen vor der Hauptverhandlung beantragen oder Einwendungen gegen die Eröffnung des Hauptverfahrens vorbringen oder eine Voruntersuchung beantragen wolle.

Zu den Einwendungen, die der Angeklagte nach Mitteilung der Anklageschrift gegen die Eröffnung des Hauptverfahrens gemäß § 201 vorbringen kann, gehört auch diejenige der Unzuständigkeit.

2. Die Bestimmung des § 201 Abs. 1 Satz 1, wonach über die Anträge und Einwendungen das Gericht zu beschließen hat, besagt lediglich, daß das Gericht einen ausdrücklichen Beschluß erlassen muß, d. h. ein einfacher Bescheid des Vorsitzenden genügt ebensowenig wie eine stillschweigende Ablehnung durch den Eröffnungsbeschluß. Die Bestimmung ist aber nicht dahin zu verstehen, als habe das Gericht einen besonderen Beschluß zu erlassen, bevor es weiter in der Sache beschließt; vielmehr bilden die Anträge und Einwendungen des Angeschuldigten in gleicher Weise wie auf der anderen Seite die Anträge der Staatsanwaltschaft das Material für die zu treffende Entscheidung (§§ 202 bis 205).

3. Die Verwerfung eines Antrags usw. kann also, wie im vorliegenden Falle geschehen, unter gleichzeitiger Eröffnung des Hauptverfahrens erfolgen (vgl. Eb. Schmidt, Teil II, § 201 Rn. 21). Der Beschluß des Schöffengerichts vom 20. 12. 1965, der als eine außerhalb der Hauptverhandlung ergehende Entscheidung gemäß § 30 Abs. 2 GVG von dem Amtsrichter erlassen wurde, ist also nicht zu beanstanden.

III. Der in der Hauptverhandlung ergangene Beschluß

1. Die Vorschriften der §§ 16—18 ergeben, daß das Gesetz das Bestreiten und die Prüfung der örtlichen Zuständigkeit möglichst einschränken will. Deshalb darf, wie schon oben ausgeführt, das Gericht nach Eröffnung des Hauptverfahrens seine örtliche Zuständigkeit nur auf Einwand des Angeklagten aussprechen (§ 18). Aus dem gleichen Grund ist dem Angeschuldigten in Anerkennung seines Interesses, vor keinen anderen als den zuständigen Richter gestellt zu werden, zwar das Recht eingeräumt, seine Auffassung durch Erhebung eines Einwandes zur Geltung zu bringen, die Ausübung dieses Rechts aber an Fristen geknüpft, nach deren Ablauf der Fortgang des Verfahrens nicht mehr dadurch gehemmt werden kann, daß die örtliche Zuständigkeit des Gerichts in Zweifel gezogen wird.

2. Gemäß § 16 muß der Angeschuldigte den Einwand der Unzuständigkeit bei Verlust desselben bis zum Schlusse der Voruntersuchung, und falls eine solche nicht stattgefunden hat, spätestens vor der Vernehmung zur Sache in der Hauptverhandlung geltend machen.

Der im vorliegenden Falle vom Verteidiger des Angeklagten erst nach **Beginn der Vernehmung zur Sache** vorgebrachte Einwand der Unzuständigkeit war somit verspätet erhoben.

3. In § 201 Abs. 2 letzter Satz ist nun aber unter Hinweis auf § 182 Abs. 1 bestimmt, daß der Beschluß des Gerichts, durch welchen ein solcher Einwand verworfen wird, von dem Angeschuldigten durch die sofortige Beschwerde angefochten werden kann, die gemäß § 311 Abs. 2 innerhalb einer Frist von einer Woche eingelegt werden muß. Wird die Frist nicht gewahrt, so ist der Einwand der örtlichen Unzuständigkeit rechtskräftig abgewiesen, und diese Rechtskraft der Entscheidung hat zur Folge, daß der Einwand mit rechtlicher Wirkung nicht wiederholt werden kann (siehe E. 26, 340).

4. Im vorliegenden Falle kommen wir somit zu folgendem Ergebnis: Da der Angeklagte A von seinem Recht, gegen den ihm zugestellten Eröffnungsbeschluß, durch welchen der Einwand der örtlichen Unzuständigkeit verworfen wurde, die sofortige Beschwerde einzulegen, keinen Gebrauch gemacht hat, war der Einwand, den der Verteidiger in der Hauptverhandlung wiederholt hat, bereits verbraucht und daher schon aus diesem Grunde zurückzuweisen. Eine Bezugnahme auf § 16 war daher gar nicht erforderlich.

ZU FALL 2

A.

Vorbemerkung: Das Legalitätsprinzip und seine Ausnahmen

I. Ein Strafverfahren entsteht in der Regel auf Grund einer Strafanzeige, die gemäß § 158 bei der Staatsanwaltschaft, den Behörden und Beamten des Polizeidienstes und den Amtsgerichten mündlich oder schriftlich erstattet werden kann. (Wegen Strafantrag siehe Abs. 2 des § 158.)

II. Ein Strafverfahren kann auch ohne Anzeige oder Antrag aus eigener Initiative der Staatsanwaltschaft in Gang kommen, da diese nach §§ 152 II, 160 I verpflichtet ist, wegen aller gerichtlich strafbaren und verfolgbaren Handlungen einzuschreiten, sofern zureichende tatsächliche Anhaltspunkte vorliegen. Dabei ist zu beachten, daß die Staatsanwaltschaft nicht nur die zur Belastung, sondern auch die zur Entlastung dienenden Umstände zu ermitteln hat (§ 160 II).

III. Dieses sog. Legalitätsprinzip, zu dessen strenger Durchführung die Strafbestimmung des § 346 StGB sowie die Beschwerde im Aufsichtsweg (§ 147 GVG) und die Beschwerde an den vorgesetzten Staatsanwalt nebst Antrag auf gerichtliche Entscheidung (§§ 172ff.) dienen, wird durchbrochen im Privatklageverfahren (§ 376), in Jugendgerichtssachen (§ 45 JGG) sowie in den Fällen der §§ 153, 153a, 153b, 153c, 154, 154a, 154b, 154c.

Der wesentliche Inhalt dieser Bestimmungen ist folgender:

1. Nach § 376 wird wegen der nach § 374 im Wege der Privatklage verfolgbaren Delikte (hierunter fallen vor allem die Vergehen der Beleidigung und Körperverletzung i. S. der §§ 223, 223a StGB) öffentliche Klage von der Staatsanwaltschaft nur dann erhoben, wenn dies im öffentlichen Interesse liegt.

2. Nach § 153 I werden Übertretungen, bei denen die Schuld des Täters gering ist, nicht verfolgt, es sei denn, daß ein öffentliches Interesse an der Herbeiführung einer gerichtlichen Entscheidung besteht. Auf die Folgen der Tat kommt es seit Inkrafttreten des StPÄG 1964 nicht mehr an. Sind die Tatfolgen allerdings erheblich, so dürfte in aller Regel ein öffentliches Interesse an der Herbeiführung einer gerichtlichen Entscheidung bestehen. Dies gilt vor allem bei Verkehrsübertretungen mit erheblichem Fremdschaden.

Nach § 153 II besteht auch bei Vergehen die Möglichkeit, das Verfahren einzustellen, wenn die Schuld des Täters gering ist und kein öffentliches Interesse an der Strafverfolgung besteht. In diesem Fall kann die Einstellung jedoch nur mit Zustimmung des Gerichts erfolgen. Für die Erteilung der Zustimmung ist das Gericht zuständig, das auch für die Hauptverhandlung zuständig wäre, also entgegen dem Wortlaut des Gesetzes nicht ausschließlich der Amtsrichter, vgl. BGH. 12, 399 unter Hinweis auf die Gesetzesgeschichte.

Auch nach Klageerhebung kann gemäß § 153 III das Gericht mit Zustimmung der Staatsanwaltschaft das Verfahren einstellen. In diesem Falle tritt ein Verbrauch der Strafklage ein. (Siehe Fall 12, Abschnitt A IV 5d S. 160.)

3. Nach § 153a kann die Staatsanwaltschaft von der Erhebung der öffentlichen Klage absehen, wenn das Gericht auch im Falle eines Schuldspruchs von Strafe absehen könnte (Abs. 1). Gemeint sind hier die Fälle der sog. Retorsion (§§ 199, 233 StGB), ferner die §§ 139 I, 173 V, 175 II und 157 II StGB. Will die Staatsanwaltschaft nach § 153a I von der Erhebung der öffentlichen Klage absehen, so bedarf sie hierzu — wie bei § 153 II — der Zustimmung des Gerichts. Will umgekehrt bei bereits erhobener Klage das Gericht das Verfahren einstellen, so ist hierzu — wie bei § 153 III — die Zustimmung der Staatsanwaltschaft, außerdem die Zustimmung des Angeschuldigten erforderlich (Abs. 2).

4. § 153b lockert den Verfolgungszwang bei Auslandstaten.

5. Nach § 153c kann der Generalbundesanwalt bei Staatsgefährdung (§§ 90ff. StGB), Landesverrat (§§ 100—100e StGB) und ähnlichen, gegen Bestand und Sicherheit des Staates gerichteten Delikten von der Erhebung der öffentlichen Klage absehen, wenn der Täter nach der Tat, bevor ihm deren Entdeckung bekannt geworden ist, dazu beigetragen hat, die durch die Tat drohende Gefahr wieder abzuwenden, oder wenn er durch ein umfassendes Geständnis die Bekämpfung der landesverräterischen oder staatsgefährdenden Bestrebungen erleichtert hat.

Will der Generalbundesanwalt von der Erhebung der öffentlichen Klage absehen, so bedarf es hierzu der Zustimmung des Bundesgerichtshofs. Ist die Klage bereits erhoben, so kann auch der BGH mit Zustimmung des Generalbundesanwalts das Verfahren einstellen (Abs. 3).

6. § 154 behandelt die unbedeutenden Nebendelikte. Er verfolgt den Zweck, einer unnötigen Häufung von Anklagen gegen dieselbe Person vorzubeugen, z. B. Anklage wegen Diebstahls neben einer solchen wegen Mords. Ein Verbrauch der Strafklage tritt in diesem Falle, der sich im Gegensatz zu § 153 auch auf Verbrechen bezieht, weder bei der staatsanwaltschaftlichen (Abs. I) noch bei der gerichtlichen Einstellung (Abs. II) ein.

Rechtsmittel: Wird das Verfahren durch Gerichtsbeschluß nach § 154 II eingestellt, so hat der Beschuldigte mangels Beschwer kein Rechtsmittel. Wegen möglicher Ausnahmen siehe BGH 10, 88. Die Staatsanwaltschaft hat nur dann ein Beschwerderecht, wenn die Einstellung gesetzwidrig ohne ihren Antrag (Zustimmung genügt!) beschlossen wurde. Gegen die Ablehnung einer von der Staatsanwaltschaft beantragten Einstellung nach § 154 II haben die Beteiligten in Hinblick auf § 305 ebenfalls kein Beschwerderecht (a. A. Schwarz-Kleinknecht § 154 Anm. 5).

Wegen der Möglichkeit, ein gemäß § 154 Abs. 1 oder Abs. 2 eingestelltes Verfahren wieder aufzunehmen, siehe Abs. 3-5.

7. Nach § 154a (neu gefaßt durch die am 1. 4. 1965 in Kraft getretene Strafprozeßnovelle) besteht die Möglichkeit, bei mehreren materiellrechtlich in Tateinheit (Idealkonkurrenz) stehenden Tatbeständen diejenigen von der Verfolgung auszunehmen, die weder für die Strafe noch für eine etwaige Maßregel der Sicherung ins Gewicht fallen. Ähnlich wie § 154 dient auch § 154a dem Zweck, durch die Ausscheidung unwesentlicher Gesichtspunkte das Verfahren zu vereinfachen und zu beschleunigen.

Beispiel: A hat als Kraftfahrer in angetrunkenem Zustand am Straßenverkehr teilgenommen und anläßlich dieser Fahrt die innerhalb geschlossener Ortschaften höchstzulässige Geschwindigkeit von 50 km/h um 10 km/h überschritten. Hier besteht gemäß § 154a die Möglichkeit, das Verfahren auf das Vergehen gemäß § 316 StGB zu beschränken. Die Übertretung gemäß §§ 9 IV StVO, 21 StVG wird nicht weiter verfolgt.

Die Beschränkung der Untersuchung auf bestimmte Schwerpunkte ist nach Abs. 1 Satz 2 aktenkundig zu machen. Ergibt sich später, daß die zunächst als unwesentlich angesehene Gesetzesverletzung doch nicht so unwesentlich ist, so kann sie jederzeit wieder in das Verfahren einbezogen werden (§ 154a Abs. 3). Eine solche Einbeziehung kommt vor allem auch dann in Betracht, wenn die Gesetzesverletzung, bei der zunächst der Schwerpunkt gesehen wurde, nicht nachweisbar ist.

Zuständig für die Ausscheidung ist im Ermittlungsverfahren die Staatsanwaltschaft (Abs. 1), nach Einreichung der Anklageschrift das Gericht (jedoch nur mit Zustimmung der StA, Abs. 2), in der Voruntersuchung der Untersuchungsrichter (ebenfalls nur mit Zustimmung der StA, Abs. 4).

8. § 154b behandelt die Einstellung bei Auslieferung und Ausweisung.

9. § 154c behandelt die Ermessensfreiheit gegenüber den Opfern einer Erpressung.

10. § 154d gibt der Staatsanwaltschaft die Möglichkeit, von der Erhebung der öffentlichen Klage abzusehen, wenn der Anzeiger nicht innerhalb einer ihm von der Staatsanwaltschaft zu stellenden Frist eine für die Beurteilung der Strafbarkeit entscheidende zivil- oder verwaltungsrechtliche Frage im Zivil- bzw. Verwaltungsrechtsweg klären läßt. Die Vorschrift will verhindern, daß der Anzeiger bei ungeklärten Fragen des Zivil- oder Verwaltungsrechts zur Ersparung eigener Aufwendungen die Staatsanwaltschaft und ihre Hilfsorgane unnötig in Bewegung setzt. Sie wird in der Praxis leider viel zu wenig beachtet.

B.

Lösung des Falles

I. Die bei der Polizei fernmündlich erstattete Strafanzeige

1. Gemäß § 158 Abs. 1 können Strafanzeigen und Strafanträge

a) bei der Staatsanwaltschaft,

b) bei allen Polizeidienststellen und Polizeibeamten,

c) bei den Amtsgerichten

angebracht werden, und zwar ohne Rücksicht auf die örtliche oder sachliche Zuständigkeit für das spätere Verfahren. Der Polizeibeamte war also grundsätzlich verpflichtet, die Anzeige des A entgegenzunehmen.

2. Was die Form der Strafanzeige betrifft, so bestimmt § 158 Abs. 1, daß eine Anzeige mündlich oder schriftlich erstattet werden kann. Mündlich erstattete Anzeigen sind zu beurkunden. Hieraus folgt: Wäre A persönlich bei der Polizeidienststelle erschienen, so wäre der diensthabende Beamte verpflichtet gewesen, in einem von ihm zu unterzeichnenden Protokoll festzuhalten, daß A erschienen ist, um gegen N Strafanzeige wegen falscher Anschuldigung und übler Nachrede zu erstatten. Zur Frage, ob die Unterschrift des Anzeigers A nicht nur ratsam, sondern unbedingt erforderlich gewesen wäre, s. u. Abschnitt 4.

3. Die Frage, ob man auch fernmündlich eine Anzeige zu Protokoll geben kann, ist im neueren Schrifttum nicht unbestritten. Allgemein anerkannt ist lediglich, daß telegrafische Erklärungen der schriftlichen Erklärung auch dann gleichstehen, wenn das Telegramm fernmündlich aufgegeben worden ist. Allgemein anerkannt ist weiter, daß bei telegrafischen Erklärungen eine etwaige Frist, z. B. Rechtsmittelfrist, schon dann gewahrt ist, wenn der Telegrammtext innerhalb der Frist der Behörde, für die er bestimmt ist, vom Postamt fernmündlich zugesprochen und von einer zur Entgegennahme der Erklärung befugten Person in einer den Wortlaut des Telegramms wiedergebenden amtlichen Notiz festgehalten wird (BGH 14, 233).

Diese Grundsätze können jedoch nicht ohne weiteres auf sonstige fernmündliche Erklärungen übertragen werden. Der BGH hat in der oben zitierten Entscheidung (aaO. 235) ausdrücklich betont, daß die fernmündliche Durchsage des Telegramminhalts keine Erklärung zu Protokoll der Geschäftsstelle darstellt. Daß sie trotzdem zur Fristwahrung ausreicht, wurde vielmehr lediglich aus der Besonderheit des Telegrafenbetriebs abgeleitet, wonach gemäß § 26 TelegrO auch die fernmündliche Durchsage als Zustellung des Telegramms gilt. Es besteht daher kein Anlaß, die für das Telegramm entwickelten Grundsätze auch auf andere fernmündliche Erklärungen zu übertragen. Die neuerdings von Schwarz-Kleinknecht (Einl. 5 G) vertretene Gegenansicht birgt zu viele Unsicherheitsfaktoren in sich und läßt sich mit dem eindeutigen Gesetzestext, wonach die mündliche Erklärung zu beurkunden ist, schlecht vereinbaren. Hieraus kann natürlich nicht der Schluß gezogen werden, daß ein Polizeibeamter auf fernmündlich erstattete Anzeigen überhaupt nicht einzuschreiten hat. Dies ergibt sich schon aus § 163 Abs. 1, wonach die Behörden und Beamten des Polizeidienstes strafbare Handlungen von Amts wegen zu erforschen haben. Eine formgerecht erstattete Anzeige ist also zum Einschreiten nicht erforderlich. Dies gilt insbesondere für begangene oder drohende Kapitalverbrechen, an deren Aufklärung bzw. Verhinderung ein besonderes öffentliches Interesse besteht. Anders bei Straftaten geringerer Bedeutung, die — wie im vorliegenden Fall — nur die Interessen einzelner berühren und keine Sofortmaßnahmen erfordern, um die Verdunkelung der Sache zu verhüten. Hier genügt es, wenn der Polizeibeamte bei einer fernmündlich erstatteten Anzeige den Anzeiger auf die zu beachtenden Formvorschriften hinweist.

4. Im vorliegenden Fall ist weiter zu beachten, daß die Anzeige des A nicht nur ein Offizialdelikt, nämlich die falsche Anschuldigung, sondern außerdem noch die Behauptung einer üblen Nachrede enthielt. Diese ist gemäß § 194 StGB ein Vergehen, das nur auf Antrag verfolgbar ist. Antragsdelikte unterliegen jedoch gemäß § 158 Abs. 2 insofern strengeren Formvorschriften als Offizialdelikte, als der Strafantrag nur bei Gericht und bei der StA zu Protokoll gegeben werden kann. Wer den Strafantrag bei der Polizei stellen will, muß seine Erklärung schriftlich abgeben. Dies schließt zwar nicht aus, daß der Strafantrag auch zu Protokoll einer Polizeidienststelle erklärt werden kann. In diesem Fall ist jedoch die Unterschrift des Antragstellers unentbehrlich, da andernfalls die Schriftform nicht gewahrt ist.

5. Im Ergebnis kann somit festgestellt werden, daß der Polizeibeamte sich zu Recht geweigert hat, die fernmündliche Erklärung des A entgegenzunehmen.

II. Welche Möglichkeiten der Verfahrensgestaltung hatte die StA nach Eingang der schriftlichen Anzeige?

1. Die StA hat grundsätzlich drei Möglichkeiten der Verfahrensgestaltung:

a) Bieten die Ermittlungen genügenden Anlaß zur Erhebung der öffentlichen Klage, so kann die StA entweder

aa) Antrag auf gerichtliche Voruntersuchung stellen (§§ 170 Abs. 1, 178ff.) oder

bb) Anklage beim zuständigen Gericht erheben (§§ 170 Abs. 1, 200ff.) oder

cc) Antrag auf Erlaß eines Strafbefehls stellen (§ 407ff.).

b) Die StA kann das Verfahren einstellen, wobei die Gründe, die zur Einstellung führen, verschiedener Natur sein können. In der täglichen Praxis kommen vor allem folgende Einstellungsgründe in Betracht:

aa) Es fehlt an einem zur Erhebung der Anklage erforderlichen hinreichenden Tatverdacht, d. h. die zur Verfügung stehenden Beweise sind nicht so stark, daß sie im Falle einer Hauptverhandlung die Verurteilung des Angeklagten mit einer gewissen Wahrscheinlichkeit erwarten lassen.

bb) Es besteht kein öffentliches Interesse an der Strafverfolgung, z. B. bei Privatklagedelikten (vgl. § 376), bei Übertretungen (§ 153 Abs. 1) sowie bei bestimmten Vergehen, bei denen die Schuld des Täters gering ist (§ 153 Abs. 2).

cc) Die zu erwartende Strafe oder Maßregel der Sicherung und Besserung fällt gegenüber einer anderen, bereits rechtskräftig verhängten oder noch zu erwartenden Strafe oder Maßregel der Sicherung und Besserung nicht ins Gewicht (§ 154).

dd) Der Aufenthalt des Beschuldigten ist nicht bekannt. In diesem Fall ist die Einstellung nur vorläufig, d. h. das Verfahren wird wieder aufgenommen, sobald der Aufenthalt des Beschuldigten ermittelt ist. Als Fahndungsmaßnahmen kommen vor allem in Betracht: Ausschreiben des Beschuldigten zur Aufenthaltsermittlung oder zur Festnahme, wobei eine Ausschreibung zur Festnahme nur in Verbindung mit einem Haftbefehl möglich ist, ferner die Hinterlegung einer Such- und Steckbriefnachricht beim Strafregister (letzteres auch grundsätzlich nur in Verbindung mit einem Haftbefehl möglich, vgl. § 131 Abs. 1 und Abs. 2).

ee) Der Strafverfolgung steht ein Verfahrenshindernis (z. B. Verjährung) entgegen oder es fehlt an einer Verfahrensvoraussetzung (z. B. der erforderliche Strafantrag ist nicht oder nicht rechtzeitig gestellt).

c) Die StA leitet neue Ermittlungen ein, da der Sachverhalt nicht genügend geklärt ist. Ob die StA die Ermittlungen selbst durchführt oder ob sie ein entsprechendes Ermittlungsersuchen an die zuständigen Polizeidienststellen richtet (vgl. § 152 GVG) oder ob sie eine richterliche Untersuchungshandlung für erforderlich hält (vgl. § 162), steht in ihrem pflichtgemäßen Ermessen.

2. Da im vorliegenden Fall nur die schriftliche Anzeige des A vorliegt und weder der Beschuldigte N noch etwaige Zeugen vernommen worden sind, kommt nach Sachlage weder die Erhebung einer Anklage noch der Antrag auf Erlaß eines Strafbefehls in Betracht. Sowohl die Erhebung der Anklage als auch der Antrag auf Erlaß eines Strafbefehls setzen nämlich voraus, daß dem Beschuldigten zuvor die Möglichkeit gegeben worden ist, sich zu den gegen ihn erhobenen Vorwürfen zu äußern und zu verteidigen (vgl. § 163a Abs. 1). Eine gerichtliche Voruntersuchung scheidet nach Sachlage schon deshalb aus, weil die dem N zur Last gelegte Tat zum Zuständigkeitsbereich des Einzelrichters gehört (eine Anklage zum Schöffengericht wäre zumindest unüblich) und das Gesetz für diesen Fall eine gerichtliche VU nicht vorsieht (vgl. § 178). Eine sofortige Einstellung des Verfahrens mangels hinreichenden Tatverdachts ist nach Sachlage ebenfalls nicht naheliegend, da der Sachverhalt — wie erwähnt — zu wenig geklärt ist. Die StA dürfte also zur Klärung des Sachverhalts die Einleitung eines Ermittlungsverfahrens veranlassen (s. o. 1 c), sofern sie sich nicht dazu entschließt, das Verfahren ohne weitere Ermittlungen gemäß § 153 Abs. 2 wegen Geringfügigkeit einzustellen, wozu sie jedoch der Zustimmung des zuständigen Amtsrichters bedürfte. Leitet sie Ermittlungen ein, so sind diese auf den rechtlichen Gesichtspunkt der falschen Anschuldigung zu beschränken. Eine Verfolgung unter dem Gesichtspunkt der üblen Nachrede ist nicht mehr möglich, da die fernmündlich erstattete Strafanzeige bei der Polizei — wie oben in Abschnitt I 4 darlegt — keinen rechtswirksamen Strafantrag enthielt und der am 8. 7. 1965 bei der StA eingegangene schriftliche Strafantrag nicht mehr innerhalb der 3-Monatsfrist des § 61 StGB, somit zu spät, gestellt worden ist.

III. Könnte A auf den Privatklageweg verwiesen werden?

A kann nicht auf den Privatklageweg verwiesen werden, da zwar die üble Nachrede zum Kreis der Privatklagedelikte gehört (vgl. § 374 Abs. 1 Nr. 2), nicht dagegen die hiermit in Idealkonkurrenz stehende falsche Anschuldigung. Unzulässig wäre es auch, A lediglich hinsichtlich der üblen Nachrede auf den Privatklageweg zu verweisen und die falsche Anschuldigung von Amts wegen weiter zu verfolgen. Dies könnte nämlich zu dem untragbaren Ergebnis führen, daß zwei Gerichte gleichzeitig über dieselbe Tat zu entscheiden hätten.

IV. Welche Rechtsmittel hat A bei einer Einstellung mangels hinreichenden Tatverdachts?

1. Gemäß § 171 Satz 1 hat die StA, wenn sie das Verfahren einstellt, dem Anzeiger die Einstellung mitzuteilen, und zwar unter Angabe der Gründe, die zur Einstellung geführt haben.

2. Ist der Anzeiger (Antragsteller) zugleich der Verletzte, so hat er gemäß § 172 Abs. 1 innerhalb von 2 Wochen nach Bekanntmachung der Entscheidung, die formlos mitgeteilt werden kann, das Recht der Beschwerde. Hierüber ist er gemäß § 171 Satz 2 zu belehren. Unterbleibt die Rechtsmittelbelehrung, so wird der Lauf der Rechtsmittelfrist gehemmt (vgl. § 172 Abs. 1 Satz 3).

3. Als Verletzter i. S. der §§ 171, 172 gilt jeder, der durch die behauptete strafbare Handlung unmittelbar in seinen rechtlich geschützten Interessen berührt worden ist. So ist bei einer falschen Anschuldigung jeder als Verletzter anzusehen, gegen den sich die Anschuldigung gerichtet hat, und zwar ohne Rücksicht darauf, was aus der Anzeige geworden ist. Im vorliegenden Fall besteht daher kein Zweifel, daß A als Verletzter anzusehen ist, obwohl die StA die gegen ihn gerichtete Anzeige des N mangels öffentlichen Interesses überhaupt nicht weiter verfolgt, sondern N auf den Privatklageweg verwiesen hat. Dasselbe gilt für die in der falschen Anschuldigung enthaltene üble Nachrede.

4. Macht A von seinem Beschwerderecht Gebrauch, so kann er die Beschwerde sowohl bei der StA, deren Entscheidung er angreift, als auch beim Generalstaatsanwalt, der über die Beschwerde zu entscheiden hat, einlegen. Wählt er die erstere Möglichkeit, so kann die StA, wenn sie die Beschwerde für begründet hält, die Ermittlungen wieder aufnehmen. Die Beschwerde wird damit gegenstandslos. Hält die StA die Beschwerde für unbegründet, so legt sie sie mit den einschlägigen Ermittlungsakten dem Generalstaatsanwalt zur Entscheidung vor.

5. Hält auch der Generalstaatsanwalt die Beschwerde für unbegründet, so hat der Antragsteller, der zugleich der Verletzte ist, das Recht, gegen den ablehnenden Bescheid, der ihm — wiederum mit Gründen — mitzuteilen ist, innerhalb eines Monats nach Bekanntmachung **Antrag auf gerichtliche Entscheidung** zu stellen (§ 172 Abs. 2 Satz 1). Hierüber ist er gemäß § 172 Abs. 2 Satz 2 zu belehren. Unterbleibt die Belehrung, so wird die Rechtsmittelfrist gehemmt.

6. Der Antrag auf gerichtliche Entscheidung, über den gemäß § 172 Abs. 4 grundsätzlich das Oberlandesgericht (nur ausnahmsweise der BGH) zu entscheiden hat, ist allgemein unter dem Namen **Klageerzwingungsverfahren** bekannt. Es handelt sich hierbei um ein gerichtliches Verfahren, in dem sowohl der Antragsteller als auch der Beschuldigte nach Art. 103 I GG Anspruch auf rechtliches Gehör haben (vgl. BVerfGer JZ 65, 357). Sinn und Zweck des Verfahrens ist es, das Legalitätsprinzip zu gewährleisten. Da das Oberlandesgericht, wenn es den Antrag des Anzeigers für begründet hält, die Erhebung der öffentlichen Klage neu anordnet, die Durchführung des Beschlusses aber nach wie vor in den Händen der StA liegt (vgl. § 175), kann das Klageerzwingungsverfahren entgegen der noch in der Vorauflage vertretenen Ansicht nicht als eine Durchbrechung des in § 152 Abs. 1 deklarierten Anklagemonopols der StA bezeichnet werden. Es handelt sich vielmehr nur um eine Sicherung des Legalitätsprinzips (vgl. Schwarz-Kleinknecht Anm. zu § 172 StPO). Wegen der Einzelheiten des Verfahrens wird auf die einschlägigen Bestimmungen (§§ 172—177) verwiesen.

7. Neben der förmlichen Beschwerde des § 172 Abs. 1 und dem Antrag auf gerichtliche Entscheidung durch das Oberlandesgericht (§ 172 Abs. 2) hat A noch die Möglichkeit der **Dienstaufsichtsbeschwerde**. Diese ist weder frist- noch formgebunden und auch nicht davon abhängig, ob der Antragsteller zugleich der Verletzte ist. Sie ist auch im Gesetz nicht besonders geregelt, sondern ergibt sich aus dem hierarchischen Aufbau der StA, wonach die Beamten der StA im Gegensatz zu den Richtern weisungsgebunden sind, d. h. den dienstlichen Anweisungen ihres Vorgesetzten nachzukommen haben (vgl. §§ 146, 147 GVG). Hieraus ergibt sich auch der für die Dienstaufsichtsbeschwerde vorgesehene Instanzenzug: Weist der Generalstaatsanwalt eine Dienstaufsichtsbeschwerde als unbegründet zurück, so ist hiergegen die weitere Beschwerde an den Justizminister gegeben. Eine gerichtliche Instanz kann dagegen nicht angerufen werden.

V. Welche Rechtsmittel hat A bei einer Einstellung gemäß § 153?

1. Da, wie in Abschnitt IV näher ausgeführt, das Klageerzwingungsverfahren nur der Durchsetzung des Legalitätsprinzips dient, die Einstellung des Verfahrens gemäß § 153 Abs. 2 aber nicht dem Legalitätsprinzip, sondern dem Opportunitätsprinzip unterliegt (vgl. Vorbemerkung zu diesem Fall), ist ein Klageerzwingungsverfahren in der Form eines Antrags auf gerichtliche Entscheidung nicht gegeben. Das Gericht ist nicht befugt, eine Zweckmäßigkeitsentscheidung der StA zu prüfen. Dies ergibt sich seit der Neufassung des § 172 Abs. 2 durch das 3. StrÄndG nicht nur aus der Natur der Sache, sondern auch unmittelbar aus dem Gesetzeswortlaut.

2. Aus den Ausführungen zu 1. folgt weiter, daß A auch entgegen dem Wortlaut des § 172 Abs. 1 nicht die förmliche Beschwerde hat. Diese ist gewissermaßen eine Art Vorschaltbeschwerde für das Klageerzwingungsverfahren, indem nämlich verhindert werden soll, daß die Oberlandesgerichte mit Anträgen auf gerichtliche Entscheidung überhäuft werden. Es kann daher der allgemeine Grundsatz aufgestellt werden: In den Fällen, in denen der Antragsteller kein Klageerzwingungsverfahren hat, steht ihm auch kein Recht auf die förmliche Beschwerde zu. Er hat vielmehr nur das Recht auf Dienstaufsichtsbeschwerde. Dies bedeutet für die StA insofern eine Erleichterung, als sie die Einstellungsverfügung zwar mit Gründen mitteilen, aber nicht mit einer Rechtsmittelbelehrung versehen muß (vgl. Schwarz-Kleinknecht § 171 Anm. 4).

VI. Kann A bei Versäumung der Antragsfrist Wiedereinsetzung in den vorigen Stand beantragen?

1. Zunächst ist festzustellen, daß die Einstellungsverfügung der StA keinen Verbrauch der Strafklage bewirkt. Hierbei ist unerheblich, ob das Verfahren mangels hinreichenden Tatverdachts oder wegen Geringfügigkeit eingestellt wurde. Im Wege der Privatklage kann A allerdings nur eine Verurteilung wegen übler Nachrede, nicht auch wegen falscher Anschuldigung erreichen.

2. Da A — wie bereits dargelegt — innerhalb der 3-Monatsfrist des § 61 StGB keinen rechtswirksamen Strafantrag eingebracht hat, wirft sich die Frage auf, ob er wegen der Versäumung der Antragsfrist Wiedereinsetzung in den vorigen Stand beantragen kann. Diese Frage ist zu verneinen. Abgesehen davon, daß berufliche Inanspruchnahme keinen „unabwendbaren Zufall“ i. S. des § 44 darstellt, finden die Vorschriften über die Wiedereinsetzung in den vorigen Stand nur auf prozessuale Fristen Anwendung, d. h. auf Fristen im Rahmen eines gerichtlichen Verfahrens, z. B. auf Rechtsmittelfristen, nicht dagegen auf die Antragsfrist des § 61 StGB (vgl. Schwarz-Kleinknecht § 44 Anm. 1).

ZU FALL 3

A.

Vorbemerkung: Allgemeine Übersicht über den Verlauf des Strafverfahrens bis zur Hauptverhandlung

I. Das Strafverfahren zerfällt in drei Hauptteile:

1. Das Vorverfahren (§§ 151—197). Zu ihm gehören:

a) das sog. vorbereitende Verfahren, das im wesentlichen in der Hand des Staatsanwalts liegt (§§ 151—177);

b) die gerichtliche Voruntersuchung (§§ 178—197).

2. Das Hauptverfahren.

Zum Hauptverfahren im weiteren Sinn gehören:

a) das Eröffnungsverfahren (§§ 198—212b);

b) die Vorbereitung der Hauptverhandlung (§§ 213—225);

c) die Hauptverhandlung (§§ 226—275).

3. Das Vollstreckungsverfahren, das die Verwirklichung der vom Gericht gegen den Angeklagten verhängten Strafe bzw. Sicherungsmaßregel bezweckt und das allgemein in der Hand des Staatsanwalts liegt.

II. Die Anklage

1. Die Anklage ist die unbedingte Voraussetzung einer jeden gerichtlichen Untersuchung bzw. Strafentscheidung (sog. **Akkusationsprinzip**, § 151).

2. Zur Erhebung der öffentlichen Klage ist gemäß § 152 I die Staatsanwaltschaft berufen (sog. **Anklagemonopol der Staatsanwaltschaft**). Das Anklagemonopol der StA wird durchbrochen im Privatklageverfahren (§§ 374ff.) und im Strafverfügungsverfahren (§ 413).

a) Die sachliche und örtliche Zuständigkeit des Staatsanwalts bestimmt sich nach der Zuständigkeit der Gerichte, bei denen die Staatsanwaltschaft besteht (§§ 142, 143 GVG).

b) Die Staatsanwaltschaft ist eine abhängige Behörde. Im Gegensatz zu den nur dem Gesetz unterworfenen Richtern sind die Staatsanwälte den dienstlichen Weisungen ihrer Vorgesetzten unterworfen (§ 146 GVG), und zwar nicht nur solchen allgemeiner Natur, sondern auch speziellen Anweisungen in der konkreten Sache. Das Weisungsrecht des vorgesetzten Beamten ist jedoch nicht uneingeschränkt. Seine Grenzen ergeben sich aus dem in § 152 Abs. 2 deklarierten Legalitätsprinzip. Hat ein StA Bedenken gegen die Rechtmäßigkeit der ihm erteilten Weisung, so ist er nicht nur berechtigt, sondern sogar verpflichtet, seine Bedenken geltend zu machen. Keinesfalls kann er gezwungen werden, gegen seine Überzeugung Anklage zu erheben oder ein Verfahren einzustellen. Entschließt er sich entgegen seiner Überzeugung zu einer Anklage oder Einstellung, so setzt er sich dadurch der Gefahr einer Strafbarkeit wegen Verfolgung Unschuldiger (§ 344 StGB) oder wegen Begünstigung im Amt (§ 346 StGB) aus. Uneingeschränkt weisungsgebunden ist der StA nur dort, wo Ermessensfragen zur Entscheidung stehen, z. B. bei der Frage, ob bei einem Privatklagedelikt das öffentliche Interesse an der Strafverfolgung zu bejahen ist oder nicht.

c) Aus der schon erwähnten Organisation der Staatsanwaltschaft ergibt sich ferner das sog. Devolutions- und Substitutionsrecht der oberen staatsanwaltschaftlichen Beamten, wonach jeder erste Beamte einer Staatsanwaltschaft bei jedem Gericht seines Bezirks die amtlichen Verrichtungen selbst vornehmen oder auch an Stelle des an sich zuständigen Beamten einen anderen mit der Wahrnehmung der Geschäfte beauftragen kann (§ 145 GVG).

d) Ausschließungs- und Ablehnungsgründe, wie sie gemäß §§ 22 ff. für Richter bestehen, gibt es für die Staatsanwaltschaft **nicht**.

3. Die **Erhebung der Klage** geschieht regelmäßig entweder durch den Antrag auf Voruntersuchung oder durch die Einreichung einer Anklageschrift (§ 170). (Wegen der Besonderheit im beschleunigten Verfahren s. unten Abschn. VII und bei der Nachtragsanklage Fall 5, Nachtrag. Abschn. IV.) Als dritte Form der „Klageerhebung" hat schließlich der Antrag auf Erlaß eines Strafbefehls zu gelten (siehe Fall 14, Abschnitt A II, S. 167).

In dem Antrag auf Voruntersuchung ist stets die Erhebung der Klage enthalten, in der Einreichung der Anklageschrift nur dann, wenn nicht eine Voruntersuchung vorausgegangen ist (§ 199), andernfalls hat, da die Klage bereits erhoben war, die Einreichung der Anklageschrift nur die Bedeutung einer ein neues Prozeßstadium einleitenden Prozeßhandlung (§ 198).

4. Der **Abschluß der Ermittlungen** (§ 169a).

a) Sind die Ermittlungen abgeschlossen, so vermerkt die StA, wenn sie die Erhebung der Anklage beabsichtigt, den Abschluß der Ermittlungen in den Akten (§ 169a Abs. 1). Dieser Vermerk wird in der Praxis üblicherweise mit der Abschlußverfügung verbunden.

b) Gemäß § 407 Abs. 4 Satz 1 ist der Abschluß der Ermittlungen auch dann aktenkundig zu machen, wenn die StA den Antrag auf Erlaß eines Strafbefehls erwägt. Für das beschleunigte Verfahren ergibt sich dieselbe Notwendigkeit aus § 212 Abs. 2 Satz 1. Lediglich für den Fall, daß die StA die öffentliche Klage in der Form eines Antrags auf gerichtliche Voruntersuchung beabsichtigt, ist ein entsprechender Vermerk — der Natur der Sache entsprechend (die Ermittlungen sind ja noch nicht abgeschlossen) — entbehrlich.

c) Die praktische Bedeutung des aktenmäßig festzuhaltenden Abschlusses der Ermittlungen zeigt sich in folgenden Punkten:

aa) Der Verteidiger hat nunmehr das Recht auf uneingeschränkte Akteneinsicht (§ 147 Abs. 6).

bb) Beantragt die StA entgegen der Grundsatzregelung des § 141 Abs. 1 bereits zu diesem Zeitpunkt die Bestellung eines Offizialverteidigers, so ist diesem Antrag stattzugeben (§ 141 Abs. 3 Satz 2).

cc) Beabsichtigt die StA die Erhebung der Anklage vor dem Schöffengericht oder einem Gericht höherer Ordnung, so hat sie gemäß § 169a Abs. 2 dem Beschuldigten und — sofern bereits bestellt — seinem Verteidiger den Abschluß der Ermittlungen, der sonst nur aktenkundig zu machen ist, mitzuteilen. Hierbei ist dem Beschuldigten die Möglichkeit einzuräumen, innerhalb einer von der StA zu bestimmenden angemessenen Frist zu erklären, ob noch Beweiserhebungen beantragt oder Einwendungen gegen die Anklageerhebung vorgebracht werden. Diese schriftliche Schlußanhörung des § 169a Abs. 2 darf nicht mit dem noch zu erörternden mündlichen Schlußgehör des § 169b verwechselt werden.

5. Das Schlußgehör (§§ 169b, 169c).

a) In den bereits unter Ziff. 4 erörterten Fällen des § 169a Abs. 2, d. h. wenn die StA erwägt, Anklage vor dem Schöffengericht oder einem Gericht höherer Ordnung zu erheben, kann der Beschuldigte nach Abschluß der Ermittlungen auch beantragen, daß er durch den StA zu dem Ergebnis der Ermittlungen gehört wird (§ 169b Abs. 1). Über dieses durch die Strafprozeßnovelle vom 19. 12. 1964 neu geschaffene Recht ist er bei der Mitteilung über den Abschluß der Ermittlungen ausdrücklich zu belehren (§ 169b Abs. 3). Die StA ist allerdings nur dann gehalten, das Schlußgehör zu gewähren, wenn sie beim Landgericht oder einem Gericht höherer Ordnung Anklage erheben will. Erwägt sie die Anklage vor dem Schöffengericht, so ist sie zur Gewährung des Schlußgehörs nur verpflichtet, wenn es mit Rücksicht auf Art und Umfang der Beschuldigung oder aus anderen Gründen zweckmäßig erscheint (§ 169b Abs. 1 Satz 2). Umgekehrt wird ein gut beratener Beschuldigter nicht in jedem Fall von der Möglichkeit des Schlußgehörs Gebrauch machen. Er wird den Antrag auf Schlußgehör in der Regel nur dann stellen, wenn er die aus seiner Sicht nicht unbegründete Hoffnung hat, den StA von seinem bisherigen Standpunkt abzubringen und entweder die Anklage überhaupt zu vermeiden oder die Anklageerhebung unter einem milderen rechtlichen Gesichtspunkt zu erreichen.

b) Das Schlußgehör wird nicht dadurch entbehrlich, daß eine gerichtliche Voruntersuchung stattgefunden hat (§ 197 Abs. 3).

c) Die Pflicht zur Gewährung des Schlußgehörs entfällt,

aa) wenn der Aufenthalt des Beschuldigten unbekannt ist und er auch keinen Verteidiger hat oder der Verteidiger in dem festgesetzten Termin ohne ausreichende Entschuldigung ausbleibt (§ 169c Abs. 1 Nr. 1, Abs. 2);

bb) wenn die Teilnahme des Beschuldigten in angemessener Zeit wegen großer Entfernung unverhältnismäßig große Schwierigkeiten bereiten würde (z. B. bei längerem Auslandsaufenthalt) und er auch keinen Verteidiger hat oder der Verteidiger in dem festgesetzten Termin unentschuldigt ausbleibt (§ 169c Abs. 1 Nr. 2, Abs. 2);

cc) wenn der Beschuldigte zu dem festgesetzten Termin ohne genügende Entschuldigung ausbleibt und auch nicht durch einen Verteidiger vertreten ist (§ 169c Abs. 1 Nr. 3);

dd) wenn die StA bei einer zur Zuständigkeit des Schöffengerichts gehörenden Sache Antrag auf Erlaß eines Strafbefehls stellt (§ 407 Abs. 4 Satz 2);

ee) wenn die StA beim Schöffengericht Antrag auf Aburteilung im beschleunigten Verfahren stellt (§ 212 Abs. 2 Satz 2).

d) Die Durchführung des Schlußgehörs erfolgt in nichtöffentlicher Sitzung durch den Staatsanwalt. Teilnahmeberechtigt sind der Beschuldigte, sein Verteidiger, sein gesetzlicher Vertreter, in Verfahren gegen Jugendliche und Heranwachsende auch die Erziehungsberechtigten (vgl. §§ 67 Abs. 1, 109 Abs. 1 JGG). Das wesentliche Ergebnis des Schlußgehörs ist aktenkundig zu machen (§ 169b Abs. 5). Ein förmliches Protokoll ist ratsam, aber nicht erforderlich. In einfach gelagerten Fällen genügt bereits ein Aktenvermerk des Staatsanwalts.

e) Werden aufgrund des Schlußgehörs neue Ermittlungen durchgeführt, so ist der Abschluß der weiteren Ermittlungen wiederum gemäß § 169a Abs. 1 aktenkundig festzuhalten. Die nochmalige Gewährung eines Schlußgehörs ist jedoch nur noch fakultativ (§ 169b Abs. 4).

f) Wird das Schlußgehör entgegen einem Antrag des Beschuldigten oder seines Verteidigers versagt, so ist hiergegen nur die Dienstaufsichtsbeschwerde gegeben. Die Revision kann auf einen Mangel hinsichtlich des Schlußgehörs ebensowenig gestützt werden wie auf das Unterbleiben der gerichtlichen Voruntersuchung.

6. Die Anklageschrift hat eine doppelte Funktion.

a) Sie ist dazu bestimmt, das Gericht über die Sachlage in tatsächlicher und rechtlicher Beziehung zu informieren und ihm dadurch die Möglichkeit zur Entscheidung darüber zu geben, ob die notwendigen Voraussetzungen für die Eröffnung des Hauptverfahrens gegeben sind.

b) Die Anklageschrift ist ferner dazu bestimmt, den Angeschuldigten über die Richtung und Begründung der Anschuldigung und insbesondere über die gegen ihn vorzubringenden Beweise durch ein sog. Ermittlungsergebnis in Kenntnis zu setzen. Von einem solchen Ermittlungsergebnis kann gemäß § 200 Abs. 2 nur abgesehen werden, wenn Anklage beim Amtsrichter als Einzelrichter erhoben wird.

7. Die **zwingenden Erfordernisse jeder Anklageschrift** sind nach § 200:

a) die Bezeichnung des Angeschuldigten und seines Verteidigers;

b) die Bezeichnung der Tat, d.h. des geschichtlichen Vorgangs, der den Gegenstand der Anklage bildet, und die Angabe, welcher strafrechtliche Tatbestand durch diesen Vorgang nach Ansicht der Staatsanwaltschaft verwirklicht wird;

c) die Angabe der Gesetzesbestimmungen (Paragraphen);

d) die Angabe der Beweismittel, und zwar nicht nur der belastenden, sondern auch der entlastenden;

e) die Angabe des Gerichts, vor welchem die Hauptverhandlung stattfinden soll;

f) die Aufnahme eines Ermittlungsergebnisses (s. oben Ziff. 6b).

8. Der sog. **Anklagesatz.**

Die Bezeichnung des Angeschuldigten, der ihm zur Last gelegten Tat nebst Zeit und Ort ihrer Begehung (sog. konkreter Tatbestand) sowie die gesetzlichen Merkmale der strafbaren Handlung (sog. abstrakter Tatbestand) und die anzuwendenden Strafvorschriften werden als Anklagesatz bezeichnet. Der Anklagesatz bildet das Kernstück der Anklageschrift. Er ist möglichst klar und straff zu fassen, zumal er seit Inkrafttreten der Strafprozeßnovelle v. 19. 12. 1964 in der Hauptverhandlung zu verlesen ist und damit für die Hauptverhandlung die bisherige Rolle des Eröffnungsbeschlusses übernimmt (vgl. § 243 Abs. 3).

9. Mängel der Anklageschrift.

Die Anklage ist eine unentbehrliche Voraussetzung für das gerichtliche Verfahren. Sie unterliegt prozessual den für die Prozeßvoraussetzungen entwickelten Grundsätzen. (Siehe hierzu Nachtrag zu Fall 7, S. 116.) Weist die Anklage Mängel auf, so hat das Gericht die Eröffnung des Hauptverfahrens bis zur Beseitigung des Mangels abzulehnen. Ergibt sich erst im Laufe des gerichtlichen Verfahrens, daß die Anklage fehlt (wichtig vor allem dort, wo eine Nachtragsanklage erforderlich wird!), so ist dieser Mangel in jeder Lage des Verfahrens, also auch in der Revisionsinstanz, von Amts wegen zu prüfen. Entsprechendes gilt, wenn die Anklage, abgesehen von den Fällen der §§ 212, 266, nicht schriftlich erhoben wurde oder sonst erhebliche Mängel aufweist, z.B. wenn Tat und Täter nicht hinreichend bestimmt sind (Eb. Schmidt a. a. O. Teil I Nr. 136). Im übrigen aber kann die Revision auf einen Mangel der Anklageschrift nicht gestützt werden. Zum Ganzen siehe E. 31, 100 sowie BayObLG JR 59, 68 m. Anm. Sarstedt.

10. Die Zurücknehmbarkeit der Klage.

a) Gemäß § 156 kann die öffentliche Klage nur bis zur Eröffnung der Voruntersuchung oder des Hauptverfahrens zurückgenommen werden.

b) Beantragt die Staatsanwaltschaft nach geführter Voruntersuchung, den Angeschuldigten außer Verfolgung zu setzen, so kann sie dieses Ergebnis nicht erzwingen. Vielmehr ist das Gericht nach Maßgabe des § 208 Abs. 1 befugt, trotzdem die Eröffnung des Hauptverfahrens zu beschließen; die Staatsanwaltschaft ist in diesem Falle gemäß § 208 Abs. 2 verpflichtet, eine dem Beschluß entsprechende Anklageschrift einzureichen.

c) Wegen Zurücknahme des Antrags auf Strafbefehl siehe Fall 14, Abschnitt A VII, S 168.

d) Wegen Zurücknahme der Privatklage, siehe Fall 16, Abschnitt A VII 5, S. 189.

III. Die gerichtliche Voruntersuchung (§§ 178—197).

1. Sie ist dazu bestimmt, die gegen den Angeschuldigten wegen einer bestimmten Tat erhobene Beschuldigung so weit zu klären, daß eine Entscheidung des Gerichts darüber erfolgen kann, ob das Hauptverfahren zu eröffnen oder der Angeschuldigte außer Verfolgung zu setzen ist (§ 190). Sie dient daher demselben Zweck wie das vorbereitende Verfahren, jedoch mit dem Unterschied, daß in der Voruntersuchung bereits die Anschuldigung wegen einer bestimmten Tat gegen eine bestimmte Person als Täter oder Teilnehmer gerichtet ist.

Der Wert der Voruntersuchung liegt im allgemeinen darin, daß der Leiter der Voruntersuchung die zur Durchführung des Verfahrens notwendigen Zwangsmaßnahmen wie Verhaftung, Beschlagnahme und Durchsuchung in eigener Person vornehmen kann, also ohne jeweils die Mitwirkung des für diese Maßnahmen an sich zuständigen Gerichts (in der Regel des Amtsgerichts) in Anspruch nehmen zu müssen.

2. Eine Voruntersuchung findet statt:

a) In den zur Zuständigkeit des Bundesgerichtshofs, des Oberlandesgerichts im ersten Rechtszuge oder des Schwurgerichts gehörenden Strafsachen. Im letztgenannten Falle (Schwurgericht) entfällt eine Voruntersuchung, wenn der Beschuldigte durch einen Richter vernommen ist, der Tatbestand einfach liegt und die Voruntersuchung nach dem Ermessen der Staatsanwaltschaft nicht erforderlich ist. Doch kann der Angeschuldigte in der Erklärung über die Anklageschrift (§ 201) die Durchführung einer Voruntersuchung beantragen; dem Antrag ist stattzugeben (§ 178 Abs. 1).

b) In den zur Zuständigkeit der Strafkammer im ersten Rechtszug und zur Zuständigkeit des Schöffengerichts gehörenden Sachen, wenn der Angeschuldigte in der Erklärung über die Anklageschrift (§ 201) oder die Staatsanwaltschaft dies beantragt und erhebliche Gründe geltend macht, aus denen eine Voruntersuchung erforderlich erscheint (§ 178 Abs. 2).

3. Über den Antrag auf Eröffnung der Voruntersuchung hat zunächst der Untersuchungsrichter zu entscheiden (§ 184). Dabei ist zu beachten, daß die Grenzen der richterlichen Prüfung bei Eröffnung der VU insofern viel enger gezogen sind als bei der Prüfung des Antrags auf Eröffnung des Hauptverfahrens nach § 203, als der Antrag auf gerichtliche VU nur aus rechtlichen, nicht auch aus tatsächlichen Gründen abgelehnt werden kann, also insbesondere nicht mit der Begründung, das Beweisergebnis sei unzureichend. Glaubt der UR, daß ein gesetzliches Hindernis i. S. des § 180 vorliege, so legt er die Akten der StrK zur Entscheidung vor (§ 73 GVG). Diese lehnt durch Beschluß entweder den Antrag der StA (oder des Angeschuldigten) ab (§ 183, anfechtbar mit der sofortigen Beschwerde) oder ordnet durch unanfechtbaren Beschluß die Eröffnung der VU an (§ 182 II), aufgrund dessen der UR die Eröffnung zu verfügen hat.

4. Die Leitung der Voruntersuchung steht nach § 184 dem Untersuchungsrichter zu. In einigen Fällen hat das Gericht an Stelle des Untersuchungsrichters zu entscheiden, so z. B. bei Unterbringung in einer Heil- und Pflegeanstalt zur Vorbereitung eines Gutachtens über den Geisteszustand des Beschuldigten (§ 81). Für die Entscheidung von Beschwerden gegen den Untersuchungsrichter ist gemäß § 304 ebenfalls die Strafkammer zuständig.

5. Ein Recht auf Teilnahme an der Voruntersuchung haben die Prozeßbeteiligten nach der Neuregelung durch die Strafprozeßnovelle vom 19. 12. 1964 nicht nur bei der vorweggenommenen Beweisaufnahme des § 193, sondern auch bei der Vernehmung des Angeschuldigten; ebenso wie im vorbereitenden Verfahren (§ 169 Abs. 2) sind der Staatsanwaltschaft und dem Verteidiger die Anwesenheit bei der Vernehmung zu gestatten (§ 192 Abs. 2).

6. Nach Schluß der Voruntersuchung legt der Untersuchungsrichter der Staatsanwaltschaft die Akten zur Stellung ihrer Anträge vor. Der Staatsanwalt erhebt nun entweder Anklage in derselben Form, wie wenn keine Voruntersuchung stattgefunden hätte, oder er stellt den Antrag bei Gericht, den Angeschuldigten außer Verfolgung zu setzen. Der Staatsanwalt kann also das Verfahren nicht selbst einstellen und hat auch keine Möglichkeit, die Außerverfolgungsetzung zu erzwingen (vgl. § 208).

IV. Die Eröffnung des Hauptverfahrens (§§ 198 bis 212b).

1. Nach durchgeführter Voruntersuchung entscheiden gemäß § 198 in den zur Zuständigkeit des Bundesgerichtshofs oder der Oberlandesgerichte gehörigen Sachen diese Gerichte (Strafsenate), sonst das Landgericht (Strafkammer) darüber, ob das Hauptverfahren zu eröffnen oder der Angeschuldigte außer Verfolgung zu setzen oder das Verfahren vorläufig einzustellen ist.

2. Der Beschluß über die Eröffnung des Hauptverfahrens (§§ 203, 207), der den Gegensatz zu der in § 204 bezeichneten Entscheidung bildet, ist zu erlassen, wenn das Gericht auf Grund des ihm von der Staatsanwaltschaft vorgelegten Aktenmaterials die Überzeugung gewinnt, daß der Angeschuldigte einer strafbaren Handlung hinreichend verdächtig, d. h. daß eine strafbare und schuldhafte Handlung des Angeschuldigten wahrscheinlich ist. Dabei ist das Gericht bei seiner Beschlußfassung an die Anträge der Staatsanwaltschaft nicht gebunden (§ 206). Es kann also eröffnen, während die Staatsanwaltschaft Außerverfolgungsetzung beantragt, und umgekehrt. Es ist ferner zur Umgestaltung der Klage in demselben Umfang befugt wie gemäß § 264 das erkennende Gericht gegenüber dem Eröffnungsbeschluß (siehe hierzu Nachtrag zu Fall 5, Abschn. I S. 86); es kann also insbesondere die Tat rechtlich anders qualifizieren, als es in der Anklage geschehen ist, z. B. nicht als Raub, sondern als Diebstahl oder umgekehrt. Dadurch kann u. U. auch eine Änderung in der sachlichen Zuständigkeit eintreten, so daß evtl. das Hauptverfahren vor einem anderen als dem in der Anklageschrift bezeichneten Gericht eröffnet werden muß.

3. Was die Formulierung des EB betrifft, so ist zu beachten, daß der EB seit Inkrafttreten der Strafprozeßnovelle v. 19. 12. 1964 den hinreichenden Tatverdacht, ohne den der EB nicht ergehen darf, nicht mehr selbst ausspricht, sondern nur noch „die Anklage zur Hauptverhandlung zuläßt" und das Gericht bezeichnet, vor dem die HV stattfinden soll (§ 207 Abs. 1). Werden Änderungen gegenüber der Anklage vorgenommen, so sind diese in dem Beschluß darzulegen (§ 207 Abs. 2).

4. Mit dem Eröffnungsbeschluß ist die Sache bei dem erkennenden Gericht anhängig geworden; diesem steht von nun an die Ausübung der richterlichen Gewalt zu, jedoch mit der Maßgabe, daß in schöffengerichtlichen Sachen die vor dem Beginn der Hauptverhandlung erforderlichen Entscheidungen von dem Amtsrichter (§ 30 Abs. 2 GVG), in schwurgerichtlichen Sachen die vor dem Beginn der Sitzungsperiode erforderlichen von der Strafkammer zu erlassen sind (§ 82 Abs. 2 GVG).

5. Der EB bildet i. V. mit der Anklage, auf die er sich bezieht, die notwendige Voraussetzung und Grundlage der Hauptverhandlung. Er begrenzt das Gebiet der Urteilsfindung (§§ 264—266) und gibt dem Angeklagten darüber Belehrung, wie er seine Verteidigung zweckmäßig und erschöpfend zu führen habe (Einzelheiten siehe E 10, 57; BGH 5, 226; 5, 261; 10, 137).

6. Das Gericht hat die Eröffnung des Hauptverfahrens abzulehnen (vgl. § 204),

a) wenn die öffentliche Klage erhoben wurde, obwohl eine Prozeßvoraussetzung oder eine Klagevoraussetzung fehlte, ferner wenn ein Prozeßhindernis der Erhebung der Klage oder der Fortsetzung des Verfahrens entgegenstand (siehe Nachtrag zu Fall 7, S. 116);

b) wenn die Tat unter kein Strafgesetz fällt;

c) wenn es an genügenden Beweisen fehlt;

d) wenn ein Rechtfertigungs- oder Schuldausschließungsgrund (z. B. Zurechnungsunfähigkeit) als hinreichend bewiesen anzusehen ist;

e) wenn ein Strafausschließungsgrund oder ein Strafaufhebungsgrund vorliegt.

7. Gelangt eine Strafsache, abgesehen von den besonderen Fällen der §§ 212, 266, 411, ohne Eröffnungsbeschluß zur Hauptverhandlung (ein Fall, der in der Praxis wohl selten vorkommen dürfte), so muß gemäß § 260 Abs. 3 auf Einstellung erkannt werden.

Wird das Fehlen des Eröffnungsbeschlusses erst in der Revisionsinstanz aufgedeckt, so ist dieser Mangel als Verfahrenshindernis von Amts wegen zu berücksichtigen. Er wird in der Regel zur Aufhebung des Urteils führen (BGH 8, 283). Dem gänzlichen Fehlen des Eröffnungsbeschlusses ist der Fall gleichzusetzen, daß der Eröffnungsbeschluß wesentliche Mängel enthält, welche in der Hauptverhandlung nicht mehr verbessert werden können. Ein solcher Mangel liegt z. B. vor, wenn der Eröffnungsbeschluß von zwei Richtern der Strafkammer erlassen worden ist (E. 43, 218) oder wenn einer der in §§ 22, 23 genannten Ausschließungsgründe gegeben war (E. 55, 113) oder wenn der Eröffnungsbeschluß — gegebenenfalls in Verbindung mit der Anklageschrift — die Tat nicht so bezeichnet, daß sie für alle Beteiligten genügend bestimmbar ist (BGH 10, 137).

8. Der Eröffnungsbeschluß kann von dem Angeklagten nicht angefochten werden (§ 210 Abs. 1). Gegen den Beschluß, durch den die Eröffnung des Hauptverfahrens abgelehnt oder abweichend von dem Antrag der Staatsanwaltschaft die Verweisung an ein Gericht niederer Ordnung ausgesprochen worden ist, steht der Staatsanwaltschaft sofortige Beschwerde zu (§ 210 Abs. 2).

9. Ist die Eröffnung des Hauptverfahrens durch einen nicht mehr anfechtbaren Beschluß abgelehnt, so kann die Klage nur auf Grund neuer Tatsachen oder Beweismittel wieder aufgenommen werden (§ 211).

V. Das Gesetz bezeichnet mit dem Ausdruck **„Vorbereitung der Hauptverhandlung“** (§§ 213—225) den Inbegriff aller derjenigen Handlungen des Gerichts, der Staatsanwaltschaft und des Angeklagten, welche in den Zeitraum zwischen dem Erlaß der das Hauptverfahren eröffnenden Entscheidung und dem Beginn der Hauptverhandlung selbst fallen.

Die im Gesetz für dieses Stadium des Verfahrens vorgesehene Tätigkeit des Vorsitzenden besteht in der Hauptsache darin,

1. den Termin zur Hauptverhandlung zu bestimmen (§ 213);

2. die Ladung des Angeklagten und des Verteidigers zu bewirken und die Vorbereitungen für die Beweisaufnahme zu treffen, d. h. die Ladungen der Zeugen und Sachverständigen sowie die Herbeischaffung der als Beweismittel dienenden Gegenstände zu veranlassen (§§ 214—222);

3. die kommissarische Vernehmung der Zeugen und Sachverständigen, deren Vernehmung in der Hauptverhandlung Hindernisse entgegenstehen, anzuordnen (§ 223). Dabei ist die Bestimmung des § 224 zu beachten, die auch auf den Fall zur Anwendung gelangt, daß vor der Hauptverhandlung ein Augenschein einzunehmen ist (§ 225). Ihre Verletzung begründet die Revision (BGH 9, 24).

4. Gegebenenfalls ist auch die kommissarische Vernehmung des Angeklagten zu veranlassen, sofern dieser auf seinen Antrag vom Erscheinen in der Hauptverhandlung entbunden wurde (§ 233). Hierbei ist zu beachten, daß das Protokoll über die richterliche Vernehmung sich nicht in einer Bezugnahme auf eine vorangegangene polizeiliche Vernehmung erschöpfen darf. Vielmehr ist der wesentliche Inhalt der Aussage im Protokoll festzuhalten. Enthält nur das polizeiliche, nicht aber auch das richterliche Protokoll ein Geständnis, so kommt eine Verlesung gemäß § 254 nicht in Betracht (siehe auch BGH 6, 279 und 7, 73 betr. Vernehmungsprotokolle des Ermittlungsrichters).

VI. „Angeschuldigter“ heißt der Beschuldigte, gegen den die öffentliche Klage erhoben worden ist, während der Beschuldigte, gegen den das Hauptverfahren eröffnet worden ist, als „Angeklagter“ bezeichnet wird (§ 157). „Beschuldigter“ ist die allgemeine Bezeichnung für denjenigen, gegen den ein Strafverfahren im Gange ist.

VII. Das beschleunigte Verfahren (§§ 212—212b).

1. Im Verfahren vor dem Amtsrichter und dem Schöffengericht kann der Staatsanwalt ohne vorangegangenes Schlußgehör schriftlich oder mündlich den Antrag auf Aburteilung im beschleunigten Verfahren stellen, wenn der Sachverhalt einfach und die sofortige Aburteilung möglich ist (§ 212). (In Jugendstrafsachen ist dieses Verfahren ausgeschlossen, § 79 II JGG.)

2. Stellt die Staatsanwaltschaft den Antrag, so wird, ohne daß es einer Entscheidung über die Eröffnung des Hauptverfahrens bedarf, die Hauptverhandlung sofort durchgeführt oder mit kürzester Frist anberaumt (§ 212a Abs. 1).

Der Einreichung einer Anklageschrift bedarf es nicht. Die Anklage kann vielmehr mündlich erhoben werden (§ 212a Abs. 2).

Einer Ladung des Beschuldigten (die Frist beträgt 24 Stunden) bedarf es nur, wenn er sich nicht freiwillig zur Hauptverhandlung stellt oder nicht dem Gericht vorgeführt wird (§ 212a Abs. 3).

3. Der Amtsrichter oder das Schöffengericht lehnt die Aburteilung im beschleunigten Verfahren ab, wenn sich

a) die Sache zur Verhandlung in diesem Verfahren nicht eignet oder wenn

b) eine höhere Strafe als 1 Jahr Gefängnis zu erwarten ist. Zuchthaus oder eine Maßregel der Sicherung und Besserung darf in diesem Verfahren nicht verhängt werden. Zulässig ist jedoch die Entziehung der Fahrerlaubnis (§ 212b Abs. 1).

Die Ablehnung kann auch in der Hauptverhandlung bis zur Verkündung des Urteils erfolgen (§ 212b Abs. 2).

Im Falle der Ablehnung bedarf es der Einreichung einer neuen Anklageschrift (§ 212 Abs. 3).

VIII. Die **Hauptverhandlung** und deren Verlauf: Siehe Fall 5, Abschnitt A.

B.

Lösung des Falles

I. In dem vorbereitenden Verfahren ist ein zur Hauptverhandlung nicht geladener Zeuge beeidigt worden mit der im Protokoll angegebenen Begründung, daß dem Zeugen das Erscheinen in der Hauptverhandlung wegen großer Entfernung nicht zugemutet werden könne.

1. Vorbemerkung: Zeugen sind am Verfahren unbeteiligte Personen, die über von ihnen gemachte sinnliche Wahrnehmungen von Tatsachen aussagen sollen (E. 52, 289).

a) Zeugen können daher nicht sein:

aa) der amtierende Richter (dagegen kann der Richter erster Instanz in der zweiten Instanz als Zeuge vernommen werden, ebenso der Untersuchungsrichter),

bb) der amtierende Staatsanwalt (BGH 14, 265); wird seine Vernehmung als Zeuge beschlossen, so muß an seiner Stelle ein anderer Staatsanwalt der weiteren Verhandlung beiwohnen. Anders beim Verteidiger, für den im Falle notwendiger Verteidigung ein Ersatzverteidiger zu stellen ist (E. 54, 175),

cc) der Privatkläger (der Nebenkläger kann Zeuge sein),

dd) der Mitbeschuldigte, es sei denn, daß das Verfahren gegen ihn abgetrennt ist (E. 52, 138).

b) Jeder ordnungsmäßig geladene Zeuge (s. §§ 214, 220, 386) hat vor dem Richter, vor den er geladen ist, zu erscheinen. Unentschuldigtes Ausbleiben hat die in § 51 genannten Folgen (Verurteilung in die Kosten und zu einer Ordnungsstrafe in Geld, hilfsweise bis zu 6 Wochen Haft; außerdem kann zwangsweise Vorführung angeordnet werden). Die Erscheinungspflicht einer unmittelbar geladenen Person (§§ 220, 386) ist davon abhängig, daß dieser bei der Ladung entweder die gesetzliche Entschädigung bar dargeboten oder deren Hinterlegung bei der Geschäftsstelle nachgewiesen wird. Ist dies der Fall, so zieht ein unentschuldigtes Ausbleiben dieselben Folgen nach sich, die beim Nichterscheinen eines amtlich Geladenen nach § 51 eintreten.

c) Jeder Zeuge muß über den Gegenstand seiner Vernehmung aussagen (§ 69) und grundsätzlich seine Aussagen beschwören. (Wegen der Ausnahmen siehe die Ausführungen in Abschnitt II, S. 38 ff.)

Die unberechtigte Zeugnis- oder Eidesverweigerung hat, wie das unentschuldigte Ausbleiben, nach § 70 Verurteilung in die Kosten und zu einer Ordnungsstrafe in Geld, hilfsweise Haftstrafe bis zu 6 Wochen zur Folge; außerdem kann zur Erzwingung des Zeugnisses die Haft angeordnet werden. (NB. Die Maßnahmen des § 70 dürfen nur zur Herbeiführung verweigerter, nicht dagegen zur Erreichung wahrheitsgemäßer Aussagen angewandt werden, vgl. E. 73, 31. Siehe auch Vorbem. Fall 4, Abschn. II, S. 64.)

d) Jeder Zeuge ist nach Belehrung gemäß § 57 einzeln und nach seiner Vernehmung zu vereidigen (§ 59 S. 1), nachdem er in Abwesenheit der später zu vernehmenden Zeugen vernommen worden ist (§ 58). Die Vereidigung selbst geschieht nach § 66c in der Weise, daß der Zeuge nicht die ganze Eidesnorm und Eidesformel nachspricht, sondern nur sagt: „Ich schwöre es, so wahr mir Gott helfe“, nachdem vorher der Richter an den Zeugen die Worte gerichtet hat: „Sie schwören bei Gott dem Allmächtigen und Allwissenden, daß Sie nach bestem Wissen die reine Wahrheit gesagt und nichts verschwiegen haben“. Das „Nichtverschweigen“ bezieht sich nicht auf solche Tatsachen, hinsichtlich deren ein Auskunftsverweigerungsrecht (§ 55) besteht. Erfolgt eine wiederholte Vernehmung des Zeugen im gleichen Vorverfahren oder Hauptverfahren — z. B. Vernehmung des bereits im ersten Rechtszug vernommenen Zeugen im Berufungsverfahren — so genügt Berufung auf den früher geleisteten Eid (§ 67).

e) Jeder Zeuge hat nach § 71 nach Maßgabe der Gebührenordnung Anspruch auf Entschädigung für Zeitversäumnis und auf Erstattung der Reisekosten.

2. Die Vereidigung der Zeugen erfolgt gemäß § 59 Satz 2 grundsätzlich in der Hauptverhandlung, abgesehen von dem Falle der kommissarischen Vernehmung gemäß § 223, die nach Eröffnung des Hauptverfahrens durch einen beauftragten oder ersuchten Richter erfolgen kann, wenn dem Erscheinen eines Zeugen oder Sachverständigen in der Hauptverhandlung für eine längere oder ungewisse Zeit Krankheit oder Gebrechlichkeit oder andere nicht zu beseitigende Hindernisse entgegenstehen, oder wenn einem Zeugen oder Sachverständigen das Erscheinen in der Hauptverhandlung wegen großer Entfernung nicht zugemutet werden kann.

Im vorbereitenden Verfahren und in der gerichtlichen Voruntersuchung ist die Vereidigung gemäß §§ 65, 66 nur ausnahmsweise zulässig, nämlich wenn entweder

a) Gefahr im Verzug ist oder

b) der Eid als Mittel zur Herbeiführung einer wahren Aussage über einen für das weitere Verfahren erheblichen Punkt erforderlich erscheint.

In der gerichtlichen VU, nicht jedoch im vorbereitenden Verfahren ist die Vereidung außerdem zulässig, wenn der Zeuge voraussichtlich am Erscheinen in der HV verhindert sein wird oder ihm ein Erscheinen in der HV wegen großer Entfernung nicht zugemutet werden kann.

Darüber, ob eine der gesetzlichen Voraussetzungen für die Beeidigung des Zeugen vorliegt, hat in der Voruntersuchung der Untersuchungsrichter und im vorbereitenden Verfahren der die Vernehmung bewirkende Amtsrichter zu entscheiden.

Es steht somit für den vorliegenden Fall fest, daß die Beeidigung des Zeugen ungesetzlich war, da sie im vorbereitenden Verfahren aus einem Grunde vorgenommen wurde, der nach § 66 nur in der Voruntersuchung Platz greift. Trotzdem bestehen keine Bedenken, die beeidete Aussage des Zeugen in der Hauptverhandlung durch Verlesung zu verwerten. Gemäß § 251 Abs. 1 Nr. 3 besteht nämlich die Möglichkeit, die Vernehmung eines Zeugen, Sachverständigen oder Mitbeschuldigten durch Verlesung der Niederschrift über seine frühere richterliche Vernehmung zu ersetzen, wenn dem Zeugen usw. das Erscheinen in der HV wegen großer Entfernung bei Berücksichtigung der Bedeutung seiner Aussage nicht zugemutet werden kann. Ob diese Voraussetzungen vorliegen, entscheidet das Gericht nach pflichtgemäßem Ermessen (vgl. § 251 Abs. 4 Satz 1). Kommt das Gericht dabei zu der Überzeugung, daß ein persönliches Erscheinen des Zeugen zur Sachaufklärung nicht erforderlich ist (vgl. § 244 Abs. 2), so kann es die Verlesung der früheren richterlichen Vernehmungsniederschrift auch dann anordnen, wenn die frühere Vereidigung ungesetzlich war (vgl. E. 10, 157; Schwarz-Kleinknecht § 66 Anm. 2). Für die Verlesung genügt, daß die Niederschrift den Formvorschriften der §§ 168, 187, 188 entspricht. Hieran bestehen im vorliegenden Fall keine Zweifel. Für die Richtigkeit der hier vertretenen Ansicht spricht im übrigen auch folgender Gedankengang: Wäre die Vereidigung des Zeugen im vorbereitenden Verfahren ordnungsgemäß unterblieben, so wäre auch in diesem Fall eine erneute, kommissarische Vernehmung nicht erforderlich gewesen. Es hätte ebenfalls genügt, auf die — unbeeidigte — Aussage im Ermittlungsverfahren zurückzugreifen, jedoch mit der Maßgabe, daß die Vereidigung gemäß § 251 Abs. 4 Satz 4 hätte nachgeholt werden müssen.

Der Amtsrichter wird somit dem ersten im vorbereitenden Verfahren entstandenen Fehler keine weitere Beachtung schenken und insbesondere davon absehen, den Zeugen zur Hauptverhandlung zu laden. (Siehe auch E. 10, 157.)

II. In der Voruntersuchung ist der Neffe N des Angeschuldigten H gemäß § 66 Nr. 4 eidlich vernommen worden, ohne daß er über sein Zeugnis- und Eidesverweigerungsrecht belehrt worden ist, und obwohl, wie sich nachträglich herausgestellt hat, auch gegen ihn der Verdacht einer Beteiligung an der gewerbsmäßigen Hehlerei besteht.

1. Vorbemerkungen. a) Nach **§ 52** sind zur **Verweigerung des Zeugnisses** berechtigt der Verlobte und Ehegatte des Beschuldigten und wer mit dem Beschuldigten in gerader Linie verwandt, verschwägert oder durch Annahme an Kindes Statt verbunden oder in der Seitenlinie bis zum dritten Grad verwandt oder bis zum zweiten Grad verschwägert ist, auch wenn die Ehe, durch welche die Schwägerschaft begründet ist, nicht mehr besteht. Diese Vorschrift bezweckt keinen Schutz des Angeklagten, sondern nimmt lediglich Rücksicht auf den Gewissenszwiespalt des Zeugen, indem dieser einerseits nicht zu einer Aussage gegen einen Angehörigen gezwungen, andererseits vor der Gefahr des Meineids bewahrt werden soll (BGH 2, 351, 354 11, 213; NJW 61, 184).

aa) Der Grad der Verwandtschaft bemißt sich nach der Zahl der sie vermittelnden Geburten. Eltern und Kinder sind also im 1. Grad, Großeltern und Enkel im 2. Grad in gerader Linie, Geschwister im 2., Cousin und Cousine im 4., Onkel und Neffe im 3. Grad der Seitenlinie verwandt.

Die Verwandten eines Ehegatten sind mit dem anderen Ehegatten verschwägert. Linie und Grad der Schwägerschaft bestimmen sich nach dem Grade der sie vermittelnden Verwandtschaft. Schwiegervater und Schwiegertochter sind im 1. Grad in gerader Linie, der Ehemann mit dem Bruder seiner Frau im 2. Grad in der Seitenlinie verschwägert; nicht verschwägert sind die Ehemänner zweier Schwestern, oder ein Ehegatte mit dem Adoptivkind des anderen.

Verlobte sind unverheiratete Männer und Frauen, zwischen denen ein wechselseitiges unbedingtes Eheversprechen ernstlich gegeben und angenommen ist.

bb) Das Zeugnisverweigerungsrecht steht dem Zeugen auch dann zu, wenn er nur zu einem von mehreren Beschuldigten in einem Angehörigkeitsverhältnis steht, auch wenn dieser bereits rechtskräftig verurteilt oder gestorben ist; Voraussetzung ist nur, daß die mehreren Beschuldigten in irgendeinem Zeitpunkt in demselben Verfahren verfolgt worden sind (E. 33, 350).

Gemäß § 52 Abs. 2 sind die in Abs. 1 genannten Personen über ihr Zeugnisverweigerungsrecht zu belehren. Die Belehrung hat durch das Gericht zu erfolgen und ist als wesentliche Förmlichkeit im Sinne der §§ 273, 274 im Protokoll zu beurkunden. Die Bereitschaft zur Aussage kann jederzeit widerrufen werden (§ 52 Abs. 2 Satz 2). Umgekehrt kann ein Zeuge, der zunächst nicht aussagebereit war, sich später noch jederzeit zur Aussage entschließen (BGH NJW 61, 1484).

Schwierigkeiten treten auf, wenn ein Kind als Zeuge vernommen werden soll, das noch nicht die erforderliche Reife besitzt, um die Bedeutung seiner Aussage zu erfassen. Während das Reichsgericht in einer frühen Entscheidung (E. 4, 398) die Auffassung vertrat, es genüge, wenn das Kind selbst nach Belehrung zur Aussage bereit sei, hat sich der Große Senat des BGH in einer Grundsatzentscheidung vom 8. 12. 1958 (BGH 12, 235 mit zustimmender Anm. von Eb. Schmidt JR 59, 369) dahin entschieden, daß in solchen Fällen ausschließlich der gesetzliche Vertreter nach entsprechender Belehrung darüber zu entscheiden hat, ob das Kind aussagen soll oder nicht. Von diesem Grundsatz ist allerdings dort eine Ausnahme zu machen, wo der gesetzliche Vertreter selbst der Beschuldigte ist. Der BGH hat diese Frage in seinem Beschluß vom 8. 12. 1958 nur angedeutet, ohne sie abschließend zu entscheiden. Nach dem neuen Familienrecht wird hierbei folgendes zu beachten sein: Werden beide Elternteile beschuldigt, so sind sie in der Ausübung ihrer elterlichen Gewalt verhindert (BGH 14, 162). Das Vormundschaftsgericht kann in diesem Fall gemäß § 1909 BGB einen Pfleger bestellen. Ist nur ein Elternteil beschuldigt, so entscheidet der andere Elternteil allein (str., vgl. Boeckmann NJW 60, 1938).

Zur Verweigerung des Zeugnisses sind nach **§ 53** ferner berechtigt Geistliche, Verteidiger sowie im einzelnen näher bestimmte Angehörige von Berufsständen, zu denen der Beschuldigte in einem gewissen Vertrauensverhältnis steht und auf deren Verschwiegenheit er sich verlassen darf. Hierunter fallen u. a. Rechtsanwälte, Notare, Wirtschaftsprüfer, Steuerberater, Ärzte und Apotheker. Das Zeugnisverweigerungsrecht umfaßt alles, was diesen Personen im Rahmen ihrer beruflichen Tätigkeit anvertraut oder bekannt wurde. Unter entsprechenden Voraussetzungen können auch die Mitglieder des Bundestags, eines Landtags oder einer zweiten Kammer ein Zeugnisverweigerungsrecht geltend machen. In sämtlichen bisher genannten Fällen haben auch die Hilfskräfte und die zur Vorbereitung auf ihren Beruf an der berufsmäßigen Tätigkeit der jeweiligen Vertrauensperson teilnehmenden Personen (z. B. Referendare auf der Anwaltsstation, Schreibkräfte) ein Zeugnisverweigerungsrecht (§ 53a I).

Zur Klarstellung sei darauf hingewiesen, daß § 53 ebenso wie § 52 keine Schutzvorschrift für den Angeklagten darstellt. § 53 verschafft dem Angeklagten kein Recht, zu verlangen, daß sein Arzt, Verteidiger usw. nicht gegen ihn aussagt oder daß die Aussage einer in § 53 genannten Vertrauensperson nicht gegen ihn verwertet wird. Ein derartiges Recht des Angeklagten kann auch nicht aus § 300 StGB hergeleitet werden. § 53 will lediglich — ähnlich wie § 52, siehe oben 1 a) — den Zeugen aus seiner Pflichtenkollision befreien; im übrigen aber unterliegt es der freien Entscheidung des Zeugen, ob er im Einzelfall das Interesse der Allgemeinheit an der Aufklärung einer Straftat über das in ihn gesetzte Vertrauen seines Mandanten, Patienten usw. stellt oder nicht. Keinesfalls kann er vom Angeklagten zur Zeugnisverweigerung gezwungen werden. Hieraus folgt aber, daß seine Aussage gegen den Angeklagten auch dann verwertet werden kann, wenn sie sich materiellrechtlich als Verstoß gegen § 300 StGB darstellt (vgl. BGH 9, 60).

Das Zeugnisverweigerungsrecht kann entfallen, wenn die Vertrauensperson von der Schweigepflicht entbunden ist (§ 53 II). Das gilt aber nur für den Verteidiger des Beschuldigten sowie für die in § 53 Ziff. 3 genannten Angehörigen bestimmter Berufsstände und ihre Gehilfen, nicht auch für Geistliche und die in Ziff. 4 genannten Mitglieder parlamentarischer Gremien, ferner nicht für die in Ziff. 5 genannten Redakteure, Verleger usw. und die in Ziff. 6 genannten Intendanten, Sendeleiter usw. Praktisch bedeutsam ist vor allem das Zeugnisverweigerungsrecht von Ärzten. Hierbei ist besonders zu beachten, daß solche Ärzte, die einen Beschuldigten oder Zeugen in zulässiger Weise im Auftrag der Staatsanwaltschaft, der Polizei oder eines Gerichts untersucht und vernommen haben, sich auf kein Zeugnisverweigerungsrecht berufen können, denn in diesem Falle kommt nicht das Verhältnis eines Arztes zum hilfesuchenden Kranken in Frage, sondern das Verhältnis eines Beauftragten des Gerichts zu einer Person, deren Körperbeschaffenheit nach einer gewissen Richtung als Mittel zur Wahrheitsermittlung in einem anhängigen Verfahren dienen soll. So ist in einem Verfahren wegen Trunkenheit am Steuer der Arzt, der auf Anweisung der Polizei dem Angeklagten gemäß § 81a eine Blutprobe entnommen und ihn den üblichen Tests (die verweigert werden dürfen, vgl. Nachtrag B, Abschn. 4d) unterzogen hat, auch dann zur Aussage über seine Feststellungen bei der Blutentnahme verpflichtet, wenn der Angeklagte seiner Vernehmung entgegentritt.

§ 54 regelt die Aussagepflicht der Beamten und Richter (Abs. 1), der Regierungsmitglieder (Abs. 2) und des Bundespräsidenten (Abs. 3).

Nach **§ 55** kann jeder Zeuge die Auskunft auf solche Fragen verweigern, deren Beantwortung ihm selbst oder einem seiner Angehörigen (§ 52 Nr. 1—3) die Gefahr strafgerichtlicher Verfolgung zuziehen würde; der Umstand, daß der Zeuge bei Beantwortung einer Frage seine eigene Schande oder die eines Angehörigen würde bekennen müssen, berechtigt ebensowenig zur Verweigerung der Auskunft wie die Gefahr, aus der Beantwortung der Frage einen Vermögensnachteil zu erleiden; § 68a bestimmt aber, daß Fragen nach Tatsachen, die dem Zeugen oder einer Person, die im Sinne des § 52 Abs. 1 sein Angehöriger ist, zur Unehre gereichen können, nur dann gestellt werden sollen, wenn es unerläßlich ist (BGH 1, 341; 13, 252). Macht der Zeuge von dem Recht des § 55, über das er belehrt werden muß, keinen Gebrauch, so ist er verpflichtet, falls das Gericht es für erforderlich hält, die Aussage zu beeidigen, sofern nicht die Beeidigung nach § 60 Nr. 3 unzulässig oder die Verweigerung der Eidesleistung aus § 63 zu begründen ist. Unterbleibt die in § 55 II vorgeschriebene Belehrung über das Auskunftsverweigerungsrecht, so kann auf diese Unterlassung — im Gegensatz zur Belehrungspflicht über das Zeugnisverweigerungsrecht gemäß § 52 II — die Revision nicht gestützt werden (siehe BGH 1, 39; 11, 213); das gleiche gilt für die Unterlassung des allgemeinen Hinweises über die Bedeutung des Eides gemäß § 57 (vgl. E. 56, 66; Schwarz-Kleinknecht § 57 Anm. 5).

b) Eidesverweigerungsberechtigt sind gemäß **§ 63** die in § 52 Abs. 1 bezeichneten Personen (Verlobte, Ehegatten, Verwandte und Verschwägerte des Beschuldigten). Die in § 63 zweiter Halbsatz für diese Personengruppe vorgesehene Belehrung muß ausdrücklich darüber erfolgen, daß der Zeuge, der ja, wie oben erwähnt, nach § 52 zunächst über sein Zeugnisverweigerungsrecht zu belehren ist, auch berechtigt ist, lediglich die Beeidigung zu verweigern.

Macht ein Zeuge von seinem Eidesverweigerungsrecht keinen Gebrauch, dann steht es im Ermessen des Gerichts, ob er vereidigt werden soll (vgl. § 61 Nr. 2 und unten Abschn. d).

c) Unbeeidigt sind nach § 60 zu vernehmen: Jugendliche unter 16 Jahren sowie Personen, die wegen Verstandesunreife bzw. Verstandesschwäche vom Wesen und der Bedeutung des Eides keine genügende Vorstellung haben (Nr. 1), die Eidesunfähigen nach § 161 StGB (Nr. 2) und die der Beteiligung usw. Verdächtigen (Nr. 3).

aa) Unter der „den Gegenstand der Untersuchung bildenden Tat" i. S. des § 60 Nr. 3 ist der ganze tatsächliche Vorgang zu verstehen, innerhalb dessen die abzuurteilende Straftat begangen wurde (vgl. BGH 4, 255; 6, 382; 10, 65).

bb) Beteiligter im Sinn des § 60 Nr. 3 ist (außer dem, dessen Handeln den Begriff der „Teilnahme" nach den §§ 47ff. StGB erfüllt) derjenige, der bei dem fraglichen Vorgang in strafbarer Weise und in derselben Richtung wie der Angeklagte mitgewirkt hat und deshalb bei seiner Darstellung nicht die Unbefangenheit gegenüber dem Angeklagten besitzt, wie sie die Voraussetzung eines einwandfreien Zeugnisses bildet (E. 77, 203; BGH 6, 383; 10, 65). Dem Gesetzeszweck entsprechend ist es auch nicht erforderlich, daß eine vorsätzliche Beteiligung in Betracht kommt. Die Voraussetzungen für eine Nichtbeteiligung nach § 60 Nr. 3 liegen vielmehr auch dann vor, wenn der rechtsverletzende Erfolg durch Zusammentreffen fahrlässigen Verhaltens des Angeklagten und des Zeugen herbeigeführt wurde (E. 64, 377; BGH VRS 10, 141; BGHSt 10, 65). Diese extensive Auslegung des § 60 Nr. 3 wird von besonderer Bedeutung bei Verkehrsstrafsachen. Sie führt dazu, daß bei der Verhandlung von Unfällen alle als Zeugen vernommenen Unfallbeteiligten unvereidigt bleiben, sofern sich eine schuldhafte Mitverursachung des Unfalls nicht mit Sicherheit ausschließen läßt. Völlig unerheblich ist dabei, ob durch den Unfall unbeteiligte Dritte verletzt oder gefährdet wurden oder ob der Angeklagte und der Zeuge die einzigen Unfallbeteiligten waren. Es genügt in solchen Fällen die bloße Möglichkeit, daß beide — der Angeklagte und der Zeuge — durch ihre Fahrweise schuldhaft die Verkehrssicherheit beeinträchtigt haben (BGH 10, 65). Fehlt es aber andererseits an einer solchen strafbaren Mitwirkung des Zeugen an der Tat des Angeklagten, so ist der Umstand allein, daß sich die Tat des Zeugen in dem allgemeinen Rahmen des gleichen geschichtlichen Vorgangs abspielt und in derselben Richtung bewegt, in der auch die Tat des Angeklagten liegt, und daß sie mit der Tat in einem inneren oder äußeren, wenn auch noch so engen Zusammenhang steht, ohne Bedeutung (E. 59, 167).

cc) Beim Verdacht der Begünstigung ist folgendes zu beachten: § 60 Nr. 3 findet keine Anwendung, wenn die Begünstigung nur in einer falschen Aussage in der Hauptverhandlung selbst zu sehen ist. Der Zeuge kann sich nicht dadurch, daß er in der HV zugunsten des Angeklagten aussagt, seiner Vereidigung entziehen. Anders jedoch, wenn der Zeuge sich bereits im Ermittlungsverfahren oder in einer früheren Hauptverhandlung durch falsche Aussagen der Begünstigung schuldig gemacht hat (vgl. BGH 1, 360) oder wenn er die falsche Aussage in der HV dem Angeklagten schon vor der Tat zugesagt hat. Im letzteren Fall wäre er gemäß § 257 Abs. 3 StGB einem Teilnehmer gleichzustellen und schon aus diesem Grund gemäß § 60 Nr. 3 unvereidigt zu lassen.

d) Gemäß **§ 61** kann von einer Beeidigung nach dem Ermessen des Gerichts abgesehen werden, 1. bei Personen, die z. Z. der Vernehmung das sechzehnte, aber noch nicht das achtzehnte Lebensjahr vollendet haben; 2. beim Verletzten sowie bei Personen, die i. S. des § 52 Abs. 1 Angehörige des Verletzten oder des Beschuldigten sind; siehe hierzu BGH 1, 175; 3. wenn das Gericht der Aussage keine wesentliche Bedeutung beimißt und nach seiner Überzeugung auch unter Eid keine wesentliche Aussage zu erwarten ist; siehe hierzu BGH 1, 9 und 216. Im Verfahren wegen einer Übertretung und im Privatklageverfahren werden gemäß **§ 62** Zeugen nur dann vereidigt, wenn es das Gericht wegen der ausschlaggebenden Bedeutung der Aussagen oder zur Herbeiführung einer wahren Aussage für notwendig hält.

e) Entschließt sich das Gericht, einen Zeugen nicht zu vereidigen, so ist der dahingehende Gerichtsbeschluß zu begründen (**§ 64**). Dabei genügt es, wenn ein die Nichtvereidigung tragender Grund bezeichnet wird. Die Beteiligten haben keinen Anspruch darauf, daß über mehrere Gründe, aus denen die Vereidigung eines Zeugen unterbleiben könnte, getrennt verhandelt und entschieden wird (BGH 17, 186).

f) Ergibt die weitere Verhandlung, daß der zunächst angenommene Grund für eine Nichtvereidigung gemäß §§ 60, 61, 62 nicht vorliegt, so ist die Vereidigung nachzuholen, da ein Verstoß gegen § 59 in der Regel die Revision begründet (BGH 7, 281; 8, 155).

g) Die rechtlichen Folgen einer entgegen dem Verbot des § 60 durchgeführten Vereidigung (NB. durch dieses Verbot wird die strafrechtliche Verfolgung wegen Meineids nicht ausgeschlossen, auch nicht, wenn das 16. Lebensjahr noch nicht vollendet war, E. 36, 278), sowie einer unterlassenen Belehrung über das Zeugnis- bzw. Eidesverweigerungsrecht (§§ 52 Abs. 2, 63) sind folgende:

aa) Sämtliche Mängel enthalten eine Gesetzesverletzung und begründen daher gemäß § 337 die Revision, soweit das Urteil auf diesen Verstößen beruht, was dann der Fall ist, wenn das Urteil aus den diesbezüglichen Aussagen Folgerungen gezogen hat (BGH 4, 217 betr. Verstoß gegen § 63).

bb) Erklärt im Falle der mangelnden Belehrung der Zeuge auf Grund nachträglicher Belehrung, daß er von dem Zeugnis- bzw. Eidesverweigerungsrecht keinen Gebrauch mache, so gilt der Mangel der Belehrung als behoben.

cc) Verzichtet der Zeuge im Falle der nachträglichen Belehrung nicht auf sein Zeugnis- bzw. Eidesverweigerungsrecht, dann können die diesbezüglichen Mängel nur dadurch behoben werden, daß im Urteil ausdrücklich festgestellt wird, daß die Aussage unberücksichtigt geblieben ist (E. 9, 386).

dd) Stellt sich die Beeidigung nachträglich gemäß § 60 als unzulässig heraus und bringt das Urteil zum Ausdruck, daß die Aussage nur als uneidliche gewürdigt worden ist, so ist der Verstoß damit geheilt (BGH 4, 130). Der Umstand, daß eine mit dem Eid bekräftigte Aussage nur als uneidliche Aussage gewertet werden soll, verändert jedoch die Beweislage nicht unerheblich. Die Beteiligten müssen daher die Gelegenheit erhalten, weitere Beweisanträge zu stellen. Das bedeutet, daß gegebenenfalls die bereits geschlossene Beweisaufnahme wieder zu eröffnen ist. Wird den Beteiligten diese prozessuale Möglichkeit abgeschnitten, so begründet auch dieser Mangel gemäß § 337 die Revision (vgl. BGH a.a.O. 132).

2. Diese Erörterungen allgemeiner Art führen im vorliegenden Fall zu folgendem Ergebnis:

a) Dem Neffen N stand ein Zeugnisverweigerungsrecht gemäß § 52 I Nr. 3 zu, da er mit einem der Angeschuldigten in der Seitenlinie im dritten Grade verwandt ist. Über dieses hätte N gemäß § 52 II belehrt werden müssen.

b) Dem N stand außerdem gemäß § 63 ein Eidesverweigerungsrecht zu. Auch über dieses Recht war er gemäß § 63, zweiter Halbsatz zu belehren.

c) Ob N einer „Beteiligung" im oben erörterten Sinne tatsächlich verdächtig ist, läßt sich aus dem Wortlaut des Sachverhalts nicht erkennen.

d) Da die Unterlassung der Belehrung i. S. der §§ 52 Abs. 2 und 63 der Vernehmung nicht nur die vom Gesetz durch die Belehrung erstrebte Sicherheit dafür entzieht, daß die Aussage des betreffenden Angehörigen unbeeinflußt und möglichst zuverlässig abgegeben worden ist, sondern die Vernehmung selbst zu einer illegalen macht, kann eine derartige Aussage auch nicht als ein gesetzlich zulässiges Beweismittel angesehen werden.

Sie kann deshalb auch nicht in der Hauptverhandlung verlesen und verwertet, d.h. gemäß § 251 zu einer Erkenntnisquelle für die richterliche Entscheidung gemacht werden, wobei es gleichgültig ist, ob die Prozeßbeteiligten (Staatsanwalt, Verteidiger und Angeklagter) mit der Verlesung einverstanden sind.

e) Die gleichen Folgen müßten eintreten, wenn der Fall des § 60 Nr. 3 gegeben ist. Denn die Möglichkeit, die fraglichen Aussagen als uneidliche zu werten und dadurch verlesbar und für die Urteilsfindung verwertbar zu machen, scheidet im vorliegenden Falle aus, da der gleichzeitige Fehler der mangelnden Belehrung auf diese Weise nicht zu beseitigen ist.

f) Falls also der Amtsrichter im vorliegenden Falle zu der Überzeugung gelangt, daß die Aussagen des Zeugen N für die Urteilsfindung von Wichtigkeit sind, wird er entweder den N zur Hauptverhandlung laden müssen oder die Akten gemäß § 223 unter Benachrichtigung der Staatsanwaltschaft, des Angeklagten und des Verteidigers (§ 224) an das zuständige Amtsgericht übersenden mit dem Ersuchen um nochmalige Vernehmung des Zeugen N unter Beobachtung der Bestimmungen der §§ 52, 60, 63, 64.

III. In der Voruntersuchung hat ein Augenschein in einem dem Gerichtsgebäude gegenüberliegenden Privathaus stattgefunden, ohne daß der in Untersuchungshaft befindliche Angeschuldigte H von dem Termin benachrichtigt worden war.

1. Vorbemerkung: Die Frage, welche Prozeßbeteiligten bei den einzelnen Verfahrensabschnitten ein Anwesenheitsrecht haben (Parteiöffentlichkeit), ist folgendermaßen zu beantworten:

a) Das Anwesenheitsrecht aller Prozeßbeteiligten im Vorverfahren (also des Beschuldigten, des Staatsanwalts und des Verteidigers im vorbereitenden Verfahren und in der Voruntersuchung) war bis zur Strafprozeßnovelle vom 19. 12. 1964 gemäß §§ 193, 169 nur für solche Beweisakte vorgesehen, deren Wiederholung in der Hauptverhandlung entweder nicht geschehen kann oder doch voraussichtlich nicht geschehen wird, die demnach als vorweggenommene Teile der Hauptverhandlung zu gelten haben. Es sind dies:

aa) Die Einnahme eines Augenscheins (§ 193 Abs. 1);

bb) die Vernehmung eines Zeugen oder Sachverständigen, dessen Erscheinen in der Hauptverhandlung für eine längere oder ungewisse Zeit Krankheit oder Gebrechlichkeit oder andere nicht zu beseitigende Hindernisse entgegenstehen oder dem das Erscheinen in der Hauptverhandlung wegen großer Entfernung nicht zugemutet werden kann (§ 193 Abs. 2). (NB. Hat schon im Vorverfahren eine solche Vernehmung nach § 193 stattgefunden, dann erübrigt sich selbstverständlich eine kommissarische Vernehmung gemäß §§ 223 bis 225, da auch das gemäß § 193 aufgenommene Protokoll in der Hauptverhandlung verlesen werden kann, siehe oben Abschn. B I 2, S. 37 sowie Nachtrag A, Abschnitt D III, S. 57ff.)

b) Die Anwesenheit des Staatsanwalts und des Verteidigers bei der Vernehmung des Beschuldigten:

aa) Die richterliche Vernehmung des Beschuldigten im Vorverfahren (also sowohl im vorbereitenden Verfahren als auch in der Voruntersuchung) erfolgte bisher in Abwesenheit sowohl der Staatsanwaltschaft als auch des Verteidigers. Seit Inkrafttreten der Strafprozeßnovelle vom 19. 12. 1964 ist jedoch sowohl der StA als auch dem Verteidiger die Anwesenheit zu gestatten (§§ 192 Abs. 2, 169).

bb) An der polizeilichen Vernehmung des Beschuldigten kann die Staatsanwaltschaft wie bei allen polizeilichen Verhandlungen stets teilnehmen; dies ergibt sich daraus, daß die Polizei in Strafsachen als ein Organ der Staatsanwaltschaft erscheint.

2. Nach § 193 Abs. 4 hat der nicht auf freiem Fuß befindliche Angeschuldigte einen Anspruch auf Anwesenheit nur bei solchen Terminen, welche an der Gerichtsstelle des Orts abgehalten werden, an dem er sich in Haft befindet. (Das gleiche gilt für die kommissarische Vernehmung, siehe § 224 II.)

a) Der Ausdruck „nicht auf freiem Fuß befindlich" ist gewählt, um alle gesetzlich zulässigen Arten von Haft zu umfassen. Der Abs. 4 ist also anwendbar, gleichviel, ob der Angeschuldigte eine Freiheitsstrafe verbüßt oder ob er sich in Untersuchungshaft, Zwangshaft (§ 70) oder in einer vom Zivilrichter oder von der Polizei verhängten Haft befindet.

b) Der Ausdruck „Gerichtsstelle" wird im Gesetz in verschiedenem Sinne gebraucht: Während er in § 248 ganz allgemein Ort der Verhandlung bedeutet, ist in § 224 Abs. 2 und § 193 Abs. 4 unter diesem Begriff nur das regelmäßige Geschäftslokal des Gerichts zu verstehen.

Ein Anspruch auf Anwesenheit bei dem in einem Privathaus stattfindenden Augenschein stand dem Angeschuldigten im vorliegenden Falle also nicht zu.

3. Eine andere Frage ist aber die, ob der Angeschuldigte nicht von dem Termin hätte in Kenntnis gesetzt werden müssen.

a) Die zur Anwesenheit bei der Augenscheinseinnahme Berechtigten, welche nach Abs. 3 des § 193 benachrichtigt werden müssen, sind nach Abs. 1 die Staatsanwaltschaft, der Angeschuldigte und der Verteidiger.

b) Der Abs. 4 nun will die aus Abs. 1 und 3 sich ergebenden Rechte des Angeschuldigten für den Fall, daß er sich in Haft befindet, nicht beseitigen, sondern nur zum Ausdruck bringen, daß der an sich zur Anwesenheit berechtigte verhaftete Angeschuldigte zur Verhinderung von Fluchtversuchen oder Vermeidung von Transportschwierigkeiten keinen Anspruch darauf hat, an Ort und Stelle hingebracht zu werden, um sein Recht auszuüben.

Dagegen steht ihm ein Anspruch auf Benachrichtigung schon um deswillen zu, weil er ein wesentliches Interesse daran haben kann, sich bei dem auch für die Hauptverhandlung bedeutungsvollen Akt der Augenscheinseinnahme durch einen Verteidiger vertreten zu lassen.

Das Unterbleiben der Benachrichtigung enthält also im vorliegenden Falle einen Verstoß gegen das Gesetz.

4. Auf Grund dieser Feststellungen wird der Amtsrichter folgende Erwägungen anstellen:

a) Die Verlesung des Protokolls über den richterlichen Augenschein in der Hauptverhandlung gemäß § 249 hat stets zur Voraussetzung, daß das bei der Einnahme des Augenscheins beobachtete Verfahren nicht an einem wesentlichen Mangel leidet; mit einem solchen ist aber nach den obigen Ausführungen das Augenscheinsverfahren im vorliegenden Falle behaftet, die Verlesung des diesbezüglichen Protokolls ist also an sich nicht statthaft.

b) Erhebt aber der Angeklagte in der Hauptverhandlung keinen Widerspruch gegen die Verlesung des Protokolls über die Einnahme des Augenscheins bzw. stellt er keinen Antrag, den Augenschein unter Zuziehung des Verteidigers zu wiederholen, so wird hieraus geschlossen werden können, daß der Angeklagte mit der Verlesung einverstanden ist, daß er auf Geltendmachung des formalen Mangels verzichtet, der dann auch nicht mehr Gegenstand eines Revisionsangriffes werden könnte (E. 23, 144; siehe auch E. 4, 301).

Der Amtsrichter wird also abwarten, ob der Angeklagte in der Hauptverhandlung gegen die Verlesung Widerspruch erhebt, und dann gegebenenfalls einen neuen Augenschein anordnen müssen.

IV. Der schriftliche Antrag des Angeschuldigten S, einen Verteidiger zu bestellen, ist nicht verbeschieden worden.

1. Vorbemerkung: Die notwendige Verteidigung.

a) In bestimmten Fällen ist die Verteidigung eine notwendige. Ist ein solcher Fall gegeben, dann darf eine Hauptverhandlung ohne Verteidiger nicht stattfinden (absoluter Revisionsgrund nach § 338 Nr. 5). Bleibt der Verteidiger in der Hauptverhandlung aus, entfernt er sich vorzeitig oder weigert er sich, die Verteidigung zu führen, so hat der Vorsitzende sofort einen anderen Verteidiger zu bestellen (§ 145 Abs. 1). Die Notwendigkeit der Verteidigung erstreckt sich auch auf die Berufungsinstanz, auf die Revisionsinstanz dagegen nur unter den Voraussetzungen des § 350 Abs. 3. Ergibt sich erst im Laufe der Hauptverhandlung, daß die Verteidigung notwendig ist (z. B. es stellt sich während der Verhandlung heraus, daß die Unterbringung in einer Heil- oder Pflegeanstalt in Frage kommt), so hat der Vorsitzende dem Angeklagten einen Verteidiger zu bestellen; gegebenenfalls ist die Verhandlung auszusetzen (§ 145 II, III). Auf jeden Fall aber sind bei nachträglicher Bestellung eines Offizialverteidigers alle wesentlichen Teile der Hauptverhandlung zu wiederholen (vgl. BGH 9, 243). Als wesentliche Bestandteile der Hauptverhandlung sind hierbei anzusehen die Vernehmung des Angeklagten zur Person und zur Sache, die Verlesung des Anklagesatzes, die Schlußvorträge und die Urteilsverkündung. Nimmt der notwendige Verteidiger auch nur zeitweise an einem dieser wesentlichen Teile der Hauptverhandlung nicht teil, so bildet seine Abwesenheit den absoluten Revisionsgrund des § 338 Nr. 5. Wählt der Angeklagte nach Bestellung des Pflichtverteidigers einen anderen Verteidiger und nimmt dieser die Wahl an, so ist die Bestellung des Pflichtverteidigers zurückzunehmen (§ 143). Wird die Zurücknahme der Bestellung zunächst unterlassen, so kann sie noch in der Hauptverhandlung nachgeholt werden, allerdings nicht zur Unzeit, z. B. während einer Zeugenvernehmung durch den Pflichtverteidiger. Der Vorsitzende wird in solchen Fällen zweckmäßig die veränderte Verfahrenslage mit den Beteiligten erörtern, um ihnen Gelegenheit zu geben, sich darauf einzustellen. Auf keinen Fall darf durch den Wegfall des Pflichtverteidigers die

Verteidigung beeinträchtigt werden. Insbesondere muß dem Wahlverteidiger die Möglichkeit gegeben werden, die Verteidigung ordnungsgemäß vorzubereiten (vgl. BGH 3, 327).

b) Die Verteidigung ist notwendig (§ 140), wenn

aa) die Hauptverhandlung vor dem Bundesgerichtshof oder dem Oberlandesgericht im ersten Rechtszug oder vor dem Landgericht stattfindet;

bb) eine Tat in Frage kommt, die nicht nur wegen Rückfalls ein Verbrechen ist;

cc) das Verfahren zur Unterbringung in einer Heil- oder Pflegeanstalt oder zur Untersagung der Berufsausübung führen kann;

dd) der Beschuldigte taub oder stumm ist;

ee) wenn sich der Beschuldigte mindestens drei Monate in derselben oder in einer anderen Sache in Untersuchungshaft oder aufgrund behördlicher Anordnung in einer Heil- oder Pflegeanstalt befunden hat und nicht mindestens zwei Wochen vor Beginn der HV aus der U-Haft bzw. der Heil- oder Pflegeanstalt entlassen wird. (Durch die Neufassung des § 140 I 5 durch die Strafprozeßnovelle v. 19. 12. 1964 ist die alte Streitfrage, was unter dem Begriff „Haft" in § 140 I 5 a. F. zu verstehen war, gegenstandslos geworden.)

ff) zur Vorbereitung eines Gutachtens über den Geisteszustand des Beschuldigten seine Unterbringung in einer öffentlichen Heil- oder Pflegeanstalt in Frage kommt;

gg) die Hauptverhandlung gegen einen Abwesenden stattfindet (§ 277).

Schließlich ist ein Verteidiger zuzuziehen, wenn die Untersuchungshaft mindestens drei Monate gedauert hat und die StA, der Beschuldigte oder sein gesetzlicher Vertreter einen entsprechenden Antrag stellen (§ 117 Abs. 4), oder wenn der Angeschuldigte zur mündlichen Verhandlung über den Haftbefehl nicht vorgeführt wird (§ 118a Abs. 2 Satz 2).

c) In anderen als den genannten Fällen bestellt der Vorsitzende für das ganze Verfahren oder nur für einen Teil des Verfahrens einen Verteidiger, wenn wegen der Schwere der Tat oder wegen der Schwierigkeit der Sach- und Rechtslage die Mitwirkung eines Verteidigers geboten erscheint oder wenn sich der Beschuldigte seiner Persönlichkeit nach nicht selbst verteidigen kann (§ 140 II).

d) Außerhalb der oben erörterten Fälle steht dem Beschuldigten ein Anspruch auf Bestellung eines Verteidigers niemals und insbesondere auch dann nicht zu, wenn er armutshalber außerstande ist, die Gebühren eines Wahlverteidigers, den sich der Beschuldigte gemäß § 137 in jeder Lage des Verfahrens nehmen kann, zu bezahlen. (Wegen der allgemeinen Rechte und Pflichten des Verteidigers s. Fall 6, Abschnitt A, S. 89 ff.)

2. Für den vorliegenden Fall ergibt sich folgendes:

a) Da es sich bei der gewerbsmäßigen Hehlerei gemäß § 260 StGB um eine Tat handelt, die nicht nur wegen Rückfalls ein Verbrechen ist, liegt gemäß § 140 Abs. 1 Nr. 2 ein Fall der notwendigen Verteidigung vor. Hierbei ist zu beachten, daß das Gericht im Falle des § 140 Abs. 1 Nr. 2 seit dessen Neufassung durch die Strafprozeßnovelle vom 19. 12. 1964 gehalten ist, dem Beschuldigten von Amts wegen, d. h. ohne entsprechenden Antrag, einen Offizialverteidiger beizuordnen. Diese Beiordnung hätte gemäß § 141 Abs. 1 spätestens in Verbindung mit der Zustellung der Anklage (§ 201) erfolgen müssen.

b) Ob vor Eröffnung des Hauptverfahrens ein Schlußgehör (siehe hierzu ausführlich oben Abschn. A II 5, S. 28) stattgefunden hat, läßt sich aus dem Sachverhalt nicht entnehmen. Fest steht jedenfalls, daß die Staatsanwaltschaft nach Abschluß der Ermittlungen, bevor sie die Anklage zum Schöffengericht erhob, gemäß §§ 169a Abs. 2, 169b Abs. 1 Satz 1 Abs. 3 verpflichtet war, S auf sein Recht, ein Schlußgehör zu beantragen, ausdrücklich zu belehren. (Zur Gewährung des Schlußgehörs war sie nicht unbedingt verpflichtet, § 169b Abs. 1 Satz 2.) Hieraus folgt aber weiter, daß die StA gemäß § 141 Abs. 3 Satz 3 schon zu diesem Zeitpunkt, d. h. nach Abschluß der Ermittlungen, in Verbindung mit der Einleitung des Schlußgehörs, den Antrag auf Bestellung eines Offizialverteidigers hätte stellen sollen. Hätte sie den Antrag pflichtgemäß gestellt, so hätte das Gericht ihm stattgeben müssen (§ 141 Abs. 3 Satz 2).

c) Für die weitere Beurteilung des Falles ist davon auszugehen, daß gemäß § 140 Abs. 1 Nr. 2 ein Fall der notwendigen Verteidigung vorliegt und der Verteidiger an sich gem. § 141 Abs. 2 Satz 2 und 3 schon mit der Einleitung des Schlußgehörs (gleichgültig, ob ein solches dann stattfand oder nicht), spätestens aber bei Zustellung der Anklage hätte beigeordnet werden müssen. Dies alles wurde offensichtlich übersehen.

d) Es wirft sich daher die Frage auf, ob der Mangel der rechtzeitigen Verteidigungsbestellung noch behoben werden kann oder ob bereits zu diesem Zeitpunkt ein unheilbarer Verfahrensmangel vorliegt, der später in der Revision zur Aufhebung des Urteils führen kann. Wie bereits oben in Abschnitt IV 1 a dargelegt, liegt der absolute Revisionsgrund des § 338 Nr. 5 schon dann vor, wenn der notwendige Verteidiger auch nur zeitweise abwesend ist. Dies gilt aber nur dann, wenn er an einem wesentlichen Teil der Hauptverhandlung nicht teilnimmt (vgl. BGH 15, 306). Ein Fehlen während des Schlußgehörs während des Eröffnungsverfahrens oder während der Vorbereitung der HV ist dagegen, selbst wenn verfahrenswidrig, für das weitere Verfahren unschädlich, sofern die Bestellung des Verteidigers bis zum Beginn der HV noch rechtzeitig nachgeholt wird. Dies ergibt sich schon aus der Erwägung, daß sich nicht selten Fälle denken lassen, in denen sich die Notwendigkeit der Verteidigung erst während der HV ergibt. In diesen Fällen genügt es, wenn nach Bestellung des Verteidigers die wesentlichen Teile der HV wiederholt werden (s. o. Abschn. IV 1 a sowie BGH 9, 243).

e) Im Ergebnis ist somit festzuhalten, daß der Amtsrichter unverzüglich, auf jeden Fall noch vor der HV, die Bestellung eines Offizialverteidigers für S veranlassen muß. Hierfür ist er gemäß § 141 Abs. 4 selbst zuständig.

V. In der Voruntersuchung hat der Amtsrichter als Stellvertreter des Untersuchungsrichters das Ersuchen um Einvernahme eines Zeugen an ein auswärtiges Gericht sowohl in den Akten als auch in der Ausfertigung unterschrieben.

1. Vorbemerkung: Ausschließung und Ablehnung von Gerichtspersonen (§§ 22ff).

Das Gesetz unterscheidet zwischen Ausschließungs- und Ablehnungsgründen.

a) Kraft Gesetzes **ausgeschlossen** ist der Richter usw.,

aa) wenn er selbst durch die strafbare Handlung verletzt, d. h. unmittelbar in einem Rechtsgut verletzt ist, z. B. als Bestohlener, Betrogener oder Beleidigter (vgl. § 22 Nr. 1);

bb) wenn er Ehegatte oder Vormund entweder des Beschuldigten oder des Verletzten ist oder war (vgl. § 22 Nr. 2);

cc) wenn er mit dem Beschuldigten oder dem Verletzten in einer vom Gesetz näher bestimmten Weise verwandt oder verschwägert oder durch Adoption verbunden ist (vgl. § 22 Nr. 3);

dd) wenn er in derselben Sache bereits als Staatsanwalt, als Polizeibeamter, als Anwalt des Verletzten oder als Verteidiger des Beschuldigten tätig geworden ist (vgl. § 22 Nr. 4);

ee) wenn er in derselben Sache als Zeuge oder Sachverständiger vernommen worden ist (vgl. § 22 Nr. 5), nicht dagegen, wenn er nur als Zeuge benannt worden ist, ohne vorher vernommen worden zu sein; auch die Abgabe einer dienstlichen Erklärung fällt nicht unter den Ausschliessungsgrund des § 22 Nr. 5 (vgl. E. 58, 286);

ff) in der Rechtsmittelinstanz, wenn er bereits an der angefochtenen Entscheidung mitgewirkt hat (vgl. § 23 Abs. 1);

gg) im Wiederaufnahmeverfahren, wenn er bereits an der angefochtenen Entscheidung mitgewirkt hat (vgl. § 23 Abs. 2, neu eingefügt durch die Strafprozeßnovelle v. 19. 12. 1964);

hh) wenn er als Untersuchungsrichter die VU geführt hat (§ 23 Abs. 3).

Ein Ausschließungsgrund entzieht der betr. Gerichtsperson von selbst, ohne daß von den Prozeßbeteiligten Widerspruch erhoben wird, die Fähigkeit zur Ausübung des Amtes. (NB. zur „Ausübung des Richteramtes" gehört nach BGH 3, 68 nicht die Auslosung der Schöffen.)

Nimmt ein kraft Gesetzes ausgeschlossener Richter trotzdem eine Amtshandlung vor, so ist diese, falls es sich um eine Entscheidung handelt, nicht etwa nichtig, sondern lediglich mit dem im einzelnen Falle zulässigen

Rechtsmittel anfechtbar; erfolgt keine Anfechtung, so ist der Mangel geheilt. (Wirkt eine kraft Gesetzes ausgeschlossene Gerichtsperson — Richter, Geschworener oder Schöffe — bei dem Urteil mit, so ist ein absoluter Revisionsgrund gegeben, § 338 Nr. 2.)

Sonstige Amtshandlungen des ausgeschlossenen Richters sind absolut nichtig, so daß z.B. ein von einem ausgeschlossenen Richter aufgenommenes Beweisprotokoll im weiteren Verfahren nicht verwertet werden darf (E. 30, 72; 33, 309; 55, 113).

(NB. Werden die Vorschriften über die Besetzung der Gerichte und die Geschäftsverteilung — insbesondere diejenigen der §§ 63, 83 GVG — verletzt, oder sind Fehler bei der Berufung der Schöffen oder Geschworenen unterlaufen — siehe §§ 32ff., 77, 84 GVG — so liegt der absolute Revisionsgrund des § 338 Nr. 1 vor, vgl. BGH 8, 240, 252; 10, 179, 252, 384; 11, 54, 106. Siehe auch BGH 2, 14, wo in Übereinstimmung mit E. 60, 63 entschieden wurde, daß eine unvorschriftsmäßige Besetzung i. S. des § 338 Nr. 1 noch nicht darin liege, daß ein Schöffe vorübergehend in seiner Aufmerksamkeit durch Ermüdungserscheinungen beeinträchtigt gewesen ist. Zur Frage, wieweit ein blinder Richter an einer HV mitwirken kann, siehe BGH 11, 74 und 18, 51.)

b) Abgelehnt werden kann der Richter usw. von der Staatsanwaltschaft, dem Beschuldigten und dem Privatkläger (§ 24):

aa) wenn er kraft Gesetzes ausgeschlossen ist,

bb) wegen Besorgnis der Befangenheit (s. hierzu BGH 4, 264 betr. zu offene Presseberichte).

Die Ablehnung eines Richters wegen Besorgnis der Befangenheit ist begründet, wenn im Angeklagten bei verständiger Würdigung der ihm bekannten Umstände die Auffassung aufkommen kann, der Richter werde ihm gegenüber möglicherweise eine innere Haltung einnehmen, die dessen Unparteilichkeit störend beeinflussen könne. (Siehe E. 60, 67 und BGH 1, 34.) Hierher gehören z. B. die Fälle, daß der Richter mit dem Beschuldigten verfeindet ist, oder daß der Richter vor dienstlicher Befassung der Sache sich Dritten gegenüber geäußert hat, wie er als erkennender Richter über die Sache urteilen würde (E. 61, 67). Kein Ablehnungsgrund liegt dagegen vor, wenn der Richter in einer anderen ähnlichen Strafsache eine dem Angeklagten ungünstige Rechtsauffassung bekundet hat oder wenn er dem Angeklagten vor Anordnung der Beweisaufnahme nahelegt, die Berufung zurückzunehmen (E. 60, 43).

Gemäß § 25 muß die Ablehnung eines Richters wegen Befangenheit spätestens bis zum Beginn des an die Vernehmung des Angeklagten zur Sache anschließenden Teils der HV, regelmäßig also bis zum Beginn der Beweisaufnahme geltend gemacht werden. Versäumt der Angeklagte diese Frist, so hat er sein Ablehnungsrecht verwirkt, und zwar auch dann, wenn ihm die Tatsache, auf die er sein Ablehnungsrecht stützen könnte, erst später bekannt wird (BGH 1, 199). Werden dem Angeklagten mehrere Taten zur Last gelegt und wird die

Verhandlung in der Weise geführt, daß der Angeklagte zunächst nur zu einem Punkt vernommen wird, während die Vernehmung zu den übrigen Punkten erst erfolgt, nachdem die Beweisaufnahme über den ersten Punkt abgeschlossen ist, so kann die Ablehnung bis zum Schluß der ersten Teilvernehmung geltend gemacht werden (vgl. Eb. Schmidt, Teil II, Rn. 7 zu § 25 StPO). Entsprechendes gilt, wenn dem Angeklagten nach seiner ersten Vernehmung im Laufe der weiteren Verhandlung erneut Gelegenheit gegeben wird, seine bisherigen Ausführungen zur Sache zu erläutern oder zu ergänzen, z. B. im Rahmen eines Termins zur Einnahme eines Augenscheins (BGH 18, 46).

Wegen des Verfahrens bei der Ablehnung siehe §§ 26, 27.

Gegen den Beschluß, durch den das Ablehnungsgesuch für unbegründet erklärt wird, ist das Rechtsmittel der sofortigen Beschwerde gegeben (§ 28 Abs. 1). Richtet sich das Ablehnungsgesuch gegen einen erkennenden Richter, so ist der Beschluß, durch den das Ablehnungsgesuch zurückgewiesen wird, nicht für sich allein, sondern nur mit dem Urteil anfechtbar (§ 28 Abs. 2). Der Gesetzgeber will auf diese Weise verhindern, daß die HV über Gebühr verschleppt wird. (Zum Begriff des erkennenden Richters siehe die Ausführungen zu § 305 in Fall 6, Abschn. B III 1 f, S. 98.)

Handelt ein Richter trotz erfolgter Ablehnung weiter oder war das Ablehnungsgesuch zu Unrecht verworfen worden und wird darauf die Revision gestützt (das Ablehnungsgesuch unterliegt auch in tatsächlicher Beziehung der freien Nachprüfung des Revisionsrichters), dann liegt der absolute Revisionsgrund des § 338 Nr. 3 vor.

2. Im vorliegenden Fall handelt es sich um die Frage, ob im Hinblick auf § 23 Abs. 3 der Amtsrichter von der Leitung der Hauptverhandlung ausgeschlossen ist.

a) Nach § 23 Abs. 3 darf der Untersuchungsrichter in den Sachen, in welchen er die Voruntersuchung geführt hat, nicht Mitglied des erkennenden Gerichts sein.

aa) Der Untersuchungsrichter hat die Voruntersuchung „in der Sache" nur dann geführt, wenn sie nicht nur die gleiche Tat betraf, sondern auch gegen die gleichen Personen eröffnet und geführt wurde, gegen die das Verfahren vor dem erkennenden Gericht gerichtet ist (E. 62, 317; im Gegensatz hierzu gilt für § 22 Nr. 4 der Grundsatz, daß, solange dieselbe Tat den Gegenstand des Verfahrens bildet, es sich um dieselbe Sache i. S. des § 22 Nr. 4 handelt, ohne Rücksicht darauf, ob die staatsanwaltschaftlichen Amtshandlungen sich gerade gegen den Teilnehmer der Tat gerichtet haben, gegen den nunmehr das Hauptverfahren läuft, vgl. BGH 14, 222).

bb) Dem Untersuchungsrichter steht derjenige Richter gleich, der ihn, wenn auch nur bei einzelnen Untersuchungshandlungen, vertreten hat (E. 18, 270). Dagegen ist die Bestimmung nicht anwendbar auf den Amtsrichter, welcher auf Ersuchen des Untersuchungsrichters (§ 185 Satz 2) Handlungen der Voruntersuchung vorgenommen hat, ebensowenig auf den Vorsitzenden der Eröffnungskammer, der nach Schluß der Voruntersuchung zur weiteren Aufklärung des Sachverhalts einzelne Beweiserhebungen vornimmt (E. 63, 337). Dagegen findet nach E. 68, 377 § 23 II Anwendung auf den Untersuchungsrichter, der nach § 191 Untersuchnngshandlungen vornimmt.

cc) Immer aber ist Voraussetzung für die Ausschließung gemäß § 23 Abs. 3, daß der Untersuchungsrichter bzw. dessen Stellvertreter wesentliche Akte der Voruntersuchung vorgenommen hat, d. h. solche, welche die Feststellung des Tatbestandes und die Sammlung der Beweise bezwecken, insbesondere Vernehmung von Zeugen oder Sachverständigen, Einnahme eines Augenscheins, Vernehmung des Angeschuldigten usw. (E. 18, 271), dagegen nicht die Eröffnung der Voruntersuchung, und zwar auch dann nicht, wenn mit ihr die Anordnung der Fortdauer der Untersuchungshaft verbunden ist (E. 61, 415). (NB. Im Gegensatz hierzu kommt es bei der Frage, ob der Richter als Beamter der Staatsanwaltschaft usw. i. S. des § 22 Nr. 4 „in der Sache tätig" gewesen ist, auf die materielle Bedeutung des Amtsgeschäfts nicht an, E. 70, 162.)

b) Dadurch nun, daß im vorliegenden Falle der Amtsrichter als stellvertretender Untersuchungsrichter lediglich ein Ersuchen um Einvernahme eines Zeugen unterschrieben hat, hat er nicht die Voruntersuchung „geführt" i. S. des § 23 Abs. 3. Der Amtsrichter wird demnach dieser Feststellung keine weitere Beachtung schenken.

(NB. Ein Untersuchungsrichter, bei dem die oben erörterten Voraussetzungen zutreffen, ist nicht nur von jeder Mitwirkung im erkennenden Gericht ausgeschlossen, sondern darf auch nicht an einer außerhalb der Hauptverhandlung ergehenden Entscheidung der Strafkammer, insbesondere nicht beim Beschluß über die Eröffnung des Hauptverfahrens mitwirken. Würde daher festgestellt, daß ein Richter an dem Eröffnungsbeschluß mitgewirkt hat, der z. B. als Stellvertreter des Untersuchungsrichters den Angeschuldigten, wenn auch nur einmal, vernommen und somit die Voruntersuchung i. S. des § 23 Abs. 2 „geführt" hat, so würde ein Sachurteil aufgrund eines solchen, einen wesentlichen prozessualen Mangel enthaltenden Eröffnungsbeschlusses, der vom Angeklagten beanstandet bzw. infolge Nichtkenntnis seiner Fehlerhaftigkeit nicht gerügt worden ist, unbedingt der Aufhebung in der Revisionsinstanz unterliegen. Denn mit der Revision kann gemäß § 336 auch der dem Urteil vorausgegangene Eröffnungsbeschluß angefochten werden, wenn auf dem wesentlichen prozessualen Mangel desselben das Urteil beruht. Eine absolute Gesetzesverletzung nach § 338 Nr. 2 würde in einem solchen Falle deshalb nicht vorliegen, weil der kraft Gesetzes ausgeschlossene Richter nicht an dem Urteil, sondern nur an einer Vorentscheidung teilgenommen hat. Andererseits aber kann die Möglichkeit nicht als ausgeschlossen gelten, daß bei der Mitwirkung einwandfreier Richter [der Untersuchungsrichter gilt in diesem Falle gemäß § 23 Abs. 3 als befangen] ein Eröffnungsbeschluß gar nicht zustande gekommen, mithin das angefochtene Urteil nicht erlassen worden wäre. Schon das Vorliegen einer solchen Möglichkeit aber berechtigt zu der Bejahung der Frage, ob das Urteil auf der fraglichen Gesetzesverletzung beruht. (Siehe Fall 9, Abschnitt A VIII 2, S. 125.) Das Gericht müßte daher, da eine allgemeine Urteilsvoraussetzung fehlt, das Verfahren gemäß § 206a durch Beschluß außerhalb der Hauptverhandlung bzw. durch Urteil in der Hauptverhandlung gemäß § 260 III einstellen, um einem anderweitigen Verfahren nach Fassung eines legalen, rechtsgültigen Eröffnungsbeschlusses Raum zu geben. Siehe E. 10, 56 und E. 43, 217.)

VI. Die Ladung zur Hauptverhandlung auf den 25. Mai war dem Angeklagten T am 20. Mai zugestellt worden.

1. Gemäß § 217 muß zwischen der Zustellung der Ladung (§ 216) und dem Tage der Hauptverhandlung eine Frist von mindestens einer Woche liegen. Ist diese Frist nicht eingehalten worden, so kann der Angeklagte die Aussetzung der Verhandlung verlangen, solange mit seiner Vernehmung zur Sache nicht begonnen ist.

2. Der Angeklagte kann auf die Einhaltung dieser Frist verzichten (§ 217 III).

Als stillschweigender Verzicht wird angesehen, wenn der Angeklagte im Falle der Nichteinhaltung der Frist es unterläßt, die Aussetzung der Hauptverhandlung zu beantragen.

Nach erfolgtem Verzicht kann die Nichteinhaltung der Frist eine Revision nicht begründen, und zwar auch dann nicht, wenn der Vorsitzende die nur instruktionelle Vorschrift des § 228 Abs. 3 außer acht gelassen hat.

(NB. Nach E. 69, 23 und E. 57, 267 stellt auch ein Verstoß gegen § 229 keinen unbedingten Revisionsgrund dar; es ist in einem solchen Falle vielmehr zu untersuchen, ob das Urteil auf ihm beruht. Siehe Fall 5, Vorbemerkung Abschn. I 2b, S. 74.)

Es wird sich jedenfalls für den Amtsrichter empfehlen, den Angeklagten schon vor der Hauptverhandlung darüber zu hören, ob er auf die Frist des § 217 verzichte.

Nachtrag A.

Verlesung von Schriftstücken (Urkundenbeweis)

A. Allgemeine Grundsätze

I. Die gesetzlichen Bestimmungen über Verlesbarkeit von Urkunden (§§ 249—256) beziehen sich mit Ausnahme des § 251 Abs. 3 nur auf die Beweisaufnahme über die Schuld- und Strafzumessungsfragen. Dagegen ist das Gericht z. B. hinsichtlich des Beweises für die Feststellung der Prozeßvoraussetzungen oder zur Vorbereitung der Entscheidung darüber, ob die Ladung und Vernehmung einer Person erfolgen soll (s. § 251 Abs. 3) an keine Beweisregel gebunden.

II. Soll mit Urkunden bewiesen werden, so sind diese, soweit der Verlesung keine gesetzlichen Hinderungsgründe entgegenstehen, zu verlesen, z. B. der beleidigende Brief, der gefälschte Wechsel, da in diesem Falle der Urkundenbeweis der unmittelbarste und deshalb dem Zeugenbeweis vorzuziehen ist (§ 249, siehe auch BGH 5, 278; 11, 29).

Es kann also jede bei den Akten befindliche Urkunde, deren Verlesung im Gesetz nicht verboten ist, verlesen werden. Dabei ist es gleichgültig, ob es sich um eine Originalurkunde oder um die unbeglaubigte Abschrift einer solchen handelt, und ob sie vom Angeklagten, einem Zeugen oder von einer dritten, am Prozeß nicht beteiligten Person herrührt. Es darf aber eine solche Verlesung, abgesehen von den unten in den Abschnitten B und D aufgeführten Fällen, stets nur zum Beweise dafür verwendet werden, daß ein Schriftstück dieses Inhalts vorhanden ist. Urkunden, die in der Hauptverhandlung nicht förmlich verlesen wurden, dürfen nicht zur Grundlage des Urteils gemacht werden (BGH 5, 278).

B. Die im Gesetz ausdrücklich als verlesbar bezeichneten und daher als zum Beweise für die Richtigkeit ihres Inhalts geeigneten Urkunden sind folgende:

I. Nach § 249 Satz 2:

1. Früher ergangene Strafurteile,

2. Auszüge aus Strafregistern, Kirchenbüchern und Personenstandsregistern,

3. Protokolle über die Einnahme des richterlichen Augenscheins.

II. Nach § 256:

1. Die ein Zeugnis oder Gutachten enthaltenden Erklärungen öffentlicher Behörden (mit Ausnahme von Leumundszeugnissen).

2. Ärztliche Atteste über Körperverletzungen i. S. der §§ 223, 223a und 230 StGB (also nicht über solche i. S. des § 224 StGB). Die Verlesung derartiger Atteste ist allerdings nur dann zulässig, wenn der Zweck des Strafverfahrens sich in der Verfolgung einer einfachen vorsätzlichen oder fahrlässigen bzw. gefährlichen Körperverletzung erschöpft, nicht dagegen, wenn es bei der Ausführung anderer, schwererer Delikte zu Verletzungen gekommen ist, z. B. bei Ausführung einer Notzucht (vgl. BGH 4, 155).

III. Nach §§ 251—254: Vernehmungsprotokolle des Angeklagten, der Zeugen und Sachverständigen in bestimmten Ausnahmefällen (siehe unten Abschn. D).

C. Ausdrücklich im Gesetz verboten ist die Verlesung in folgenden Fällen:

I. Nach § 256: Die Verlesung von Leumundszeugnissen öffentlicher Behörden. Für ihre Verlesbarkeit gilt also der auch für private Leumundszeugnisse geltende § 250, d. h. der Verfasser des Leumundszeugnisses muß persönlich vernommen werden, und zwar ohne Unterschied, ob das Zeugnis den Angeklagten oder andere Personen betrifft (E. 53, 280).

II. Nach § 250: Die Verlesung von Vernehmungsprotokollen, es sei denn, daß einer der in §§ 251, 253, 254 aufgeführten Fälle vorliegt. (S. den folgenden Abschnitt D.)

D. Die Verlesung von Vernehmungsprotokollen:

I. Der Grundsatz des § 250:

1. Beruht der Beweis einer Tatsache auf der Wahrnehmung einer Person, so ist diese in der Hauptverhandlung zu vernehmen. Die Vernehmung darf nicht durch Verlesung des über eine frühere Vernehmung aufgenommenen Protokolls oder einer schriftlichen Erklärung ersetzt werden. Das gleiche gilt für die Vernehmung des Sachverständigen und des Angeklagten.

2. Dieser Grundsatz beruht auf der Erkenntnis, daß, wenn es sich um Wahrnehmungen handelt, die eine Person gemacht hat, der Beweis durch die Auskunftsperson besser ist als der Urkundenbeweis. Dieser Grundsatz der Mündlichkeit bzw. Unmittelbarkeit gilt vor allem für die Hauptverhandlung erster Instanz.

3. Die Bestimmung des § 250 schließt nicht die Möglichkeit aus, auch einen mittelbaren Beweis zu führen, z. B. durch Vernehmung eines Polizeibeamten über den Inhalt dessen, was der Angeklagte oder unmittelbare Tatzeugen ihm gegenüber bekundet haben.

Das Gericht wird allerdings im allgemeinen die unmittelbare Beweisführung mit ihrer Möglichkeit, durch Fragen und Vorhaltungen auf den Inhalt der Bekundungen einzuwirken, als die zuverlässigere Beweisquelle bevorzugen, um nicht gegen die sich aus § 244 II ergebende Aufklärungspflicht zu verstoßen. Das pflichtgemäße Ermessen kann aber auch die mittelbare Beweisführung für ausreichend erachten, z. B. in großen Betrugsfällen, wenn eine große Zahl von geschädigten Personen zu vernehmen ist. Siehe auch BGH 6, 209 und 15, 253.

4. Nach BGH 20, 160 ist ferner folgendes zu beachten: § 250 untersagt nur die Ersetzung der Zeugenaussage durch die Verlesung einer zu Beweiszwecken erstellten Urkunde. Nicht verboten ist es jedoch, die Urkunde, z. B. ein Vernehmungsprotokoll oder eine schriftliche Erklärung des Zeugen, neben der Zeugenvernehmung als zusätzliches Beweismittel durch Verlesung zu verwerten.

II. Die Verlesung von Vernehmungsprotokollen des Angeklagten.

1. Bei Abwesenheit des Angeklagten:

Wird eine Hauptverhandlung unter den Voraussetzungen des § 232 oder des § 233 ohne den Angeklagten durchgeführt, so kann und muß die Niederschrift über eine richterliche Vernehmung des Angeklagten in der Hauptverhandlung verlesen werden (§ 232 Abs. 3 und § 233 Abs. 3 S. 2).

2. Bei Anwesenheit des Angeklagten:

a) Ist der Angeklagte im Termin anwesend, so kann ein richterliches Protokoll über seine frühere Aussage insoweit verlesen werden, als daraus der Beweis für ein Geständnis hergeleitet werden soll (§ 254 Abs. 1).

b) Das gleiche gilt von der Verlesbarkeit richterlicher Protokolle zwecks Feststellung von Widersprüchen zwischen der vor dem erkennenden Gericht gemachten und den früheren Aussagen des Angeklagten (§ 254 Abs. 2).

Zu a) ist nach E. 61, 72 folgendes zu bemerken: Bei richterlichen Geständnissen hat das Gericht ohne weiteres die Möglichkeit, auf Grund des Protokolls für erwiesen zu erachten, daß der Angeklagte ein Geständnis abgelegt hat. Liegt dagegen nur ein polizeiliches Geständnis vor, so muß das Gericht, falls der Angeklagte bestreitet, ein Geständnis abgelegt zu haben, den Verhörsbeamten über das frühere von ihm protokollierte Geständnis vernehmen. Beweisgrundlage ist dann nicht der Inhalt des polizeilichen Protokolls, sondern die Zeugenaussage des Polizeibeamten. Kann sich dieser an Einzelheiten nicht mehr erinnern, so darf ihm der Inhalt des von ihm aufgenommenen Protokolls durch Vorhalt oder wörtliches Vorlesen, gegebenenfalls sogar durch Vorlage zum Durchlesen als Gedächtnisstütze zugänglich gemacht werden (vgl. BGH 3, 281). Eine derartige Gedächtnisstütze darf dem Zeugen allerdings erst geboten werden, wenn er versucht hat, das, was er noch in Erinnerung hat, im Zusammenhang und ohne Gedächtnisstütze wiederzugeben (vgl. § 69 Abs. 1). Erst wenn offensichtlich ist, daß er sich an einzelne Tatsachen nicht mehr erinnern kann, darf ihm der Inhalt des Vernehmungsprotokolls zugänglich gemacht werden. Dann allerdings ist es nicht erforderlich, daß er — entsprechend der in § 253 Abs. 1 getroffenen Regelung — selbst erklärt, daß er sich an Einzelheiten nicht mehr erinnern könne. Eine unmittelbare Anwendung von § 253 scheidet schon deshalb aus, weil der Zeuge nicht über den Inhalt seiner Vernehmung gehört wird; für eine analoge Anwendung besteht kein Anlaß, da unter den Voraussetzungen des § 253 unter Durchbrechung des Grundsatzes der Mündlichkeit und der Unmittelbarkeit die frühere Aussage selbst als Beweisgrundlage verwertet werden kann und das Gesetz nur deshalb strengere Anforderungen an die Verwertbarkeit stellt (vgl. BGH a. a. O. 284). (N. B. Daß das polizeiliche Vernehmungsprotokoll gemäß BGH 20, 160 neben der Zeugenvernehmung als zusätzliches Beweismittel verlesen werden kann, wurde bereits oben in Abschnitt I 4 erwähnt.)

III. Die Verlesung von Vernehmungsprotokollen von Zeugen, Sachverständigen und Mitbeschuldigten.

1. Die Verlesung bei Abwesenheit der Beweispersonen (**§ 251**):

a) In diesem Fall dürfen grundsätzlich (mit Ausnahme der Fälle des § 251 II und III) nur richterliche Protokolle verlesen werden, und zwar mit Rücksicht darauf, daß beim richterlichen Protokoll auf die zutreffende Wiedergabe einer erschöpfenden Vernehmung vertraut werden kann.

b) § 251 I Nr. 1 enthält die absoluten Hinderungsgründe, die einer Vernehmung eines Zeugen, Sachverständigen oder Mitbeschuldigten entgegenstehen: Tod, Geisteskrankheit oder Unauffindbarkeit.

c) § 251 I Nr. 2 enthält relative Hinderungsgründe (im Wortlaut übereinstimmend mit § 223 I), die dem Erscheinen der Beweisperson in der Hauptverhandlung für eine längere oder ungewisse Zeit entgegenstehen, nämlich Krankheit, Gebrechlichkeit oder andere nicht zu beseitigende Hindernisse. § 251 I Nr. 2 ist sinngemäß auch dann anwendbar, wenn der Zeuge zwar vor Gericht erscheinen kann, aber zu befürchten ist, daß seine Vernehmung in der Hauptverhandlung zu einer erheblichen Verschlechterung seines Krankheitszustandes führen könnte (vgl. BGH 9, 297).

d) § 251 I Nr. 3 enthält ebenfalls einen relativen Hinderungsgrund (im Wortlaut übereinstimmend mit § 223 II), nämlich den Fall, daß der Beweisperson das Erscheinen in der Hauptverhandlung wegen großer Entfernung nicht zugemutet werden kann.

In den Fällen b) und c) (§ 251 Abs. 1 Nr. 1 und 2) darf gemäß § 251 II jedes Vernehmungsprotokoll, also auch ein solches der Polizei, des Finanzamts oder des Notars, verlesen werden, und zwar nicht nur ein solches, das in demselben Verfahren, sondern auch jedes sonstige Protokoll, das in irgendeinem anderen Verfahren aufgenommen worden ist. (S. hierzu Wortlaut des § 251 II „Niederschriften über eine andere Vernehmung".)

Im Falle d) (§ 251 I Nr. 3) dagegen kommen nur solche richterlichen Vernehmungsprotokolle in Frage, die in demselben Verfahren aufgenommen worden sind.

e) Ferner können alle richterlichen Vernehmungsprotokolle, und zwar auch solche, die in demselben Verfahren aufgenommen worden sind, in jedem Falle verlesen werden, wenn der Staatsanwalt, der Verteidiger und der Angeklagte mit der Verlesung einverstanden sind (§ 251 Abs. 1 Nr. 4).

f) Wird das Vernehmungsprotokoll eines früheren Mitbeschuldigten verlesen, so sind folgende Besonderheiten zu beachten (vgl. BGH 10, 186):

Wäre der frühere Mitbeschuldigte in der Hauptverhandlung vernommen worden, so hätte er die Stellung eines Zeugen eingenommen. Hieraus folgt: Hätte der frühere Mitbeschuldigte als Zeuge in der Hauptverhandlung gemäß §§ 52ff. das Zeugnis verweigern können, so ist die Verlesung des Vernehmungsprotokolls in der Hauptverhandlung unzulässig. Bestünde dagegen lediglich ein Auskunftsverweigerungsrecht nach § 55, so wäre eine Verlesung des Protokolls unbedenklich. § 55 dient nämlich in erster Linie der Selbstverteidigung des Zeugen. Dieser konnte aber seine Interessen bereits bei seiner früheren Vernehmung als Beschuldigter wahren, gegebenenfalls sogar durch Verweigerung jeglicher Angaben. Es besteht daher kein Bedürfnis, ihn in der Hauptverhandlung besonders zu schützen.

2. Verlesung von Vernehmungsprotokollen bei Anwesenheit des Zeugen oder Sachverständigen.

a) In den folgenden Fällen ist die Verlesung von Vernehmungsprotokollen jeder Art (also auch von polizeilichen) zulässig, nämlich:

aa) zur Unterstützung des Gedächtnisses, wenn ein Zeuge oder Sachverständiger erklärt, daß er sich einer Tatsache nicht mehr erinnert (§ 253 Abs. 1);

bb) wenn ein in der Vernehmung hervortretender Widerspruch mit der früheren Aussage nicht auf andere Weise ohne Unterbrechung der Hauptverhandlung festgestellt oder behoben werden kann (§ 253 Abs. 2);

cc) wenn das Vernehmungsprotokoll neben der Zeugenvernehmung (die durch die Verlesung nicht ersetzt werden darf, § 250), als zusätzliches Beweismittel herangezogen wird (vgl. BGH 20, 160). Die Verlesung beruht in diesem Fall unmittelbar auf § 249. Sie kann allerdings nicht mehr beweisen als die Tatsache, daß sich ein Protokoll dieses Inhalts bei den Akten befindet. Bestreitet der Zeuge das rechtmäßige Zustandekommen des Protokolls und kommt es für die Urteilsfindung auf die frühere Erklärung des Zeugen an, so darf sich das Gericht jedoch nicht mit der Verlesung beschränken, sondern muß — ebenso wie bei polizeilichen Geständnissen (siehe oben Abschn. II 2b, S. 57) — den Vernehmungsbeamten als Zeugen vernehmen.

b) Verboten ist die Verlesung der Aussagen eines vor der Hauptverhandlung vernommenen Zeugen, welcher erst in der Hauptverhandlung von seinem Zeugnisverweigerungsrecht Gebrauch macht **(§ 252)**. Dieses Verlesungsverbot bezieht sich auch auf richterliche Vernehmungsprotokolle, und zwar selbst dann, wenn alle Beteiligten mit der Verlesung einverstanden sind; § 251 I Nr. 4 findet keine analoge Anwendung (BGH 10, 77).

Um das Verlesungsverbot des § 252 nicht zu entwerten, messen Literatur und Rechtsprechung der Bestimmung über ihren eigentlichen Wortlaut hinaus ein weitgehendes Verwertungsverbot bei. So ist es unzulässig, den Inhalt einer Vernehmungsniederschrift eines zur Zeugnisverweigerung berechtigten Zeugen anderen Zeugen zur Auffrischung ihres Gedächtnisses vorzuhalten, bevor feststeht, ob der zur Verweigerung des Zeugnisses berechtigte Zeuge von seinem Zeugnisverweigerungsrecht Gebrauch machen will oder nicht (BGH 7, 194).

Die umstrittene Frage, ob der Verhörsbeamte über die vor ihm gemachten früheren Bekundungen des verweigerungsberechtigten Zeugen vernommen werden darf, hat der Bundesgerichtshof (BGH 2, 99) mit einer ausführlichen Begründung (in Anlehnung an E. 48, 246 und in Abweichung von E. 72, 221) folgendermaßen entschieden: Macht ein Zeuge von seinem Zeugnisverweigerungsrecht Gebrauch, so darf über den Inhalt einer Aussage, die er bei einer früheren richterlichen Vernehmung nach Hinweis auf sein Zeugnisverweigerungsrecht gemacht hat, durch Vernehmung des Richters Beweis erhoben werden. Die Vernehmung der Verhörsperson über den Inhalt früherer nichtrichterlicher (also vor allem polizeilicher oder vor dem Staatsanwalt gemachter) Aussagen ist unzulässig, und dies selbst dann, wenn der Zeuge auf sein Zeugnisverweigerungsrecht hingewiesen wurde. Das in § 252 enthaltene Verlesungs- und Verwertungsverbot dient, wie der BGH a. a. O. weiter ausführt, dem Ausgleich zwischen dem Grundsatz der Wahrheitserforschung einerseits und der Pflichtenkollision andererseits, in die der wegen seiner persönlichen Nähe zur Sache unfreie Dritte durch den Zeugniszwang geraten kann. Diese vom Bundesgerichtshof erstmals in BGH 2, 99 aufgestellten Grundsätze wurden in den bereits erwähnten Entscheidungen BGH 7, 194 und 10, 77 bestätigt und in BGH 11, 97 sinngemäß auf die Vernehmung von Sachverständigen übertragen: Macht ein Zeuge, der bereits von einem Sachverständigen vernommen wurde, in der Hauptverhandlung von seinem Zeugnisverweigerungsrecht Gebrauch, so kann der Sachverständige über den Inhalt der durch ihn erfolgten Vernehmung gehört werden, sofern der betreffende Zeuge vor dieser früheren Vernehmung richterlich auf sein Zeugnisverweigerungsrecht hingewiesen wurde. (Siehe auch BGH 13, I; 13, 250; 18, 107 und Nachtrag 2 zu Fall 15.)

Wird ein Richter oder Sachverständiger entsprechend den in BGH 2, 99 und 11, 97 aufgestellten Grundsätzen in zulässiger Weise als Zeuge vernommen, so darf ihm zur Unterstützung des Gedächtnisses der Inhalt des Protokolls vorgehalten oder vorgelesen werden. Zur Beweisgrundlage darf jedoch auch in diesem Falle nur die Bekundung des Richters, nicht etwa das Protokoll gemacht werden (BGH 11, 338). Zu beachten ist schließlich noch, daß nur der Vernehmungsrichter selbst als Zeuge gehört werden darf, nicht auch andere Personen, die bei der Vernehmung zugegen waren, z. B. Referendare (BGH 13, 394).

(NB. Die Bestimmung des § 252 und die diesbezügliche Rechtsprechung bezieht sich nicht auf die Aussagen eines Zeugen, dem lediglich ein Auskunftsverweigerungsrecht nach § 55 zusteht. In diesem Falle ist also eine Vernehmung der Verhörsperson ohne weiteres möglich, vgl. BGH MDR 51, 180).

E. Bei der Verlesung von Vernehmungsprotokollen zu beachtende Formvorschriften und der Einfluß von Formmängeln oder sonstiger Mängel der Vernehmungsprotokolle auf ihre Verlesbarkeit und Beweiskraft.

I. Die Verlesung eines Vernehmungsprotokolls darf nur stattfinden auf Grund eines Gerichtsbeschlusses, also nicht nur auf Anordnung des Vorsitzenden. Der Beschluß muß den Grund der Verlesung enthalten sowie die Feststellung, ob der Vernommene vereidigt worden ist (§ 251 Abs. 4). War dies nicht der Fall, so muß die Vereidigung, falls sie durchführbar ist, nachgeholt werden (§ 251 IV Satz 4), es sei denn, daß das Gericht einen der Gründe der §§ 60, 61 für vorliegend erachtete, die die Vereidigung verbieten oder in das pflichtgemäße Ermessen des Gerichts stellen; auch über diese Fragen muß der Gerichtsbeschluß Aufschluß geben (BGH 1, 269). Aus dem Beschluß muß ferner hervorgehen, daß der zur Verlesung berechtigende Grund noch fortdauert (BGH 1, 103).

Das Fehlen eines solchen Gerichtsbeschlusses oder seiner Begründung rechtfertigt die Revision, sofern das angefochtene Urteil auf dieser Gesetzesverletzung beruht, d. h. wenn die Aussage der betreffenden Beweisperson bei der Urteilsfällung verwertet worden ist; denn der Mangel der Begründung entzieht den Beteiligten und dem Revisionsgericht die Möglichkeit, die Zulässigkeit der Verlesung zu prüfen, und verleiht der Verlesung den Charakter eines gesetzlich unzulässigen Aktes, weil die Berechtigung zu einer Ausnahme von § 250 nicht ersichtlich ist.

II. Jede Verlesung nach § 251 kann aber nur erfolgen, wenn ein ordnungsmäßiges Protokoll vorliegt.

Bezüglich der Frage, ob und inwieweit Verstöße vor allem gegen die Bestimmungen über das Zeugnisverweigerungsrecht (§§ 52ff.), über Beeidigung (§§ 60—66e) oder sonstige, dem Protokoll anhaftende Mängel, z. B. Verletzung der Formvorschriften der §§ 168, 187, 188 (z. B. fehlende Unterschriften, Nichtanwesenheit des Richters oder des Protokollführers, Rasuren, Durchstreichungen usw.) die Beweiskraft des Protokolls aufheben und seine Verlesung in der Hauptverhandlung unzulässig machen, enthält die Strafprozeßordnung keine Bestimmung.

Es bleibt daher in jedem einzelnen Falle der freien Würdigung des erkennenden Richters (§ 261) überlassen, welche Bedeutung den etwaigen Verstößen und Mängeln beizumessen und ob die Beweiskraft des Protokolls oder doch eines Teils desselben für aufgehoben zu erachten sei (E. 34, 396) und demgemäß im Falle seiner Verlesung und Verwertung die Revision gerechtfertigt wäre und zur Aufhebung des Urteils führen würde. In diesem Zusammenhang sei ausdrücklich darauf hingewiesen, daß polizeiliche Vernehmungsprotokolle, um nach § 251 II verlesbar zu sein, nicht der Form des § 188 bedürfen, andererseits aber in ihrem Beweiswert beeinträchtigt werden, wenn ihr Inhalt von dem Zeugen nicht durch Unterschrift genehmigt, möglicherweise sogar nicht einmal vorgelesen wurde (BGH 5, 214).

Nachtrag B.

Augenschein

1. Unter den Begriff des Augenscheins fallen alle sinnlichen Wahrnehmungen des Gerichts, sei es, daß sie durch das Auge, sei es, daß sie durch andere Sinnesorgane gemacht werden.

2. Der Augenschein kann vorgenommen werden:

a) innerhalb der Hauptverhandlung, also seitens des erkennenden Gerichts. In diesem Falle ist der Augenschein ein Akt der Beweisaufnahme.

b) außerhalb der Hauptverhandlung (§ 86)

aa) von dem Amtsrichter im vorbereitenden Verfahren (§§ 162, 165, 166, 169),

bb) von dem Untersuchungsrichter in der Voruntersuchung (§§ 193, 195),

cc) von einem beauftragten oder ersuchten Richter (§ 225, im Hauptverfahren, aber außerhalb der Hauptverhandlung).

3. Besondere Formvorschriften bestehen nur für die Einnahme des Augenscheins außerhalb der Hauptverhandlung. (§§ 168, 187: Hinzuziehung eines Urkundsbeamten, § 249: Aufnahme eines Protokolls, durch dessen Verlesung in der Hauptverhandlung das Ergebnis der Augenscheinseinnahme dem erkennenden Gericht zur Kenntnis gebracht wird; §§ 193, 225: Benachrichtigung der Anwesenheitsberechtigten).

4. Besondere Arten des Augenscheins:

a) Die richterliche Leichenschau und Leichenöffnung (§§ 87—91), die erstere, die der Identifizierung dient, unter Zuziehung eines Arztes, die letztere im Beisein von zwei Ärzten; sie bezweckt die Feststellung der Todesursache.

b) Lichtbilder, Fingerabdrücke und Messungen, § 81b. Diese Maßnahmen, zu deren Durchführung jede mit dem Erkennungsdienst oder dem Strafverfahren befaßte Behörde — also nicht nur der Richter — zuständig ist, dürfen nur beim Beschuldigten, bei unverdächtigen Personen nicht gegen deren Willen vorgenommen werden.

c) Die Schriftvergleichung, § 93.

d) Die körperliche Untersuchung, §§ 81a, 81c und 81d.

aa) Der Beschuldigte darf körperlich untersucht werden zur Feststellung aller Tatsachen, die für das Verfahren von Bedeutung sind (§ 81a Abs. 1 Satz 1). Zu diesem Zweck sind körperliche Eingriffe, die von einem Arzt nach den Regeln der ärztlichen Kunst zu Untersuchungszwecken vorgenommen werden (z. B. Auspumpen des Magens), sowie die Entnahme von Blutproben (zum Zwecke der Blutgruppenbestimmung oder der Feststellung des Blutalkoholgehalts) ohne Einwilligung des Beschuldigten zulässig, wenn kein Nachteil für seine Gesundheit zu besorgen ist (§ 81a Abs. 1 Satz 2). Der Beschuldigte muß allerdings nur den zu seiner Untersuchung erforderlichen Eingriff als solchen dulden. Er kann dagegen nicht gezwungen werden, dem ihn untersuchenden Arzt etwaige Fragen zu beantworten und sich Tests zu unterziehen, bei denen seine aktive Mitwirkung erforderlich ist. Diese Feststellung ist von besonderer Bedeutung für die Frage, ob sich ein der Trunkenheit am Steuer verdächtiger Kraftfahrer den Tests unterziehen muß, die üblicherweise zum Nachweis der Fahruntüchtigkeit durchgeführt werden (Kehrtwendung, Finger/Nasenprobe usw.). Das OLG Köln hat zwar in NJW 62, 692 den Standpunkt vertreten, daß diese Tests zu den nach § 81a erzwingbaren körperlichen Untersuchung gehören. Dem kann jedoch nicht gefolgt werden. Die Entscheidung verkennt, daß § 81a nur eine

Duldungspflicht enthält und kein Beschuldigter gezwungen werden kann, aktiv an seiner eigenen Überführung mitzuwirken. Die zum Nachweis der Fahruntüchtigkeit erforderlichen Tests können also nicht erzwungen werden. Sie sind daher als Beweismittel nur dann verwertbar, wenn der Beschuldigte sich freiwillig zu ihrer Durchführung zur Verfügung gestellt hat. (Einzelheiten siehe Eb. Schmidt, Zur Lehre von den strafprozessualen Zwangsmaßnahmen NJW 62, 664.)

bb) Bei unverdächtigen Personen, die als Zeugen in Betracht kommen, ist die körperliche Untersuchung ohne ihre Einwilligung nur zulässig, wenn festgestellt werden muß, ob sich an ihrem Körper eine bestimmte Spur oder Folge einer strafbaren Handlung befindet (z. B. Untersuchung einer angeblich Genotzüchtigten). Die Untersuchung kann aus den gleichen Gründen wie das Zeugnis verweigert werden (BGH 12, 235). Die Untersuchung ist unzulässig, wenn sie dem Betroffenen bei Würdigung aller Umstände nicht zugemutet werden kann (§ 81c Abs. 1). Die Entnahme von Blutproben ist ohne Einwilligung des zu Untersuchenden zulässig, wenn kein Nachteil für seine Gesundheit zu besorgen ist und der Eingriff zur Erforschung der Wahrheit unerläßlich ist (§ 81c Abs. 2).

cc) Kann die körperliche Untersuchung einer Frau das Schamgefühl verletzen, so wird sie einer Frau oder einem Arzt übertragen. Auf Verlangen der zu untersuchenden Frau soll eine andere Frau oder ein Angehöriger zugelassen werden. Diese Vorschriften gelten auch dann, wenn die zu untersuchende Frau in die Untersuchung einwilligt (§ 81d).

dd) Die Anordnung der oben genannten Maßnahmen steht dem Richter, bei Gefährdung des Untersuchungserfolges durch Verzögerung auch der Staatsanwaltschaft und ihren Hilfsbeamten zu.

ee) Im Falle bb) gilt bei Weigerung des Betroffenen die Vorschrift des § 70 entsprechend. Unmittelbarer Zwang darf nur auf besondere Anordnung des Richters angewandt werden. Die Anordnung setzt voraus, daß der Betroffene trotz Auferlegung einer Ordnungsstrafe bei der Weigerung beharrt oder daß Gefahr im Verzug ist (§ 81c Abs. 4).

5. Ein Beweisantrag auf Einnahme eines Augenscheins kann abgelehnt werden, wenn der Augenschein nach dem pflichtgemäßen Ermessen des Gerichts zur Erforschung der Wahrheit nicht erforderlich ist (§ 244 Abs. 5).

ZU FALL 4

A.

Vorbemerkungen

I. Die **Zwangsmittel** im Strafverfahren.

Die wirksame Durchführung des Strafverfahrens macht häufig schon im Vorverfahren die Anwendung von Zwangsmitteln erforderlich, d. h. von Eingriffen in die Rechtssphäre des einzelnen, nämlich

1. in die persönliche Freiheit (insbesondere Untersuchungshaft, einstweilige Unterbringung, vorläufige Festnahme, s. folgender Abschn. II),

2. in die körperliche Unversehrtheit (körperliche Untersuchung, siehe Fall 3, Nachtrag B, Abschn. 4d, S. 62),

3. in das Eigentum (Beschlagnahme, siehe Fall 9, Abschn. B II 2a, bb, S. 131),

4. in das Hausrecht (Durchsuchung, siehe Fall 9, Abschn. B II 2a, aa, S. 130).

(NB. Nach § 136a, einer Ergänzungsvorschrift zu § 343 StGB, die gemäß § 69 III auch für die Vernehmung von Zeugen gilt, darf die Willensentscheidung und Willensbestätigung des zu Vernehmenden durch keinerlei Zwangsmittel, insbesondere nicht durch Narkoanalyse oder Hypnose beeinträchtigt werden; dagegen dürfen nach wie vor zulässige Zwangsmittel angewendet werden, wie z. B. Drohung mit Untersuchungshaft, falls der Beschuldigte grundlos leugnet und die Voraussetzungen des § 112 gegeben sind. Besonders zu beachten ist, daß sich § 136a nicht nur auf richterliche Vernehmungen bezieht, sondern auch auf Vernehmungen durch die Polizei [§ 163 II] und durch Sachverständige [BGH 11, 211]. Für die Prüfung, ob ein Verstoß gegen § 136a vorliegt, gilt der Grundsatz des Freibeweises. Es steht also im pflichtgemäßen Ermessen des Gerichts, wie es sich die Überzeugung verschafft, ob ein Verstoß gegen § 136a vorliegt oder nicht. Die strengen Anforderungen, die die StPO an den Beweis in der Schuld- und Straffrage stellt, gelten insoweit nicht (BGH 16, 164). Kommt das Gericht zu der Überzeugung, daß der Angeklagte ihn belastende Aussagen nur unter dem unmittelbaren oder fortdauernden Einfluß eines unzulässigen Drucks gemacht hat, so dürfen diese Aussagen bei der Urteilsfindung nicht verwertet werden (BGH 15, 187; 17, 364).)

II. Eine **Freiheitsbeschränkung** ist in der StPO in folgenden Fällen vorgesehen:

1. Gegen den Beschuldigten:

a) die Untersuchungshaft (§§ 112ff.);

b) die einstweilige Unterbringung in einer Heil- oder Pflegeanstalt (§ 126a);

c) die vorläufige Festnahme (§ 127);

d) die Verhaftung zur Durchführung der Hauptverhandlung (§§ 230 Abs. 2, 236);

e) die Vorführung zur Hauptverhandlung oder zu einem sonstigen richterlichen Vernehmungstermin (§§ 133 Abs. 2, 134, 230 Abs. 2, 236);

f) das Festhalten eines Angeklagten, der sich aus der HV vorzeitig entfernen will (§ 231 Abs. 1);

g) das Verbringen zum Arzt zwecks Entnahme einer Blutprobe gemäß § 81a (was nicht mit einer vorläufigen Festnahme gemäß § 127 verbunden sein muß; siehe hierzu ausführlich Kleinknecht NJW 64, 2181);

h) die Unterbringung in einer Heil- oder Pflegeanstalt zur Vorbereitung eines Gutachtens über den Geisteszustand des Beschuldigten (§ 81);

i) Vorführung oder Verhaftung im Rahmen der Strafvollstreckung (§ 457).

2. Gegen Zeugen:

a) die Vorführung zur Erzwingung des Erscheinens (§ 51);

b) die Zwangshaft zur Erzwingung der Aussage bzw. Eidesleistung (§ 72 Abs. 2).

3. Gegen jede beliebige Person:

a) Festnahme bei Störung von Amtshandlungen (§ 164);

b) Maßnahmen der Sitzungspolizei (§§ 177ff GVG).

III. Die Untersuchungshaft.

1. Die Vorschriften über die U-Haft (§§ 112—125) wurden durch die am 1. 4. 1965 in Kraft getretene **Strafprozeßnovelle vom 19. 12. 1964** neu gefaßt. Die neuen Bestimmungen stellen noch mehr als bisher klar, daß die U-Haft nur dann angeordnet werden darf, wenn eine ordnungsgemäße Durchführung des Verfahrens auf andere Weise nicht gewährleistet erscheint und die mit der U-Haft verbundene Freiheitsbeschränkung zu der Bedeutung der Sache und der zu erwartenden Strafe oder Maßregel der Sicherung und Besserung nicht außer Verhältnis steht **(§ 112 Abs. 1).** Dies hindert jedoch nicht, einen wohnsitzlosen Zechpreller, auch bei geringer Schadenshöhe, entsprechend der bisherigen Polizeipraxis vorläufig festzunehmen und dem nächsten Amtsrichter vorzuführen. (Nach § 113 kann ein Wohnsitzloser selbst bei Übertretungen in Haft genommen werden.) Ergibt sich dann allerdings, daß der Beschuldigte nicht einschlägig vorbestraft ist und daher nur eine geringe Strafe zu erwarten hat, so hat der Richter gemäß § 120 den Haftbefehl wieder aufzuheben.

2. Wie bisher setzt die U-Haft einen dringenden Tatverdacht sowie einen bestimmten Haftgrund voraus.

a) Ein **dringender Tatverdacht** besteht, wenn nach dem derzeitigen Stand der Ermittlungen der Beschuldigte die ihm zur Last gelegte Tat mit großer Wahrscheinlichkeit begangen hat.

b) Der **Haftgrund** ergibt sich aus der jeweiligen Zielrichtung, die mit der Verhaftung in gesetzlich zulässiger Weise erreicht werden soll. Wie bereits oben in Abschnitt III 1 erwähnt, dient die U-Haft der ordnungsgemäßen Durchführung des Verfahrens. Sie will zunächst verhindern, daß der Beschuldigte sich durch die Flucht seiner Verantwortung entzieht (Haftgrund der Flucht oder Fluchtgefahr, § 112 Abs. 2 Nr. 1, 2; Einzelheiten siehe unten Abschnitte 3 und 4). Sie will weiter verhindern, daß der Beschuldigte Beweismittel beiseiteschafft oder auf andere Weise versucht, die Aufklärung des Sachverhalts in unlauterer Weise zu vereiteln (Haftgrund der Verdunkelungsgefahr, § 112 Abs. 2 Nr. 3; Einzelheiten s. u. Abschn. 5). Eine erst neuerdings gesetzlich anerkannte, weitere Zielrichtung der U-Haft ist die Verhinderung der Wiederholungsgefahr bei bestimmten Sittlichkeitsverbrechen (§ 112 Abs. 3; Einzelheiten s. u. Abschn. 6). Schließlich ist die U-Haft schlechthin zulässig bei Mord, Totschlag und sog. Völkermord (§ 112 Abs. 4; Einzelheiten s. u. Abschn. 7).

3. Der Haftgrund der **Flucht** liegt vor, wenn der Beschuldigte bereits flüchtig ist oder sich verborgen hält, um sich der Strafverfolgung zu entziehen (§ 112 Abs. 2 Nr. 1). Hierbei ist zu beachten, daß die U-Haft nicht nur dann in Betracht kommt, wenn es dem Beschuldigten darum geht, sich einer drohenden Strafe zu entziehen, sondern auch dann, wenn er eine ihm drohende, mit Freiheitsentzug verbundene Maßregel der Sicherung und Besserung vermeiden will, z. B. die Unterbringung in einer Heil- oder Pflegeanstalt (vgl. OLG Frankfurt NJW 58, 1009; OLG Bremen NJW 60, 2260; Schwarz-Kleinknecht § 112 Anm. 1).

4. Die **Fluchtgefahr** des § 112 Abs. 2 Nr. 2 muß im Haftbefehl durch Tatsachen konkret belegt werden (vgl. § 114 Abs. 2 Nr. 4). Hierbei sind alle Umstände des Einzelfalls eingehend zu prüfen. Ein schablonenhafter Hinweis, daß ein Verbrechen den Gegenstand der Untersuchung bildet und der Beschuldigte eine hohe Strafe zu erwarten hat, reicht zur Begründung von Fluchtgefahr für sich allein nicht aus. Anders jedoch, wenn der Beschuldigte keinen festen Wohnsitz nachweisen kann, wenn er ohne familiäre Bindungen lebt und häufig Wohnsitz und Arbeitsplatz wechselt oder wenn er bereits einen Fluchtversuch unternommen hat.

5. Auch die **Verdunkelungsgefahr** des § 112 Abs. 2 Nr. 3 muß gemäß § 114 Abs. 2 Nr. 4 durch Tatsachen konkret belegt werden. Eine schablonenhafte Begründung des Haftbefehls, der Beschuldigte bestreite die ihm zur Last gelegte Tat und es sei zu befürchten, daß er, solange er sich auf freiem Fuß befinde, etwaige Mitbeschuldigte oder Zeugen beeinflussen werde, reicht nicht aus. Es gibt auch keine Verbrechen, die praktisch eo ipso unter dem Gesichtspunkt der Verdunkelungsgefahr als „Haftdelikte" behandelt werden dürfen oder gar müssen. Die rein abstrakte Möglichkeit, daß der Beschuldigte etwas zur Verdunkelung des Sachverhalts unternehmen wird, reicht zur Annahme von Verdunkelungsgefahr selbst dann nicht aus, wenn sie der allgemeinen Lebenserfahrung entsprechen mag (vgl. Dahs NJW 65, 889ff.). So kann z. B. ein Lehrer, dem Unzucht mit einer Schülerin zur Last gelegt wird und der die Tat bestreitet, nicht einfach mit der Begründung in U-Haft genommen werden, es sei zu erwarten, daß er, auf freiem Fuß belassen, die Schülerin in unlauterer Weise beeinflussen werde. Es müssen vielmehr konkrete Tatsachen vorliegen, die diese Gefahr konkret begründen, z. B. der Umstand, daß der Lehrer bereits den Versuch unternommen hat, die Schülerin zu einem Widerruf ihrer Angaben zu veranlassen, oder daß er in anderer Weise auf sie oder ihre Eltern einzuwirken versucht hat.

Keine unlautere Einwirkung i. S. von § 112 Abs. 2 Nr. 3b) oder c) wäre z. B. der Versuch, bei Antragsdelikten den Antragsberechtigten zur Zurücknahme des Strafantrags zu veranlassen, oder der Versuch, einen Angehörigen dazu zu überreden, von seinem Zeugnisverweigerungsrecht Gebrauch zu machen.

6. Der neu geschaffene Haftgrund der **Wiederholungsgefahr** kann nur bei den im Gesetz ausdrücklich aufgeführten Sittlichkeitsdelikten (§§ 173 Abs. 1, 174, 175a, 176, 177 StGB) herangezogen werden. Auch hier ist die Wiederholungsgefahr gemäß § 114 Abs. 2 Nr. 4 durch konkrete Tatsachen zu belegen. Beispiel: Bei Aufklärung eines Notzuchtverbrechens ergibt sich, daß einer der Beschuldigten schon früher an einem ähnlich gelagerten Verbrechen beteiligt war und einer Bande von Halbstarken angehört, die es darauf angelegt hat, sich in ländlichen Gasthäusern an junge Mädchen heranzumachen und diese dann auf dem Nachhauseweg — notfalls mit Gewalt — sexuell zu mißbrauchen.

7. Bei **Mord, Totschlag** und sog. **Völkermord** (§ 220 a StGB) darf die U-Haft gemäß § 112 Abs. 4 auch dann verhängt werden, wenn weder Fluchtgefahr noch Verdunkelungsgefahr besteht. Diese letztgenannten Haftgründe können selbständig neben den des § 112 Abs. 4 treten. Dieser kommt übrigens auch dann in Betracht, wenn die Tat im Versuchsstadium geblieben ist oder wenn als Teilnahmeform nur Anstiftung, versuchte Anstiftung oder Beihilfe vorliegen. Aus der Formulierung „darf" ist jedoch zu entnehmen, daß die Verhaftung nicht zwingend vorgeschrieben ist, sondern — wie auch sonst, vgl. Schwarz-Kleinknecht, § 112 Anm. 1 — im pflichtgemäßen Ermessen des Gerichts steht. Besonders zu erwähnen ist schließlich, daß auch der auf § 112 Abs. 4 gestützte Haftbefehl außer Vollzug gesetzt werden kann. § 116 findet auf diesen Fall analoge Anwendung (vgl. BVerfGer. Beschl. v. 15. 12. 1965 — 1 BvR 513/65).

8. Wie bereits oben in Abschn. III 1 angedeutet, ist bei jeder Haftentscheidung der **Grundsatz der Verhältnismäßigkeit** zu beachten (vgl. § 112 Abs. 1 Satz 2). Dies gilt nach **§ 113** insbesondere dort, wo die Tat nur mit Gefängnis bis zu 6 Monaten, mit Haft oder mit Geldstrafe bedroht ist. Hierher gehören z. B. Abschieben von Falschgeld (§ 148 StGB), Notdiebstahl (§ 248a StGB), Notbetrug (§ 264a StGB), Verletzung des Berufsgeheimnisses (§ 300 StGB) sowie alle Übertretungen. In diesen Fällen darf wegen Verdunkelungsgefahr niemals, wegen Fluchtgefahr nur ausnahmsweise ein Haftbefehl erlassen werden, nämlich dann, wenn der Beschuldigte

a) sich dem Verfahren schon einmal entzogen hatte oder Anstalten zur Flucht getroffen hat (Abs. 2 Nr. 1), oder

b) keinen festen Wohnsitz oder Aufenthalt hat (Abs. 2 Nr. 2), oder

c) sich nicht ausweisen kann (Abs. 2 Nr. 3), oder

d) einer Tat verdächtig ist, die mit Arbeitshaus bedroht ist (Abs. 3; wegen Arbeitshaus siehe §§ 42d, 361 StGB).

Ist der Beschuldigte bereits flüchtig oder hält er sich verborgen (vgl. § 112 Abs. 2 Nr. 1), so gelten die Beschränkungen des § 113 nicht. Dies ergibt sich aus der Erwägung, daß das Gesetz seit der Neufassung durch die Strafprozeßnovelle vom 19. 12. 1964 zwischen den Haftgründen „Flucht" und „Fluchtgefahr" streng unterscheidet, § 113 sich aber nur mit der Verdunkelungsgefahr und der Fluchtgefahr befaßt.

9. Eine **Außervollzugsetzung** des Haftbefehls ist gemäß **§ 116** entgegen der bisherigen Regelung nicht nur bei einem wegen Fluchtgefahr erlassenen Haftbefehl, sondern auch bei Verdunkelungsgefahr und dem neu geschaffenen Haftgrund der Wiederholungsgefahr möglich. Bei einem gemäß § 112 Abs. 4 wegen Mords, Totschlags oder Völkermords (§ 220a StGB) erlassenen Haftbefehl ist § 116 analog anzuwenden (vgl. BVerfGer. Beschl. v. 15. 12. 1965 — 1 BvR 513/65). Der Natur der Sache entsprechend kommt eine Außervollzugsetzung nur dann in Betracht, wenn erwartet werden kann, daß auch weniger einschneidende Maßnahmen den Zweck der U-Haft erreichen. Als solche kommen vor allem in Betracht:

a) bei Fluchtgefahr: Meldepflicht (Abs. 1 Nr. 1), Aufenthaltsbeschränkungen (Abs. 1 Nr. 2), Hausarrest (Abs. 1 Nr. 3), Sicherheitsleistung (Abs. 1 Nr. 4);

b) bei Verdunkelungsgefahr: die Anweisung, mit Mitbeschuldigten, Zeugen oder Sachverständigen keine Verbindung aufzunehmen (Abs. 2);

c) bei Wiederholungsgefahr: die Anweisung, mit bestimmten Personen die Beziehungen abzubrechen oder bestimmte Lokale zu meiden (im Gesetz selbst sind hier keine Beispiele genannt; zulässig sind jedoch alle Maßnahmen, die darauf abzielen, die Wiederholungsgefahr erheblich zu mindern).

Der Vollzug der U-Haft ist wieder anzuordnen, wenn der Beschuldigte gröblich gegen die ihm auferlegten Pflichten oder Beschränkungen verstößt (§ 116 Abs. 4 Nr. 1), wenn er zeigt, daß das in ihn gesetzte Vertrauen nicht gerechtfertigt war (Abs. 4 Nr. 2) oder wenn neu aufgetretene Umstände die Verhaftung erforderlich machen (Abs. 4 Nr. 3).

§ 116a befaßt sich mit den Einzelheiten der Außervollzugsetzung gegen Sicherheitsleistung. Siehe hierzu auch unten Abschnitt B.

10. Aus dem sog. **formellen Haftrecht** sind folgende Bestimmungen hervorzuheben:

a) Gemäß § 114 Abs. 1 wird die U-Haft durch schriftlichen Haftbefehl des Richters angeordnet.

b) Der Inhalt des Haftbefehls entspricht gemäß § 114 Abs. 2 aufbaumäßig dem Anklagesatz einer Anklage (vgl. Fall 3 Abschn. A II 8). Anzuführen sind der Beschuldigte, die ihm zur Last gelegte Tat nebst Tatzeit und Tatort, die gesetzlichen Tatbestandsmerkmale, unter die die Tat fällt, und die anzuwendenden Straftatbestände. Außerdem sind anzuführen der Haftgrund und die Tatsachen, aus denen sich der dringende Tatverdacht und der Haftgrund ergeben. Dieser letzte Teil des Haftbefehls enthält eine Art vorläufiges Ermittlungsergebnis, auf das nur verzichtet werden kann, wenn hierdurch die Staatssicherheit gefährdet würde.

c) Zuständig für den Erlaß des Haftbefehls ist gemäß § 125

aa) vor Erhebung der öffentlichen Klage (Normalfall) jeder Amtsrichter, in dessen Bezirk ein Gerichtsstand begründet ist oder in dem der Beschuldigte sich aufhält (Abs. 1);

bb) nach Erhebung der öffentlichen Klage das Gericht, das mit der Sache befaßt ist, im Revisionsverfahren das Gericht, dessen Entscheidung angefochten worden ist (Abs. 2);

cc) in der gerichtlichen Voruntersuchung bis zur Antragstellung gemäß § 198 Abs. 2 der Untersuchungsrichter.

d) Wird der Beschuldigte aufgrund des gegen ihn ergangenen Haftbefehls verhaftet, so sind unverzüglich folgende Sofortmaßnahmen einzuleiten:

aa) Bekanntgabe des Haftbefehls (§ 114a Abs. 1);

bb) Mitteilung einer Abschrift des Haftbefehls (§ 114a Abs. 2);

cc) Benachrichtigung der Angehörigen (§ 114b);

dd) Vorführung vor den zuständigen Richter (§ 115) bzw. den nächsten Amtsrichter (§ 115a), der den Beschuldigten spätestens am Tage nach der Vorführung zu vernehmen hat.

e) Das Haftprüfungsverfahren ist gegenüber der bisherigen Rechtslage in wesentlichen Punkten vereinfacht worden, ohne daß die Interessen des Beschuldigten hierdurch beeinträchtigt wurden.

aa) Gemäß § 117 Abs. 1 kann der Beschuldigte, solange er in U-Haft ist (also nicht bei Überhaft), jederzeit Antrag auf Haftprüfung stellen. Außerdem hat er das allgemeine Rechtsmittel der Beschwerde gemäß § 304. Stellt er Antrag auf Haftprüfung, so ist daneben das Rechtsmittel der Beschwerde unzulässig (§ 117 Abs. 2 Satz 1). Der Beschuldigte muß also wählen, ob er Antrag auf Haftprüfung stellen oder Beschwerde einlegen will. Macht er dessen ungeachtet von beiden Rechten gleichzeitig Gebrauch, so hat der Antrag auf Haftprüfung den Vorrang. Eine förmliche Entscheidung über die (unzulässige) Beschwerde dürfte i. d. R. entbehrlich sein, insbesondere wenn bei der Haftprüfung dem Antrag auf Aufhebung oder Außervollzugsetzung des Haftbefehls stattgegeben wird. Wird ihm nicht stattgegeben, so eröffnet sich dem Beschuldigten gemäß § 117 Abs. 2 Satz 2 erneut das Beschwerderecht mit der Möglichkeit der weiteren Beschwerde gemäß § 310.

bb) Von Amts wegen findet eine förmliche Haftprüfung gemäß § 117 Abs. 5 erstmals statt, wenn die U-Haft drei Monate gedauert hat, ohne daß der Beschuldigte selbst Haftprüfung beantragt oder Haftbeschwerde eingelegt hat. Hiervon kann jedoch eine Ausnahme gemacht werden, wenn der Beschuldigte einen Verteidiger hat. Hat der Beschuldigte zu diesem Zeitpunkt noch keinen Verteidiger, so ist ihm auf seinen Antrag oder auf Antrag der StA ein solcher zu bestellen (§ 117 Abs. 4 Satz 1). Über dieses Recht ist der Beschuldigte zu belehren (§ 117 Abs. 4 Satz 2).

cc) Sowohl bei der Haftprüfung als auch bei der Entscheidung über die Beschwerde kann in mündlicher Verhandlung entschieden werden (§ 118 Abs. 1, 2). Einen Anspruch auf mündliche Verhandlung hat der Beschuldigte aber nur bei der Haftprüfung (§ 118 Abs. 1), und auch hier nicht unbeschränkt. Ist nämlich die U-Haft bereits nach mündlicher Verhandlung aufrechterhalten worden, so hat der Besch. einen Anspruch auf eine weitere mündliche Verhandlung nur, wenn die Haft mindestens 3 Monate gedauert hat und seit der letzten mündlichen Verhandlung mindestens 2 Monate vergangen sind (§ 118 Abs. 3). Auch während der HV und nach einem auf eine Freiheitsstrafe oder auf eine freiheitsentziehende Maßregel der Sicherung und Besserung laufenden Urteil besteht kein Anspruch mehr auf mündliche Verhandlung (§ 118 Abs. 4).

dd) Wegen der Durchführung der mündlichen Haftprüfung im einzelnen siehe §§ 118 Abs. 5, 118a, 118b.

ee) Der Vollzug der U-Haft ist in § 119 sowie in der UVollzO geregelt.

ff) Mit Rücksicht auf die einschneidende Bedeutung der U-Haft für den Beschuldigten sind die Strafverfolgungsbehörden gehalten, alle Haftsachen beschleunigt zu bearbeiten. Um jede unbillige Verzögerung bei der Bearbeitung von vornherein auszuschließen, bestimmt § 121 Abs. 1 in der Neufassung der Strafprozeßnovelle vom 19. 12. 1964, daß grundsätzlich niemand wegen derselben Tat länger als sechs Monate in U-Haft gehalten werden darf, ohne daß ein Urteil gegen ihn ergangen ist, das auf Freiheitsstrafe oder eine freiheitsentziehende Maßnahme der Sicherung und Besserung lautet. Nicht erforderlich ist, daß dieses Urteil in der RM-Instanz rechtlichen Bestand hat. Die Entscheidungsbefugnis des Oberlandesgerichts und die damit verbundene Vorlagepflicht gemäß § 122 Abs. 1 leben also nicht dadurch wieder auf, daß das auf Strafe lautende Urteil im RM-Verfahren aufgehoben und die Sache zurückgewiesen wird (OLG Hamm NJW 65, 1818; OLG Oldenburg NJW 65, 1819).

Unter „derselben Tat" i. S. von § 121 Abs. 1 hat man zunächst — ebenso wie in §§ 155, 264 — den gesamten historischen Geschehnisablauf zu verstehen, auf den sich der Haftbefehl bezieht. Darüber hinaus wird man der ratio legis entsprechend auch noch die Vorgänge mit hinzurechnen müssen, die zwar nicht Gegenstand des Haftbefehls sind, hinsichtlich derer aber bereits bei Beginn des Vollzugs des Haftbefehls ein dringender Tatverdacht vorlag, so daß auch sie in den Haftbefehl hätten aufgenommen werden können (vgl. Rebmann NJW 65, 1152). Andernfalls bestünde die Gefahr, daß zur Umgehung der §§ 121 Abs. 1, 122 Abs. 2 kurz vor Ablauf der 6-Monatsfrist neue Haftgründe nachgeschoben werden (Rebmann a. a. O.). Selbstverständlich gibt es Ausnahmefälle, in denen die besondere Schwierigkeit oder der besondere Umfang der Ermittlungen oder andere wichtige Gründe ein Urteil nicht zulassen, trotzdem aber die weitere U-Haft gerechtfertigt erscheint. Nach Ansicht des OLG Hamburg (NJW 65, 1777) soll auch die durch Überlastung oder sonstige personelle Schwierigkeiten bedingte besondere Geschäftslage der Strafverfolgungsbehörden ein wichtiger Grund für die Haftfortdauer sein (zw.).

Erachtet der für die Haftprüfung zuständige Richter (vgl. § 126) einen solchen Ausnahmefall für gegeben, so legt er gemäß § 122 Abs. 1 die Akten nach Anhörung des Beschuldigten und seines Verteidigers (§ 122 Abs. 2 Satz 1) noch vor Ablauf der 6-Monatsfrist des § 121 Abs. 1 durch Vermittlung der StA dem Oberlandesgericht vor. Dieses entscheidet alsdann in eigener Zuständigkeit, ob die U-Haft für fortdauernd zu erklären ist oder ob der Haftbefehl außer Vollzug zu setzen oder gar aufzuheben ist. Sobald die Akten beim OLG eingegangen sind, ruht die 6-Monatsfrist des § 121 Abs. 1 (vgl. § 121 Abs. 3). Bestritten ist, ob eine Überschreitung der 6-Monatsfrist mindestens zur Haftverschonung zwingt (so OLG Ffm NJW 65, 1731) oder ob § 121 Abs. 2 nur eine prozessuale Ordnungsvorschrift enthält (so OLG Stgt DJ 66, 16; Kleinknecht JZ 56, 119). Erklärt das OLG die U-Haft für fortdauernd, so bleibt es auch für die weitere Haftprüfung zuständig, kann diese jedoch für jeweils höchstens 3 Monate dem normalerweise zuständigen Gericht übertragen (§ 122 Abs. 3). Die weitere Haftprüfung ist dann spätestens nach jeweils 3 Monaten durchzuführen (§ 122 Abs. 4).

IV. **§ 126a** betrifft die **einstweilige Unterbringung** in den Fällen, in denen dringende Gründe für die Annahme vorhanden sind, daß jemand als Zurechnungsunfähiger oder vermindert Zurechnungsfähiger eine strafbare Handlung begangen hat, seine Unterbringung in einer Heil- oder Pflegeanstalt zu erwarten steht und die öffentliche Sicherheit die einstweilige Unterbringung erfordert.

V. Zur **vorläufigen Festnahme** nach **§ 127** (eine Freiheitsentziehung ohne Haftbefehl) ist jedermann berechtigt, wenn der Täter auf frischer Tat betroffen wird und wenn er fluchtverdächtig ist oder seine Persönlichkeit nicht festgestellt werden kann (Abs. 1). Darüber hinaus sind nach Abs. 2 die Staatsanwaltschaft und die Polizeibeamten zur v. F. berechtigt, wenn die Voraussetzungen eines Haftbefehls oder Unterbringungsbefehls vorliegen und Gefahr im Verzug ist. Der Festgenommene ist unverzüglich dem Richter vorzuführen, der ihn spätestens am folgenden Tag zu vernehmen hat (§ 128). (NB. Der Festnehmende nach § 127 I darf ganz allgemein alle Handlungen vornehmen, die — wenn die öffentlich-rechtliche Befugnis nicht gegeben wäre — als Freiheitsberaubung, Nötigung und evtl. Körperverletzung anzusehen sein dürfen; der Festzunehmende, der sich zur Wehr setzt, handelt daher nicht in Notwehr, sondern ist u. U. wegen Körperverletzung strafbar — siehe E. 34, 446; 54, 197 —, aber natürlich nicht wegen Widerstandes i. S. des § 113, wie im Falle des § 127 II.)

VI. Der **Steckbrief** (eine öffentliche Aufforderung zur Ergreifung eines Beschuldigten) kann durch den Richter oder Staatsanwalt erlassen werden auf Grund eines Haftbefehls oder Unterbringungsbefehls, wenn der Beschuldigte flüchtig ist oder sich verborgen hält (§ 131 Abs. 1), oder ohne Haftbefehl oder Unterbringungsbefehl, wenn ein Festgenommener entweicht oder sich sonst der Bewachung entzieht (§ 131 Abs. 2). In diesen Fällen kann auch die Polizeibehörde einen Steckbrief erlassen (§ 131 Abs. 2 S. 2).

B.

Lösung des Falles

I. Die Stellungnahme des Staatsanwalts

1. Strafurteile sind nach § 449 nicht vollstreckbar, bevor sie rechtskräftig geworden sind. Nicht nur durch Ablauf der Rechtsmittelfrist wird das Urteil rechtskräftig, sondern auch durch Zurücknahme des eingelegten Rechtsmittels und durch den Verzicht auf Einlegung desselben.

Da im vorliegenden Falle sowohl der Verurteilte als auch der Staatsanwalt auf Rechtsmittel verzichtet haben, ist das Urteil in diesem Augenblick rechtskräftig geworden.

2. Mit der Rechtskraft des Urteils ist das gerichtliche Verfahren beendet. Damit findet aber der richterliche Haftbefehl noch nicht seine Erledigung; er ändert nur seinen Charakter, indem er von der Rechtskraft des Urteils ab nicht mehr die Feststellung, sondern die Befriedigung des staatlichen Strafanspruchs zu sichern bestimmt ist.

3. Nachdem somit feststeht, daß der im Vorverfahren erlassene Haftbefehl über die Rechtskraft des Urteils fortdauert, erhebt sich die Frage, ob das erkennende Gericht die Behörde ist, die nach wie vor über die Aufrechterhaltung des Haftbefehls zu entscheiden hat. Die Frage ist bestritten.

Man wird wohl den Standpunkt vertreten müssen, daß mit der absoluten Rechtskraft des auf Strafe lautenden Urteils nunmehr die Staatsanwaltschaft als das nach § 451 Abs. 1 grundsätzlich zur Strafvollstreckung berufene Organ des Staats dominus litis wird und in dieser Eigenschaft die Verfügungsgewalt über den Verurteilten erlangt, soweit nicht ausdrücklich das Gesetz auch fernerhin dem Gericht für bestimmte, in den §§ 360 Abs. 2, 458, 462 erschöpfend aufgeführte Fälle eine Einwirkung auf die Strafvollstreckung einräumt (Alsberg, Strafprozessuale Entscheidungen der Oberlandesgerichte, Band 1, S. 254ff.).

4. Hieraus folgt:

Befindet sich der Angeklagte zur Zeit der Rechtskraft des Urteils in Untersuchungshaft, so ist der vorausgegangene richterliche Haftbefehl der Rechtstitel, auf den hin die Staatsanwaltschaft den Angeklagten in Haft behalten kann, es sei denn, daß der Amtsrichter eine Strafe bis zu 3 Monaten einschließlich ausgesprochen hat, in welchem Falle er selbst an Stelle des Staatsanwalts Vollstreckungsbehörde ist (vgl. § 5 I StrVollstrO v. 15. 2. 1956 i. V. mit den in Abs. 2 genannten Ausnahmen). Gelangt die Staatsanwaltschaft zu der Überzeugung, daß Fluchtverdacht nicht mehr vorliegt, so kann sie selbständig, d. h. ohne das Gericht um Aufhebung des Haftbefehls angehen zu müssen, den Verurteilten aus der Haft entlassen.

II. Die Entscheidung des Amtsrichters

1. Daß zur Aufhebung des Haftbefehls der Amtsrichter nach der herrschenden Ansicht nicht zuständig war, ergibt sich aus den Ausführungen zu I.

2. Auch die Aussetzung des Vollzuges der Entscheidung ist gesetzwidrig.

a) Zwar kann das Gericht usw. entgegen dem Grundsatz, daß durch Einlegung der Beschwerde der Vollzug der Entscheidung nicht gehemmt wird, anordnen, daß die Vollziehung der angefochtenen Entscheidung auszusetzen sei (§ 307 II).

b) Indes hat das Gesetz in § 120 Abs. 2 für Haftsachen ganz allgemein bestimmt, daß durch Einlegung eines Rechtsmittels die Freilassung des Beschuldigten nicht verzögert werden darf; also weder die Beschwerde über einen die Haft betreffenden Beschluß noch ein gegen die Entscheidung in der Hauptsache eingelegtes Rechtsmittel vermögen die Freilassung aufzuschieben.

Der Amtsrichter mußte also, wenn er sich schon zur Aufhebung des Haftbefehls für berechtigt hielt und einen diesbezüglichen Beschluß erlassen hatte, den Angeklagten auf freien Fuß setzen.

ZU FALL 5

A.

Vorbemerkung: Allgemeine Grundsätze betr. die Hauptverhandlung

I. Die Mündlichkeit, die Unmittelbarkeit, die Öffentlichkeit und der Verlauf der Hauptverhandlung

1. Die Hauptverhandlung wird beherrscht in erster Linie von dem **Grundsatz der Mündlichkeit (§ 250),** d. h. die Entscheidungen des Gerichts ergehen auf Grund einer Verhandlung, in der die Prozeßbeteiligten mündliche Vorträge halten und mündliche Anträge stellen. Nicht das, was in den Akten steht, sondern nur das, was mündlich dem Gericht zur Kenntnis gebracht wurde, darf als Erkenntnisquelle für die Urteilsfindung verwertet werden. (Ausnahmen von diesem Grundsatz sind vorgesehen in §§ 249, 251, 253, 254, siehe Nachtrag A zu Fall 3, ferner im Berufungsverfahren und vor allem im Revisionsverfahren.)

2. Folgen des **Grundsatzes der Unmittelbarkeit** sind neben der Notwendigkeit der unmittelbaren Vorlage der Beweismittel vor Gericht das Erfordernis der Anwesenheit des Gerichts und der Prozeßbeteiligten (§§ 226, 230) sowie das Erfordernis des zeitlichen Zusammenhangs der Hauptverhandlung (§§ 229, 268).

a) Bei der Urteilsfindung können nur diejenigen Gerichtspersonen mitwirken, vor denen die Verhandlung der Sache stattgefunden hat.

Diese Personen müssen gemäß § 226 während der ganzen Verhandlung einschließlich der Urteilsverkündung anwesend sein. Ein Verstoß hiergegen bildet einen absoluten Revisionsgrund nach § 338 Nr. 5.

aa) Fällt im Laufe der Verhandlung ein Richter aus, so muß die Verhandlung vor dem neubesetzten Gericht von Anfang an wiederholt werden. Um dies zu vermeiden, kann bei Verhandlungen von längerer Dauer der Vorsitzende gemäß § 192 II GVG sog. Ergänzungsrichter zuziehen.

bb) Dagegen ist ein Wechsel in der Person des Staatsanwalts in jedem Stadium des Verfahrens statthaft, wie sich aus § 227 ergibt (E. 16, 180).

cc) Ebenso kann der Urkundsbeamte in jedem Stadium der Hauptverhandlung wechseln.

dd) Wegen der Erfordernisse der Anwesenheit des Angeklagten s. unten Abschnitt II, S. 80.

ee) Die Anwesenheitspflicht des notwendigen Verteidigers ergibt sich nicht aus § 226, sondern beruht auf § 145. (Siehe hierzu Fall 3, Abschnitt IV, 1, S. 47.)

ff) Wird unter Beteiligung von Personen verhandelt, die der deutschen Sprache nicht mächtig sind, so ist gemäß § 185 GVG ein Dolmetscher zuzuziehen. Dieser gehört dann ebenfalls zu den Personen, deren Anwesenheit für die gesamte Dauer der Hauptverhandlung erforderlich ist (BGH 3, 285). Sind die Beteiligten nur teilweise der deutschen Sprache nicht mächtig, so steht es im pflichtgemäßen Ermessen des Gerichts, ob und in welchem Umfang ein Dolmetscher beizuziehen ist. In einem solchen Fall gehört der Dolmetscher nicht zu den Personen, deren Anwesenheit für die gesamte Dauer der Hauptverhandlung erforderlich ist. Die Revision kann also nicht auf § 338 Ziff. 5 gestützt werden (vgl. BGH a. a. O.).

b) Der Grundsatz der Unmittelbarkeit macht es ferner erforderlich, daß die Hauptverhandlung ein zusammenhängendes Ganzes bildet (§§ 228, 229). Diese sog. Konzentrationsmaxime dient dem Ziel, eine Abschwächung des unmittelbaren Gesamteindrucks der mündlichen Verhandlung zu vermeiden.

aa) Die Unterbrechung ordnet der Vorsitzende an (§ 228 Abs. 1 Satz 2). Eine unterbrochene Hauptverhandlung wird gemäß § 229 nach der Unterbrechung nur dann noch einmal von neuem begonnen, wenn die Hauptverhandlung insgesamt mehr als 10 Tage unterbrochen war.

Ein Verstoß gegen § 229 stellt keinen absoluten Revisionsgrund in dem Sinne dar, daß er gemäß § 338 notwendig die Aufhebung des Urteils zur Folge haben müßte, ebensowenig wie das bei einer Verletzung des § 268 Abs. 2 S. 1 der Fall ist (E. 69, 23). Es ist vielmehr in einem solchen Falle stets zu untersuchen, ob das Urteil auf dem Verstoß beruht. Diese Frage wird allerdings oft nur schwer zu verneinen sein (E. 57, 267), d. h. man wird wohl nur selten feststellen können, daß es ausgeschlossen erscheint, daß die über die Frist des § 229 hinausgehende

Aussetzung den lebendigen Eindruck der mündlichen Verhandlung abgeschwächt habe.

bb) Die Aussetzung (Vertagung), d. h. die Bestimmung eines neuen Termins zur Hauptverhandlung, beschließt das Gericht (§ 228 Abs. 1 Satz 1). Sie kommt z. B. in Betracht, wenn die Ladungsfrist nicht eingehalten ist, oder wenn weitere Beweiserhebungen erforderlich sind und die Frist des § 229 nicht ausreicht, oder wenn ein psychiatrisches Gutachten erforderlich wird.

3. Für die Hauptverhandlung gilt ferner der **Grundsatz der Öffentlichkeit.** Die diesbezüglichen Vorschriften der **§§ 169ff. GVG** haben in ihrer Gesamtheit die Aufgabe, die Öffentlichkeit der Verhandlung als eine wesentliche Bedingung des öffentlichen Vertrauens zur Rechtsprechung der Gerichte zu gewährleisten (E. 70, 112; BGH 7, 218; 9, 280). Dieser Gesetzeszweck ist nur dann erreicht, wenn beliebige Zuhörer, sei es auch in begrenzter Zahl, die Möglichkeit des Zutritts haben (BGH 5, 75). § 169 GVG will allerdings nur die unmittelbare Öffentlichkeit garantieren, nicht auch Übertragungen durch Rundfunk und Fernsehen. Fernsehübertragungen von Vorgängen in der HV, auf die sich die Überzeugung des Gerichts stützen kann, beschränken die Verteidigung und gefährden die Wahrheitsermittlung. Sie sind daher gemäß § 244 Abs. 2 unzulässig (BGH 16, 111).

a) Nichtöffentlich ist die Hauptverhandlung in Jugendsachen. Hier ist die Öffentlichkeit nicht nur während der Verhandlung, sondern auch während der Verkündung der Entscheidung ausgeschlossen (§ 48 I JGG); die Verhandlung ist jedoch nach allgemeinen Grundsätzen öffentlich, wenn neben einem Jugendlichen zugleich auch Heranwachsende oder Erwachsene angeklagt sind. In solchen Fällen kann die Öffentlichkeit nur dann ausgeschlossen werden, wenn dies im Interesse der Erziehung eines jugendlichen Angeklagten geboten erscheint (§ 48 III JGG).

b) Die Öffentlichkeit kann für die ganze Verhandlung oder einen Teil derselben ausgeschlossen werden (§ 172 GVG):

aa) wegen Gefährdung der öffentlichen Ordnung, insbesondere der Staatssicherheit (§ 172 GVG). Gefährdung der öffentlichen Ordnung kann auch in einer Erschwerung der Wahrheitsermittlung (E. 30, 244) oder in einer fortwährenden Störung der Verhandlung (E. 30, 104) liegen oder wenn ein Zeuge bei wahrheitsgemäßer Aussage vom Anhang des Angeklagten Nachteile für Leib oder Leben zu befürchten hat (BGH 3, 344);

bb) wegen Gefährdung der Sittlichkeit (§ 172 GVG). Siehe hierzu auch § 184b StGB;

cc) wegen Gefährdung eines wichtigen Geschäfts- oder Betriebsgeheimnisses (§ 172 GVG);

dd) wenn das Verfahren die Unterbringung in einer Heil- oder Pflegeanstalt zum Gegenstand hat (§ 171a GVG).

Keine unzulässige Beschränkung der Öffentlichkeit liegt ferner dann vor, wenn aus triftigen Gründen einzelnen Personen der Zutritt zur Hauptverhandlung versagt wird, z. B. Kindern oder solchen Personen, die sich nicht im Besitz der bürgerlichen Ehrenrechte befinden oder in unwürdiger Aufmachung erscheinen (§ 175 Abs. 1 GVG). Als zulässig angesehen wird auch die Entfernung von Personen, die gegebenenfalls als Zeugen in Betracht kommen oder gegen die auf Grund derselben Vorgänge, die Gegenstand der Hauptverhandlung sind, ein selbständiges Ermittlungsverfahren schwebt (BGH 3, 386). Bei der Beurteilung derartiger Grenzfälle kommt es entscheidend darauf an, daß der Zweck der Vorschriften über die Öffentlichkeit gewahrt bleibt, d. h. daß die Allgemeinheit auch nach Ausschluß einzelner Personen die Möglichkeit hat, die Vorgänge in der Hauptverhandlung zu kontrollieren (vgl. BGH a. a. O. 390). Bleibt dieser Zweck als solcher gewahrt, so schadet eine nur unwesentliche Beeinträchtigung des Grundsatzes der Öffentlichkeit nicht, sofern sie nicht willkürlich vorgenommen wird, sondern im Interesse der Wahrheitsermittlung.

In allen Fällen ist die Urteilsverkündung öffentlich, und zwar muß die Wiederherstellung der Öffentlichkeit vor der Urteilsverkündung durch das Protokoll beurkundet werden, § 173 Abs. 1 GVG. Durch einen besonderen Beschluß kann in den Fällen aa—cc für die Verkündung der Urteilsgründe wieder die Öffentlichkeit ausgeschlossen werden, § 173 II GVG. (NB. Nach § 175 II GVG kann bestimmten Personen der Zutritt zu nichtöffentlichen Verhandlungen gestattet werden.)

c) Die nichtöffentliche Verkündung der Urteilsformel bildet einen absoluten Revisionsgrund i. S. des § 338 Nr. 6 (vgl. BGH 4, 279 unter Hinweis auf die Entstehungsgeschichte, wonach mit der „mündlichen Verhandlung" die HV. schlechthin gemeint ist).

d) Der Beschluß über den Ausschluß der Öffentlichkeit während der Hauptverhandlung oder eines Teiles derselben muß öffentlich verkündet werden, § 174 Abs. 1 S. 2 GVG; ein Verstoß hiergegen begründet ebenfalls einen absoluten Revisionsgrund nach § 338 Nr. 6 (E. 70, 109). Dem Beschluß muß ferner eine Verhandlung vorausgehen, § 174 Abs. 1 S. 1 GVG, um den Prozeßbeteiligten Gelegenheit zur Äußerung zu geben. Ein Verstoß hiergegen bildet aber (im Gegensatz zur früheren Rechtsprechung) keinen absoluten Revisionsgrund i. S. des § 338 Nr. 6, sondern nur einen relativen, d. h. der Verstoß führt nur dann zur Aufhebung des Urteils, wenn dieses auf ihm beruht (E. 69, 401). Dagegen bildet ein Verstoß gegen § 174 I S. 3 GVG, wonach in den Fällen der §§ 172, 173 GVG angegeben werden muß, aus welchem Grunde die Öffentlichkeit ausgeschlossen worden ist, den absoluten Revisionsgrund des § 338 Nr. 6 (E. 70, 112 und BGH 1, 343; 2, 56).

4. Der Verlauf der Hauptverhandlung

a) Die Prozeßleitung steht dem Vorsitzenden zu, § 238. Er bestimmt die Reihenfolge der vorzunehmenden Prozeßhandlungen, soweit nicht besondere Vorschriften (§§ 243, 257, 258, 268) Platz greifen. Er hat für

Aufrechterhaltung der Ordnung zu sorgen (Sitzungspolizei, § 176 GVG); er kann Rügen und Warnungen erteilen und auch den Saal räumen lassen. Dem Gericht vorbehalten sind alle Maßregeln, welche den Charakter einer Strafe haben (§§ 177, 178 GVG), insbesondere die Entfernung einer Person aus dem Sitzungszimmer wegen Ungehorsams nach § 177 GVG, oder Bestrafung wegen Ungebühr nach § 178 GVG (siehe Fall 4 Abschn. A II 3, S. 65). (NB. Diese sämtlichen Befugnisse gemäß §§ 176—179 GVG stehen gemäß § 180 GVG auch einem einzelnen Richter zu, der außerhalb einer Sitzung tätig wird, insbesondere dem beauftragten Richter und dem Untersuchungsrichter; in diesen Fällen hat die Beschwerde, die nach § 181 I in den Fällen der §§ 178, 180 GVG gegeben ist, gemäß § 181 II GVG aufschiebende Wirkung. Eine Beschwerde gegen eine Maßnahme nach § 177 GVG ist ausgeschlossen, wie sich aus § 181 GVG ergibt. Wird eine strafbare Handlung in der Sitzung begangen [z. B. eine Körperverletzung oder ein Meineid], so hat das Gericht gemäß § 183 GVG ein darüber aufzunehmendes Protokoll der Staatsanwaltschaft mitzuteilen. Eine Beanstandung der Verhandlungsleitung als unzweckmäßig, ungeeignet oder unangemessen ist ausgeschlossen. Lediglich über eine gesetzlich unzulässige Anordnung des Vorsitzenden kann die Entscheidung des Gerichts angerufen werden, § 238 Abs. 2.)

b) Die Mitwirkung der Prozeßbeteiligten bei der Beweisaufnahme ist in §§ 239—241 geregelt: § 239 betrifft das in der Praxis selten angewandte sog. Kreuzverhör, d. h. die Überlassung der Vernehmung von Zeugen und Sachverständigen an Staatsanwalt und Verteidiger. (Die Vernehmung des Angeklagten erfolgt immer durch den Vorsitzenden.) Nach § 240 steht sämtlichen Prozeßbeteiligten (insbesondere auch den Geschworenen und Schöffen) das Recht zu, einzelne Fragen an den Angeklagten, die Zeugen und Sachverständigen zu richten. Wird die Befugnis des Kreuzverhörs mißbraucht, kann sie von dem Vorsitzenden wieder entzogen werden (§ 241 I); ebenso kann der Vorsitzende in jedem Falle ungeeignete oder nicht zur Sache gehörige Fragen zurückweisen, mit Ausnahme der von beisitzenden Richtern gestellten (§ 241 II). (NB. Der im Zweifelsfalle gemäß § 242 erforderliche Gerichtsbeschluß, mit dem gemäß § 241 II eine Frage zurückgewiesen wird, muß die Gründe angeben, weshalb das Gericht die Frage als nicht zur Sache gehörend, d. h. als weder unmittelbar noch mittelbar die in der Anklage bezeichnete Tat betreffend, also „als verfahrensfremden Zwecken dienend" ansieht; siehe hierzu E. 66, 14 und BGH 2, 284. Beruht die Zurückweisung durch Gerichtsbeschluß auf rechtsirrtümlichen Erwägungen, dann wird im allgemeinen der absolute Revisionsgrund des § 338 Nr. 8 — unzulässige Beschränkung der Verteidigung — vorliegen.)

c) Die Reihenfolge im Gang der Verhandlung ist in § 243 gesetzlich festgelegt. Aufruf der Sache, Aufruf der Zeugen und Sachverständigen (erstere müssen, sofern sie nicht gleichzeitig Nebenkläger sind, nach dem Aufruf den Sitzungssaal verlassen, § 243 Abs. 2), Vernehmung des Angeklagten zur Person, Verlesung des Anklagesatzes, Vernehmung des Angeklagten zur Sache (die übrigen Prozeßbeteiligten haben auf Verlangen ein unmittelbares Fragerecht), die Beweisaufnahme § 244 (hierunter fällt die Vernehmung der Zeugen und Sachverständigen, die Verlesung von Schriftstücken und die Einnahme eines Augenscheins; näheres hierüber siehe Nachträge zu Fall 3 und Fall 9), Schlußvorträge § 258 (Angeklagter hat das letzte Wort) und schließlich Erlaß des Urteils (§ 260).

Eine Verletzung der gesetzlich festgelegten Reihenfolge kann unter Umständen gemäß § 337 zur Aufhebung des Urteils führen, insbesondere wenn der Angeklagte nicht das Recht zum letzten Wort gehabt hat, bei dessen Geltendmachung er nicht auf die freie Rede verwiesen werden kann, sondern auch schriftliche Unterlagen und Aufzeichnungen verwenden darf (BGH 3, 368). Schwere, sich als Revisionsgründe im Sinne von § 337 auswirkende Verfahrensverstöße liegen ferner dann vor, wenn vor der Vernehmung des Angeklagten einzelne Prozeßhandlungen vorgenommen werden, die zur Beweisaufnahme gehören, z. B. die Vernehmung eines Zeugen, oder wenn ein nach § 247 vorübergehend aus dem Saal entfernter Angeklagter nach seiner Wiederzulassung nicht sofort, d. h. vor jeder weiteren Prozeßhandlung, über das in seiner Abwesenheit Verhandelte unterrichtet wird (BGH 3, 384). Zulässig ist es dagegen, die Hauptverhandlung in mehrere Abschnitte zu zerlegen und den Angeklagten erst zu Beginn eines jeden Abschnitts zur Sache über diesen Abschnitt zu vernehmen. In diesem Fall muß jedoch aus dem Protokoll klar ersichtlich sein, auf welchen Abschnitt sich die jeweilige Vernehmung des Angeklagten bezieht (BGH 10, 342).

5. Das Sitzungsprotokoll

Über die Hauptverhandlung ist ein Protokoll aufzunehmen, das vom Vorsitzenden und dem Urkundsbeamten zu unterschreiben ist, § 271.

a) Das Protokoll muß enthalten:

aa) Ort und Tag der Verhandlung (§ 272 Nr. 1);

bb) die Namen der Gerichtspersonen (Richter, Schöffen, Geschworene, Protokollführer, Dolmetscher, etwaige Ergänzungsrichter) und des StA (§ 272 Nr. 2);

cc) die Bezeichnung der dem Angeklagten nach der Anklage bzw. dem Strafbefehl oder der Strafverfügung zur Last gelegten strafbaren Handlung (§ 272 Nr. 3);

dd) die Namen der Angeklagten, ihrer Verteidiger, der Privat- und Nebenkläger sowie der Verletzten, sofern diese Ansprüche aus der Straftat geltend machen (möglich im sog. Adhäsionsverfahren gemäß §§ 403ff.); ist ein gesetzlicher Vertreter, Bevollmächtigter oder sonstiger Beistand des Angeklagten usw. anwesend, so ist auch dieser aufzuführen (§ 272 Nr. 4);

ee) die Angabe, ob öffentlich verhandelt oder ob die Öffentlichkeit ausgeschlossen wurde (§ 272 Nr. 4). Wurde die Öffentlichkeit ausgeschlossen (siehe hierzu oben Abschn. I 3), so ist im Protokoll festzuhalten, daß die Maßnahme durch Gerichtsbeschluß erfolgte (BGH 2, 56), aus welchem Grund der Ausschluß erfolgte (vgl. § 174 Abs. 1 Satz 3 GVG) und daß der Beschluß vollzogen wurde. Nach Wiederherstellung der Öffentlichkeit ist auch dieser Vorgang im Protokoll festzuhalten;

ff) den wesentlichen Gang und die Ergebnisse der Hauptverhandlung, die Beobachtung aller wesentlichen Förmlichkeiten, die Bezeichnung der verlesenen Schriftstücke, die gestellten Anträge und Entscheidungen sowie die Urteilsformel (§ 273 Abs. 1);

gg) die wesentlichen Ergebnisse der Vernehmungen, und zwar seit der Neufassung der Strafprozeßnovelle v. 19. 12. 1964 nicht nur bei Verhandlungen vor dem Amtsrichter und dem Schöffengericht, sondern vor allen erkennenden Gerichten (§ 273 Abs. 2);

hh) den Wortlaut einer Aussage nur ausnahmsweise (§ 273 Abs. 3).

b) Grundsätze für die Beweiskraft des Protokolls:

§ 274 legt nicht allgemein dem Sitzungsprotokoll erhöhte Beweiskraft bei. Vielmehr regelt § 274 ebenso wie der gleichlautende § 164 ZPO nur die Beweiskraft, die das obere Gericht dem Protokoll beizumessen hat, wenn zwecks Entscheidung über die Gesetzmäßigkeit des bisherigen Verfahrens „die Beobachtung der für die Hauptverhandlung vorgeschriebenen Förmlichkeiten" nachzuprüfen ist, z. B. ob der Zeuge beeidigt worden, ob er auf sein eventuelles Zeugnisverweigerungsrecht hingewiesen, ob ein bestimmter Beweisantrag gestellt, bzw. wie er beschieden wurde, ob ein bestimmtes Schriftstück verlesen worden ist. Die Urteilsberatung gehört dagegen nicht zu den Förmlichkeiten, die nur durch das Protokoll bewiesen werden können. Sie ist nicht Bestandteil der Hauptverhandlung, sondern vollzieht sich außerhalb dieser und muß daher nicht im Protokoll festgehalten werden (BGH 5, 294). Bezüglich der wesentlichen, im Protokoll festzuhaltenden Förmlichkeiten gilt folgender Grundsatz: Was nicht im Protokoll beurkundet ist, gilt als nicht geschehen. Was andererseits im Protokoll steht, gilt als so geschehen, wie es niedergeschrieben ist. Diese positive und negative Beweiskraft des Protokolls kann durch andere Beweise als durch den der „Fälschung", d.h. einer Urkundenfälschung nach § 267 StGB oder der Falschbeurkundung i. S. des § 348 Abs. 1 StGB, weder widerlegt noch ergänzt werden. Ist das Protokoll nicht ordnungsgemäß vom Vorsitzenden und vom Urkundsbeamten unterschrieben, so gilt der Grundsatz der freien Beweiswürdigung. Entsprechendes gilt, wenn eine der beiden Urkundspersonen nachträglich vom Inhalt des Protokolls in einer dienstlichen Erklärung ausdrücklich abrückt. Der Inhalt des Protokolls ist dann insoweit nicht mehr durch die Unterschrift gedeckt (BGH 4, 364). Wird das Protokoll zwar ordnungsgemäß unterschrieben, aber erst nach Eingang der Revisionsbegründung, so wird seine Beweiskraft dadurch nicht beeinträchtigt, sofern keine inhaltlichen Änderungen vorgenommen werden. Dies gilt selbst dann, wenn durch die Unterschrift einer bereits erhobenen Verfahrensrüge der Boden entzogen wird (BGH

12, 270). Die Nachholung der Unterschrift ist insoweit streng zu unterscheiden von einer unzulässigen nachträglichen Protokollberichtigung (s. u. c).

Die Beweisregel des § 274 erstreckt sich nicht auf die Erklärungen des Angeklagten zur Schuldfrage, insbesondere nicht auf ein vom Angeklagten abgelegtes Geständnis, selbst wenn es gemäß § 273 Abs. 3 wörtlich aufgenommen, vorgelesen und genehmigt worden ist. Dasselbe gilt von den Aussagen der Zeugen. Ebensowenig erstreckt sich die Beweiskraft des Protokolls auf Tatsachen, die für ein anderes Strafverfahren von materiellrechtlicher Bedeutung sind. So wäre es z. B. für die Frage, ob A in dem Strafverfahren B einen Meineid geleistet hat, ohne Bedeutung, ob das Protokoll jenes Strafverfahrens die Feststellung enthält, daß A beeidigt worden ist, d. h. in dem jetzt gegen A wegen Meineids eingeleiteten Strafverfahren wäre das Gericht an die in dem Verhandlungsprotokoll des Strafverfahrens B getroffene Feststellung nicht gebunden und könnte nach freier richterlicher Überzeugung die Eidesleistung als nicht geschehen ansehen (E. 32, 279). Für einen in der HV erklärten Rechtsmittelverzicht ist nach BGH 18, 257 folgendes zu beachten: Da der RM-Verzicht nicht zu den wesentlichen Förmlichkeiten i. S. von § 273 Abs. 1 gehört, nimmt er an der erhöhten Beweiskraft des Protokolls i. S. von § 274 nur dann teil, wenn er gemäß § 273 Abs. 3 auf Anordnung des Vorsitzenden wörtlich protokolliert, vorgelesen und vom Angeklagten genehmigt wird. Ein beurkundungsfähiger Verzicht dieser Art liegt jedoch nicht vor, wenn der Angeklagte oder sein Verteidiger zu verstehen geben, daß sie die Frage des Verzichts noch miteinander oder mit Dritten erörtern möchten.

e) Ist das Protokoll fertiggestellt, so ist der Tag der Fertigstellung im Protokoll festzuhalten (§ 271 Satz 2 in der Neufassung der Strafprozeßnovelle vom 19. 12. 1964). Erst dann darf das Urteil den Beteiligten zugestellt werden (§ 273 Abs. 4). Auf diese Weise soll verhindert werden, daß das Protokoll noch nach Eingang der Revisionsbegründung nachträglich berichtigt und der Revision auf diese Weise der Boden entzogen wird (was im übrigen auch nach der bisherigen Rechtslage unzulässig war, vgl. BGH 2, 125; 10, 145).

II. Die Grundsätze betr. die Anwesenheit des Angeklagten

1. Die Strafprozeßordnung verlangt **grundsätzlich persönliche Anwesenheit** des Angeklagten in der Hauptverhandlung, **§ 230 Abs. 1.** Sie vertritt den Grundsatz, daß der Angeklagte nicht ungehört verurteilt werden darf, weil das Gericht die materielle Wahrheit nur dann restlos ergründen kann, wenn der Angeklagte in Person vor ihm gestanden hat. Dieser Grundsatz gilt im allgemeinen auch für die Berufungsinstanz (siehe aber § 329), nicht aber für die Revisionsinstanz (§ 350). Die Anwesenheit ist während der ganzen Dauer der Hauptverhandlung notwendig (siehe BGH 3, 187); auch nur vorübergehende Abwesenheit begründet die Revision (§ 338 Ziff. 5).

2. Der nicht auf freiem Fuß befindliche Angeklagte wird vorgeführt; der auf freiem Fuß befindliche wird gemäß § 216 geladen; erscheint er nicht, so muß die Verhandlung vertagt werden, und es wird, wenn sein Ausbleiben nicht genügend entschuldigt ist, seine Vorführung angeordnet oder ein Haftbefehl erlassen (§ 230 Abs. 2). (NB. Das Gesetz stellt hier einen selbständigen Verhaftungsgrund auf; die Voraussetzungen der §§ 112, 113 brauchen nicht vorzuliegen.)

3. Eine **Verhandlung in Abwesenheit** des Angeklagten ist, abgesehen von den bereits erwähnten Fällen der §§ 329, 350, in folgenden Fällen zulässig:

a) Unter den Voraussetzungen des **§ 232,** d. h. wenn im konkreten Einzelfall (praktisch nur bei Übertretungen und leichteren Vergehen denkbar) als Strafen bzw. Nebenstrafen nur Haft, Geldstrafe, Fahrverbot, Einziehung oder Unbrauchbarmachung, allein oder nebeneinander, zu erwarten sind. Von den Maßregeln der Sicherung und Besserung ist nur die Entziehung der Fahrerlaubnis zulässig.

aa) Es kommt in diesem Falle also nicht darauf an, mit welcher Strafe die Tat bedroht ist, sondern darauf, welche Strafe der Angeklagte im Einzelfalle zu erwarten hat. Muß wider Erwarten auf eine höhere Strafe erkannt werden, so darf ein solches Urteil in Abwesenheit des Angeklagten nicht ergehen (§ 232 Abs. 1 Satz 2). Die Verhandlung muß dann ausgesetzt werden. Entsprechendes gilt für Maßregeln der Sicherung und Besserung.

bb) Zur Sicherung des Angeklagten ist dieses Abwesenheitsverfahren an folgende weitere Voraussetzungen geknüpft: Der Angeklagte muß ordnungsmäßig geladen sein; eine Ladung durch öffentliche Bekanntmachung genügt nicht (§ 232 Abs. 2). Ferner muß in der Ladung darauf hingewiesen sein, daß in Abwesenheit verhandelt werden kann (§ 232 Abs. 1 Satz 1). Soll die Fahrerlaubnis entzogen werden, so muß der Angeklagte auch hierauf besonders hingewiesen werden (Abs. 1 S. 3). Dieser besondere Hinweis kann jedoch der ratio legis entsprechend dort entfallen, wo der Angeklagte bereits aus dem — zumeist gleichzeitig zugestellten — Eröffnungsbeschluß entnehmen kann, daß er mit Fahrerlaubnisentziehung zu rechnen hat. Und schließlich muß das in Abwesenheit des Angeklagten ergehende Urteil durch Übergabe zugestellt werden (§ 232 Abs. 4). Nicht erforderlich ist allerdings eine Zustellung durch persönliche Übergabe an den Angeklagten; es genügt vielmehr jede Form der Ersatzzustellung nach § 181 ZPO. Lediglich die Zustellung durch Niederlegung gemäß §§ 182, 195a ZPO ist unzulässig (BGH 11, 152).

cc) Hat die Hauptverhandlung gemäß § 232 ohne den Angeklagten stattgefunden, so kann er gegen das Urteil binnen einer Woche nach seiner Zustellung die Wiedereinsetzung in den vorigen Stand unter den gleichen Voraussetzungen wie gegen die Versäumung einer Frist nachsuchen. Hat er von der Ladung zur Hauptverhandlung keine Kenntnis erlangt, so kann er stets die Wiedereinsetzung in den vorigen Stand beanspruchen. Hierüber ist der Angeklagte bei der Zustellung des Urteils zu belehren (§ 235).

b) Nach **§ 233**, d. h. wenn der Angeklagte auf seinen Antrag (zu dessen Stellung der Verteidiger einer besonderen Ermächtigung bedarf, siehe E. 54, 210) von der Verpflichtung zum Erscheinen in der Hauptverhandlung entbunden wird, vorausgesetzt, daß keine höhere Strafe als Freiheitsstrafe bis zu sechs Monaten, Geldstrafe, Fahrverbot, Einziehung, Vernichtung oder Unbrauchbarmachung, allein oder in Verbindung miteinander, zu erwarten sind. Von den Maßregeln der Sicherung und Besserung ist — ebenso wie im Falle des § 232 — nur die Entziehung der Fahrerlaubnis zulässig (Abs. 1 Satz 3). Das Verfahren nach § 233 setzt weiter voraus, daß der Angeklagte durch einen beauftragten oder ersuchten Richter über den Gegenstand der Anklage vernommen wird (Abs. 2 Satz 1). Hierbei ist er darüber zu belehren, welche Strafen und Maßnahmen bei der in seiner Abwesenheit durchgeführten Verhandlung zulässig sind. Außerdem ist er zu befragen, ob er seinen Antrag auf Befreiung vom Erscheinen in der HV aufrecht erhält (Abs. 2 Satz 2). In der Praxis wird das Verfahren gemäß § 233 in der Regel in der Weise durchgeführt, daß in geeigneten Fällen (hauptsächlich Verkehrsstrafsachen) immer dann, wenn der Wohnsitz des Angeklagten vom Gerichtsort weit entfernt liegt, die Akten auch ohne vorherigen Antrag des Angeklagten vom erkennenden Gericht durch Vermittlung der StA an das für den Wohnort des Angeklagten zuständige Amtsgericht geleitet werden. Dieses wird ersucht, den Angeklagten unter Belehrung gemäß § 233 Abs. 2 zu befragen, ob er vom Erscheinen in der HV entbunden werden will. Stellt er darauf den entsprechenden Antrag, so wird er zur Anklage vernommen.

Muß wider Erwarten auf eine höhere Strafe oder eine Maßregel der Sicherung und Besserung erkannt werden, so darf ein solches Urteil in Abwesenheit des Angeklagten nicht ergehen (§ 233 I Satz 2). Wegen der weiteren Voraussetzungen dieses Verfahrens siehe § 233 II, III. Bei der Zustellung des Urteils ist besonders zu beachten, daß die in § 232 IV vorgesehene Beschränkung (Zustellung durch Übergabe, siehe oben a) bb) keine entsprechende Anwendung findet. Die Zustellung kann demnach auch durch Niederlegung gemäß §§ 182, 195a ZPO erfolgen. Siehe hierzu ausführlich BGH 11, 152 und Oppe NJW 62, 1800.

c) Im Falle des **§ 231 Abs. 2.** Siehe hierzu die Ausführungen unten in Abschnitt B I 1.

Soweit nach den vorstehenden Erörterungen in Abwesenheit des Angeklagten verhandelt werden kann, also in den Fällen der §§ 232 und 233, aber auch im Falle des § 231 Abs. 2, ist der Angeklagte gemäß § 234 befugt, sich durch einen mit schriftlicher Vollmacht versehenen Verteidiger vertreten zu lassen. (NB. Das gleiche gilt gemäß § 350 für die Revision, gemäß § 387 für das Privatklageverfahren und gemäß § 411 für das Einspruchsverfahren nach vorausgegangenem Strafbefehl.)

4. Bei **zeitweiser Abwesenheit** des Angeklagten kann in folgenden Fällen verhandelt werden:

a) Wenn das Gericht den Angeklagten aus dem Sitzungssaal abtreten läßt, weil zu befürchten ist, daß ein Mitangeklagter oder Zeuge in seiner Gegenwart nicht die Wahrheit sagen wird **(§ 247 Abs. 1 S. 1).** Eine ausdehnende Auslegung dieser Bestimmung ist unzulässig. Insbesondere darf das Gericht einen Angeklagten nicht deshalb abtreten lassen, weil zu befürchten ist, daß er seine Aussagen denen der Mitangeklagten anpaßt (BGH 15, 194).

Die Entfernung des Angeklagten nach § 247 Abs. 1 Satz 1 kann nur aufgrund eines förmlichen Gerichtsbeschlusses erfolgen, der zu begründen ist (BGH 15, 194). Fehlt die Begründung und bleibt daher zweifelhaft, ob das Gericht von zutreffenden Erwägungen ausgegangen ist, so begründet dieser Mangel nach § 338 Nr. 5 die Revision (BGH a. a. O.).

b) Wenn das Gericht den Angeklagten aus dem Sitzungssaal abtreten läßt, weil zu befürchten ist, daß durch die Erörterung seines körperlichen oder geistigen Zustands ein Nachteil für seine Gesundheit entsteht **(§ 247 Abs. 1 Satz 2).**

c) Wenn der Angeklagte gemäß § 177 GVG wegen Nichtbefolgung eines zur Aufrechterhaltung der Ordnung erlassenen Befehls aus dem Sitzungszimmer entfernt wird **(§ 247 Abs. 2).** Wie lange der Angeklagte wegen Ungebühr von der weiteren Verhandlung ausgeschlossen werden soll, steht im pflichtgemäßen Ermessen des Gerichts und hängt von der Art und dem Grad der Ungebühr ab. (Siehe hierzu BGH 9, 77).

d) Wenn der jugendliche Angeklagte wegen der Gefahr nachteiligen Einflusses bei Erörterung bestimmter Fragen (z. B. der häuslichen Familienverhältnisse) das Sitzungszimmer verlassen muß (§ 51 I JGG).

In allen Fällen hat der Vorsitzende dem Angeklagten nach dessen Rückkehr den wesentlichen Inhalt desjenigen mitzuteilen, was in seiner Abwesenheit ausgesagt oder sonst verhandelt worden ist, § 247 Abs. 1 Satz 3; § 51 I S. 2 JGG.

5. In **§§ 276ff.** wird das **Verfahren gegen Abwesende** behandelt, d. h. gegen solche Beschuldigte, die sich der deutschen Gerichtsbarkeit dadurch entziehen, daß sie sich im Auslande aufhalten oder im Inlande verbergen. Eine Hauptverhandlung findet gemäß § 277 nur statt, wenn die fragliche Tat nur mit Haft, Geldstrafe oder Einziehung bedroht ist. Handelt es sich um ein schwereres Delikt, dann kommt lediglich eine Beweissicherung nach § 285 in Frage.

B.

Lösung des Falles

I. Hätte das Schöffengericht Urteil erlassen können?

1. Nach § 231 Abs. 1 darf sich der erschienene Angeklagte aus der Verhandlung nicht entfernen.

Entfernt er sich dennoch, so kann die Hauptverhandlung in seiner Abwesenheit zu Ende geführt werden, wenn seine Vernehmung über die Anklage schon erfolgt war und das Gericht seine fernere Anwesenheit nicht für erforderlich erachtet (§ 231 Abs. 2).

Für diese Vorschrift war die Erwägung maßgebend, daß es ebensosehr gegen das Interesse der Strafrechtspflege wie gegen die Rücksicht auf die Würde des Gerichts verstoßen würde, wenn dem Angeklagten die Möglichkeit gewährt wäre, eine begonnene und vielleicht schon dem Abschluß nahe Hauptverhandlung dadurch, daß er sich entfernt oder bei ihrer Wiedereröffnung ausbleibt, unwirksam und gleichsam ungeschehen zu machen; die Bestimmung soll Platz greifen, wenn von dem Angeklagten versucht wird, vorsätzlich dem Gange der Rechtspflege entgegenzutreten. (E. 58, 152; BGH 2, 300, 304; siehe auch BGH 3, 206 und BGH 10, 304. In Fortführung dieser Rechtsprechung hat der Bundesgerichtshof in BGH 16, 178 entschieden, daß die Hauptverhandlung unter den Voraussetzungen des § 231 Abs. 2 auch dann fortgeführt werden kann, wenn der Angeklagte durch einen Selbstmordversuch seine Verhandlungsunfähigkeit herbeigeführt hat.)

2. Für den vorliegenden Fall ergibt sich hieraus folgendes:

a) Da der Angeklagte Müller zu dem Zeitpunkt, als er sich eigenmächtig aus dem Sitzungssaal entfernte, bereits zur Anklage vernommen war, wäre das Gericht gemäß § 231 Abs. 2 nicht gehindert gewesen, ohne ihn weiterzuverhandeln und ihn entsprechend Anklage und Eröffnungsbeschluß wegen Erpressung zu verurteilen. Ein solches Verfahren ist aber nur zulässig, wenn das Gericht nach pflichtgemäßer Prüfung der Beweislage glaubt, auch ohne den Angeklagten auskommen zu können. Hält das Gericht im Interesse der Wahrheitsfindung die weitere Anwesenheit des Angeklagten für erforderlich, so hat es gemäß § 236 seine Anwesenheit durch Vorführungs- oder Haftbefehl zu erzwingen. Der in der Verhandlung erlassene Haftbefehl war somit rechtmäßig ergangen.

b) Für den Fall, daß das Schöffengericht sich die in der HV seitens des StA vorgetragene Ansicht zueigen gemacht hätte, wirft sich die Frage auf, ob eine Verurteilung wegen Nötigung überhaupt zulässig gewesen wäre, nachdem dem Angeklagten in Anklage und EB keine Nötigung, sondern eine Erpressung zur Last gelegt worden war. Hätte Müller den Saal nicht verlassen, so hätte er abweichend von Anklage und EB nur dann wegen Nötigung verurteilt werden dürfen, wenn er zuvor gemäß § 265 auf die Veränderung des rechtlichen Gesichtspunkts hingewiesen worden wäre. Es erhebt sich daher die Frage, ob Müller dadurch, daß er sich eigenmächtig der weiteren Verhandlung entzog, sein Recht auf Belehrung gemäß § 265 verwirkt hat. Diese Frage wird jedoch allgemein verneint (vgl. E. 32, 97ff.; Schwarz-Kleinknecht, § 231 Anm. 3B). Eine Verurteilung wegen Nötigung würde daher auch unter den Voraussetzungen des § 231 Abs. 2 einen Verstoß gegen § 265 darstellen. Ein förmlicher Hinweis nach § 265, der als „wesentliche Förmlichkeit" gemäß § 273 Abs. 1 im Protokoll festzuhalten ist (BGH 2, 373; 19, 141), ist nämlich selbst dann nicht verzichtbar, wenn die Verfahrensbeteiligten den veränderten rechtlichen Gesichtspunkt von sich aus angesprochen haben (BGH 19, 141). Andererseits aber will § 265 lediglich verhüten, daß durch die Änderung der Klage die Verteidigung des Angeklagten beeinträchtigt wird. Wenn nun, wie im vorliegenden Falle, der Angeklagte zu dem von ihm selbst angeregten veränderten rechtlichen Gesichtspunkt schon Stellung genommen hat (er hatte ja die Ladung von Zeugen zum Beweise dafür beantragt, daß er nicht die Absicht gehabt habe, sich zu Unrecht zu bereichern), dürfte kaum ersichtlich sein, daß und wie der Angeklagte bei erfolgtem Hinweis sich hätte anders verteidigen können.

Einer auf Verletzung des § 265 gestützten Revision müßte daher im vorliegenden Falle der Erfolg versagt bleiben, da als völlig ausgeschlossen erscheinen muß, daß das Unheil durch die Außerachtlassung dieser Vorschrift beeinflußt wurde, daß es also auf der Gesetzesverletzung i. S. des § 337 beruhe (siehe E. 74, 139; BGH 2, 250 und Abschn. IV des folgenden Nachtrags). (Daß der absolute Revisionsgrund nach § 238 Ziff. 5 nicht vorliegt, bedarf nach den obigen Ausführungen keiner weiteren Begründung.)

Das Schöffengericht hätte also auch Urteil wegen Nötigung erlassen können.

II. Ist die Sicherheit als für die Staatskasse verfallen zu erklären?

1. Gemäß § 123 Abs. 2 wird eine noch nicht verfallene Sicherheit frei, wenn

a) der Haftbefehl aufgehoben wird oder

b) die U-Haft oder die erkannte Freiheitsstrafe bzw. mit Freiheitsentzug verbundene Maßregel der Sicherung und Besserung vollzogen wird.

Im vorliegenden Fall käme, nachdem Müller verhaftet werden konnte, allenfalls die letztgenannte Alternative in Betracht. Ohnesorg kann sich jedoch auf diese Bestimmung nicht berufen, da die von ihm geleistete Sicherheit durch die Flucht Müllers nach Stuttgart gemäß § 124 bereits verfallen war, § 123 Abs. 2 aber ausdrücklich voraussetzt, daß die Sicherheit noch nicht verfallen ist.

2. Hat, wie im vorliegenden Fall, nicht der Angeklagte, sondern ein Dritter die Sicherheit geleistet, so ist neben dem bereits erörterten § 123 Abs. 2 noch § 123 Abs. 3 zu beachten. Diese Bestimmung gibt dem Dritten, der die Sicherheit geleistet hat, die Möglichkeit, sich gegen den drohenden Verlust der Sicherheit dadurch zu schützen, daß er innerhalb einer vom Gericht zu bestimmenden Frist die Gestellung des Beschuldigten erwirkt oder die Tatsachen, die den Verdacht einer Flucht begründen, so rechtzeitig mitteilt, daß der Beschuldigte verhaftet werden kann. Auch hier käme allenfalls die letztgenannte Alternative in Betracht, da Ohnesorg durch seine Mitteilung an die StA nicht die Gestellung des Müller, sondern lediglich seine Verhaftung bewirkt hat. Aber auch auf diese Bestimmung kann Ohnesorg sich nicht berufen, da seine Mitteilung an die StA erst erfolgte, nachdem Müller bereits geflohen war, § 123 Abs. 3 aber voraussetzt, daß die Flucht verhindert werden konnte.

3. Die von Ohnesorg geleistete Sicherheit ist somit gemäß § 124 Abs. 1 für verfallen zu erklären. Vor der Entscheidung sind der Angeklagte und Ohnesorg zu einer Erklärung aufzufordern (Abs. 2 Satz 1). Gegen die den Verfall aussprechende Entscheidung steht ihnen gem. Abs. 2 „nur" die sofortige Beschwerde zu, d. h. der ordentliche Rechtsweg ist ausgeschlossen.

Nachtrag

Das Verhältnis des Urteils zur Anklage

I. Gegenstand der Urteilsfindung ist gemäß **§ 264 Abs. 1** die in der Anklage bezeichnete Tat, wie sie sich nach dem Ergebnis der Verhandlung darstellt. Das Urteil ist also — ebenso wie die Verhandlung selbst, vgl. § 155 Abs. 1 — an der gerichtlich zugelassenen Anklage ausgerichtet. Eine Tat, die nicht Gegenstand der Anklage war, kann auch nicht zum Gegenstand der Verhandlung und des Urteils gemacht werden; ebensowenig kann eine Person, gegen die sich die Anklage nicht gerichtet hat, wegen der in der Anklage bezeichneten Tat verurteilt oder freigesprochen werden (sog. Anklageprinzip).

II. Tat i. S. der §§ 155, 264 ist der gesamte historische Geschehnisablauf, auf den Anklage und EB hinweisen (vgl. E. 72, 105; BGH 6, 92; 10, 396; Eb. Schmidt, Lehrkommentar Teil I Nr. 295—311, Teil II § 264 Rn. 5). Unerheblich ist dabei, ob die in der Anklage bezeichnete Tat einen oder mehrere Tatbestände verwirklicht. Auch bei der Verwirklichung mehrerer Tatbestände kann eine einheitliche Tat im prozessualen Sinn gegeben sein. Stehen diese mehreren Tatbestände untereinander materiellrechtlich in Idealkonkurrenz, so ist prozessual immer eine einheitliche Tat gegeben. Eine einheitliche Tat i. S. der §§ 155, 264 kann aber auch dann vorliegen, wenn materiellrechtlich Realkonkurrenz anzunehmen ist. Beispiel: Die Teilnahme an einer Schlägerei, die den Tb. des § 223 StGB erfüllt, und eine sich hieran anschließende unterlassene Hilfeleistung gemäß § 330c StGB stellen sich prozessual als eine einheitliche Tat dar, obwohl sie materiellrechtlich in Realkonkurrenz stehen. Wegen weiterer Einzelheiten und Beispiele siehe ausführlich Vorbem. III vor Fall 12.

III. Ergibt sich in der HV keine neue Tat, sondern nur ein **neuer rechtlicher Gesichtspunkt,** der in der gerichtlich zugelassenen Anklage bisher nicht berücksichtigt war, so hat das Gericht den Angeklagten gemäß **§ 265** hierauf hinzuweisen.

1. Zweck dieser Bestimmung ist es, den Angeklagten, der seine Verteidigung auf die tatsächlichen und rechtlichen Grundlagen der Anklage eingestellt hat, gegen Überraschungen zu schützen. Erforderlich und ausreichend ist daher jeder Hinweis, der es dem Angeklagten und seinem Verteidiger ermöglicht, die Verteidigung auf den neuen rechtlichen Gesichtspunkt einzurichten (BGH 18, 56). Unterbleibt der Hinweis und läßt sich nicht ausschließen, daß auf diesem Mangel das Urteil beruht, so stellt der Verstoß gegen § 265 einen Revisionsgrund i. S. von § 337 dar. Der Verstoß gegen § 265 ist nur dann unschädlich, wenn sicher ist, daß der Angeklagte und sein Verteidiger ohnehin nichts Neues mehr hätten vorbringen können (vgl. BGH 2, 250), oder wenn feststeht, daß der Angeklagte und sein Verteidiger sich nach entsprechendem Schlußvortrag des Staatsanwalts bei ihrer Verteidigung tatsächlich auf den neuen rechtlichen Gesichtspunkt eingerichtet haben (vgl. KMR Anm. 13 zu § 265 m. weit. Nachweisen). In solchen Fällen fehlt die Möglichkeit eines ursächlichen Zusammenhangs zwischen Verfahrensverstoß und Urteil.

3. Ein Hinweis nach § 265 ist erforderlich,

a) wenn sich ein anderes „Strafgesetz“, d. h. ein anderer Tatbestand ergibt, dessen Anwendung in der gerichtlich zugelassenen Anklage noch nicht vorgesehen war, z. B. wenn sich die Tat nicht mehr als Diebstahl, sondern als Betrug oder als Erpressung darstellt. Dies gilt auch dann, wenn der neu in Erscheinung tretende Tatbestand lediglich eine mildere Erscheinungsform des in der Anklage angenommenen Tatbestands enthält, z. B. der Tb. des § 370 Nr. 5 StGB gegenüber dem Diebstahl des § 242 oder Fahrlässigkeit gegenüber Vorsatz. Ausgenommen sind jedoch die Fälle, in denen der neue Tb. lediglich der Grundtatbestand des in der Anklage angenommenen Tatbestands ist, z. B. einfacher Diebstahl gegenüber schwerem Diebstahl.

b) wenn sich eine neue Tatbestandsalternative, d. h. eine andere Begehungsform des in der Anklage genannten Straftatbestands ergibt, z. B. Mord aus Habgier anstatt Mord zur Ermöglichung einer Straftat, oder Untreue in der Form des Treuebruchstatbestands anstatt in der Form des Mißbrauchtatbestands (BGH NJW 54, 1616). Auch in diesem Fall handelt es sich um ein „anderes Strafgesetz“ i. S. von § 265.

c) bei Annahme von Fortsetzungszusammenhang, wenn die Anklage von Realkonkurrenz ausgegangen ist, und umgekehrt;

d) bei Annahme von Realkonkurrenz, wenn die Anklage von Idealkonkurrenz ausgegangen ist (E. 56, 58), und umgekehrt;

e) bei Annahme von Versuch anstatt Vollendung (BGH 2, 250) und umgekehrt;

f) innerhalb der verschiedenen Teilnahmeformen (E. 63, 430 betr. Mittäterschaft anstatt Alleintäterschaft; siehe auch BGH NJW 52, 1385);

g) wenn sich vom Gesetz besonders vorgesehene Umstände ergeben, die die Strafbarkeit erhöhen, z. B. schwerer anstatt einfacher Diebstahl (Abs. 2);

h) wenn sich die Notwendigkeit einer Maßregel der Sicherung und Besserung ergibt, die in der Anklage nicht vorgesehen war (Abs. 2). Dies gilt nach BGH 18, 288 entgegen dem Wortlaut, aber dem Sinn des Gesetzes entsprechend auch bei gleichbleibendem Sachverhalt.

4. Ein Hinweis nach § 265 ist nicht erforderlich,

a) wenn lediglich ein straferhöhender Umstand wegfällt, z. B. wenn sich ergibt, daß der Diebstahl nicht mittels Einbruchs bewirkt wurde;

b) wenn neben der Strafe Polizeiaufsicht in Betracht kommt (BGH 18, 66). Dies ergibt sich aus der Erwägung, daß die Erforderlichkeit der Polizeiaufsicht lediglich von der Wertung des Gerichts abhängt, ob der Angeklagte allgemein als gefährlich anzusehen ist oder nicht. Besondere Feststellungen sind dagegen nicht erforderlich (vgl. BGH a. a. O.).

c) wenn sich nur ein neuer tatsächlicher Gesichtspunkt ergibt, der die Rechtslage nicht verändert. In diesem Fall muß der Angeklagte zwar auch unterrichtet werden. Es genügt jedoch, wenn dies durch den Gang der Verhandlung geschieht. Eines förmlichen Hinweises bedarf es nicht (vgl. BGH 19, 141, andererseits aber BGH 19, 88 betr. anderer Uhrzeit);

d) bei Nebenstrafen (vgl. BGH 16, 47 betr. Einziehung gem. § 40 StGB); der Angeklagte muß jedoch die Möglichkeit gehabt haben, sich spätestens nach dem Schlußvortrag des StA zu der Frage der Nebenstrafe zu äußern, da andernfalls sein Anspruch auf rechtliches Gehör verletzt wäre (vgl. Art. 103 GG; BGH a. a. O.).

5. Eine Aussetzung der Hauptverhandlung wird erforderlich

a) auf Antrag des Angeklagten (vgl. Abs. 3), wenn dieser

aa) neu hervorgetretene Umstände, die die Anwendung eines schwereren Strafbestands begründen könnten oder unter den Anwendungsbereich des Abs. 2 fallen (s. o. 2g und h), bestreitet und

bb) behauptet, auf die Verteidigung nicht genügend vorbereitet zu sein.

b) auf Antrag eines Beteiligten (z. B. StA) oder von Amts wegen, wenn dies zur Vorbereitung von Anklage und Verteidigung angemessen erscheint (Abs. 4).

6. Die Dauer der Aussetzung steht im pflichtgemäßen Ermessen des Gerichts. Das Gericht kann daher auch nur eine kürzere Unterbrechung in der Weise vornehmen, daß die HV gemäß § 229 spätestens am 11. Tag nach der Unterbrechung fortgesetzt wird.

7. Eine Belehrung des Angeklagten über sein Recht, unter den Voraussetzungen des Abs. 3 die Aussetzung zu verlangen, ist nicht vorgeschrieben.

IV. Ergibt sich während der Hauptverhandlung eine neue Tat im prozessualen Sinn, so kann diese nur im Wege der **Nachtragsanklage (§ 266)** zum Gegenstand der Verhandlung und des Urteils gemacht werden.

1. Beispiel: Der wegen Diebstahls vor dem Amtsgericht (Einzelrichter) unter Anklage stehende A erklärt in der Hauptverhandlung, um sein Gewissen zu entlasten, er habe außer dem ihm in der Anklage zur Last gelegten Diebstahl noch zwei weitere, bisher nicht aufgeklärte Einbrüche begangen.

2. Die Einbeziehung einer von der Anklage nicht erfaßten Tat in ein bereits vor dem erkennenden Gericht anhängiges Verfahren ist gemäß § 266 unter folgenden Voraussetzungen möglich:

a) Das Gericht muß auch für den Gegenstand der Nachtragsanklage zuständig sein. (Hieran würde es in dem oben in Abschn. 1 gebrachten Beispiel fehlen, da der Amtsrichter als Einzelrichter gemäß § 25 Nr. 3 GVG zur Aburteilung von Verbrechen nur dann zuständig ist, wenn die Tat lediglich wegen der Rückfallsvoraussetzungen zum Verbrechen wird.)

b) Der Angeklagte muß der Einbeziehung zustimmen.

c) Der StA muß (schriftlich oder mündlich) eine der Anforderungen des § 200 Abs. 1 genügende Nachtragsanklage erheben. Die mündlich erhobene Nachtragsanklage wird im Sitzungsprotokoll aufgenommen (Abs. 2 Satz 2).

3. Ist die Nachtragsanklage in zulässiger Weise erhoben worden, so ist dem Angeklagten Gelegenheit zu geben, sich zu verteidigen (Abs. 2 Satz 3). Hält der Vorsitzende es für erforderlich oder stellt der Angeklagte einen dahingehenden Antrag (der aber nicht offensichtlich mutwillig oder nur zur Verzögerung des Verfahrens gestellt sein darf), so ist die Verhandlung zu unterbrechen (Abs. 3 Satz 1). Über sein Recht, einen solchen Antrag zu stellen, ist der Angeklagte zu belehren (Abs. 3 Satz 2).

4. In der Berufungsinstanz ist eine Nachtragsanklage grundsätzlich unzulässig, da sonst eine Instanz verloren ginge (E. 42, 91). Eine Ausnahme gilt nur dort, wo bereits in 1. Instanz eine neue Tat abgeurteilt worden ist, ohne daß zuvor ordnungsgemäß Nachtragsanklage erhoben worden war. In diesen Fällen kann die Nachtragsanklage in der Berufungsinstanz nachgeholt werden (vgl. E. 56, 113).

ZU FALL 6

A.

Vorbemerkungen

I. Allgemeines über die Stellung des Verteidigers

1. Die Zuziehung eines Verteidigers hängt im allgemeinen von dem Willen des Beschuldigten oder seines gesetzlichen Vertreters ab; nur in den vom Gesetz ausdrücklich bestimmten Fällen ist die Verteidigung eine notwendige. (Siehe Fall 3 Abschn. B IV, 1 b, S. 48.)

2. Die rechtliche Stellung des Verteidigers:

a) Der Verteidiger ist nicht Vertreter des Beschuldigten, sondern ein unabhängiges Organ der Rechtspflege, dessen Beistands sich der Beschuldigte in jeder Lage des Verfahrens bedienen kann (vgl. § 137; BGH 9, 20; 12, 307; 13, 337). Zu Verteidigern können nur die bei einem deutschen Gericht zugelassenen Rechtsanwälte sowie die Rechtslehrer (auch Privatdozenten) an deutschen Hochschulen gewählt werden (§ 138).

b) Seine wesentliche Aufgabe besteht darin, dem Beschuldigten während des gesamten Verfahrens durch Rat und Tat zur Seite zu stehen. Er hat insbesondere darauf hinzuwirken, daß sein Mandant nicht zu Unrecht, d. h. entgegen der materiellen Rechtslage, verurteilt wird. Andererseits darf er auch dann den Freispruch seines Mandanten beantragen, wenn er von dessen Schuld überzeugt ist, er aber aufgrund der gegebenen Beweislage den Standpunkt vertreten kann, daß die vorliegenden Beweise nicht ausreichen, seinen Mandanten zu überführen. Der Bereich strafbarer Begünstigung beginnt erst dort, wo der Verteidiger sich der Wahrheitserforschung hindernd in den Weg stellt (BGH 9, 20), z. B. dadurch, daß er Zeugen zu falschen Angaben verleitet, Kassiber aus der Haftanstalt herausschmuggelt, belastende Dokumente aus den Akten verschwinden läßt oder sonstige Maßnahmen vornimmt, durch die der Sachverhalt in unlauterer Weise verdunkelt wird.

c) Da der Verteidiger im Strafprozeß nicht Vertreter, sondern nur Beistand seines Mandanten ist, kann er dessen Anwesenheit und Erklärungen grundsätzlich nicht durch eigene Anwesenheit und Erklärungen ersetzen. Eine Vertretung des Angeklagten in der HV ist ausnahmsweise gemäß § 234 nur in den Fällen zulässig, in denen die HV ohne Anwesenheit des Angeklagten stattfinden kann, d. h.

aa) in den Fällen der §§ 231 Abs. 2, 232, 233 (siehe hierzu ausführlich Fall 5 Abschn. II 3, S. 81);

bb) im Strafbefehls- und Strafverfügungsverfahren nach eingelegtem Einspruch (§§ 411 Abs. 2, 413 Abs. 4);

cc) im Privatklageverfahren (§ 387 Abs. 1);

dd) im Berufungsverfahren, sofern in 1. Instanz die Voraussetzungen zu aa) bis cc) vorlagen (vgl. § 329 Abs. 1; OLG Düsseldorf NJW 61, 89);

ee) im Revisionsverfahren (§ 350 Abs. 2, 3).

Unter den Voraussetzungen des § 234 ist der mit Vollmacht ausgestattete Verteidiger berechtigt, seinen Mandanten sowohl in der Erklärung als auch im Willen zu vertreten (BGH 9, 356), sofern seine Vollmacht nicht bestimmte Erklärungen ausnimmt.

d) Für Rechtsmittelerklärungen sind folgende Besonderheiten zu beachten:

aa) Der Verteidiger kann selbst Rechtsmittel einlegen, jedoch nicht gegen den ausdrücklichen Willen seines Mandanten (§ 297; BGH 12, 367).

bb) Zur Zurücknahme eines Rechtsmittels bedarf der Verteidiger einer ausdrücklichen Ermächtigung (§ 302 Abs. 2).

e) Zustellungen von Schriftstücken, die für den Beschuldigten bestimmt sind, z. B. Ladungen, Beschlüsse und Urteile, können seit der Strafprozeßnovelle vom 19. 12. 1964 gemäß § 145a Abs. 1 auch dem Verteidiger zugestellt werden, sofern dieser entsprechende Vollmacht zu den

Akten gegeben hat. Ausgenommen sind lediglich die im Verfahren gemäß § 232 ergangenen Urteile (vgl. §§ 232 Abs. 4, 145a Abs. 2). Doppelzustellungen, d. h. Zustellungen sowohl an den Beschuldigten als auch an seinen Verteidiger, werden grundsätzlich nicht vorgenommen (siehe jedoch § 145a Abs. 4). Kommt es doch zu einer Doppelstellung, so richtet sich die Frist (z. B. Rechtsmittelfrist) nach der zuletzt bewirkten Zustellung (§ 37 Abs. 2).

3. Die Rechte des Verteidigers sind, abgesehen von solchen, die er neben dem Beschuldigten ausüben kann (z. B. Beweisanträge zu stellen, Richter und Sachverständige abzulehnen), folgende:

a) das Recht auf Akteneinsicht (§ 147), das nach Abschluß der Ermittlungen nicht eingeschränkt werden darf (Abs. 2);

b) das Recht auf uneingeschränkten Verkehr mit dem Beschuldigten, auch wenn dieser sich nicht auf freiem Fuß befindet (§ 148);

c) das Recht auf Gebühren;

d) das Recht auf Zeugnisverweigerung (§ 53 Abs. 1 Nr. 3).

4. Einem Referendar kann der gewählte Verteidiger die Verteidigung selbst mit Zustimmung seines Mandanten nur dann übertragen, wenn der Referendar mindestens 1 Jahr und 3 Monate im Justizdienst beschäftigt ist (§ 139).

5. Ein Ausschluß des Verteidigers ist zwar gesetzlich nicht ausdrücklich geregelt, wird aber in Rspr. und Schrifttum dann für zulässig gehalten, wenn die Tätigkeit des Verteidigers im Einzelfall „den Aufgaben der Verteidigung widerstreitet", vgl. § 146 Abs. 1. Ein Ausschluß kommt schon mit Rücksicht auf Art. 12 Abs. 1 GG nur ganz ausnahmsweise in Betracht, z. B.

a) wenn festgestellt wird, daß der Verteidiger nicht mehr als unabhängiges Organ der Rechtspflege tätig wird, sondern zu Dritten in einem Abhängigkeitsverhältnis steht (vgl. BGH JZ 61, 608);

b) bei Verdacht der Tatbeteiligung, Hehlerei oder Begünstigung (vgl. Schwarz-Kleinknecht Vorbem. 2A vor § 137 mit weit. Nachw.);

c) bei Verdacht des Parteiverrats;

d) wenn der Verteidiger versucht, das Gericht zu bestechen oder zu nötigen.

Gegen den Ausschluß des Verteidigers haben sowohl dieser selbst als auch der Besch. das Rechtsmittel der Beschwerde (vgl. § 305 Satz 2, letzte Alt.). Zum Ganzen siehe auch Anschütz, Die Entziehung der Verteidigungsbefugnis.

II. Allgemeines über die Kosten des Verfahrens

1. Nach § 464 muß grundsätzlich jedes Urteil, jeder Strafbefehl und jede eine Untersuchung einstellende Entscheidung, d.h. jede das gerichtliche Verfahren zum Abschluß bringende Prozeßhandlung Bestimmung darüber treffen, von wem die Kosten des Verfahrens zu tragen sind. Die Kostenentscheidung ist für sich allein mit den gegen die Entscheidung in der Sache gegebenen Rechtsmitteln anfechtbar. (Siehe Fall 7, Abschn. A II 4a, S. 108.)

Maßgebend für die Kostenfestsetzung ist das Gerichtskostengesetz v. 26. 7. 1957 (BGBl. I 861, 941) mit der letzten Änderung v. 15. 1. 1965 (BGBl. I 17).

2. Man unterscheidet Gerichtskosten und außergerichtliche Kosten.

a) Zu den Gerichtskosten gehören

aa) die Gebühren, die sich gemäß § 67 GKG nach der Höhe der erkannten Strafe richten;

bb) die Auslagen, zu denen vor allem die Gebühren von Zeugen und Sachverständigen gehören (§§ 91—93 GKG).

b) Zu den außergerichtlichen Kosten gehören die notwendigen Auslagen des Angeklagten, des Privatklägers und des Nebenklägers (§ 467 Abs. 2), vor allem die Kosten der Verteidigung, auch der nicht-notwendigen, nicht dagegen das vertragsmäßige Verteidigerhonorar, soweit es die Sätze der RAGebO übersteigt. Ferner gehören hierher die Reisen zum Gerichtssitz und zum Verteidiger, dagegen nicht die Auslagen für Erwerbs- und Zeitverlust (vgl. Löwe-Rosenberg § 467 Anm. 5a).

3. Der Angeklagte hat die Kosten zu tragen, soweit er verurteilt oder eine Sicherungsmaßregel gegen ihn angeordnet wurde. Eine Verurteilung in diesem Sinne liegt auch dann vor, wenn das Gericht den Angeklagten zwar für schuldig erklärt, aber von Strafe absieht, z. B. in den Fällen der §§ 158 I, 175 II, 199 und 233 StGB. Zu den Kosten des Verfahrens gehören auch die Kosten der Vorbereitung der öffentlichen Klage und der Vollstreckung, sowie einer vom Gericht angeordneten Maßregel der Sicherung und Besserung, § 465.

Der Staatskasse fallen die Kosten zur Last, wenn der Angeklagte freigesprochen oder außer Verfolgung gesetzt wird, § 467 Abs. 1. Kosten, die durch eine schuldhafte Versäumnis des Angeklagten entstanden sind (z. B. Ausbleiben in der Hauptverhandlung und dadurch bedingte Aussetzung derselben und abermalige Ladung der Zeugen usw.) sind dem Angeklagten trotz Freispruchs aufzuerlegen; die dem Angeschuldigten erwachsenen notwendigen Auslagen können der Staatskasse auferlegt werden, § 467 Abs. 2. Sie sind ihr aufzuerlegen, wenn der Angeklagte wegen erwiesener Unschuld oder mangels eines begründeten Tatverdachts freigesprochen wurde, § 467 II S. 2. Ein begründeter Verdacht liegt nicht mehr vor, wenn die Verdachtsgründe so weit beseitigt sind, daß der Freispruch einem solchen wegen erwiesener Unschuld nahe kommt (BGH 11, 383; 20, 208). Allgemeine Verdachtsgründe, die lediglich aus der zweifelhaften Persönlichkeit des Angeklagten hergeleitet werden, aber zum Schuldvorwurf selbst in keiner Beziehung stehen (z. B. einschlägige Vorstrafen oder labiler Charakter) begründen noch keinen Verdacht i. S. des § 467 II 2 (BGH 20, 208). Gewisse Einschränkungen dieser Rechte des freigesprochenen Angeklagten ergeben sich aus § 2 des Gesetzes über die Entschädigung für unschuldig erlittene Untersuchungshaft vom 14. 7. 1904, der gemäß § 467 II S. 2 entsprechende Anwendung findet. So entfällt ein Anspruch auf Erstattung der notwendigen Auslagen, wenn der Angeklagte vorsätzlich oder grobfahrlässig die Einleitung des gegen ihn eingeleiteten Verfahrens verschuldet hat, z. B. durch sinnlose Aussageverweigerung im Ermittlungsverfahren.

Wird das Verfahren eingestellt, so trägt ebenfalls die Staatskasse die Kosten.

Besonderheiten ergeben sich, wenn das Verfahren wegen Zurücknahme des Strafantrags, durch den es bedingt war, eingestellt wurde. In diesem Falle hat der Antragsteller die Gerichtskosten sowie die dem Beschuldigten erwachsenen notwendigen Auslagen zu tragen. Diesem Kostenrisiko kann der Antragsteller dadurch entgehen, daß er seinen Strafantrag nur unter der Bedingung zurücknimmt, daß er durch die Kostenentscheidung von jeder Kostenlast befreit wird (BGH 9, 149). Das Gericht hat hierbei die Möglichkeit, dem Angeklagten die Kosten aufzuerlegen, allerdings nur, sofern er sich zur Übernahme bereit erklärt. Schließlich sieht das Gesetz dort, wo es unbillig wäre, die Beteiligten zu belasten, die Möglichkeit vor, der Staatskasse die Kosten aufzuerlegen (§ 470). Wird das Verfahren wegen Verjährung eingestellt, so sind in entsprechender Anwendung von § 467 II auch die notwendigen Auslagen des Angeklagten der Landeskasse aufzuerlegen. Ein Angeklagter, der nicht mehr verfolgt werden durfte, darf nicht schlechter gestellt werden als ein freigesprochener Angeklagter (BGH 13, 75). Die durch § 467 II Satz 2 gebotenen Einschränkungen sind allerdings auch hier zu beachten (BGH a. a. O. 79). Kein Anspruch auf Erstattung der notwendigen Auslagen besteht ferner dann, wenn die Verfolgung unter dem in der Anklage zugrunde gelegten rechtlichen Gesichtspunkt erst auf Grund der Beweisaufnahme entfällt und die Tat nach einem anderen rechtlichen Gesichtspunkt zwar strafbar, aber nicht mehr verfolgbar ist. In diesem Fall kann die Einstellung wegen Verjährung dem Freispruch wegen erwiesener Unschuld nicht gleichgestellt werden (BGH NJW 65, 1818). Beispiel: A ist wegen Mordes angeklagt. In der HV läßt sich jedoch nur ein inzwischen verjährter Totschlag nachweisen (vgl. BGH a. a. O.).

4. Die Kostenpflicht in Privatklagesachen.

a) Wird der Beschuldigte verurteilt, so hat er außer den Gerichtskosten auch die notwendigen Auslagen des Privatklägers zu erstatten, § 471 Abs. 1.

b) Wird der Beschuldigte außer Verfolgung gesetzt oder freigesprochen oder wird das Verfahren eingestellt, so fallen dem Privatkläger die Kosten des Verfahrens sowie die dem Beschuldigten erwachsenen notwendigen Auslagen zur Last, § 471 Abs. 2. (Wegen Ausnahmen siehe § 471 III.)

5. Die Kosten eines zurückgenommenen oder erfolglos eingelegten Rechtsmittels treffen den, der es eingelegt hat. War das

Rechtsmittel von der Staatsanwaltschaft eingelegt, so können die dem Beschuldigten erwachsenen notwendigen Auslagen der Staatskasse auferlegt werden. Hatte das Rechtsmittel teilweisen Erfolg (z. B. es wurde Freisprechung beantragt, aber nur Strafermäßigung erreicht), so kann das Gericht die Gebühr ermäßigen und die entstandenen Auslagen angemessen verteilen, § 473 Abs. 1 S. 3. Hierbei ist zu beachten, daß sich § 473 Abs. 1 Satz 3 nur auf die Gerichtskosten und die gerichtlichen Auslagen bezieht, nicht auch auf die Auslagen des Angeklagten. Diese sind von der Staatskasse nur dort zu übernehmen, wo das Gesetz eine entsprechende Regelung ausdrücklich vorsieht, z. B. in den §§ 471, 472a und 473 I Satz 2 (vgl. BGH 10, 15).

6. Darüber, wie zu entscheiden ist, wenn das Rechtsmittel, abgesehen von der Freisprechung, den beabsichtigten Erfolg hatte, gibt das Gesetz keine unmittelbare Auskunft, denn § 467 betrifft nur den Fall, daß durch ein Rechtsmittel Freisprechung erstrebt und erreicht wird, nicht aber den Fall, daß das Urteil nur in einem Nebenpunkt, insbesondere im Strafausspruch angefochten und der erstrebte Erfolg, insbesondere eine Ermäßigung der Strafe erreicht wird. Nach E. 63, 311 ist in diesem Falle § 473 Abs. 1 S. 3 entsprechend anzuwenden, d. h. die Kosten sind in einem solchen Falle dem Gegner aufzuerlegen.

7. Wegen der Kostenpflicht eines wider besseres Wissen oder grobfahrlässig Anzeigenden (§ 469) siehe Fall 17, Abschn. B IV, 2, S. 202.

8. Stirbt ein Verurteilter vor Rechtskraft des Urteils, so haftet sein Nachlaß nicht für die Kosten (§ 465 II).

III. Beendigung des Hauptverfahrens auf andere Weise als durch Verurteilung oder Freisprechung.

1. Ergibt sich ein Verfahrenshindernis (z. B. Eintritt der Verjährung oder Rücknahme des Strafantrags), so ist das Verfahren außerhalb der HV gemäß § 206a durch Beschluß, innerhalb der HV gemäß § 260 Abs. 3 durch Urteil einzustellen.

2. Kann die HV für längere Zeit infolge Abwesenheit oder eines anderen in der Person des Angeklagten liegenden Hindernisses nicht durchgeführt werden, so ist das Verfahren gemäß § 205 durch Beschluß einzustellen. Als „andere Hindernisse" i. S. des § 205 kommen vor allem Krankheiten jeder Art, insbesondere Geisteskrankheit, in Betracht. Die Einstellung nach § 205 ist nur eine vorläufige. Das Verfahren kann jederzeit nach Wegfall des Hindernisses fortgeführt werden.

3. Bei Vergehen und Übertretungen kann das Verfahren gemäß § 153 Abs. 3 mit Zustimmung der StA wegen Geringfügigkeit eingestellt werden, wenn die Schuld des Täters gering ist und kein öffentliches Interesse an der Strafverfolgung besteht. Vor der Entscheidung ist der Beschuldigte zu hören. Der Beschluß ist unanfechtbar, und zwar auch hinsichtlich der Kostenentscheidung (OLG Karlsruhe DJ 66, 15). Wegen der Rechtskraftwirkung siehe Fall 12 Abschn. A IV 5, S. 159f.

4. Weitere dem Opportunitätsprinzip unterliegende Sonderfälle, bei denen das Gericht das Verfahren mit Zustimmung der StA durch Beschluß einstellen kann, finden sich in den §§ 153a Abs. 2, 153c Abs. 3, 154 Abs. 2, 154b Abs. 4. Siehe hierzu ausführlich Fall 2 Abschn. A III, S. 17ff.

5. Im Privatklageverfahren kann das Gericht sowohl vor als auch in der HV das Verfahren einstellen,

a) wenn die Schuld des Täters gering ist (§ 383 Abs. 2). Der Privatkläger hat in diesem Fall das RM der sofortigen Beschwerde.

b) wenn der Privatkläger stirbt (§ 393 Abs. 1), es sei denn, daß es sich um eine Privatklage wegen Beleidigung handelt, die von den Eltern usw. fortgesetzt wird (Abs. 2, 3);

c) wenn sich herausstellt, daß die Tat im Privatklageverfahren nicht verfolgbar ist (§ 389);

d) wenn die Privatklage zurückgenommen wird (vgl. Schwarz-Kleinknecht § 391 Anm. 3 und Löwe-Rosenberg § 391 Anm. 5, während Eb. Schmidt Rn. 27 vor § 374 in diesem Fall eine Gerichtsentscheidung für entbehrlich hält). In den Fällen a), b) und d) erfolgt die Einstellung immer durch Beschluß, im Falle c) außerhalb der HV durch Beschluß, innerhalb der HV durch Urteil.

6. Unzulässige Berufungen und Revisionen können ebenfalls durch Beschluß verworfen werden, und zwar bereits von dem Gericht, dessen Entscheidung angefochten wurde (vgl. §§ 319, 322 für die Berufung, §§ 346, 349 für die Revision).

7. Das Verfahren erledigt sich von selbst, d. h. es bedarf keiner besonderen Einstellung durch das Gericht, wenn der Angeklagte bzw. im Privatklageverfahren der Privatbeklagte stirbt (vgl. Schwarz-Kleinknecht § 464 Anm. 1 A; siehe auch die folgende Lösung des Falles).

B.

Lösung des Falles

I. Der Antrag des Verteidigers

1. Da nach den Bestimmungen des bürgerlichen Rechts (§§ 168, 672 BGB), die auf das Verhältnis des Verteidigers zum Beschuldigten Anwendung zu finden haben, die Vollmacht durch den Tod des letzteren im Zweifel nicht erlischt, war der Verteidiger zur Stellung des fraglichen Antrags an sich legitimiert.

2. Der Zweck des Antrags ist der, die Anwaltskosten von der Staatskasse ersetzt zu erhalten, und zwar gemäß § 467 Abs. 2, der auch bei Einstellung Anwendung findet.

II. Die Entscheidungen des Amtsrichters

1. Der erste Ablehnungsbeschluß des Amtsrichters

a) Zu den Verfahrenshindernissen i. S. des § 206a, die das Gericht zur Einstellung des Verfahrens nach Eröffnung des Hauptverfahrens, aber vor der Hauptverhandlung berechtigen, gehören Verjährung, bereits erfolgte rechtskräftige Entscheidung in der gleichen Sache (ne bis in idem), anderweitige Rechtshängigkeit und fehlender Strafantrag. (Siehe Nachtrag zu Fall 7.)

Nicht hierher gehört jedoch der Tod des Beschuldigten. Er hat vielmehr lediglich ein Erlöschen der Strafklage zur Folge; das Verfahren findet in diesem Falle also ohne Einstellungsverfügung sein Ende. Das Gericht hat lediglich die Beendigung des Verfahrens aktenmäßig festzustellen.

b) Der erste Ablehnungsbeschluß des Amtsrichters, der den Antrag des Verteidigers betrifft, ist also richtig.

Eine Entscheidung über die Kostenfrage kann in diesem Stadium des Verfahrens demnach nicht stattfinden, da § 464 mindestens eine die „Untersuchung einstellende Entscheidung" voraussetzt.

2. Der zweite Ablehnungsbeschluß des Amtsrichters

a) Da die Staatsanwaltschaft mit ihrem Antrag eine Einstellung des Verfahrens in der Hauptverhandlung gemäß § 260 erreichen will, wäre erste Voraussetzung hierfür, daß eine Hauptverhandlung überhaupt möglich ist. Eine solche Möglichkeit ist aber nicht gegeben. Der Grundsatz, daß ein Strafverfahren nur gegen eine lebende Person durchgeführt werden kann, hat im Gesetz nur zwei Ausnahmen: das Wiederaufnahmeverfahren zugunsten eines bereits Verstorbenen gemäß § 371 (siehe Fall 15, Abschn. A IX 1, S. 178) und das sog. objektive Verfahren gemäß §§ 430ff., das die Einziehung gemäß § 42 StGB bezweckt und an die Bedingung geknüpft ist, daß die Verfolgung und Verurteilung einer bestimmten Person nicht ausführbar ist (siehe Fall 14, Abschn. B III, S. 172).

Von diesen beiden gesetzlich besonders geregelten Fällen abgesehen ist jedenfalls eine Hauptverhandlung nach dem Tode des Beschuldigten schon deshalb nicht möglich, da ein Verstorbener nicht geladen, geschweige denn gegen ihn verhandelt werden kann.

b) Aus diesen Feststellungen ergibt sich für den vorliegenden Fall, daß auch der zweite Ablehnungsbeschluß des Amtsrichters, der den Antrag der Staatsanwaltschaft betrifft, zu Bedenken keinen Anlaß gibt.

Daß hiervon abgesehen der Antrag der Staatsanwaltschaft auch deshalb unbegründet ist, weil der Tod des Angeklagten eine Einstellung des Verfahrens nicht bewirken kann, ergibt sich aus den oben in Abschnitt 2a gemachten Ausführungen.

(NB. Stirbt der Angeklagte nach Erlaß des Urteils, aber vor dessen Rechtskraft, so können weder die Erben, die den Angeklagten für unschuldig halten, noch der Verteidiger ein Rechtsmittel einlegen; denn hierzu sind gemäß § 296 nur die Staatsanwaltschaft und der Beschuldigte und gemäß § 298 der gesetzliche Vertreter befugt.)

III. Die Beschwerde der Staatsanwaltschaft

1. Vorbemerkung:

Allgemeines über die Rechtsmittel, insbesondere die Beschwerde.

a) Rechtsmittel i. S. der StPO sind nur Beschwerde, Berufung und Revision. Sie haben den Zweck, die Nachprüfung einer noch nicht rechtskräftigen richterlichen Entscheidung durch einen höheren Richter zu ermöglichen (sog. Devolutiveffekt). Keine Rechtsmittel sind also: der Antrag auf Wiederaufnahme des Verfahrens, das Gesuch um Wiedereinsetzung in den vorigen Stand sowie der Einspruch gegen den amtsrichterlichen Strafbefehl.

b) Berufung und Revision greifen die Urteile an. Die Beschwerde richtet sich gegen Beschlüsse und Verfügungen.

c) Die Art des Rechtsmittels richtet sich nicht nach der Form, sondern nach dem Inhalt der anzufechtenden Entscheidung. (Siehe E. 63, 247, 65, 397 und BGH 8, 383, wo dargelegt wird, daß die Beantwortung der Frage, ob die im einzelnen Falle erlassene gerichtliche Entscheidung als ein Beschluß oder als ein Urteil anzusehen sei, nicht davon abhängt, welche Bezeichnung ihr das Gericht verliehen hat.) Ein Urteil kann nur durch Berufung oder Revision angefochten werden. (Näheres über Berufung Fall 7, Vorbemerkung, und über Revision Fall 9, Vorbemerkung.)

d) Bezüglich der Wirkung der Einlegung des Rechtsmittels gelten folgende Grundsätze:

aa) Die Rechtsmittel hemmen die formelle Rechtskraft und somit die Vollstreckung der Entscheidung (sog. Suspensiveffekt), mit Ausnahme der Beschwerde (siehe § 307, 316, 343).

bb) Jedes von der Staatsanwaltschaft zu Lasten des Angeklagten eingelegte Rechtsmittel hat die Wirkung, daß die angefochtene Entscheidung auch zugunsten des Beschuldigten abgeändert oder aufgehoben werden kann, § 301.

cc) Die vom Angeklagten oder zu seinen Gunsten von der Staatsanwaltschaft eingelegte Berufung oder Revision hat die Wirkung, daß das angefochtene Urteil nicht zum Nachteil des Angeklagten geändert werden kann (§§ 331, 358 Abs. 2). (Wegen dieses sog. Verbots der reformatio in peius s. Nachtrag, und wegen der Möglichkeit, Berufung und Revision auf bestimmte Beschwerdepunkte zu beschränken, s. Fall 7 Abschn. A II, S. 108.)

e) Wegen der Grundsätze betr. Einlegung, Zurücknahme und Verzicht siehe Fall 11 Abschn. A, S. 149.

f) Für das Rechtsmittel der Beschwerde gilt im einzelnen folgendes:

aa) Die Beschwerde ist das Rechtsmittel gegen alle richterliche Entscheidungen, die keine Urteile sind, d. h. gegen Beschlüsse und Verfügungen, soweit diese nicht ausdrücklich der Anfechtung entzogen sind (vgl. § 304 Abs. 1). Im einzelnen sind zu unterscheiden:

α) die einfache (fristlose) Beschwerde,

β) die sofortige (fristgebundene) Beschwerde,

γ) die weitere Beschwerde, die gemäß § 310 nur gegen Beschwerdeentscheidungen des Landgerichts zulässig ist, die aus Anlaß einer Verhaftung oder einstweiligen Unterbringung ergangen sind.

bb) Ausgeschlossen ist die Beschwerde

α) gemäß § 304 Abs. 1 in all den Fällen, in denen das Gesetz dies ausdrücklich bestimmt. Hierher gehören z. B. der Beschluß, durch den einem Gesuch betr. Ablehnung eines Richters stattgegeben wird (§ 28 Abs. 1), der Beschluß, durch den Wiedereinsetzung in den vorigen Stand gewährt wird (§ 46 Abs. 2) sowie der Eröffnungsbeschluß (§ 210 Abs. 1). Siehe ferner §§ 153 Abs. 3, 202 Abs. 3, 270 Abs. 3, 348 Abs. 2.

β) gemäß § 304 Abs. 4 gegen Beschlüsse und Verfügungen der Oberlandesgerichte und des Bundesgerichtshofs,

γ) gemäß § 305 gegen Beschlüsse der erkennenden Gerichte, die der Urteilsfällung vorausgehen. Erkennendes Gericht ist das Gericht, vor dem das Hauptverfahren eröffnet ist. Im Strafbefehlsverfahren wird der Amtsrichter zum erkennenden Richter, sobald gegen den Strafbefehl Einspruch eingelegt worden ist (OLG Karlsruhe DJ 62, 26 und DJ 62, 135). Dem Beschwerdeverbot des § 305 Satz 1 unterliegen vor allem Beweisbeschlüsse. Zu den Ausnahmen des Satz 2 gehören z. B. die Beschwerde des Verletzten, dem der Anschluß als Nebenkläger versagt wurde, die Beschwerde von Zeugen oder Sachverständigen gegen Ordnungsstrafbeschlüsse, ferner alle Beschlüsse, die sich auf die Verhaftung (§§ 112ff.), die einstweilige Unterbringung (§ 126a), Beschlagnahmen (§§ 94ff.) und die vorläufige Fahrerlaubnisentziehung (§ 111a) beziehen.

δ) Ergeht ein unanfechtbarer Beschluß unter Verletzung des Anspruchs auf rechtliches Gehör, so sind die dadurch das StPAG 1964 neu eingefügten Bestimmungen der §§ 33a, 311a zu beachten.

cc) Eingelegt wird die Beschwerde zu Protokoll der Geschäftsstelle oder schriftlich beim judex a quo, in dringenden Fällen auch beim Beschwerdegericht (§ 306 Abs. 1).

Befristet (eine Woche) ist die Beschwerde nur im Falle der sofortigen Beschwerde des § 311. (Fälle der sofortigen Beschwerde: §§ 28 I S. 2, 46 III; 206a II; 210 II; 322 II; 372; 383 II; 462 Abs. IV; 469 III.)

dd) Das Gericht oder der Vorsitzende, dessen Entscheidung angefochten wird, hat, abgesehen vom Falle der sofortigen Beschwerde (siehe § 311 Abs. 3), der Beschwerde abzuhelfen, wenn sie für begründet gehalten wird (§ 306 Abs. 2).

ee) Die Entscheidung des Beschwerdegerichts, die ohne vorherige mündliche Verhandlung erfolgt (siehe aber § 308), lautet entweder auf Verwerfung der Beschwerde als unzulässig (nicht statthaft; oder nicht form- oder fristgerecht eingelegt) oder als unbegründet oder, falls sachlich begründet, auf Aufhebung der angefochtenen Entscheidung und anderweitige Entscheidung in der Sache selbst. Das Beschwerdegericht hat also grundsätzlich die Vorinstanz nicht zu einer Änderung der angefochtenen Entscheidung anzuweisen, sondern unter Aufhebung der letzteren seinerseits diejenige Entscheidung zu erlassen, welche von ihm nach Lage der Sache für gerechtfertigt gehalten wird (§ 309 Abs. 2). Hat z. B. das Gericht des ersten Rechtszuges die Eröffnung des Hauptverfahrens zu Unrecht abgelehnt (§ 204), so erläßt das Beschwerdegericht selbst den Beschluß, welcher die Eröffnung des Hauptverfahrens ausspricht (§ 203). Handelt es sich dagegen um die Unterlassung einer Sachentscheidung durch das Vordergericht, so kann das Beschwerdegericht, statt sie selbst zu treffen, eine diesbezügliche Anweisung an das Vordergericht erlassen, E. 19, 332.

ff) Rechtskräftig wird eine mit der sofortigen Beschwerde anfechtbare Entscheidung, wenn die erstere nicht rechtzeitig eingelegt oder wenn sie verworfen wird; eine in der Beschwerdeinstanz ergehende abändernde Entscheidung wird wegen ihrer Unanfechtbarkeit sofort mit der Verkündung rechtskräftig.

2. Voraussetzung für den Gebrauch jedes Rechtsmittels, also auch der Beschwerde, ist stets, daß derjenige, der sich des Rechtsmittels bedienen will, ein berechtigtes Interesse an der Aufhebung der anzufechtenden Entscheidung, die sich unmittelbar gegen ihn richtet, haben muß.

a) Der Angeklagte kann nur dann ein Rechtsmittel einlegen, wenn er beschwert ist. Entscheidend ist dabei der Urteilstenor. Auf die Urteilsgründe kommt es nicht an. Der Angeklagte kann daher kein Rechtsmittel einlegen, weil er nur „mangels Beweises", nicht wegen erwiesener Unschuld freigesprochen wird (BGH 7, 153). Anfechtbar ist in diesem Fall lediglich die Kostenentscheidung nach § 467 Abs. 4. Nach BGH 16, 374 ist ein RM gegen ein freisprechendes Urteil auch dann unzulässig, wenn der Freispruch wegen Zurechnungsunfähigkeit erfolgte und das Gericht die Frage, ob überhaupt ein tatbestandsmäßiges und rechtswidriges Verhalten vorlag, offen gelassen hat.

b) Die Staatsanwaltschaft kann ein berechtigtes Interesse an der Aufhebung einer Entscheidung in allen Fällen haben, in denen ihr überhaupt ein Rechtsmittel zusteht.

Der Staatsanwalt kann also nicht nur zugunsten des Beschuldigten (§ 296 Abs. 2), sondern auch zugunsten anderer Personen ein Rechtsmittel einlegen, da er nicht ein Privatinteresse zu vertreten, sondern der objektiven Gerechtigkeit Geltung zu verschaffen hat.

3. Man wird daher im vorliegenden Falle dem Staatsanwalt das Recht zugestehen müssen, beide Entscheidungen des Amtsrichters mit der Beschwerde anzufechten, denn auch die erste Entscheidung, die sich eigentlich nur gegen den Verteidiger gerichtet hat, hatte die Einstellung des Verfahrens zum Gegenstande und war insofern geeignet, ein von der Staatsanwaltschaft zu vertretendes Interesse (ordnungsmäßige Erledigung des Strafverfahrens) zu begründen.

Daß die zweite Entscheidung offenbar nicht in Form eines formellen Beschlusses getroffen wurde, ist rechtlich bedeutungslos, da die Beschwerde gegen jede richterliche Maßnahme gegeben ist.

IV. Die Entscheidung des Beschwerdegerichts

1. Zuständig ist für die Entscheidung über die Beschwerde, die zunächst gemäß § 306 Abs. 1 beim Amtsrichter einzureichen ist, der zur Abänderung der Entscheidung gemäß § 306 Abs. 2 befugt ist, die Strafkammer (§ 73 GVG).

2. Die Entscheidung muß dahin lauten, daß die Beschwerde der Staatsanwaltschaft aus den oben erörterten Gründen als unbegründet verworfen wird. Die Kosten fallen gemäß § 473 der Staatskasse zur Last. (NB. Der Anwalt wird seine Kostenforderung gegen die Erben des verstorbenen Angeklagten geltend machen müssen.)

Nachtrag

Das Verbot der sog. reformatio in peius

1. Grundsatz: Das Urteil darf in Art und Höhe der Strafe nicht zum Nachteil des Angeklagten geändert werden, wenn lediglich er selbst, sein gesetzlicher Vertreter oder die Staatsanwaltschaft zu seinen Gunsten ein Rechtsmittel eingelegt hat. Dieser Grundsatz ist im Gesetz ausdrücklich ausgesprochen für das Berufungsverfahren in § 331, für das Revisionsverfahren in § 358 II.

Führt ein RM des Angeklagten gemäß § 260 Abs. 3 zur Einstellung des Verfahrens wegen eines behebbaren Verfahrenshindernisses, so darf der Angeklagte in dem nach Beseitigung des Mangels durchgeführten neuen Verfahren nicht zu einer schwereren Strafe als im ersten Verfahren verurteilt werden (BayObLG NJW 61, 1487).

Das Verbot der reformatio in peius gilt schließlich auch dann, wenn auf ein vom Angeklagten, seinem gesetzlichen Vertreter oder der Staatsanwaltschaft zu seinen Gunsten eingelegtes Rechtsmittel die Sache gemäß §§ 328 II, 354 II zurückverwiesen oder gem. §§ 328 III, 355 an das zuständige Gericht weiterverwiesen wird. Für das Wiederaufnahmeverfahren siehe die entsprechende Regelung in § 373 II.

2. Der Sinn des Verbots der reformatio in peius ist der, daß der Angeklagte die einmal erlangte Position nicht wieder verlieren soll, wenn nur er, sein gesetzlicher Vertreter oder die Staatsanwaltschaft zu seinen Gunsten ein Rechtsmittel eingelegt bzw. die Wiederaufnahme des Verfahrens betrieben hat. Der Angeklagte soll insbesondere nicht durch die Gefahr einer härteren Bestrafung von der Einlegung eines Rechtsmittels oder von einem Antrag auf Wiederaufnahme des Verfahrens abgeschreckt werden.

3. Nur der Strafausspruch unterliegt dem Verbot der reformatio in peius, nicht auch der Schuldspruch. Dies ergibt sich eindeutig aus dem Wortlaut des Gesetzes. Das erneut mit der Sache befaßte Gericht ist also nicht gehindert, eine abweichende, für den Angeklagten nachteilige rechtliche Würdigung der Tat vorzunehmen. Der Angeklagte kann zum Beispiel auf seine Berufung vom Landgericht wegen Raubs verurteilt werden, obwohl das Amtsgericht die Tat noch als Diebstahl gewürdigt hatte. Nur die Strafe darf nicht zum Nachteil des Angeklagten geändert werden.

4. Im einzelnen ist wegen des Strafmaßes folgendes zu beachten:

a) Es liegt keine Verschärfung vor, wenn das neu erkennende Gericht an Stelle der vom ersten Gericht erkannten Freiheitsstrafe eine Geldstrafe verhängt, sofern letztere die gesetzlich festgelegten Maximalgrenzen nicht überschreitet. Es bedeutet ferner keine Verschärfung, wenn an Stelle der früheren Zuchthausstrafe eine Gefängnisstrafe von längerer Dauer tritt, sofern sie die durch den Umwandlungsmaßstab des § 21 StGB gezogene Grenze einhält (BGH 2, 96).

b) War im ersten Urteil auf eine Gesamtstrafe erkannt, so sind folgende drei Fälle zu unterscheiden:

aa) Liegt eine Gesamtstrafe wegen zweier Delikte vor, z. B. fünf Monate Gefängnis wegen Diebstahls und zwei Monate Gefängnis wegen Betrugs, zusammengezogen zu einer Gesamtstrafe von sechs Monaten, so darf im zweiten Urteil im Falle der Freisprechung von der Anklage des Betrugs auf höchstens fünf Monate Gefängnis erkannt werden.

bb) Bezog sich die Gesamtstrafe des ersten Urteils auf mehr als zwei Delikte, war z. B. auf fünf Monate Gefängnis wegen Diebstahls, zwei Monate Gefängnis wegen Betrugs und ein Monat Gefängnis wegen Unterschlagung, Gesamtstrafe sechs Monate Gefängnis erkannt worden, so kann der zweite Richter, wenn er bezüglich der Unterschlagung zu einer Freisprechung gelangt, trotzdem die Gesamtstrafe von sechs Monaten aufrechterhalten (BGH 7, 86); dagegen müßte er sie ermäßigen, wenn er wegen Betrugs freispräche und nur wegen Diebstahls und Unterschlagung verurteilte.

cc) Es liegt ein Verstoß gegen das Verbot der Schlechterstellung des Angeklagten vor, wenn das neue Urteil zwar keine höhere Gesamtstrafe als die früher erkannte ausspricht, jedoch die Einzelstrafen höher bemißt als das aufgehobene Urteil (vgl. BGH 13, 42; 14, 7).

c) Ist in erster Instanz gemäß § 79 StGB eine nachträgliche Gesamtstrafe gebildet worden und darf in der Berufungsinstanz keine Gesamtstrafe mehr gebildet werden, weil die bei der Strafbildung einbezogene Strafe aus dem früheren, bereits rechtskräftig abgeschlossenen Verfahren inzwischen verbüßt ist, so darf der Angeklagte dessen ungeachtet der ihm einmal gewährten Vergünstigung des § 79 StGB nicht verlustig gehen, obwohl die Voraussetzungen des § 79 StGB an sich gar nicht mehr vorliegen. Die Strafe in dem noch anhängigen Verfahren darf daher nicht höher bemessen werden als die frühere Gesamtstrafe abzüglich der verbüßten Einzelstrafe. Entsprechendes gilt, wenn auf die Revision des Angeklagten eine nachträgliche Gesamtstrafe aufgehoben und die Sache zur erneuten Verhandlung an den Tatrichter zurückverwiesen wird (BGH 12, 94).

d) Ist im ersten Urteil die Untersuchungshaft angerechnet worden, so bedeutet Beseitigung der Anrechnung ohne gleichzeitige Herabsetzung der Strafe eine unzulässige Verschärfung. Lautet also das erste Urteil auf ein Jahr Gefängnis unter Anrechnung von vier Monaten Untersuchungshaft, so wäre eine Herabsetzung der Strafe auf neun Monate ohne Anrechnung der Untersuchungshaft eine Verschärfung (vgl. E. 59, 231; BGH JZ 52, 754; NJW 55, 1847).

5. Das Verbot der reformatio in peius steht der Anordnung der Unterbringung in einer Heil- oder Pflegeanstalt, einer Trinkerheilanstalt oder einer Entziehungsanstalt nicht entgegen, wohl aber allen anderen Maßregeln der Sicherung und Besserung, z. B. der Fahrerlaubnisentziehung und der Anordnung der Sicherungsverwahrung, was aus deren Nichterwähnung in den §§ 331 II, 358 II und 373 II zu entnehmen ist.

6. Nachteilige Kostenentscheidungen werden vom Verbot der reformatio in peius nicht erfaßt (BGH 5, 52).

ZU FALL 7

A.

Vorbemerkung

I. Das Rechtsmittel der Berufung

1. Allgemeines, Unterschied zur Revision

Die Berufung bezweckt die Nachprüfung des angefochtenen Urteils in tatsächlicher und rechtlicher Hinsicht, während die Revision nur eine Nachprüfung in rechtlicher Hinsicht erreichen kann. Der Berufung unterliegen alle Urteile des Amtsrichters bzw. Schöffengerichts (§ 312) mit Ausnahme der in **§ 313** genannten Urteile des Amtsrichters, die ausschließlich Übertretungen zum Gegenstand haben und durch die der Angeklagte entweder freigesprochen oder ausschließlich zu Geldstrafe verurteilt worden ist. Diese sind nur mit der Revision anfechtbar (sog. **Ersatzrevision**). Für die Frage, ob ein Urteil nur Übertretungen zum Gegenstand hat, sind die Urteilsgründe entscheidend, nicht der Tenor. In den Urteilsgründen hat sich das Gericht mit allen Punkten des Eröffnungsbeschlusses zu befassen. Hieraus folgt: War dem Angeklagten im Eröffnungsbeschluß ein Vergehen (z. B. ein Diebstahl) zur Last gelegt worden, so greift § 313 selbst dann nicht ein, wenn der Angeklagte schließlich nur wegen Genußmittelentwendung (Übertretung gemäß § 370 Ziff. 5 StGB) zu einer Geldstrafe von 30,— DM verurteilt wurde; die Beteiligten haben vielmehr gemäß § 312 das Rechtsmittel der Berufung (h. L., vgl. OLG Hamm NJW 57, 74 und BayObLG VRS 57, 287 mit weiteren Nachweisen).

An Stelle jeder an sich zulässigen Berufung kann Revision eingelegt werden (**§ 335**; sog. **Sprungrevision,** streng zu unterscheiden von der oben behandelten Ersatzrevision).

Eine solche Sprungrevision ist allerdings nur dann sinnvoll, wenn der Sachverhalt bereits geklärt ist und nur noch reine Rechtsfragen streitig sind.

Kann oder will sich der Beschwerdeführer zunächst noch nicht entscheiden, ob er die Berufung oder die Revision wählen soll, so genügt es, wenn er innerhalb der Rechtsmittelfrist erklärt, daß er das Urteil „anfechte" (BGH 2, 62). Die Entscheidung, ob das Urteil mit der Berufung oder der Revision angefochten werden soll, ist dann innerhalb der Rechtsmittelbegründungsfrist (§§ 317, 345) zu treffen und dem Gericht mitzuteilen. Geht auch innerhalb der Begründungsfrist keine eindeutige Erklärung ein, so ist das Rechtsmittel als Berufung zu behandeln.

In Fortentwicklung dieser Rechtsprechung hat der Bundesgerichtshof bis zum Ablauf der Begründungsfrist auch den Übergang von Berufung auf Revision für zulässig erklärt (BGH 5, 338; ebenso OLG Stuttgart NJW 57, 641). Hiergegen bestehen um so weniger Bedenken, als der Übergang von Berufung auf Revision bei genauer Betrachtung nichts anderes ist als ein nachträglicher Verzicht auf die Überprüfung des Urteils in tatsächlicher Hinsicht.

Bedenklicher erscheint dagegen ein Übergang von Revision auf Berufung; denn mit der Wahl der Sprungrevision hat der Beschwerdeführer bereits auf die Überprüfung des Urteils in tatsächlicher Hinsicht verzichtet. (Siehe auch die ausdrückliche Regelung in § 566a ZPO.) Das OLG Stuttgart hat daher in NJW 57, 641 durchaus konsequent den nachträglichen Übergang von Revision auf Berufung für unzulässig erklärt. Auch der Bundesgerichtshof hält einen nachträglichen Übergang von Revision auf Berufung für unzulässig, allerdings nur für den Fall, daß der Beschwerdeführer bereits bei Einlegung des Rechtsmittels zweifelsfrei zu erkennen gibt, daß er an Stelle der an sich zulässigen Berufung und unter Verzicht auf sie als Rechtsmittel die Revision wählt (BGH 13, 388, 392). Im übrigen aber ist es nach Ansicht des BGH zulässig, noch innerhalb der Begründungsfrist zu erklären, daß das zunächst als Revision bezeichnete Rechtsmittel als Berufung zu behandeln sei. Der BGH will auf diese Weise verhindern, daß der Beschwerdeführer an seiner im Vorstadium des zweiten Rechtszugs möglicherweise vorschnell erklärten Rechtsmittelbezeichnung festgehalten wird. Zum Ganzen siehe auch BGH 17, 44 und Eb. Schmidt NJW 60, 1651.

2. Das Berufungsgericht hat, vorbehaltlich der aus §§ 318, 327 und 331 sich ergebenden Einschränkungen in **absoluter Unabhängigkeit** von dem erstrichterlichen Verfahren und dessen Ergebnissen über den Gegenstand der Anklage von neuem zu verhandeln, dabei auch allen zutage tretenden Änderungen der Sachlage Rechnung zu tragen und ausschließlich auf Grund der Berufungsverhandlung nach eigener Überzeugung die Entscheidung zu treffen, und zwar grundsätzlich in der Sache selbst. Im Gegensatz zur Revision erfolgt bei der Berufung nur ausnahmsweise eine Zurückverweisung an die Vorinstanz (den Amtsrichter bzw. das Schöffengericht), nämlich im Falle des § 328 Abs. 2. Ob die Urteilsfindung auf Geschehnisse ausgedehnt wird, die erst in der Berufungsverhandlung als zu der „Tat" gehörig ermittelt werden, ist ohne Belang. Gegenstand der Urteilsfindung ist also nicht das, was der erste Richter als „Tat" ermittelt hat, sondern der Urteilsfindung unterliegen auch die Tatsachen und Vorgänge, die im Rahmen des § 264 bei erschöpfender tatsächlicher und rechtlicher Würdigung als die unter Anklage gestellte „Tat" zu erfassen gewesen wären; nicht den Tatbestand des angefochtenen Urteils, sondern die „Tat" in ihrem ganzen Umfange ist es, worüber die StPO einen zweiten Rechtszug eröffnet und einen Anspruch auf abermalige Verhandlung und Entscheidung gewährt.

3. Die wesentlichen Bestimmungen über den **Gang des Berufungsverfahrens** sind in den §§ 312, 325, 326, 327, 328 enthalten.

a) Der Amtsrichter hat zunächst zu prüfen, ob Berufung eingelegt und ob dies rechtzeitig geschehen ist, d.h. binnen einer Woche (§ 314).
Ist die Berufung verspätet eingelegt, so hat sie der Amtsrichter als unzulässig zu verwerfen, § 319 Abs. 1.
Der Beschwerdeführer kann dann binnen einer Woche die Entscheidung des Berufungsgerichts beantragen, § 319 Abs. 2.

b) Ist die Berufung rechtzeitig eingelegt, so sind die Akten nach Ablauf der Rechtfertigungsfrist von der Geschäftsstelle des Amtsgerichts der Staatsanwaltschaft beim erstinstanzlichen Gericht zu übersenden, die, falls von ihr Berufung eingelegt wurde, Berufungseinlegung und Rechtfertigung dem Angeklagten zuzustellen hat (§ 320).

c) Die Staatsanwaltschaft übermittelt dann die Akten an die Staatsanwaltschaft beim Berufungsgericht, die sie ihrerseits binnen einer Woche dem Vorsitzenden des Berufungsgerichts zu übersenden hat (§ 321).

d) Es erfolgt nunmehr seitens des Berufungsgerichts (ebenso wie bei der Revision nach § 349) zunächst eine formale Vorprüfung außerhalb der Hauptverhandlung dahin, ob die Bestimmungen über die Einlegung der Berufung (Form und Frist) beobachtet wurden. Ist diese Frage zu verneinen, dann kann das Berufungsgericht schon in diesem Stadium des Verfahrens die Berufung durch einen mit der sofortigen Beschwerde anfechtbaren Beschluß als unzulässig verwerfen (§ 322). (NB. Auch in der Hauptverhandlung kann diese Frage nochmals geprüft werden und führt bei Verneinung der formalen Voraussetzungen ebenfalls zur Verwerfung der Berufung, diesmal aber durch Urteil, § 322 I S. 2.)

e) Aus dem Hinweis in § 323 Abs. 1 auf § 214 folgt, daß die Vorbereitung der Hauptverhandlung in der zweiten Instanz in demselben Maße Sache der Staatsanwaltschaft ist wie in der ersten Instanz; es steht ihr also vor allem die Entschließung über den Umfang der Beweisaufnahme zu.

f) Die Hauptverhandlung verläuft, abgesehen von den in g) bis i) erwähnten Besonderheiten, wie in der ersten Instanz (§ 332). Nachdem die Hauptverhandlung nach Vorschrift des § 243 Abs. 1 begonnen hat, hält ein Berichterstatter (bzw. der Vorsitzende, falls ein Urteil des Einzelrichters angefochten wird und daher die kleine Strafkammer als Berufungsgericht zuständig ist) in Abwesenheit der Zeugen einen Vortrag über die Ergebnisse des bisherigen Verfahrens, wobei das Urteil des ersten Rechtszugs verlesen werden muß (§ 324). Von der Verlesung der Urteilsgründe kann abgesehen werden, wenn sie für die Berufung nicht von Bedeutung sind.

g) Da die Sache in der Berufungsinstanz aufs neue verhandelt werden muß, bedarf es regelmäßig einer abermaligen Beweisaufnahme, es sei denn, daß nach Lage der Sache in der zweiten Instanz ein Grund vorliegt, von einer Beweisaufnahme ganz oder teilweise abzusehen (§ 323 Abs. 2). So wird eine abermalige Beweisaufnahme wohl stets entbehrlich sein, wenn die Sache gemäß § 328 Abs. 2 in die erste Instanz zurückzuverweisen ist oder wenn lediglich über eine Rechtsfrage zu entscheiden ist. Dagegen wird eine abermalige Beweisaufnahme durch nochmalige Vernehmung der in erster Instanz gehörten Zeugen (also nicht nur durch Verlesung ihrer in erster Instanz gemachten Angaben nach § 325) immer dann notwendig sein, wenn die Schuldfrage nicht ganz eindeutig geklärt ist.

h) Eine Durchbrechung des in § 250 niedergelegten Grundsatzes der Unmittelbarkeit der Beweisaufnahme (Mündlichkeit der Aussagen der Zeugen und Sachverständigen) enthält § 325 insofern, als, abgesehen von den Fällen der §§ 251, 253, an Stelle der abermaligen mündlichen Vernehmung die Verlesung des in erster Instanz aufgenommenen Protokolls gestattet sein soll, wenn Staatsanwaltschaft und Angeklagter zustimmen (die Zustimmung kann nicht widerufen werden, E. 63, 302), oder die Zeugen usw. zur Berufungsverhandlung nicht geladen (oder gestellt) sind und der Angeklagte ihre Ladung nicht so rechtzeitig beantragt hat, daß sie noch ausführbar war. In diesem Falle ist eine Verlesung auch dann möglich, wenn beide Teile widersprechen. Eine solche Beweisaufnahme durch Verlesung der Aussagen der in der Hauptverhandlung des ersten Rechtszuges vernommenen Zeugen und Sachverständigen wird vor allem dann Platz greifen, wenn durch die Verlesung die fragliche Tatsache ebenso sicher aufgeklärt werden kann wie durch die Vernehmung. (NB. Eine solche ausnahmsweise an Stelle der unmittelbaren Vernehmung eines Zeugen gestattete Verlesung seiner Aussage setzt, wie im Falle des § 251, stets voraus, daß bei seiner Vernehmung die Vorschriften über die Beeidigung, und zwar nach Maßgabe der hierfür zur Zeit der Berufungsverhandlung bestehenden Zulässigkeit und Möglichkeit, beachtet sind. Ist also ein in erster Instanz uneidlich vernommener Zeuge inzwischen eidesmündig geworden, so ist die Verlesung seiner uneidlichen Aussage nicht statthaft (E. 63, 229), es sei denn, daß das Gericht eine der Voraussetzungen des § 61 für vorliegend erachtet.)

i) Nach dem Schluß der Beweisaufnahme finden die Schlußvorträge statt, wobei der Beschwerdeführer zuerst gehört wird (§ 326).

k) Die Entscheidung des Berufungsgerichts:

aa) Ist die Berufung begründet, dann wird das angefochtene Urteil aufgehoben und, wie oben in Abschnitt 2 erörtert wurde, in der Regel vom Berufungsgericht in der Sache selbst entschieden (§ 328 Abs. 1). (Wegen des Verbots der reformatio in peius siehe Nachtrag zu Fall 6, S. 100.)

bb) Ergibt die Berufungsverhandlung, daß die Berufung unbegründet ist, dann wird sie verworfen.

cc) Hat das Amtsgericht seine Zuständigkeit zu Unrecht angenommen, dann verweist das Berufungsgericht gemäß § 328 Abs. 3 unter Aufhebung des angefochtenen Urteils die Sache an das zuständige Gericht, und zwar durch Urteil, das wie jedes andere Berufungsurteil mit der Revision anfechtbar ist (E. 65, 397).

dd) Wegen des Falles des § 328 Abs. 2 siehe Fall 8 Abschnitt III 2, S. 119.

l. Die seitens des Angeklagten eingelegte Berufung ist gemäß § 329 Abs. 1 ohne Prüfung der Sach- und Rechtslage sofort zu verwerfen, wenn der Angeklagte trotz ordnungsgemäßer Ladung weder selbst erschienen noch ausreichend entschuldigt noch in gesetzlich zulässiger Weise vertreten ist.

aa) Wegen der Frage, in welchen Fällen der Angeklagte sich in zulässiger Weise vertreten lassen kann, siehe ausführlich Fall 6 Abschn. A I 2c, S. 90.

bb) Die Verwerfung nach § 329 Abs. 1 ist unzulässig, wenn der Angeklagte zuvor vom Erscheinen in der HV vor dem Berufungsgericht gemäß § 233 entbunden oder wenn er gemäß § 232 in der Ladung darauf hingewiesen worden war, daß auch ohne ihn verhandelt werden kann. In diesen

Fällen bedarf es auch keines Vertreters, um die Säumnisfolgen des § 329 Abs. 1 zu vermeiden.

cc) Die Säumnisfolgen des § 329 Abs. 1 werden nicht dadurch ausgeschlossen, daß das Gericht gemäß § 236 das persönliche Erscheinen angeordnet hat (vgl. Schwarz-Kleinknecht § 329 Anm. 1).

dd) Die sofortige Verwerfung ist nicht mehr zulässig, wenn das Berufungsgericht schon in einem früheren Termin zur Sache verhandelt, die Sache dann aber vertagt hat (BGH 17, 188, str.).

m) Hat die Staatsanwaltschaft Berufung eingelegt, so kann über ihr Rechtsmittel auch in Abwesenheit des Angeklagten verhandelt werden, sofern dieser trotz ordnungsgemäßer Ladung unter Hinweis auf die Folgen seines Ausbleibens unentschuldigt ausgeblieben ist (§ 329 Abs. 1; BGH 17, 391). Die Höhe der zu erwartenden Strafe ist dabei unerheblich. Das Gericht muß jedoch prüfen, ob nicht die Pflicht zur Erforschung der Wahrheit (§ 244 Abs. 2) oder andere Umstände, z. B. das Erfordernis eines Hinweises nach § 265, die Zuziehung des Angeklagten zur HV im Wege der Vorführung oder der Verhaftung verlangen (BGH a. a. O.).

n) Haben sowohl der Angeklagte als auch die StA Berufung eingelegt, so ist unter den Voraussetzungen des § 329 Abs. 1 zuerst die Berufung des Angeklagten zu verwerfen. Alsdann muß sich das Gericht darüber schlüssig werden, ob es über die Berufung der StA in Abwesenheit des Angeklagten verhandelt (in diesem Fall können also in derselben Verhandlung zwei getrennte Urteile ergehen, vgl. E. 65, 231 ff.) oder ob es die Vorführung oder Verhaftung des Angeklagten anordnet.

4. Die in der Praxis am häufigsten vorkommenden **Urteilsformeln des Berufungsgerichts** lauten:

a) Das Berufungsgericht hält die Berufung für unbegründet: Die Berufung wird auf Kosten des Angeklagten (der Staatskasse) verworfen.

b) Die Berufung ist teilweise begründet: Die Berufung des Angeklagten (der Staatsanwaltschaft) wird mit der Maßgabe verworfen, daß die Aberkennung der bürgerlichen Ehrenrechte in Wegfall kommt.

c) Das Berufungsgericht hält nicht, wie die erste Instanz, fünf Diebstähle für erwiesen, sondern nur drei: Das Urteil des Amtsrichters wird aufgehoben. Der Angeklagte wird wegen Diebstahls in drei Fällen zu einer Gefängnisstrafe von x Monaten verurteilt. Im übrigen wird er freigesprochen. Soweit Verurteilung erfolgte, hat der Angeklagte die Kosten des Verfahrens zu tragen, im übrigen fallen die Kosten der Staatskasse zur Last.

d) Angeklagte A und B sind in erster Instanz verurteilt worden. Das Berufungsgericht hält nur die Schuld des A für erwiesen: Das Urteil des Amtsgerichts wird, soweit es den Angeklagten B betrifft, aufgehoben; dieser Angeklagte wird auf Kosten der Staatskasse freigesprochen. Die Berufung des Angeklagten A wird auf dessen Kosten verworfen.

e) Das Berufungsgericht hält das Strafmaß erster Instanz für zu hoch: Das Urteil des Amtsgerichts wird im Strafmaß aufgehoben. Der Angeklagte wird zu x Monaten Gefängnis und zur Tragung der Kosten verurteilt.

f) Das Berufungsgericht hält die Kostenentscheidung im Privatklageverfahren für falsch: Das Urteil des Amtsgerichts wird hinsichtlich der Kostenentscheidung aufgehoben. Im übrigen wird die Berufung verworfen. Die gerichtlichen Kosten werden dem Privatkläger auferlegt, die außergerichtlichen gegeneinander aufgehoben.

(NB. Wegen der Kostenentscheidung bei teilweisem Erfolg vgl. § 473 und Fall 6, Abschn. A II 6, S. 94.)

II. Über die teilweise Anfechtung im allgemeinen

1. Jeder Angeklagte, der verurteilt worden ist, hat nicht nur das Recht, die ihm nachteilige Entscheidung anzufechten, sondern kann auch darüber entscheiden, in welchem Umfange er das Rechtsmittel einlegen will. Andererseits verbietet die StPO dem Rechtsmittelrichter grundsätzlich, das angefochtene Urteil weiter nachzuprüfen, als die Anfechtungsanträge des Angeklagten gehen (§§ 316 I, 318, 327, 344 I, 352 I).

2. Eine Beschränkung der Anfechtung ist sowohl bei der Berufung als auch bei der Revision stets dann zulässig und als solche wirksam, wenn der angefochtene Teil der Entscheidung, losgelöst von dem nichtangegriffenen Teil, einer selbständigen Prüfung und Beurteilung zugänglich ist, ohne ein erneutes Eingehen auf diese anderen Teile notwendig zu machen (E. 65, 296; BGH 5, 252).

Die Beschränkung kann schon bei der Einlegung des Rechtsmittels oder in der Berufungs- bzw. Revisionsrechtfertigung, schließlich aber auch noch in der Hauptverhandlung erfolgen. Da die nachträgliche Beschränkung aber eine teilweise Rücknahme des Rechtsmittels bedeutet, so untersteht sie der Schranke des § 303. Andererseits aber ist die einmal erfolgte Beschränkung unwiderruflich.

3. Ist das Rechtsmittel (Berufung oder Revision) auf solche rechtlich abtrennbaren Teile beschränkt, so ist das Urteil im übrigen rechtskräftig geworden. Es liegt eine sog. teilweise Rechtskraft vor. Sie hat für die von ihr erfaßten Teile des Urteils die gleiche rechtliche Wirkung wie die völlige Rechtskraft für das ganze Urteil. Für ihren Bereich bewirkt die durch die Rechtsmittelbeschränkung hervorgerufene teilweise Rechtskraft demnach den Verbrauch der Strafklage und erzeugt damit insoweit ein Prozeßhindernis (ne bis in idem), das sowohl vom Berufungsgericht als auch vom Revisionsgericht von Amts wegen zu berücksichtigen ist. (Siehe Nachtrag.)

4. Beispiele aus der Praxis:

a) Eine Beschränkung der Anfechtung ist zulässig und wirksam:

aa) wenn das Urteil mehrere in Realkonkurrenz zusammentreffende Straftaten zum Gegenstand hat; hier kann jede Straftat gesondert zum Gegenstand eines Rechtsmittels gemacht werden;

bb) bezüglich der Straffrage gegenüber der Schuldfrage (BGH 5, 252). Wird die Berufung in wirksamer Weise auf das Strafmaß beschränkt, so erwachsen die dem Schuldspruch zugrunde liegenden tatsächlichen Feststellungen in Rechtskraft. Das Berufungsgericht darf von diesen Feststellungen nicht abweichen. Wurde zum Beispiel in erster Instanz festgestellt, daß der Angeklagte mit unbedingtem Vorsatz gehandelt hat, so darf das Berufungsgericht bei seiner Entscheidung über die auf das Strafmaß beschränkte Berufung nicht von bedingtem Vorsatz ausgehen (BGH 10, 71).

cc) Innerhalb der Straffrage hinsichtlich einer von mehreren Hauptstrafen, E. 47, 227 (z. B. einer Geldstrafe, welche als zweite Hauptstrafe bei Verurteilung wegen Betrugs i. w. R. neben Zuchthausstrafe verhängt werden muß); ferner hinsichtlich der Bildung einer Gesamtstrafe (E. 37, 284), einer hilfsweisen Freiheitsstrafe (E. 39, 393), einer Nebenstrafe (E. 42, 31), z. B. Zulässigkeit der Polizeiaufsicht, Einziehung, Aberkennung der bürgerlichen Ehrenrechte; ferner hinsichtlich der Strafe des strafschärfenden Rückfalls (E. 64, 159; 65, 237) und schließlich hinsichtlich der Nichtanwendung der §§ 157, 158 und 163 II StGB (E. 60, 106; 61, 123, 159).

dd) hinsichtlich der Anrechnung der Untersuchungshaft (BGH 7, 214).

ee) hinsichtlich der Kostenentscheidung. Eine Beschränkung des Rechtsmittels auf die Kostenfrage kam früher vor allem dort in Betracht, wo einem freigesprochenen Angeklagten die notwendigen Auslagen nicht erstattet wurden. Seit der Neufassung des § 467 durch das StPÄG 1964 entscheidet das Gericht jedoch über die Verpflichtung der Staatskasse zur Übernahme der notwendigen Auslagen des Angeklagten nicht mehr durch Urteil, sondern durch einen gesonderten Beschluß. Dieser ergeht gleichzeitig mit dem Urteil, wird den Beteiligten aber erst zugestellt, wenn das Urteil hinsichtlich der Verfahrenskosten rechtskräftig geworden ist. Er ist mit der sofortigen Beschwerde anfechtbar (§ 467 Abs. 4 und 5).

b) Nicht zulässig und somit unwirksam ist dagegen:

aa) die Beschränkung auf die Schuldfrage ohne Anfechtung im Strafmaß, da die Strafe ohne eine ordnungsmäßige Schuldfeststellung nicht verhängt werden kann;

bb) im Falle tateinheitlichen Zusammentreffens mehrerer strafbarer Handlungen die Beschränkung der Anfechtung auf einen dieser Tatbestände (E. 60, 109). Die Schuldfrage bei einer und derselben Handlung muß in all diesen Fällen nach allen für die richtige Gesetzesanwendung maßgebenden Gesichtspunkten einheitlich geprüft werden. (Siehe Fall 8, Abschnitt III 1 S. 119.)

cc) Die Revision kann in der Regel nicht auf die Frage beschränkt werden, ob die Strafverfolgung verjährt ist, da diese Frage nicht geprüft werden kann, ohne daß auf die sachlichrechtliche Würdigung des festgestellten Sachverhalts eingegangen wird. Die Revision ergreift in diesem Falle auch die sachlichrechtliche Grundlage, auf der die Frage der Verjährung zu entscheiden ist (BGH 2, 385).

c) Bezüglich der straferhöhenden und strafmindernden Umstände gilt folgendes (s. E. 69, 114):

aa) Liegen die besonderen Umstände in Merkmalen der Tat selbst begründet, so ist eine Beschränkung des Rechtsmittels unzulässig (so z. B. bei den Erschwerungsgründen des § 351 StGB oder bei der Gewerbsmäßigkeit der Begehung nach § 260 StGB, siehe E. 64, 151), weil hier die Gewerbsmäßigkeit einen untrennbaren Bestandteil der Schuldfrage bildet.

bb) Handelt es sich dagegen um Umstände, die nur äußerlich zu der Tat hinzutreten oder in besonderen Eigenschaften oder Verhältnissen des Täters begründet sind, so ist die Beschränkung zulässig und wirksam, z. B. bei der Reizung i. S. des § 213 StGB, beim Rückfall nach §§ 244, 264 StGB (E. 65, 237; BGH 5, 252) sowie in den Fällen der §§ 157, 158 StGB.

5. Besondere Fälle.

a) Die Beschränkung des Rechtsmittels auf die Straffrage hat zur Folge, daß auch die Zurechnungsfähigkeit des Angeklagten, da sie ein Bestandteil der Schuld ist, für den Rechtsmittelrichter rechtskräftig feststeht und nicht mehr zum Gegenstand seiner Entscheidung gemacht werden kann, selbst dann nicht, wenn er bei erneuter Würdigung der Teile der angefochtenen Entscheidung, die seiner Nachprüfung noch unterstehen, zu der Ansicht kommen sollte, daß der Erstrichter die Zurechnungsfähigkeit des Angeklagten zu Unrecht bejaht hat. Umgekehrt kann das Rechtsmittel nicht auf die Frage der Anwendung des § 51 I StGB beschränkt werden. Andererseits aber handelt es sich bei der verminderten Zurechnungsfähigkeit des § 51 Abs. 2 StGB um eine Bestimmung, die außerhalb der Schuldfeststellung liegt und nur die Strafe betrifft, indem sie dem Richter lediglich einen gesetzlichen Strafermäßigungsgrund (strafmindernden Umstand) zur Verfügung stellt. Eine Rechtsmittelbeschränkung auf die Frage der Anwendung des § 51 Abs. 2 ist daher wirksam (str.; so wie hier BGH 7, 283; a. A. Eb. Schmidt Lehrkommentar Teil II Erl. 18 zu § 318 StPO: § 51 II StGB stellt nicht lediglich eine auf die Straffrage bezogene Strafzumessungsregel auf, sondern enthält eine grundlegende Norm bezüglich des materiellrechtlichen Schuldbegriffs; eine auf die Nichtanwendung des § 51 II StGB bezogene Rechtsmittelbeschränkung ist daher immer unbeachtlich).

Folgt man der hier im Anschluß an BGH 7, 283 vertretenen Ansicht, so ergibt sich folgendes: Bei einer auf die Nichtanwendung des § 51 II StGB bezogenen Rechtsmittelbeschränkung wird der Schuldspruch rechtskräftig und kann selbst dann nicht mehr abgeändert werden, wenn sich im weiteren Verfahren überraschend die völlige Zurechnungsunfähigkeit des Angeklagten ergibt. Die Beseitigung unerwünschter Rechtskraftfolgen muß im Interesse der Rechtssicherheit dem Wiederaufnahmeverfahren überlassen bleiben (vgl. BGH a.a.O.). Dieses kann erst nach vollständiger Rechtskraft betrieben werden, da § 359 ausdrücklich ein durch rechtskräftiges Urteil abgeschlossenes Verfahren voraussetzt (str.; so wie hier Schwarz-Kleinknecht Anm. 3 vor § 359 m. weiteren Nachweisen.)

b) Die Beschränkung des Rechtsmittels eines als gefährlicher Gewohnheitsverbrecher nach § 20a StGB Verurteilten, gegen den auch die Sicherungsverwahrung angeordnet wurde, auf diese letztere Maßregel ist — jedenfalls dann, wenn die Strafen nach § 20a geschärft worden sind — unwirksam. Nach BGH 7, 101 soll dies allerdings nicht gelten, wenn ausnahmsweise unter bestimmten Umständen erkennbar kein untrennbarer Zusammenhang zwischen der Sicherungsverwahrung und der Strafschärfung nach § 20a StGB besteht. Eine derartige Ausnahme wird jedoch in der Praxis äußerst selten sein, denn die Gefährlichkeit des Täters i. S. des § 20a StGB und die sich daraus für die Allgemeinheit ergebende Gefahr i. S. des § 42e StGB kann nur einheitlich beurteilt werden. Das auf die Sicherungsverwahrung beschränkte Rechtsmittel erfaßt demnach auch den Strafausspruch, soweit er auf § 20a StGB beruht. Andererseits aber reicht das auf die Sicherungsverwahrung beschränkte Rechtsmittel (das, wie gesagt, auch die Frage „gefährlicher Gewohnheitsverbrecher" mit umfaßt) über den Strafausspruch nicht hinaus, d. h. die Schuldfrage bleibt unberührt, da § 20a nicht einen Umstand begründet, der sachlich-rechtlich nicht von der Schuldfrage gelöst werden könnte, insbesondere aber keinen straferhöhenden Umstand im Sinn des § 263 Abs. 2 darstellt (E. 68, 385).

In einer späteren Entscheidung (E. 73, 81) wird eine Beschränkung des Rechtsmittels auf die Sicherungsverwahrung auch für den Fall abgelehnt, daß die Strafe — versehentlich — nicht dem § 20a entnommen wurde, vorausgesetzt, daß zwischen der Höhe der Strafe und der Ablehnung der Sicherungsverwahrung ein innerer Zusammenhang besteht.

c) Zulässig ist die Beschränkung eines Rechtsmittels auf die Anordnung der Unterbringung in eine Heil- oder Pflegeanstalt nach § 42b StGB.

aa) Soweit § 51 Abs. 2 (verminderte Z.) in Frage steht, kann — wie oben in a) ausgeführt wurde — ein Angeklagter regelmäßig wirksam auf eine Nachprüfung des Schuldspruchs verzichten. Er kann in einem solchen Falle auch seine Anfechtung auf die Maßregel des § 42b StGB beschränken, da diese hier neben die Strafe tritt. Es kann dann auch eine Nachprüfung geboten sein, ob eine mit Strafe bedrohte Handlung dargetan oder die Zurechnungsfähigkeit rechtlich bedenkenfrei beurteilt worden ist. Diese Nachprüfung kann dann gegebenfalls zur Aufhebung der Maßregel des § 42b StGB führen, während es bei der daneben ausgesprochenen Strafe, die der Verurteilte nicht beanstandet und also hingenommen hat, bewendet.

bb) Schwieriger ist die Rechtslage, wenn das Gericht die Merkmale des § 51 Abs. 1 StGB (Unzurechnungsfähigkeit) festgestellt hat. Dann ist die Sicherungsmaßregel an die Stelle der Strafe getreten; sie ist dadurch bedingt, daß das Gericht eine mit Strafe bedrohte, aber nicht schuldhaft begangene Handlung feststellt. Bei dieser ganz besonders gearteten Verfahrenslage ist die Anordnung der Unterbringung so untrennbar mit der Tat- und Schuldfrage verbunden, daß nur eine einheitliche Beurteilung möglich ist, zumal die Unterbringung von der Bejahung der Zurechnungsunfähigkeit abhängt. Dessen ungeachtet ist nach BGH 5, 267 entgegen der Ansicht des Reichsgerichts in E. 71, 265 die Anordnung der Unterbringung auch hier selbständig anfechtbar. Den Freispruch kann der Angeklagte nämlich mangels Beschwer nicht anfechten (siehe auch BHG 7, 153). Daß der Freispruch auf § 51 I StGB beruht, ist hierbei ohne Bedeutung. Lediglich die Anordnung der Unterbringung beschwert den Angeklagten und berechtigt ihn zu einer Anfechtung des Urteils. Diese Anfechtung kann aber wegen des — z. Z. der Entscheidung E. 71, 265 außer Kraft gesetzten — Verbots der reformatio in peius nie zu einer Änderung des Schuldspruchs führen. Würde also das angefochtene Urteil in vollem Umfang aufgehoben, so müßte das neu zu erlassende Urteil wiederum auf Freispruch lauten, und zwar selbst dann, wenn sich ergeben sollte, daß der Angeklagte entgegen der bisherigen Annahme strafrechtlich voll verantwortlich ist. Es wäre daher sinnwidrig, wollte man eine Beschränkung des Rechtsmittels auf die Anordnung der Unterbringung nicht zulassen. Der Angeklagte wird durch diese Rechtsmittelbeschränkung in seinen Rechten nicht beeinträchtigt; denn trotz der Teilrechtskraft des Schuldspruchs hat das Gericht im Falle der Zurückverweisung sich erneut mit der Frage zu befassen, ob der Angeklagte wirklich in seiner Zurechnungsfähigkeit ganz oder teilweise beschränkt war. Nur dann nämlich kann die Unterbringung erneut angeordnet werden.

(NB. Ergibt sich in der erneuten Hauptverhandlung, daß der Angeklagte voll zurechnungsfähig ist, so muß die Unterbringung in einer Heil- und Pflegeanstalt aufgehoben werden; andererseits besteht wegen des Verbots der reformatio in peius keine Möglichkeit, den Angeklagten zu bestrafen: ein unbefriedigendes, aber dogmatisch unvermeidbares Ergebnis, vgl. BGH 11, 320.)

d) Sehr streitig und in der höchstrichterlichen Rechtsprechung noch nicht abschließend geklärt ist die Frage, ob die Fahrerlaubnisentziehung (§ 42m StGB) unabhängig oder nur zusammen mit dem Strafausspruch angefochten werden kann. (Siehe hierzu BGH bei Dallinger MDR 54, 16; BGH 6, 183, 184; 10, 266; 379ff.; Floegel-Hartung, Straßenverkehrsrecht 11. Aufl. Anm. 19b zu § 42m StGB). Übereinstimmung besteht jedoch darin, daß die Anfechtung des Strafausspruchs zugleich auch die Frage der Fahrerlaubnisentziehung erfaßt (BGH 10, 266).

6. Die unzulässige Beschränkung des Rechtsmittels auf einen Teil der Entscheidung hat nicht die Folge, daß das Rechtsmittel wirkungslos ist; vielmehr muß in einem solchen Falle das Urteil auch wegen der dem angefochtenen Teil in der logischen Reihenfolge vorausgehenden Teile bis zu dem als angefochten gelten, der eine selbständige Nachprüfung zuläßt (E. 65, 296).

B.
Lösung des Falles

I. Worauf hat der Amtsrichter zu achten, wenn er während der Hauptverhandlung zur Erkenntnis gelangt, daß die Tat sich nur als sog. Mundraub darstellt?

1. Der Amtsrichter wird zunächst prüfen, ob der zur Verurteilung erforderliche Strafantrag gestellt ist (vgl. § 370 Abs. 2 Satz 1 StGB). Eine derartige Prüfung war bis dahin nicht erforderlich, da die Verfolgung eines Diebstahls gemäß § 242 StGB einen Strafantrag nicht voraussetzt.

2. Der Amtsrichter wird weiter prüfen, ob die Strafverfolgung noch nicht verjährt ist. Diese Prüfung muß gerade bei Übertretungen besonders sorgfältig vorgenommen werden, da Übertretungen gemäß § 67 Abs. 3 StGB bereits nach 3 Monaten verjähren. Im vorliegenden Fall ist die Tat noch nicht verjährt, da die am 8. April gemäß § 201 bewirkte Mitteilung der Anklage geeignet war, gemäß § 68 StGB die Verjährung zu unterbrechen.

3. Schließlich wird der Amtsrichter den Angeklagten gemäß § 265 auf die Veränderung des rechtlichen Gesichtspunktes hinweisen. Auch ein milderer Straftatbestand ist ein „anderes Gesetz" i. S. von § 265 (vgl. Fall 5, Nachtrag, Abschn. III 3a, S. 87).

II. Die Entscheidung des Amtsrichters bei fehlendem Strafantrag.

1. Der Strafantrag ist bei allen Antragsdelikten eine Prozeßvoraussetzung, die von Amts wegen in jedem Stadium des Verfahrens zu berücksichtigen ist.

2. Fehlt eine Prozeßvoraussetzung, so ist das Verfahren in der HV gemäß § 260 Abs. 3 grundsätzlich einzustellen. Dieser Grundsatz findet jedoch eine Ausnahme, wenn dem Angeklagten — wie im vorliegenden Fall — ursprünglich ein anderes (in der Regel schwereres) Delikt zur Last gelegt worden war, das sich jedoch in der HV nicht erweisen läßt. In diesem Fall hat der Angeklagte einen Anspruch darauf, daß das Verfahren nicht nur eingestellt, sondern in einem freisprechenden Urteil festgestellt wird, daß er die ihm in der gerichtlich zugelassenen Anklage bezeichnete Tat nicht begangen hat (vgl. E. 66, 51; BGH 1, 235; siehe auch OLG Hamburg NJW 64, 2435 betr. den ähnlich gelagerten Fall, daß ein Vergehen in der HV nicht erweisbar und der Vorwurf einer in Gesetzeskonkurrenz stehenden Übertretung wegen Verjährung nicht verfolgbar ist).

III. Welche Rechtsmittel hat A gegen das Urteil des Amtsgerichts vom 10. Mai?

1. Urteile des Amtsrichters können gemäß § 312 grundsätzlich mit der Berufung angefochten werden. Daneben ist gemäß § 335 Abs. 1 die sog. Sprungrevision zulässig. (Siehe hierzu ausführlich Abschn. A I 1, S. 102ff.).

2. Hat die Verurteilung nur eine Übertretung zum Gegenstand, so ist gemäß § 313 die Berufung ausgeschlossen und nur die sog. Ersatzrevision des § 334 gegeben, wenn der Angeklagte entweder freigesprochen oder — wie im vorliegenden Fall — ausschließlich zu Geldstrafe verurteilt worden ist. Es liegt daher nahe, die Berufung im vorliegenden Fall als unzulässig anzusehen. Dies wäre jedoch nicht richtig. Für die Frage, ob das Urteil „ausschließlich Übertretungen zum Gegenstand hat", ist nämlich nicht nur der Urteilstenor heranzuziehen, sondern das Urteil insgesamt (vgl. OLG Hamm NJW 57, 74; BayObLG VRS 57, 287 sowie oben Abschn. A I 1, S. 103). In den Urteilsgründen aber hat sich das Urteil mit allen tatsächlichen und rechtlichen Gesichtspunkten, unter denen die Tat angeklagt war, auseinanderzusetzen. Es mußte also auch darlegen, weshalb die Tat sich entgegen der gerichtlich zugelassenen Anklage nicht als Diebstahl gemäß § 242 darstellt. Es hat somit nicht nur eine Übertretung zum Gegenstand.

IV. Die rechtliche Beurteilung der am 12. Mai eingegangenen „Beschwerde".

1. Wie sich aus den Ausführungen zu Abschnitt III ergibt, kann A gemäß §§ 312, 335 sowohl Berufung als auch Revision einlegen. § 313 steht der Berufung nicht entgegen.

2. Das Rechtsmittel der Beschwerde ist gemäß § 304 nur gegen Beschlüsse und Verfügungen, niemals gegen Urteile gegeben. (Siehe hierzu im einzelnen Fall 6 Abschn. B III 1, S. 97). Gleichwohl wäre es verfehlt, die „Beschwerde" des A als unzulässig zu verwerfen. Gemäß § 300 ist nämlich ein Irrtum in der Bezeichnung des Rechtsmittels unschädlich. Ist nur ein bestimmtes Rechtsmittel zulässig, so gilt dieses als eingelegt. Sind, wie im vorliegenden Fall, mehrere RM zulässig, so gilt das als eingelegt, mit dem der erstrebte Zweck am besten erreicht werden kann (vgl. E. 67, 125; Schwarz-Kleinknecht, § 300 Anm. 2). Hieraus folgt: Da A eine Herabsetzung der Strafe nur mit der Berufung erreichen kann, gilt diese als eingelegt.

3. Die Erklärung des A, „die Strafe erscheine ihm zu hoch", kann gemäß § 318 Satz 1 als eine Beschränkung der Berufung auf das Strafmaß angesehen werden. Dies hat zur Folge, daß der Schuldspruch als rechtskräftig anzusehen ist. (Siehe hierzu ausführlich Abschn. A II S. 108 ff.)

V. Die Rechtslage, wenn sich ergibt, daß die Tat schon am 6. Januar begangen worden ist.

1. Ist die Tat schon am 6. Januar begangen worden, so war die Strafverfolgung gemäß § 67 StGB mit dem Ablauf des 5. April, also vor der ersten richterlichen Handlung, verjährt.

2. Es ist nunmehr zu prüfen, ob die Frage der Verjährung in der Berufungsinstanz überhaupt noch geprüft werden darf, nachdem — wie oben in Abschn. IV festgestellt — der Schuldspruch rechtskräftig geworden ist. Hierbei ist folgendes zu beachten: Nach st. Rspr. ist ein Verfahrenshindernis — hier die eingetretene Verfolgungsverjährung — in jeder Lage des Verfahrens von Amts wegen zu beachten (vgl. BGH 6, 304; 8, 269; 11, 393; 13, 128; 15, 206). Dies gilt nach den angeführten Entscheidungen auch dann, wenn in der Rechtsmittelinstanz nur noch über eine Nebenfrage zu entscheiden ist, während der Schuldspruch bereits in Rechtskraft erwachsen ist. Die Richtigkeit dieser Rechtsprechung ergibt sich aus der Erwägung, daß eine Sachentscheidung nur dann ergehen darf, wenn das Gericht zur Entscheidung überhaupt befugt ist. Hieran fehlt es aber, wenn — wie im vorliegenden Fall — bereits Verjährung eingetreten ist.

3. Das Gericht hat somit das Verfahren gemäß § 260 Abs. 3 durch Urteil einzustellen. (Ein Freispruch hinsichtlich des Diebstahls kommt entgegen den Ausführungen zu II nicht in Betracht, da sich das Gericht mit Rücksicht auf die Teilrechtskraft des Schuldspruchs nur noch mit der Frage zu befassen hatte, ob die für die Übertretung gemäß § 370 Abs. 1 Nr. 5 ausgesprochene Geldstrafe von DM 200,— zulässig und angemessen war.)

VI. Die Rechtslage, wenn sich die Tatzeit nicht mehr klären läßt.

1. Die Frage, ob die Tat verjährt ist oder nicht, ist wie alle Prozeßvoraussetzungen und Prozeßhindernisse nach den Grundsätzen des sog. Freibeweises zu klären (vgl. BGH 16, 166), d. h. es steht im pflichtgemäßen Ermessen des Gerichts, wie es sich die Überzeugung verschafft, ob die Tat verjährt ist oder nicht. Die strengen Anforderungen, die die StPO an den Beweis in der Schuld- und Straffrage stellt, gelten insoweit nicht. Von den §§ 244ff. ist nur § 244 Abs. 2 zu beachten (vgl. Schwarz-Kleinknecht § 244 Anm. 3B).

2. Kann das Gericht nach Ausschöpfung aller verfügbaren und zulässigen Erkenntnismittel die Tatzeit nicht feststellen, so ist nach dem Grundsatz „in dubio pro reo" zugunsten des A davon auszugehen, daß die Tat bereits am 6. Januar begangen, also bereits verjährt ist (BGH 18, 274). Die nach wie vor bestrittene Frage, ob der Grundsatz „in dubio pro reo" allgemein auf alle Prozeßvoraussetzungen anzuwenden ist (vgl. Stree, In dubio pro reo, Tübingen 1962, m. weit. Nachweisen), bedarf hier keiner abschließenden Erörterung. Für die Verjährung ist der Grundsatz „in dubio pro reo" nämlich schon deshalb anwendbar, weil die Verjährung eine „Einrichtung im Grenzbereich zwischen Gerechtigkeit und Rechtssicherheit" darstellt (BGH 18, 278), diese beiden Begriffe aber besser im Einklang stehen, wenn sich das Verlangen nach Bestrafung des Schuldigen dem Anliegen unterordnet, den Rechtsfrieden durch eine möglicherweise ungesetzliche Bestrafung erneut zu verletzen. Ein Verdacht ungesetzlicher Bestrafung würde dem Vertrauen in die Rechtsstaatlichkeit der Strafrechtspflege mehr schaden, als es die Gerechtigkeit befriedigt, wenn der Täter doch noch zur Verantwortung gezogen wird (BGH a. a. O.; Stree a. a. O. S. 6 Anm. 17; S. 56 Anm. 11 und S. 64 Anm. 31).

Nachtrag

Prozeßvoraussetzungen und Prozeßhindernisse

1. Begriff und Wesen

a) Die Prozeßvoraussetzungen und Prozeßhindernisse sind teils im StGB, teils in der StPO geregelt. Teilweise ergeben sie sich auch aus allgemeinen Verfahrensgrundsätzen, die von der Rechtsprechung entwickelt wurden. Sie haben alle gemeinsam, daß ein Strafverfahren nicht durchgeführt werden kann, wenn eine Prozeßvoraussetzung (z. B. der erforderliche Strafantrag) fehlt, oder wenn der Strafverfolgung ein Prozeßhindernis (z. B. Verjährung) entgegensteht. Unrechtsgehalt, Schuldgehalt und Strafwürdigkeit einer Tat werden von den Prozeßvoraussetzungen, die dem Verfahrensrecht angehören, nicht berührt.

2. Die Prozeßvoraussetzungen

a) Der Beschuldigte muß der deutschen Gerichtsbarkeit unterliegen. Diese Voraussetzung fehlt bei Exterritorialität (§§ 18, 19 GVG).

b) Die örtliche und sachliche Zuständigkeit des Gerichts.

c) Die Erhebung einer zulässigen Klage durch einen zugelassenen Kläger (§ 151 StPO für das Offizialverfahren, § 374 StPO für das Privatklageverfahren).

d) Der Eröffnungsbeschluß (§ 203 StPO).

e) Der Strafantrag bei den Antragsdelikten (§ 61 StGB).

f) Die Ermächtigung in den Fällen der §§ 95 IV, 97 II, 106b I und 197 StGB.

g) Die Genehmigung des Bundestages im Falle des Art. 46 II Grundgesetz (Immunität von Bundestagsabgeordneten).

h) Die Verhandlungsfähigkeit des Angeklagten.

i) Die Auflösung der Ehe bei § 170 StGB.

k) Die Scheidung der Ehe bei § 172 StGB.

l) Die Nichtigkeitserklärung bei §238 StGB.

3. Die Prozeßhindernisse

a) Rechtshängigkeit und Rechtskraft.

b) Verjährung.

c) Amnestie und Begnadigung.

d) Das Schweben eines Vorverfahrens nach § 164 Abs. 6 oder § 191 StGB.

4. Gemeinsame Regeln

a) Die Prozeßvoraussetzungen und Prozeßhindernisse müssen weder vom Vorsatz noch vom Unrechtsbewußtsein umfaßt werden. Ein Irrtum des Täters über ihr Vorliegen ist daher unbeachtlich (vgl. BGH 18, 123).

b) Die Prozeßvoraussetzungen und Prozeßhindernisse sind für jeden Teilnehmer gesondert zu prüfen. Vor allem bei Antragsdelikten kommt es häufig vor, daß der Verletzte aus persönlichen Gründen nicht gegen alle Beteiligte Strafantrag stellen will.

5. Behandlung im Prozeß

a) Die Prozeßvoraussetzungen und Prozeßhindernisse sind in jeder Lage des Verfahrens von Amts wegen zu prüfen (BGH 6, 304; 8, 269; 11, 393; 13, 128; 15, 206). Bei der örtlichen Zuständigkeit des Gerichts sind allerdings die Besonderheiten der §§ 16, 18 zu beachten. Siehe hierzu ausführlich Fall 1 Abschn. C III, S. 12.

b) Ist das Vorliegen einer Prozeßvoraussetzung oder eines Prozeßhindernisses zweifelhaft, so gilt der Grundsatz „in dubio pro reo" (vgl. Eb. Schmidt Teil I Nr. 198; Stree, In dubio pro reo, Tübingen 1962, sowie BGH 18, 274, wo der Grundsatz des „in dubio pro reo" allerdings uneingeschränkt nur für die Frage der Verjährung anerkannt wird).

c) Ergibt sich ein Prozeßhindernis vor Eröffnung des Hauptverfahrens, so ist nach § 204 zu verfahren, d. h. das Hauptverfahren darf nicht eröffnet werden. Hat eine gerichtliche VU stattgefunden, so ist der Angeschuldigte außer Verfolgung zu setzen.

d) Steht der HV für längere Zeit die Abwesenheit des Angeschuldigten entgegen, so kann das Gericht gemäß § 205 das Verfahren durch Beschluß vorläufig einstellen. Das gleiche gilt, wenn der Angeschuldigte vorübergehend krank oder aus einem anderen Grunde verhandlungsunfähig ist. Eine vorläufige Einstellung nach § 205 ist ferner angebracht, wenn der Bundestag sich weigert, die Immunität eines seiner Mitglieder aufzuheben (vgl. Eb. Schmidt Teil I Nr. 159). Nach Wegfall des Hindernisses kann das Verfahren jederzeit fortgeführt werden.

e) Ergibt sich ein Prozeßhindernis nach Eröffnung des Hauptverfahrens, so ist das Verfahren außerhalb der HV gemäß § 206a durch Beschluß, innerhalb der HV gemäß § 260 Abs. 3 durch Urteil einzustellen.

f) Auf Freispruch, nicht auf Einstellung ist ausnahmsweise in folgenden Fällen zu entscheiden (siehe auch oben Fall 7 Abschn. B II 2, S. 113):

aa) Der EB wirft dem Angeklagten ein Offizialdelikt (z. B. eine Notzucht) vor, das sich in der HV nicht erweisen läßt. Die HV führt jedoch zu dem Ergebnis, daß der Angeklagte sich eines Antragdelikts (z. B. einer Beleidigung) schuldig gemacht hat, das bisher infolge Gesetzeskonkurrenz keine rechtlich selbständige Bedeutung gehabt hat. Liegt ein ordnungsgemäß gestellter Strafantrag vor, so bestehen nach erfolgtem Hinweis gemäß § 265 keine Bedenken, wegen des Antragsdelikts zu verurteilen. War dagegen kein Strafantrag gestellt und ist die Antragsfrist bereits verstrichen, so hat der Angeklagte einen Anspruch auf Freispruch (vgl. Fall 7 Abschn. B II 2, S. 113 mit weit. Nachw.). Ist die Antragsfrist noch nicht verstrichen, so bleibt es bei der normalen Regelung des § 260 Abs. 3, d. h. das Verfahren ist einzustellen. Hierbei ist zu beachten, daß dieses Einstellungsurteil keine endgültige Sachentscheidung treffen will und daher auch keine materielle Rechtskraftwirkung entfalten kann (vgl. Fall 12 Abschn. A IV 1, S. 155).

bb) Anklage und EB werfen dem Angeklagten ein Verbrechen oder Vergehen in Idealkonkurrenz mit einer Übertretung vor, z. B. Hausfriedensbruch in IdK. mit einer Übertretung gemäß § 370 Abs. 1 Nr. 5. Wenn sich in der HV nur die Übertretung erweisen läßt, diese aber bereits verjährt ist, so hat ebenfalls Freispruch, nicht Einstellung zu erfolgen. Ein Freispruch bringt besser als eine Einstellung zum Ausdruck, daß das Verfahren in dieser Instanz endgültig abgeschlossen sein soll. Siehe hierzu auch Fall 7 Abschn. B II 2 m. weit. Nachw.

g) Der Tod des Angeklagten bedeutet ein sofortiges Ende des Verfahrens. Es handelt sich hierbei nicht um ein Verfahrenshindernis, das eine Einstellung nach § 206a oder § 260 Abs. 3 erforderlich macht; das Verfahren erledigt sich vielmehr von selbst (vgl. Eb. Schmidt Teil I Nr. 149 sowie Fall 6 Abschn. A III 7, S. 95).

h) Die Kosten des Verfahrens trägt bei einer Einstellung in jedem Fall die Staatskasse. Wegen der notwendigen Auslagen des Angeklagten bei Einstellung wegen Verjährung siehe Fall 6, Abschn. A II 3, S. 92.

ZU FALL 8

I. Vorbemerkungen materiellrechtlicher Art

1. Im Gegensatz zu den übrigen Tatbeständen der Beleidigung (§§ 185 ff. StGB), die nur auf Antrag verfolgbar sind (vgl. § 194 StGB), handelt es sich bei § 197 StGB um ein echtes Offizialdelikt. Die StA hat daher, sobald sie von der beleidigenden Äußerung Kenntnis erlangt hat, von Amts wegen die Ermittlungen aufzunehmen und zu prüfen, ob die zur Strafverfolgung erforderliche Ermächtigung erteilt wird. Hier zeigt sich ein wesentlicher Unterschied gegenüber den Antragsdelikten.

2. Eine bestimmte Form der Ermächtigung ist im Gesetz nicht vorgesehen. Es genügt, daß die beleidigte Körperschaft ihren Willen zum Ausdruck bringt, daß die Beleidigung verfolgt werden soll. Dies kann auch in der Form eines Strafantrags erfolgen.

3. Wird die Ermächtigung nicht erteilt, so liegt ein Prozeßhindernis vor, das zur Einstellung des Verfahrens führt (vgl. Nachtrag zu Fall 7).

4. Zu den „anderen politischen Körperschaften" i. S. der Vorschrift gehören insbesondere Kreisräte sowie die im vorliegenden Fall zur Entscheidung stehenden Gemeinderäte (vgl. E. 33, 68). Zur Frage, wie weit auch sonstige Personengemeinschaften unter den Schutz der §§ 185 ff. StGB fallen, siehe ausführlich BGH 6, 186 sowie Petters-Preisendanz, Strafgesetzbuch, 25. Aufl. 1965, Vorbem. IV vor § 185.

5. Werden — wie im vorliegenden Fall — durch eine Äußerung nicht nur eine Personengemeinschaft, sondern zugleich auch bestimmte, in dieser Personengemeinschaft tätige Personen in ihrer Ehre angegriffen, so steht § 197 mit § 185 bzw. §§ 186, 187 in Idealkonkurrenz.

II. Das erste Urteil des Amtsrichters

1. Nach § 264, der das Verhältnis des Urteils zur Anklage und zum Eröffnungsbeschluß behandelt, ist das Gericht an den Eröffnungsbeschluß insofern gebunden, als es nur die in diesem bezeichnete Tat, nicht aber eine andere zum Gegenstand der Aburteilung machen darf, andererseits aber den Eröffnungsbeschluß erschöpfen muß.

Hat das Gericht erster Instanz die Klage nicht vollständig erschöpft, so liegt ein Mangel des Verfahrens vor, welcher im Wege der Revision gemäß § 344 Abs. 2 geltend gemacht werden kann (vgl. Schwarz-Kleinknecht § 264 Anm. 6).

2. Das Urteil des Amtsrichters ist daher insofern fehlerhaft, als es sich nicht in den Gründen darüber ausspricht, weshalb der Angeklagte nicht auch einer Beleidigung der Gemeinderatsmitglieder und des Bürgermeisters für schuldig befunden wurde.

III. Das Urteil der Strafkammer

1. Die strafbare Handlung als solche ist nicht teilbar in dem Sinne, daß in bezug auf einen rechtlichen Gesichtspunkt verurteilt und in bezug auf den anderen freigesprochen wird oder die Erledigung in dieser Beziehung einem späteren Urteil vorbehalten bleibt.

Wenn die Strafkammer der Ansicht war, daß möglicherweise eine Beleidigung der Gemeinderatsmitglieder und des Bürgermeisters vorliege, so mußte sie die diesbezügliche endgültige Prüfung selbst vornehmen. Die Strafkammer durfte aber den Angeklagten nicht wegen der nach ihrer Ansicht nicht zutreffenden Beurteilung der Tat freisprechen. Das war eine unzulässige Teilung des Schuldausspruchs. Solange die Strafkammer eine Tat des Angeklagten annahm, konnte sie wegen dieser einen Tat nur verurteilen oder freisprechen. (Siehe Fall 7, Abschn. A II 4b, S. 109.)

2. Was im übrigen die Zurückverweisung in die erste Instanz betrifft, ist folgendes zu sagen:

a) Eine solche Zurückverweisung kann gemäß § 328 Abs. 2 erfolgen, wenn das Urteil an einem Mangel leidet, welcher die Revision wegen Verletzung einer Rechtsnorm über das Verfahren begründen würde.

b) Die Zurückverweisung hat aber nur zu erfolgen, „wenn die Umstände des Falles es erfordern", andernfalls erkennt das Berufungsgericht in der Sache selbst.

Die Entscheidung darüber, ob diese Voraussetzung als gegeben anzusehen ist, liegt in dem Ermessen des Gerichts. Die Zurückverweisung, die übrigens in der Praxis nur selten vorkommt, wird im allgemeinen nur da gerechtfertigt sein, wo der dem Verfahren anhaftende Mangel ein fundamentaler ist und nicht nur einen einzelnen Verfahrensakt, sondern das Verfahren als Ganzes betrifft, z. B. unter den Voraussetzungen des § 338 Nr. 1, 2, 3, 5, 6, 7.

c) Die Strafkammer jedenfalls hatte keinen Anlaß, im vorliegenden Falle, wo lediglich ein Mangel der Urteilsgründe vorlag, die Sache an die erste Instanz zurückzuverweisen. Sie hätte vielmehr, wie schon oben erwähnt, die Frage, ob durch die Äußerung des Angeklagten die Gemeinderatsmitglieder und der Bürgermeister beleidigt worden sind, in eigener Zuständigkeit prüfen müssen. Dabei hätten sich drei Möglichkeiten ergeben:

aa) Wäre die Strafkammer zur Bejahung dieser Frage gelangt, dann hätte sie, da ja ein Urteil wegen Beleidigung vorlag, die Berufung mit der Maßgabe verwerfen müssen, daß nicht eine Beleidigung des Gemeinderats, sondern eine solche der Gemeinderatsmitglieder und des Bürgermeisters vorliege, vorausgesetzt, daß gegen den Strafausspruch des Amtsrichters keine Bedenken bestanden (siehe E. 27, 193). In den Urteilsgründen hätte dann erörtert werden müssen, warum die fragliche Kundgebung nicht eine Beleidigung des Gemeinderats, sondern nur eine solche der Mitglieder und des Bürgermeisters enthalte.

bb) Wäre die Strafkammer zu dem Ergebnis gelangt, daß die Strafe des Amtsrichters bei dieser Rechtslage zu hoch sei, dann hätte die Berufung mit der weiteren Maßgabe verworfen werden müssen, daß die Strafe herabgesetzt wird. (Eine Erhöhung der Strafe wäre, da ja nur der Angeklagte Berufung eingelegt hatte, im Hinblick auf § 331 ausgeschlossen gewesen.)

cc) Hätte die Strafkammer die Überzeugung gewonnen, daß weder eine Beleidigung des Gemeinderats noch eine solche der Mitglieder und des Bürgermeisters vorliege, dann hätte der Angeklagte unter Aufhebung des amtsgerichtlichen Urteils freigesprochen werden müssen.

IV. Das zweite Urteil des Amtsrichters

1. Für die Revision gilt der Grundsatz, daß das Gericht, an das die Sache zur anderweitigen Verhandlung und Entscheidung zurückverwiesen wird, an die rechtliche Beurteilung des Revisionsgerichts gebunden ist (§ 358 Abs. 1).

2. Eine gleiche Regelung für die Berufungsinstanz enthält das Gesetz nicht. Der erstinstanzliche Richter, an den die Sache gemäß § 328 Abs. 2 zurückverwiesen wird, ist in seiner neuen Entscheidung sowohl auf tatsächlichem als auch auf rechtlichem Gebiet vollkommen frei. Wiederholt er den formellen oder materiellen Verstoß, so wird das Berufungsgericht auf erneut eingelegte Berufung eine eigene Sachentscheidung treffen müssen, um das Verfahren zum Abschluß zu bringen, wobei das Berufungsgericht an seine frühere Entscheidung ebenfalls nicht gebunden ist.

Das Urteil des Amtsrichters, der im vorliegenden Falle entgegen der Entscheidung der Strafkammer wieder zu dem gleichen Ergebnis kommt wie in seiner ersten Entscheidung, enthält demnach keine Gesetzesverletzung.

V. Das Urteil des Oberlandesgerichts

1. Das Urteil des Amtsrichters wurde vom Staatsanwalt gemäß § 335 mit der Revision angefochten.

Nach §§ 344, 352 wird die Prüfung des Revisionsrichters durch die Begründung der Revisionsanträge dergestalt begrenzt, daß, wenn nur Mängel des Verfahrens gerügt werden, die in der Entscheidung selbst enthaltene unrichtige Anwendung einer Rechtsnorm nicht zur Aufhebung des Urteils führen kann. (Siehe Fall 9, Abschn. A VII 1, S. 123.)

2. Da im vorliegenden Falle der Staatsanwalt lediglich einen speziellen prozessualen Verstoß, nämlich eine angebliche Verletzung des § 328 Abs. 2 gerügt hat, ist das Oberlandesgericht nicht zu einer Aufhebung des amtsgerichtlichen Urteils befugt, obwohl es zu der Überzeugung gelangte, daß das Strafgesetz unrichtig angewandt wurde, d.h. daß der Angeklagte nicht einer Beleidigung des Gemeinderats, sondern einer Beleidigung der einzelnen Gemeinderatsmitglieder und des Bürgermeisters schuldig sei.

3. Da, wie oben ausgeführt, die prozessuale Rüge des Staatsanwalts unbegründet ist, hat das Urteil des Oberlandesgerichts zu lauten: „Die Revision der Staatsanwaltschaft gegen das Urteil des Amtsgerichts wird als unbegründet verworfen. Die Staatskasse hat die Kosten des Verfahrens zu tragen."

ZU FALL 9

A.

Vorbemerkung: Das Rechtsmittel der Revision

I. Die Revision ist gemäß § 333 gegen die Urteile der Strafkammern und der Schwurgerichte, ferner gemäß § 334 gegen die Urteile des Amtsrichters insoweit zulässig, als nach § 313 die Berufung ausgeschlossen ist (sog. Ersatzrevision). Schließlich ist die Revision auch gegen berufungsfähige Urteile nach freier Wahl des Beschwerdeführers an Stelle der Berufung möglich (sog. Sprungrevision nach § 335). Einzelheiten siehe Fall 7 Abschn. A I 1, S. 102 ff.

II. Die Revision (§ 333) ist ein beschränktes Rechtsmittel. Sie hat nicht die Wirkung, daß eine Überprüfung der untergerichtlichen Tatfrageentscheidung erfolgt, sondern führt nur eine Überprüfung der Rechtsfrageentscheidung sowie des die untergerichtliche Entscheidung tragenden Verfahrens herbei, und zwar nur in der Richtung des Revisionsangriffs. Die Feststellungen konkreter Tatsachen durch das Untergericht, insbesondere auch seine Beweiswürdigung, sind durch die Revision grundsätzlich nicht zu erschüttern, es sei denn, daß die Urteilsgründe Widersprüche oder Verstöße gegen Erfahrungssätze oder Denkgesetze enthalten; denn deren Berücksichtigung fällt nicht in das Gebiet der durch § 261 dem Tatrichter vorbehaltenen Beweiswürdigung, sondern gehört vielmehr zur „richtigen“ Anwendung der Rechtsnormen auf die festgestellten Tatsachen, die das Revisionsgericht nach § 337 nachzuprüfen hat (vgl. BGH 1, 117; 3, 213; 6, 70, 72).

III. Die Einlegung der Revision erfolgt, ebenso wie die der Berufung (siehe § 314), bei dem Gericht, dessen Urteil angefochten wird, zu Protokoll der Geschäftsstelle oder schriftlich, und zwar innerhalb einer Woche nach Verkündung bzw. Zustellung des Urteils, wenn es in Abwesenheit des Angeklagten verkündet wurde (§ 341). (Wegen § 342 siehe Fall 10, Abschn. A II 1.) Binnen eines weiteren Monats muß eine Revisionsrechtfertigung erfolgen (§ 345).

Das Gericht, dessen Entscheidung angefochten wird, hat, ebenso wie bei der Berufung, zu prüfen, ob die Revision rechtzeitig eingelegt und ob die Revisionsanträge und deren Begründung rechtzeitig und in der vorgeschriebenen Form angebracht sind. Ist eine dieser Fragen zu verneinen, so wird die Revision durch Beschluß als unzulässig verworfen (§ 346). Gegen diesen Beschluß kann binnen einer Woche Antrag auf Entscheidung des Revisionsgerichts gestellt werden. (Das in Fall 7 Abschn. A. I 3a, S. 104 zu § 319 Abs. 2 Ausgeführte gilt entsprechend für § 346 Abs. 2.)

Durch rechtzeitige Einlegung der Revision wird, ebenso wie gemäß § 316 bei der Berufung, die Rechtskraft des Urteils, soweit es angefochten ist, gehemmt, § 343 Abs. 1. (Wegen der Revisionsrechtfertigungsgründe siehe Abschn. B I 1, S. 126.) Gemäß § 347 wird nunmehr die Revisionsschrift dem Gegner, der binnen einer Woche eine Gegenerklärung einreichen kann, zugestellt. Dann erfolgt die Vorlage der Akten an das Revisionsgericht.

IV. Ebenso wie das Berufungsgericht (siehe § 322) hat auch das Revisionsgericht zunächst eine Vorprüfung vorzunehmen und durch Beschluß die Revision zu verwerfen, wenn es sie für unzulässig hält (§ 349 Abs. 1).

Das Revisionsgericht hat aber, im Gegensatz zum Berufungsgericht, auch eine sachliche Vorprüfung vorzunehmen und kann die Revision durch Beschluß verwerfen, wenn es sie einstimmig für offensichtlich unbegründet hält (§ 349 Abs. 2). Ein solcher Beschluß setzt nach der Neufassung des § 349 durch die Strafprozeßnovelle v. 19. 12. 1964 einen dahingehenden Antrag der Staatsanwaltschaft voraus, der mit Gründen zu versehen und dem Beschwerdeführer zwecks Stellungnahme mitzuteilen ist (§ 349 Abs. 3 S. 1). Der Beschwerdeführer hat dann die Möglichkeit, innerhalb von zwei Wochen eine schriftliche Gegenerklärung beim Revisionsgericht einzureichen (§ 349 Abs. 3 S. 2). Offensichtlich unbegründet ist die Revision, wenn für jeden Sachkundigen ohne längere Nachprüfung erkennbar ist, daß sie nur haltlose Angriffe gegen das angefochtene Urteil enthält, z. B. bei Angriffen gegen die Beweiswürdigung oder bei allgemeiner Sachrüge ohne nähere Ausführungen, falls ein Rechtsfehler nicht ersichtlich ist, oder wenn ein nach § 329 Abs. 1 oder nach § 412

Abs. 1 ergangenes Urteil mit der Sachrüge angegriffen wird (vgl. Schwarz-Kleinknecht § 349 Anm. 5 m. weit. Nachw.).

Umgekehrt hat das Revisionsgericht nach § 349 Abs. 4 jetzt auch die Möglichkeit, ein Urteil durch Beschluß auch dann aufzuheben, wenn es die Revision einstimmig für begründet hält. Hierbei macht es keinen Unterschied, ob die Sache zugleich mit der Aufhebung zurückzuverweisen ist (§ 354 Abs. 2, 3) oder ob das Revisionsgericht gemäß § 354 Abs. 1 in der Sache selbst entscheiden kann (vgl. Schwarz-Kleinknecht § 349 Anm. 9).

V. Weder die Anwesenheit des Angeklagten noch diejenige eines Verteidigers ist in der Hauptverhandlung erforderlich. Der nicht auf freiem Fuß befindliche Angeklagte hat keinen Anspruch auf Vorführung (§ 350 Abs. 2). In diesem Fall ist ihm jedoch auf seinen Antrag ein Verteidiger für die HV zu bestellen (§ 350 Abs. 3 S. 1). Über dieses Recht ist er zu belehren (§ 350 Abs. 3 S. 2). Über den Gang der HV siehe § 351.

VI. Die schriftliche Urteilsbegründung und der Inhalt des Sitzungsprotokolls der letzten Hauptverhandlung bilden die Grundlage für die Prüfung der Frage, ob eine Revision erfolgreich durchgeführt werden kann; mündlich verkündete Urteilsgründe sowie Vorgänge in der Hauptverhandlung, die aus dem Sitzungsprotokoll nicht hervorgehen, sind für die Revision bedeutungslos. Ebensowenig können neue Tatsachen und neue Beweismittel vorgebracht werden.

VII. Das angefochtene Urteil unterliegt, wie schon oben (unter I.) erwähnt wurde, nur einer Nachprüfung in rechtlicher Beziehung, während die tatsächlichen Feststellungen des Untergerichts für das Revisionsgericht bindend sind. Die Nachprüfung darf ferner nur erfolgen innerhalb der gestellten Revisionsanträge (§ 352). (Wegen der für die teilweise Anfechtung geltenden Grundsätze siehe Fall 7, Abschn. A II, S. 108.)

Hierbei ist folgendes zu beachten (§ 344):

1. Will der Beschwerdeführer einen Verstoß im Verfahren rügen (z. B. Verletzung der Bestimmungen über Beeidigung oder Nichtvereidigung von Zeugen oder Sachverständigen, über Verlesbarkeit von Urkunden, über das Erfordernis des Hinweises auf die Veränderung des rechtlichen Gesichtspunktes, oder Verletzung der die absoluten Revisionsgründe enthaltenden Bestimmungen des § 338), so genügt nicht die bloße Behauptung, daß das Urteil auf Mängeln des Verfahrens beruhe. Vielmehr muß in allen diesen Fällen der Beschwerdeführer diejenigen Tatsachen einzeln anführen, die die Verletzung der Verfahrensnorm ergeben (§ 344 II S. 2 und BGH 2, 168 u. 304).

Die Verfahrensrüge ist nur dann ordnungsgemäß erhoben, wenn die den Mangel enthaltenden Tatsachen mit Bestimmtheit behauptet werden, z. B. wenn die Revision rügt, ein Zeuge sei ohne gesetzlichen Grund unvereidigt geblieben. Zum Beweis der behaupteten

Tatsache kann die Revision sich auf das Protokoll berufen (vgl. § 274). Die Verfahrensrüge ist dagegen nicht ordnungsgemäß erhoben, wenn die Revision lediglich vorträgt, aus dem Protokoll sei nicht ersichtlich, ob der Zeuge vereidigt wurde oder nicht; eine Vereidigung sei daher anscheinend unterblieben. Derartige Protokollrügen sind unzulässig (BGH 7, 162). Ist die Anfechtung auf eine Verfahrensrüge beschränkt, so darf ferner nur derjenige spezielle Verfahrensverstoß, den der Beschwerdeführer gerügt hat, nachgeprüft werden. Andere nicht gerügte Verfahrensverstöße kann in diesem Falle das Revisionsgericht ebensowenig prüfen wie die Frage, ob die materiell-rechtliche Auffassung des Untergerichts Mängel aufweist.

Von den hier erwähnten eigentlichen Verfahrensnormen, deren Verletzung ausdrücklich gerügt werden muß, sind zu unterscheiden die Verfahrensvoraussetzungen (Prozeßvoraussetzungen und Prozeßhindernisse), die in jedem Stadium des Verfahrens von Amts wegen, also ohne Rüge, zu prüfen sind. (Siehe E. 68, 18; BGH 7, 26; 15, 203 und Nachtrag zu Fall 7, S. 116.)

2. Bei der Rüge materieller Rechtsverletzungen genügt die bloße Behauptung des Beschwerdeführers, daß durch das Urteil das materielle Recht verletzt sei (§ 344 e contrario). Das Revisionsgericht ist dann verpflichtet, von Amts wegen das Urteil nach allen Richtungen hin auf das Vorhandensein materieller Mängel zu prüfen, auch wenn der Beschwerdeführer den einen oder anderen Punkt speziell hervorgehoben haben sollte.

3. Wegen Gesetzesverletzung bei der Straffindung siehe Fall 18, Abschn. A V 5, S. 215.

VIII. Stellt sich die Revision als unbegründet heraus, so ist sie zu verwerfen. Ist sie dagegen begründet, so wird das angefochtene Urteil aufgehoben, § 353 Abs. 1. Gleichzeitig sind die dem Urteil zugrunde liegenden Feststellungen aufzuheben, sofern sie durch die Gesetzesverletzung betroffen werden, wegen deren die Aufhebung des Urteils erfolgte, § 353 Abs. 2. Hierbei ist folgendes zu beachten: Die tatsächlichen Feststellungen sind immer aufzuheben, wenn das Urteil wegen verfahrensrechtlicher Gesetzesverletzung aufgehoben werden muß, denn in diesem Falle muß der betroffene Teil in gesetzmäßiger Weise wiederholt werden, was ohne Änderung der tatsächlichen Feststellungen nicht möglich ist. Dagegen müssen im Falle einer sachlich-rechtlichen Gesetzesverletzung die tatsächlichen Feststellungen nur dann aufgehoben werden, wenn die bisherigen Feststellungen ergänzt werden müssen, um die Tat unter allen für sie in Betracht kommenden rechtlichen Gesichtspunkten nachprüfen zu können. Selbstverständlich ist eine teilweise Aufhebung der tatsächlichen Feststellungen hinsichtlich derselben Tat ausgeschlossen. (NB. Berichtigungen der Urteilsformel sind trotz Verwerfung der Revision möglich, und zwar dann, wenn eine undeutlich gefaßte Urteilsformel klargestellt werden soll, wenn eine nach den Urteilsgründen tatsächlich erfolgte Verurteilung keinen vollständigen und klaren Ausdruck in der Urteilsformel gefunden hat; siehe hierzu E. 54, 203 und 290.)

Ein Urteil unterliegt, wie sich aus den obigen Ausführungen zusammenfassend ergibt, der Aufhebung infolge Revision, wenn folgende drei Voraussetzungen gegeben sind:

1. Wenn eine Verletzung des Gesetzes stattgefunden hat (§ 337), und zwar entweder infolge eines Fehlers im Verfahren (Verletzung eines Satzes des Strafprozeßrechts in seiner Anwendung auf den gegenwärtigen Prozeß, die fehlerhafte Vornahme oder Nichtvornahme einer Prozeßhandlung, insbesondere einer dem Urteil vorangegangenen Entscheidung) oder infolge eines in der materiell-rechtlichen Entscheidung liegenden Fehlers, indem entweder der von dem Vorderrichter festgestellte Tatbestand die erfolgte Gesetzesanwendung nicht rechtfertigt oder ein Gesetz außer Anwendung geblieben ist, welches auf diesen Tatbestand hätte angewendet werden müssen.

2. Wenn das Urteil auf der Verletzung beruht, d. h., wenn im Falle der Verletzung einer materiellen Rechtsnorm ohne diese Verletzung die Entscheidung nicht so hätte ergehen können, wie sie ergangen ist, und im Falle der Verletzung einer prozeßrechtlichen Norm, wenn nicht klar erhellt, daß die Verletzung einen Einfluß auf das Urteil nicht gehabt hat, wenn also die Möglichkeit besteht, daß das Urteil auf dem prozessualen Verstoß beruht, wobei eine solche Möglichkeit ohne weiteres unterstellt wird, wenn es sich um einen sog. absoluten Revisionsgrund im Sinne des § 338 handelt.

3. Wenn eine gesetzmäßige Revisionsrechtfertigung (Revisionsantrag und Begründung) erfolgt ist.

IX. Nach Aufhebung des Urteils entscheidet ausnahmsweise das Revisionsgericht an Stelle des Gerichts der Vorinstanz in der Sache selbst, wenn es sich um Aufhebung wegen materieller Gesetzesverletzung handelt, und wenn ohne weitere tatsächliche Erörterungen nur auf völlige oder teilweise Freisprechung oder auf Einstellung oder auf eine absolut bestimmte Strafe zu erkennen ist, d. h. eine solche, bei deren Verhängung dem richterlichen Ermessen kein Spielraum gewährt wird (z. B. eine Geldstrafe, die in dem mehrfachen Betrage einer hinterzogenen Abgabe besteht), oder das Revisionsgericht in Übereinstimmung mit dem Antrag der Staatsanwaltschaft die gesetzlich niedrigste Strafe oder das Absehen von Strafe für angemessen erachtet (§ 354 I). Freispruch erfolgt auch dann, wenn der Angeklagte neben der Sachrüge zugleich auch eine an sich begründete Verfahrensrüge erhoben hat, die ohne die Sachrüge zur Zurückweisung führen müßte (BGH 17, 253 m. Anm. Jagusch NJW 62, 1417).

Wird ein Urteil aufgehoben, weil das Untergericht sich zu Unrecht für zuständig erklärt hat, so erfolgt Verweisung an das zuständige Gericht (§ 355).

In allen übrigen Fällen wird die Sache zur anderweitigen Verhandlung und Entscheidung an die Vorinstanz zurückverwiesen, jedoch nach der Neufassung des § 354 Abs. 2 durch die Strafprozeßnovelle vom 19. 12. 1964 an eine andere Abteilung oder Kammer. Ist eine solche nicht vorhanden (z. B. bei kleinen Amtsgerichten, die nur eine Strafabteilung haben), so erfolgt die Zurückverweisung an ein zu demselben Land gehörendes anderes Gericht gleicher Ordnung.

Einen Sonderfall betrifft § 354a. Siehe hierzu § 2 Abs. 2 Satz 2 StGB und BGH 20, 46.

Über die Kosten der Revision wird im Falle der Zurückverweisung immer erst im Endurteil entschieden.

X. Das Gericht, an welches die Sache verwiesen ist, hat eine neue Hauptverhandlung durchzuführen, bei der es an die der Aufhebung des Urteils zugrunde liegende Rechtsansicht des Revisionsgerichts gebunden ist (§ 358 Abs. 1). Wird das neue Urteil bei gleichen Feststellungen wieder mit der Revision angefochten, so ist das Revisionsgericht selbst auch an seine frühere rechtliche Beurteilung gebunden (E. 59, 34).

XI. Wenn das Urteil nur von dem Angeklagten oder zu seinen Gunsten von der Staatsanwaltschaft angefochten war, kann es nicht zum Nachteil des Angeklagten geändert werden (§ 358 Abs. 2). (Zu § 357 siehe unten Abschn. B III 5, S. 137.)

B.

Lösung des Falles

I. Entspricht die Revisionsrechtfertigung des Rechtsanwalts Fischer den Vorschriften der Strafprozeßordnung?

1. Die **Form** der Rechtfertigung.

a) Die Form, in welcher die Revisionsrechtfertigung des Angeklagten anzubringen ist, schreibt § 345 Abs. 2 vor; verlangt wird eine von dem Verteidiger oder einem Rechtsanwalt unterzeichnete Schrift oder Erklärung des Angeklagten zu Protokoll der Geschäftsstelle.

Die Einreichung einer formlosen Rechtfertigungsschrift ist also ausgeschlossen. Der Grund der Bestimmung ist ein doppelter: Einmal soll erreicht werden, daß dem Revisionsgericht die Prüfung ganz grundloser oder unverständlicher Anträge, wie sie häufig von Winkelschreibern verfaßt werden, erspart bleibt; zum anderen liegt es im Interesse des Angeklagten selbst, daß seine Anträge usw. nicht in ungeeigneter Weise gestellt werden.

b) Die Unterzeichnung der Rechtfertigungsschrift durch einen Rechtsanwalt oder den Verteidiger wird verlangt, und zwar mit dem vollen bürgerlichen Namen. Nicht erforderlich ist dagegen eine eigenhändige Unterschrift. Nach BGH 8, 174 (177) kann sich der

Verteidiger bei der Unterzeichnung mit seinem Namen vertreten lassen. Folgt man dieser Ansicht, so ist es auch zulässig, daß der Verteidiger die Revision telegrafisch begründet und hierbei das Telegramm fernmündlich aufgibt. Entscheidend ist allein, daß der Verteidiger den zuständigen Postbediensteten ermächtigt, einen bestimmten Text aufzunehmen, mit seiner Unterschrift zu versehen und telegrafisch weiterzuleiten (vgl. BGH a. a. O.). Streitig und in der Rechtsprechung noch nicht abschließend geklärt ist die Frage, ob die Frist zur Begründung der Revision auch dann gewahrt ist, wenn das Telegramm zunächst nur fernmündlich zugesprochen wurde, die Telegrammurkunde aber noch nicht bei Gericht eingegangen ist. Die Frage wird in BGH 14, 233 grundsätzlich bejaht, jedoch mit der Einschränkung, daß der Telegramminhalt an eine zur Entgegennahme der Erklärung befugte Person des zuständigen Gerichts durchgegeben werden muß und diese darüber eine den Wortlaut des Telegramms wiedergebende Aktennotiz fertigt. Zur Begründung wird auf § 26 TelegrO hingewiesen, wonach auch die fernmündliche Durchsage als Zustellung des Telegramms gilt. Einzelheiten siehe BGH a.a.O.

Die Revisionsrechtfertigung des Rechtsanwalts Fischer, die eigenhändig unterschrieben ist, genügt den Formerfordernissen des § 345 II.

2. Der **Inhalt** der Revisionsrechtfertigung.

a) Im Gegensatz zu der Berufung bedarf die Revision stets einer Rechtfertigung; die bloße Einlegung des Rechtsmittels genügt nicht, um die Sache zur Entscheidung des Revisionsrichters zu bringen.

Die Revisionsrechtfertigung setzt sich nach § 344 zusammen aus dem Revisionsantrag und der Revisionsbegründung.

b) Die Bestimmung des § 344 wird ergänzt durch diejenige des § 352, nach der die Grundlage und den Stoff für die Entscheidung des Revisionsrichters der Inhalt der Revisionsrechtfertigung bildet, während die §§ 337, 338, die von der Begründung der Revision in abstracto handeln, die Bestimmungen darüber enthalten, was überhaupt Gegenstand der Beurteilung des Revisionsgerichts sein kann.

aa) Die Revisionsanträge sollen den Streitgegenstand für die Revisionsinstanz feststellen; sie beziehen sich lediglich auf die Urteilsformel und müssen erkennen lassen, ob diese in ihrem ganzen Umfange oder nur zum Teil als unrichtig angegriffen wird. Dies hat seine besondere Bedeutung in den Fällen, wenn das Urteil mehrere strafbare Handlungen zum Gegenstand hat oder wenn es mehrere Strafen nebeneinander verhängt. (Siehe wegen teilweiser Anfechtung die Ausführungen in Fall 7 Abschn. A II, S. 108.)

Gegenstand des Antrags ist immer nur die Aufhebung des Urteils; einen Antrag bezüglich der im Falle der Aufhebung zu treffenden weiteren Entscheidung (§§ 354, 355) braucht der Beschwerdeführer nicht zu stellen.

bb) Bezüglich der Begründung der Revisionsanträge äußern sich die Motive folgendermaßen: „Es ergibt sich aus § 344 Abs. 2, daß erkennbar sein muß, ob die behauptete Gesetzesverletzung in der Entscheidung selbst oder in dem ihr zugrunde liegenden Verfahren oder in beiden zugleich gefunden werde. In dieser Beziehung wird die Prüfung des Revisionsrichters durch die Begründung der Revisionsanträge dergestalt begrenzt, daß beispielsweise dann, wenn bloß Mängel des Verfahrens gerügt werden, die in der Entscheidung selbst enthaltene unrichtige Anwendung einer Rechtsnorm nicht zu der Aufhebung des Urteils führen kann."

Sonach kann, wenn die Revision lediglich auf prozessuale Verstöße gegründet ist, an sich der Fall vorkommen, daß das Revisionsgericht das Rechtsmittel verwerfen muß, obwohl sich aus dem Urteil klar ergibt, daß das Strafgesetz unrichtig angewendet ist.

Die allgemeine Redewendung, das Urteil werde, „in seinem ganzen Umfange" angefochten, kann nicht als zulässige Revisionsbegründung angesehen werden (E. 44, 261).

(Siehe auch E. 73, 23: Die Revision ist unzulässig, wenn der Rechtsanwalt in der Revisionsbegründung zu erkennen gibt, daß er nicht die Verantwortung für die Revisionsbegründung übernehmen will. Das Rechtsmittel ist in einem solchen Falle als unzulässig zu verwerfen, § 349 I Satz 1. Siehe schließlich E. 64, 63: Eine vom Angeklagten verfaßte unsachgemäße Revisionsbegründung, die er zu Protokoll des Urkundsbeamten der Geschäftsstelle diktiert, ist unwirksam, wenn der Beamte zu erkennen gibt, daß er die Verantwortung für den Inhalt nicht übernehmen könne.)

Aus den vorstehenden Erörterungen im Zusammenhang mit den Ausführungen in der Vorbemerkung (Abschn. A VII, S. 123) ergibt sich, daß die Revisionsrechtfertigung des Rechtsanwalts Fischer auch inhaltlich den Anforderungen der Strafprozeßordnung genügt. Allerdings ist es in der Praxis üblich, die angeblich verletzte Rechtsnorm durch Bezeichnung des betreffenden Gesetzesparagraphen in der Revisionsrechtfertigung zu erwähnen; vorgeschrieben ist aber eine solche Benennung nicht.

II. Die 3 Revisionsrügen

1. Die Nichtausdehnung der Beweisaufnahme auf den Zeugen Brenneisen und Ablehnung des Vertagungsantrags ohne Gründe.

a) Eine unbedingte Pflicht zur Vernehmung eines geladenen Zeugen besteht gemäß § 245 S. 1 nur dann, wenn der Zeuge erschienen ist. Will ein Prozeßbeteiligter einen geladenen, aber nicht erschienenen Zeugen vernommen haben, so muß er in der Hauptverhandlung die Ladung beantragen. Dieser Antrag kann dann vom Gericht rechtswirksam nur aus den in § 244 Abs. 3 im einzelnen angeführten Gründen abgelehnt werden.

b) Einen unmittelbaren, unbedingten Anspruch auf Aussetzung bzw. Vertagung der Hauptverhandlung hat der Angeklagte nicht; denn er würde ja sonst eine Möglichkeit besitzen, das Verfahren dadurch in die

Länge zu ziehen, daß er Zeugen lädt, von denen er von vornherein weiß, daß sie nicht erscheinen werden.

Andererseits aber muß das Gericht, falls es die Vernehmung eines geladenen, aber nicht erschienenen Zeugen nicht aus einem der in § 244 Abs. 3 aufgeführten Gründe (s. Nachtrag Abschn. B III 2a—g, S. 141) ablehnen kann, und Staatsanwaltschaft und Angeklagter auf die Vernehmung nicht verzichten, die Verhandlung zwecks Herbeischaffung des Zeugen vertagen.

Ob dem Gericht im vorliegenden Falle, in dem der Vertagungsantrag zugleich einen Beweisantrag (Vernehmung des Zeugen Brenneisen) enthielt, ein gesetzlicher Ablehnungsgrund zur Seite stand, ist aus dem Sachverhalt nicht zu erkennen.

c) Jedenfalls aber liegt im vorliegenden Falle insofern eine Gesetzesverletzung vor, als der gemäß §§ 228 Abs. 1, 244 Abs. 6 erlassene Gerichtsbeschluß ohne Gründe geblieben ist entgegen der allgemeinen Vorschrift des § 34, wonach alle Entscheidungen, durch welche ein Antrag abgelehnt wird, mit Gründen versehen sein müssen, es sei denn, daß sich die Begründung aus dem Inhalt des Beschlusses von selbst ergibt. Diese Vorschrift beruht vor allem auf der Notwendigkeit, für die Beteiligten sowohl als für den Revisionsrichter klar ersichtlich zu machen, ob rechtliche oder tatsächliche Gründe die Ablehnung des Antrags herbeigeführt haben. Eine Begründung ist nur dann entbehrlich, wenn auch der Antrag nicht begründet war oder wenn der Antragsteller über die Ablehnungsgründe nicht im unklaren sein konnte (E. 57, 44) oder wenn zwar ein Antrag gestellt ist, die Entscheidung selbst aber keinen Antrag voraussetzt, z. B. der Beschluß über die Vereidigung eines Zeugen (vgl. BGH 15, 253; bei Nichtvereidigung siehe jedoch § 64, vgl. BGH 17, 186 und Fall 3 Abschn. B II 1e, S. 43).

d) Nach § 338 Nr. 8 liegt ein absoluter Revisionsgrund vor, wenn die Verteidigung in einem für die Entscheidung wesentlichen Punkte durch einen Beschluß des Gerichts unzulässig beschränkt worden ist. Eine wesentliche Beschränkung der Verteidigung i. S. der Vorschrift liegt dann vor, wenn das Urteil auf ihr beruhen kann. § 338 Nr. 8 wirkt sich somit praktisch nur als relativer Revisionsgrund aus (vgl. E. 44, 345; Schwarz-Kleinknecht § 338 Anm. 9). Zum Ganzen siehe auch Fuhrmann JR 62, 321.

aa) Ob im vorliegenden Falle § 338 Nr. 8 insofern zur Anwendung gelangen kann, als schon die Ablehnung als solche eine unzulässige Beschränkung der Verteidigung bedeutete, kann dahingestellt bleiben, da, wie schon oben bemerkt, aus dem Sachverhalt nicht ersichtlich ist, ob ein gesetzlicher Ablehnungsgrund i. S. des § 244 Abs. 3 vorlag.

bb) Jedenfalls aber bedeutete das Fehlen einer Begründung für die Ablehnung des Vertagungs- bzw. Beweisantrags eine unzulässige Beschränkung der Verteidigung. Denn wäre die Entschließung des Gerichts, die Verhandlung nicht zu vertagen, dem Angeklagten mit Gründen versehen bekanntgegeben worden, dann hätte er bzw. sein

Verteidiger möglicherweise die Ablehnungsgründe widerlegen und Erklärungen abgeben können, welche geeignet waren, die Entscheidung zu beeinflussen. Es muß deshalb zugunsten des Beschwerdeführers angenommen werden, daß auf der ordnungswidrigen Behandlung des Vertagungs- bzw. Beweisantrags und der hierdurch herbeigeführten Beschränkung der Verteidigung das Urteil beruht oder, i. S. des § 338 Nr. 8 gesprochen, daß die Verteidigung in einem für die Entscheidung wesentlichen Punkt unzulässig beschränkt worden ist. (Siehe E. 23, 137.)

cc) Diese Annahme wäre nur dann unbegründet, wenn nach Sachlage festzustellen wäre, daß der Angeklagte auch bei Angabe von Gründen nicht in der Lage gewesen wäre, die Erheblichkeit der von dem Zeugen Brenneisen zu erwartenden Angaben nachzuweisen oder andere Beweisanträge für seine Behauptung zu stellen.

e) Wir kommen somit im vorliegenden Falle zu dem Ergebnis, daß die auf das Fehlen der Entscheidungsgründe gestützte Revisionsrüge an sich geeignet ist, die Aufhebung des angegriffenen Urteils wegen Verletzung einer Verfahrensnorm herbeizuführen.

2. Die Verlesung des Briefes in der Hauptverhandlung (siehe auch Nachtrag A zu Fall 3, S. 54).

a) Vorbemerkung: Allgemeines über Durchsuchung und Beschlagnahme.

aa) Die Durchsuchung (§§ 102 bis 110) ist eine behördliche Maßnahme zum Zwecke der Auffindung von Beweisstücken oder Einziehungsobjekten i. S. des § 94 oder zur Ergreifung einer Person.

Voraussetzung einer Durchsuchung ist immer, daß eine strafbare Handlung bereits begangen ist. Durchsucht werden können Wohnungen, Personen und Sachen. (NB. Ebenso wie bei der Beschlagnahme gibt es auch bei der Durchsuchung eine solche außerhalb der StPO, die sich als Maßregel der präventiven Polizei darstellt oder aus gesundheits- oder sittenpolizeilichen Gründen vorgenommen wird.)

Die wichtigste und am häufigsten vorkommende Art der Durchsuchung ist die Haussuchung (§§ 102 bis 110). Hierbei ist zu unterscheiden zwischen der Durchsuchung bei verdächtigen und bei unverdächtigen Personen. Die erstere ist in § 102, die letztere in § 103 geregelt. Zur Nachtzeit ist die Durchsuchung beschränkt (§ 104).

Zuständig zur Anordnung der Durchsuchung ist ebenso wie bei der Beschlagnahme der Richter, bei Gefahr im Verzug auch die Staatsanwaltschaft oder ein Hilfsbeamter der Staatsanwaltschaft (§ 105 Abs. 1). (In den Fällen des § 104 Abs. 2 sind auch Polizeibeamte, die nicht Hilfsbeamte der Staatsanwaltschaft sind, ohne besondere Anordnung zur Durchsuchung berechtigt, siehe Abs. 3 des § 105.) Wegen der Ausführung der Durchsuchung vgl. §§ 105 Abs. 2, 106—109.

Die Durchsuchung von Personen, die nur bei Verdächtigen zulässig ist, unterliegt nur dann den Bestimmungen der §§ 102, 103, wenn es sich um eine Durchsuchung der äußeren Oberfläche des Körpers oder der Kleidung handelt, also bei vollkommener Wahrung der Integrität. Eine körperliche Untersuchung dagegen richtet sich nach den §§ 81a—81d (siehe Fall 3, Nachtrag B, Abschn. 4d, S. 62). Besonderheiten gelten für die Durchsuchung von Dienstgebäuden und Anlagen der Bundeswehr, § 105 IV.

bb) Die Beschlagnahme.

Beschlagnahme i. S. des tatsächlichen Inbeschlagnehmens ist eine behördliche Maßnahme, durch die einzelne Gegenstände, die als Beweismittel für die Untersuchung von Bedeutung sein können oder der Einziehung unterliegen, in Verwahrung genommen oder sonst sichergestellt werden. Dieses tatsächliche Inbeschlagnehmen kann entweder in der Form einer einfachen Verwahrung oder Sicherstellung oder durch eine formelle Anordnung der Beschlagnahme erfolgen. (NB. Ebenso wie bei der Durchsuchung gibt es auch bei der Beschlagnahme eine solche außerhalb der StPO, die sich als Maßregel der präventiven Polizei darstellt, also ohne Rücksicht auf eine etwa eintretende Strafverfolgung erforderlich ist, z. B. Wegnahme einer Waffe zum Zwecke der Verhütung einer Körperverletzung.)

Die einfache Verwahrung oder Sicherstellung darf jeder Polizeibeamte, also nicht nur der Hilfsbeamte der Staatsanwaltschaft, ohne besondere Anordnung vornehmen, wenn die Gegenstände, die als Beweismittel für die Untersuchung von Bedeutung sein können oder der Einziehung unterliegen (z. B. §§ 40, 42m, 152, 245a, 295, 296 StGB), sich entweder nicht im Gewahrsam einer Person befinden (z. B. Einbrecherwerkzeug am Tatort) oder wenn sie freiwillig herausgegeben werden (§ 94 Abs. 1).

Die formelle Beschlagnahme (§§ 94—101) ist notwendig, wenn die Gegenstände, welche als Beweismittel für die Untersuchung von Bedeutung sein können oder der Einziehung unterliegen, von der Person, die sie in Gewahrsam hat, nicht freiwillig herausgegeben werden (§ 94 Abs. 2). Zuständig für die Anordnung einer solchen formellen Beschlagnahme ist an sich nur der Richter, jedoch bei Gefahr im Verzug (ebenso wie bei der Beschlagnahme) auch die Staatsanwaltschaft und ihre Hilfsbeamten. Eine besondere Form der Beschlagnahme ist nicht vorgesehen; es genügt eine diesbezügliche Erklärung an den Besitzer und die Weisung, daß er sich jeder Verfügung über die Sache zu enthalten habe (E. 18, 72). Von der Beschlagnahme ausgenommen sind bestimmte amtliche Akten (§ 96) und schriftliche Mitteilungen des Beschuldigten an Angehörige (§ 97) sowie die dem Verletzten durch die Straftat entzogenen Sachen, die immer möglichst bald dem Verletzten zurückzugeben sind (§ 111). Eine Sonderregelung ist vorgesehen für die Postbeschlagnahme, die nur vom Richter und bei

Gefahr im Verzuge von der Staatsanwaltschaft, dagegen nicht von deren Hilfsbeamten durchgeführt werden kann (siehe §§ 99, 100).

b) Der vorliegende Fall:

aa) Kriminalkommissar Benz war als Hilfsbeamter der Staatsanwaltschaft in Tätigkeit getreten und hat, da zweifellos die Gefahr bestand, daß der fragliche Brief, falls nicht sofort zugegriffen wurde, von Karl Finzer auf die Seite geschafft werde, aus eigener Initiative gehandelt. Es kann auch nicht zweifelhaft sein, daß Benz aus dem gleichen Grunde berechtigt war, die Durchsuchung ohne Zuziehung der in § 105 Abs. 2 genannten Personen (Gemeindebeamter oder zwei Gemeindemitglieder) vorzunehmen. Die Durchsuchung erfolgte bei einem Unverdächtigen (zu der Annahme, daß Karl Finzer der Teilnahme, Begünstigung oder Hehlerei verdächtig war, gibt der Tatbestand keinen Anlaß) und diente der Sicherstellung eines bestimmten Gegenstandes, nämlich des fraglichen Briefes (§ 103).

Da Karl Finzer den in seinem Gewahrsam befindlichen Brief nicht freiwillig herausgab, schritt Benz gemäß § 94 Abs. 2 zur Beschlagnahme. Da Karl Finzer gegen die Beschlagnahme Widerspruch erhoben hat, kommt § 98 Abs. 2 in Frage, wonach in einem solchen Falle die richterliche Bestätigung innerhalb von drei Tagen nachgesucht werden soll. Diese Bestimmung ist nur eine instruktionelle Vorschrift, so daß auch bei ihrer Nichtbefolgung die Beschlagnahme bestehen bleibt.

bb) Wenn es darauf ankommt, den Inhalt eines Schriftstücks zur Kenntnis der zur Urteilsfindung berufenen Personen zu bringen, so muß das Schriftstück in der Hauptverhandlung gemäß § 249 verlesen werden (Urkundenbeweis).

Der Grundsatz der Mündlichkeit wird durch eine solche Verlesung nicht berührt; denn dieser Grundsatz verbietet nur, daß vor dem erkennenden Gericht die mündliche Vernehmung einer Person über die von ihr gemachten Wahrnehmungen durch Verlesung des über eine frühere Vernehmung aufgenommenen Protokolls oder einer schriftlichen Erklärung ersetzt wird (§ 250), sofern nicht ein bestimmter gesetzlicher Grund diese Ersetzung rechtfertigt (§ 251). Siehe hierzu ausführlich BGH 20, 160.

cc) Für das schriftlich niedergelegte Geständnis des Angeklagten enthält zwar § 254 die Bestimmung, daß es verlesen werden darf, wenn es in einem richterlichen Protokoll enthalten ist, und zwar als Ersatz für die Vernehmung des betreffenden Beamten. Damit ist aber die Verlesung von anderen Schriftstücken, z. B. polizeilichen Vernehmungsprotokollen, Briefen des Angeklagten, die ein Schuldbekenntnis enthalten, nicht ausgeschlossen, wenn nur die Absicht der Ersetzung mündlicher Vernehmung durch Verlesung des Schriftstücks als ausgeschlossen gelten kann, was vor allem der Fall ist, wenn neben der Verlesung zugleich die Vernehmung des Angeklagten erfolgt. (E. 33, 36; 35, 234. Siehe auch hierzu BGH 20, 160 sowie Nachtrag A zu Fall 3.)

Eine prinzipielle Verpflichtung zur Vernehmung des Bruders des Angeklagten, statt der Verlesung des Briefes, bestand demnach an sich nicht für das Gericht.

dd) Dagegen enthält die Verlesung gerade dieses Briefes eine Verletzung des Gesetzes aus folgenden Gründen: Die Beschlagnahme des an seinen Bruder gerichteten Briefes des Angeklagten durch den Kommissar Benz bedeutete einen Verstoß gegen § 97, wonach schriftliche Mitteilungen zwischen dem Beschuldigten und denjenigen Personen, die wegen ihres Verhältnisses zu ihm nach §§ 52, 53, 53a zur Verweigerung des Zeugnisses berechtigt sind, falls sie sich in Händen der letzteren Personen befinden und diese nicht einer Teilnahme, Begünstigung oder Hehlerei verdächtig sind, nicht beschlagnahmt werden dürfen. Dabei ist der Umstand, daß zur Zeit der Beschlagnahme gegen Finzer öffentliche Klage noch nicht erhoben war, ohne Belang, da der Ausdruck „Beschuldigter" in einem weiteren, auch den Verdächtigen umfassenden Sinn zu verstehen ist.

Da die gemäß §§ 94 Abs. 2, 98 erfolgte Beschlagnahme des Briefes somit unzulässig war, durfte derselbe nach keiner Richtung als Beweismittel bei der Entscheidung in der Hauptsache verwertet werden. Da ferner nach den Gründen des Strafkammerurteils der Inhalt des gesetzwidrig beschlagnahmten und verlesenen Briefes Einfluß auf die Entscheidung in der Hauptsache gewonnen hat, das Urteil somit auf dieser Gesetzesverletzung beruht, unterliegt es an sich der Aufhebung.

3. Verletzung des Grundsatzes „ne bis in idem"

a) Wie in Fall 12 noch näher auszuführen ist, kann eine durch rechtskräftiges Urteil entschiedene Strafsache nicht nochmals zum Gegenstand eines neuen Strafverfahrens gegen denselben Angeklagten gemacht werden. Die Strafklage ist verbraucht („ne bis in idem").

Dieser Grundsatz gilt jedoch für Strafbefehle, ungeachtet des an sich entgegenstehenden Wortlauts in § 410, nur beschränkt. Nach feststehender Rechtsprechung (vgl. Fall 12 Abschn. A IV, 4, S. 158) hindert die Rechtskraft des Strafbefehls nicht, dieselbe Tat nochmals unter einem neuen rechtlichen Gesichtspunkt zu verfolgen, der im Strafbefehl nicht berücksichtigt war und eine erhöhte Strafbarkeit bedingt. Andererseits ist eine erneute Verfolgung unzulässig, wenn sich ohne Veränderung des rechtlichen Gesichtspunkts nur neue tatsächliche Gesichtspunkte ergeben, die möglicherweise zu einer höheren Bestrafung führen könnten.

b) Aus den Ausführungen zu a) ergibt sich für den vorliegenden Fall folgendes: Ein neues Verfahren wegen des Diebstahls der Kassette war nur dann zulässig, wenn sich der Kassettendiebstahl entweder gegenüber dem bereits durch Strafbefehl gesühnten Gelddiebstahl als neue Tat darstellt oder wenn zwar Tatidentität besteht, der Kassettendiebstahl sich aber unter einem neuen rechtlichen Gesichtspunkt darstellt, der im Strafbefehl nicht berücksichtigt war.

Beide Voraussetzungen liegen nicht vor. Da die Angeklagten die Kassette in einem engen örtlichen und zeitlichen Zusammenhang mit dem Geld aus der Ladenkasse entwendeten (der Diebstahl wurde bei der gleichen Gelegenheit an derselben Stelle ausgeführt), wird man sowohl materiellrechtlich als auch prozessual Tateinheit annehmen müssen. Es ist daher weiter zu prüfen, ob sich der Kassettendiebstahl im Gegensatz zu dem bereits durch Strafbefehl gesühnten Gelddiebstahl nicht nur als einfacher Diebstahl, sondern als schwerer Diebstahl darstellt. Diese Frage war lange bestritten. Sie wurde schließlich vom Bundesgerichtshof in BGH 14, 291 dahin entschieden, daß bei der Tatbestandsalternativen „mittels Erbrechens von Behältnissen“ ein schwerer Diebstahl i. S. von § 243 Nr. 2 StGB nur dann in Betracht kommt, wenn der Täter das Behältnis in dem Gebäude oder umschlossenen Raum aufbricht, in dem er es entwendet hat. Der Tb. ist dagegen nicht erfüllt, wenn der Täter das Behältnis — wie im vorliegenden Fall — erst zu Hause aufbricht. Hieraus folgt, daß sich auch der Kassettendiebstahl nur als einfacher Diebstahl darstellt und daher kein neues Verfahren rechtfertigt.

Bei dieser Sachlage könnte allenfalls gegen Finzer ein neues Verfahren eingeleitet werden, wenn dieser, entsprechend der Annahme der StA, rückfallbegründend vorbestraft wäre. In diesem Falle wäre § 244 StGB der neue rechtliche Gesichtspunkt, der im Strafbefehl nicht berücksichtigt war und zu einer höheren Strafbarkeit führen könnte. Da aber nach den Urteilsgründen die Rückfallvoraussetzungen nicht vorliegen, durfte auch er nicht nochmals verurteilt werden. Das Verfahren hätte vielmehr eingestellt werden müssen. Das Urteil der Strafkammer bedeutet daher einen Verstoß gegen den Grundsatz „ne bis in idem“.

III. Wie wird das Revisionsgericht entscheiden?

1. Die Revisionsrügen

a) Die beiden ersten Rügen:

aa) Sie beziehen sich auf reine Verfahrensnormen. Sie können zur Aufhebung des Urteils daher nur führen, wenn der fragliche Verstoß, wie es im vorliegenden Falle geschehen ist, ausdrücklich gerügt wird und die Tatsachen angeführt werden, die die Verletzung der Verfahrensnormen ergeben. (Siehe die Erörterungen oben in Abschn. A VII 1, S. 123.)

bb) Da keiner der Fälle des § 338 (absolute Revisionsgründe) vorliegt, ist weiter zu prüfen, ob das Urteil der Strafkammer auf der Gesetzesverletzung beruht (§ 337 Abs. 1), d. h. ob die Möglichkeit besteht, daß die Gesetzesverletzung Einfluß auf das Urteil gewonnen hat.

Diese Frage ist bezüglich der zweiten Rüge (Verlesung des fraglichen Briefes) ohne weiteres zu bejahen. Aber auch bezüglich der ersten Gesetzesverletzung (Ablehnung des Vertagungsantrages ohne Gründe) dürften die Voraussetzungen des § 337 erfüllt sein. (Siehe die Ausführungen in Abschn. II 1, S. 128f.)

Wir kommen somit zu dem Ergebnis, daß schon die beiden ersten Verfahrensverstöße zur Aufhebung des Urteils der Strafkammer nebst den zugrundeliegenden tatsächlichen Feststellungen und zu einer Zurückverweisung gemäß § 354 Abs. 2 führen müßten, wenn das Verfahren im übrigen in Ordnung ginge.

b) Bei dem Grundsatz „ne bis in idem", dessen Verletzung mit der dritten Rüge geltend gemacht wird, handelt es sich um ein Verfahrenshindernis, das in jeder Lage des Verfahrens von Amts wegen zu prüfen ist und in der Revisionsinstanz auch ohne Rüge des Revisionsführers gemäß § 354 Abs. 1 zur Einstellung des Verfahrens führt (vgl. Fall 7 Abschn. B V 2 sowie Nachtrag zu Fall 7).

2. Die Fristversäumnis in der Revisionseinlegung des Finzer.

a) Es handelt sich hier um eine sog. gesetzliche Erklärungsfrist (siehe Fall 10, Abschn. A I 1, S. 143).

Eine solche ist nur dann gewahrt, wenn innerhalb derselben entweder die Erklärung bei dem zuständigen Gericht zu Protokoll gegeben oder ein die Erklärung enthaltendes Schriftstück bei diesem Gericht eingegangen, d. h. in die Hände eines in Vertretung des Gerichts zur Empfangnahme eingehender Schriftstücke berufenen Beamten gelangt ist.

b) Nach § 341 muß die Revision bei dem Gericht, dessen Urteil angefochten wird, binnen einer Woche nach Verkündung des Urteils zu Protokoll der Geschäftsstelle oder schriftlich eingelegt werden, vorausgesetzt, daß, wie im vorliegenden Falle, der Angeklagte bei der Verkündung anwesend war. (Andernfalls beginnt die Frist erst mit der Zustellung des Urteils, § 341 Abs. 2.)

Da das Urteil am 16. August 1965 verkündet worden ist, Finzers Revisionseinlegung vom 23. August aber erst am 24. August bei Gericht eingekommen ist (der letzte rechtzeitige Termin wäre gemäß § 43 der 23. August gewesen), hat die Revisionseinlegung als nicht rechtzeitig zu gelten. Es hätte schon die Strafkammer die Revision des Angeklagten Finzer durch Beschluß gemäß § 346 als unzulässig verwerfen müssen.

c) Da dieser Mangel aber von dem Vorderrichter übersehen wurde, hätte an sich nunmehr das Revisionsgericht gemäß § 349 die Revision des Finzer durch Beschluß als unzulässig verwerfen können; da wir uns aber schon im Stadium der Hauptverhandlung befinden, muß die Verwerfung durch Urteil ausgesprochen werden. Die Frage, ob das Verfahren nicht wegen des Verstoßes gegen den Grundsatz „ne bis in idem" einzustellen ist (s. o. II 3 und III 1 b) darf bei dieser Sachlage überhaupt nicht mehr geprüft werden, da nur ein zulässiges und wirksam angebrachtes Rechtsmittel dem übergeordneten Gericht die Befugnis verleiht, ein angefochtenes Urteil zu überprüfen und erforderlichenfalls in seinen Bestand einzugreifen (BGH 16, 115 gegen BGH 15, 203).

3. Die Zurücknahme der Revision für Finzer.

a) Eine bestimmte Form für die Zurücknahme eines Rechtsmittels nach § 302 ist im Gesetz nicht vorgeschrieben; es gilt daher das gleiche wie für die Einlegung der Rechtsmittel; sie muß schriftlich oder zu Protokoll der Geschäftsstelle abgegeben werden (E. 32, 279).

b) Bezüglich der Frage, ob eine durch Telegramm abgegebene Erklärung als schriftlich im Sinne des Gesetzes anzusehen sei, siehe oben Abschn, B I 1 b.

c) Gemäß § 302 Abs. 2 bedarf aber der Verteidiger zur Zurücknahme eines Rechtsmittels (und nach E. 64, 164 auch zum Verzicht auf ein solches) einer ausdrücklichen Ermächtigung; diese kann schon im voraus, d. h. vor der Einlegung wirksam erteilt werden (E. 24, 142), wobei bestritten ist, ob die allgemeine Ermächtigung zur Zurücknahme von Rechtsmitteln ausreicht. (Siehe BGH 10, 245.)

Jedenfalls liegt im vorliegenden Falle keine Ermächtigung vor, da lt. Sachverhalt Rechtsanwalt Fischer inhaltlich seiner in erster Instanz vorgelegten Vollmacht nur zur Einlegung von Rechtsmitteln befugt war.

Die telegraphische Zurücknahme der Revision des Rechtsanwalts Fischer bezüglich des Angeklagten Finzer ist demnach rechtsunwirksam.

Bezüglich dieses Angeklagten hätte also, falls nicht die Voraussetzungen des § 357 vorliegen (siehe unten Abschn. 5), das Urteil des Revisionsgerichtes lauten müssen: Die Revision des Angeklagten Rudolf Finzer gegen das Urteil der Strafkammer Mannheim vom 16. August 1965 wird als unzulässig verworfen; der Angeklagte hat die Kosten zu tragen.

(NB. Hätte eine rechtswirksame Zurücknahme der Revision vorgelegen — die nach § 303 erforderliche Zustimmung des Staatsanwalts war ja erteilt worden —, so wäre die an sich wegen verspäteter Revisionseinlegung gebotene Verwerfung der Revision nicht mehr zulässig gewesen; die Revision hätte dann vielmehr als durch die Zurücknahme erledigt erklärt werden müssen [siehe E. 55, 214], und das Urteil der Strafkammer wäre im Augenblick der Zurücknahme der Revision rechtskräftig geworden.)

4. Die Entscheidung bezüglich Brunner.

Da dieser Angeklagte rechtzeitig Revision eingelegt hatte, muß das Revisionsgericht (BGH) wegen der Verletzung des Grundsatzes „ne bis in idem" seine Entscheidung dahin treffen, daß das Urteil der Strafkammer aufzuheben und das Verfahren einzustellen ist unter Auferlegung der Kosten auf die Staatskasse.

Die rechtliche Situation wäre nun also folgende: Der Angeklagte Finzer wäre rechtskräftig zu einer Gefängnisstrafe von 1 Jahr 2 Monaten verurteilt, während das Verfahren gegen Brunner eingestellt werden müßte. Ein solches Ergebnis würde aber mit dem Grundsatz der Gerechtigkeit nicht vereinbar sein. Einen Ausweg schafft die Bestimmung des im folgenden Abschnitt erörterten § 357.

5. Die Wirkung des gegen Brunner ergangenen Urteils auf die prozessuale Rechtslage des Finzer.

a) § 357 lautet: „Erfolgt zugunsten eines Angeklagten die Aufhebung des Urteils wegen Gesetzesverletzung bei Anwendung des Strafgesetzes und erstreckt sich das Urteil, soweit es aufgehoben wird, noch auf andere Angeklagte, die nicht Revision eingelegt haben, so ist zu erkennen, als ob sie gleichfalls Revision eingelegt hätten".

Es handelt sich also hier um einen der Ausnahmefälle, in denen nach der Strafprozeßordnung ein zuungunsten eines Angeklagten bereits rechtskräftig gewordenes Urteil zu dessen Gunsten trotz der eingetretenen Rechtskraft noch aufgehoben werden kann.

Der § 357 ist eine Billigkeitsvorschrift, durch die verhindert werden soll, daß bei sonst gleicher Lage ein Mitangeklagter, der Revision einlegt, ein günstigeres Ergebnis erzielt als ein anderer Mitangeklagter, der sich bei dem ersten Urteil beruhigt (E. 71, 215). Nach erfolgter Aufhebung des Urteils ist ein solcher Mitangeklagter in jeder Beziehung so zu behandeln, als wenn er selbst Revision eingelegt hätte. Es findet also auch das Verbot der reformatio in peius (§ 358 Abs. 2) auf ihn Anwendung.

b) Die Voraussetzungen dieser Gesetzesstelle sind folgende:

aa) Identität der Tat, d. h. die Aufhebung des Urteils kann nur solchen Angeklagten zustatten kommen, welche nach der erstrichterlichen Feststellung bei derjenigen Tat beteiligt waren, auf welche sich die Revision bezieht und bezüglich deren das erste Urteil aufgehoben wird; es ist also erforderlich ein Zusammenhang i. S. des § 3 (E. 6, 260; 72, 24).

bb) Gesetzesverletzung bei Anwendung des Strafgesetzes.

Ursprünglich hat man im Hinblick auf die Fassung des § 357 angenommen, daß diese Gesetzesstelle nur dann Platz greife, wenn das fragliche Urteil auf einer unrichtigen Anwendung des sachlichen Rechts beruht. Nach der späteren reichsgerichtlichen Rechtsprechung (siehe E. 68, 18; 71, 251) trifft § 357 auch den Fall, daß die von Amts wegen vorzunehmende Prüfung der Verfahrensvoraussetzungen ergibt, daß das Verfahren sowohl gegenüber dem Beschwerdeführer als auch gegenüber einem Mitangeklagten, der keine Revision eingelegt hat, unzulässig ist, z. B. wenn ein Straffreiheitsgesetz nicht beachtet ist oder der Eröffnungsbeschluß fehlt. Der Bundesgerichtshof hat diese Rechtsprechung übernommen (BGH 10, 141). Von dem Geltungsbereich des § 357 ist also nur die auf besondere Rüge zu beachtende Verletzung einer reinen Rechtsnorm über das Verfahren ausgeschlossen.

cc) Gleicher Revisionsgrund für die anderen Angeklagten, d.h. es muß die bezüglich des Revisionsführers vorliegende Gesetzesverletzung ohne weiteres auch die Urteilsaufhebung bezüglich des anderen Angeklagten begründen.

c) Da im vorliegenden Falle die drei Voraussetzungen gegeben sind, und da den Angeklagten, welche die Revision nicht eingelegt haben, diejenigen gleichzuachten sind, die das Rechtsmittel zwar eingelegt, später aber wieder zurückgenommen haben, oder bezüglich deren das Rechtsmittel gemäß § 349 als unzulässig verworfen worden ist (E. 40, 220), ist das Revisionsgericht verpflichtet, die Aufhebung des Urteils auch gegenüber dem Angeklagten Finzer auszusprechen.

Das Urteil des Revisionsgerichts hat also zu lauten: Auf die Revision des Angeklagten Brunner wird das Urteil der Strafkammer Mannheim vom 16. August 1965 in vollem Umfange, gemäß § 357 auch, soweit es den Angeklagten Finzer betrifft, aufgehoben. Das Verfahren gegen beide Angeklagte wird eingestellt; die Kosten trägt die Staatskasse.

Nachtrag

Die Beweisaufnahme und deren Umfang

A.

Beweisanträge vor der Hauptverhandlung (§ 219)

I. Der BGH hat den Begriff des Beweisantrags in BGH 6, 129 wie folgt definiert: „Ein Beweisantrag ist das Begehren eines Prozeßbeteiligten, über eine bestimmte Tatsache ein nach der Prozeßordnung zulässiges bestimmtes Beweismittel zu verwerten". Jeder Beweisantrag muß also ein genau bestimmtes Beweisthema und ein genau bestimmtes Beweismittel bezeichnen.

Von den Beweisanträgen i. e. S. sind streng zu unterscheiden die Beweisermittlungsanträge. Diese enthalten nur eine Anregung an das Gericht, in bestimmter Richtung Beweise zu erheben, z. B. Gerichtsakten beizuziehen (BGH 6, 128). Solche Beweisermittlungsanträge müssen zwar nicht durch besonderen Beschluß formell entschieden werden; ihre Übergehung in der Hauptverhandlung kann jedoch einen Verstoß gegen die sich aus § 244 II ergebende Aufklärungspflicht darstellen.

II. Grundsätzlich hat das erkennende Gericht nur einen Beweisantrag zu berücksichtigen, der in der Hauptverhandlung vorgetragen wird (E. 61, 376).

III. Verlangt der Angeklagte vor der Hauptverhandlung die Ladung von Zeugen oder Sachverständigen oder die Herbeischaffung anderer Beweismittel zur Hauptverhandlung, so hat er unter Angabe der Tatsachen, über welche der Beweis erhoben werden soll, seine Anträge bei dem Vorsitzenden des Gerichts zu stellen. Dieser hat darüber zu entscheiden und seine Verfügung dem Angeklagten bekannt zu machen (§ 219).

1. Der Vorsitzende kann einen solchen Antrag aus den in § 244 III genannten Gründen (mit Ausnahme der Wahrunterstellung, über die nur in der Hauptverhandlung entschieden werden kann) ablehnen (BGH 1, 51).

a) Eine solche Ablehnung vor der Hauptverhandlung kann aber immer nur eine vorläufige Entscheidung sein. Die endgültige Entscheidung hierüber unterliegt ausschließlich dem Ermessen des erkennenden Gerichts.

b) Die Revision kann grundsätzlich nicht darauf gestützt werden, daß der Vorsitzende allein vor der Hauptverhandlung einen Beweisantrag zu Unrecht abgelehnt habe. Wünscht der Angeklagte, daß der Beweis trotz der Ablehnung des Antrags durch den Vorsitzenden erhoben werde, so muß er seinen Antrag in der Hauptverhandlung wiederholen und damit dem erkennenden Gericht zur Entscheidung unterbreiten (E. 75, 165).

2. Ein Bescheid des Vorsitzenden dahin, daß über einen gemäß § 219 gestellten Antrag des Angeklagten in der Hauptverhandlung entschieden werde, entspricht an sich nicht der Vorschrift des § 219. Trotzdem kann eine diesbezügliche Verfahrensrüge dann keinen Erfolg haben, wenn aus dem Bescheid zu erkennen ist, daß der Vorsitzende es ablehne, gemäß § 219 weiteres zu veranlassen, und daß er dem Angeklagten anheimgebe, seine Beweisanträge in der Hauptverhandlung vorzubringen.

3. Unzulässig ist aber ein solcher Bescheid und kann die Aufhebung des Urteils zur Folge haben, wenn in dem Angeklagten durch den Bescheid der Irrtum hervorgerufen wurde, er brauche seinen Antrag in der Hauptverhandlung nicht zu wiederholen, es werde keinesfalls eine ihm ungünstige Entscheidung ergehen, ohne daß das erkennende Gericht vorher über den an den Vorsitzenden gerichteten Antrag entscheide (E. 61, 376). Dieser Fall wird vor allem dann gegeben sein, wenn der Angeklagte rechtlich nicht erfahren war und keinen Verteidiger hatte. (Siehe zu diesem Fragenkomplex die eingehenden Ausführungen in BGH 1, 286.)

B.

Die Beweisaufnahme in der Hauptverhandlung

I. Der die ganze Beweisaufnahme beherrschende Grundsatz des § 244 Abs. 2 lautet: Das Gericht hat zur Erforschung der Wahrheit die Beweisaufnahme von Amts wegen auf alle Tatsachen und Beweismittel zu erstrecken, die für die Entscheidung von Bedeutung sind.

Diese gesetzliche Aufklärungspflicht, die auch in § 155 Abs. 2 dem Gericht auferlegt ist, kann u. U. zu dem Ergebnis führen, daß zwar die Ablehnung eines bestimmten Beweisantrags gerechtfertigt sein mag, daß aber der Tatrichter zugleich von Amts wegen zu prüfen haben kann, ob eine andere Aufklärungsmöglichkeit zur Verfügung steht, die möglicherweise zu einem Erfolg führen könnte. Die Nichtbenutzung eines solchen Beweismittels kann einen Verstoß gegen die Vorschrift des § 244 Abs. 2 darstellen (siehe E. 74, 147; 75, 11; BGH 2, 163; 3, 30, 169 und 175).

II. Im übrigen ist, soweit es sich um präsente Beweismittel handelt, der Umfang der Beweisaufnahme in § 245 zwingend vorgeschrieben.

1. Sie muß sich erstrecken auf sämtliche vorgeladenen Zeugen und Sachverständigen, soweit sie erschienen sind (§ 245 Satz 1).

a) Die erste Voraussetzung für diese zwingende Vorschrift ist also, daß die Zeugen und Sachverständigen geladen sind.

aa) Dabei ist es gleichgültig, ob die Ladung vom Gericht oder vom Angeklagten gemäß § 220 Abs. 1 bewirkt wurde und ob die Ladung vor oder erst während der Hauptverhandlung erfolgt (§ 245 Satz 2).

bb) Dagegen kann die zwingende Vorschrift des § 245 Satz 1 keine Anwendung finden auf gestellte Personen, d.h. solche, die nicht geladen, sondern einfach zur Sitzung mitgebracht worden sind. Bezüglich dieser hat das Gericht die Erheblichkeit der Vernehmung zu prüfen und kann gegebenfalls die Vernehmung wegen Unerheblichkeit ablehnen. Denn die Bestimmung des § 245 würde dem größten Mißbrauch ausgesetzt sein, wenn der Angeklagte einen unbedingten Anspruch auf Vernehmung aller derjenigen Personen hätte, die er im Laufe der Hauptverhandlung, womöglich aus dem Zuschauerraum, herbeiholt.

b) Es ist ferner erforderlich, daß die geladenen Zeugen und Sachverständigen auch erschienen sind, d.h. daß sie sich mindestens noch in einem Stadium des Prozesses gemeldet haben, in welchem die Vernehmung noch erfolgen kann.

Will ein Prozeßbeteiligter einen geladenen, aber nicht erschienenen, oder einen geladenen und erschienenen, aber nach seiner Vernehmung bereits wieder entlassenen Zeugen oder Sachverständigen vernommen haben, so muß er in der Hauptverhandlung die Ladung beantragen; für diesen Antrag gilt dann die Bestimmung des § 244 Abs. 3.

2. Die Beweisaufnahme muß sich ferner auf alle anderen herbeigeschafften Beweismittel erstrecken, so insbesondere auf Augenscheinsgegenstände (Überführungsstücke), Urkunden, Protokolle, insbesondere über kommissarische Vernehmungen und Augenscheinseinnahme.

3. Eine Abstandnahme von der Erhebung herbeigeschaffter Beweise (geladene und erschienene Zeugen und Sachverständige und sonstige Beweismittel) ist nur dann statthaft, wenn die Beweiserhebung unzulässig oder nach der Überzeugung des Gerichts zum Zwecke der Prozeßverschleppung beantragt ist (§ 245 Satz 1) oder wenn die Staatsanwaltschaft und der Angeklagte mit der Abstandnahme einverstanden sind (§ 245 Satz 3).

III. Die Ablehnung eines Beweisantrags (§ 244 Abs. 3).

1. Ein Beweisantrag muß abgelehnt werden, wenn die Erhebung unzulässig ist (z. B. Verlesung einer Urkunde entgegen der Bestimmung des § 251).

2. Die Erhebung eines Beweises darf abgelehnt werden:

a) wenn sie wegen Offenkundigkeit überflüssig ist. Der Begriff der Offenkundigkeit wird vom BGH in BGH 6, 293 wie folgt definiert: „Offenkundig sind zunächst die allgemein bekannten Tatsachen. Darunter sind solche Vorgänge zu verstehen, von denen verständige Menschen regelmäßig Kenntnis haben oder über die sie sich aus zuverlässigen Quellen ohne besondere Fachkunde sicher unterrichten können. Diese Allgemeinkundigkeit kann sich auch auf einen bestimmten Kreis von Personen oder eine bestimmte Ortschaft beschränken, wie z.B. hinsichtlich der besonderen Verkehrsverhältnisse in einer Gemeinde. Als offenkundig haben ferner die gerichtskundigen Tatsachen zu gelten. Gerichtskundig in diesem Sinne ist, was der Richter im Zusammenhang mit seiner amtlichen Tätigkeit zuverlässig in Erfahrung gebracht hat".

b) wenn die Tatsache, die bewiesen werden soll, für die Entscheidung ohne Bedeutung ist, d.h. für die Beurteilung der Schuld- und Straffrage überhaupt nicht in Betracht kommt,

c) wenn die zu erweisende Tatsache schon erwiesen ist,

d) wenn das Beweismittel völlig ungeeignet ist (z.B. Geisteskrankheit des Zeugen),

e) wenn das Beweismittel unerreichbar ist (z.B. Unauffindbarkeit des Zeugen),

f) wenn der Antrag zum Zwecke der Prozeßverschleppung gestellt ist (siehe BGH 1, 29) und schließlich,

g) wenn eine erhebliche Behauptung, die zur Entlastung des Angeklagten bewiesen werden soll, so behandelt werden kann, als wäre die behauptete Tatsache wahr. (Siehe hierzu BGH 1, 137: Behauptet der Täter, zur Tat angestiftet zu sein, und bietet er Beweis dafür an, so darf diese Behauptung im allgemeinen nicht als wahr unterstellt werden, sondern muß aufgeklärt werden, weil erst der wirkliche Hergang in der Regel Aufschluß über das Schuldmaß des Täters gibt, das die Strafzumessung mitbestimmt.)

3. Unzulässig ist die Ablehnung eines Beweisantrags, als gegen das Verbot der Vorwegnahme des Beweisergebnisses verstoßend, mit der Begründung,

a) daß durch das Verhandlungsergebnis, insbesondere durch andere gehörte Zeugen, bereits das Gegenteil der zu beweisenden Tatsache bewiesen sei (E. 47, 105),

b) daß die zu beweisende Tatsache mit dem Ergebnis eines anderen Beweismittels in Widerspruch steht,

c) daß der Wert des Beweismittels zweifelhaft erscheine (E. 56, 134), insbesondere, daß ein Verdacht gegen die Glaubwürdigkeit des Zeugen (z. B. nahe Verwandtschaft mit dem Angeklagten) vorliege (E, 63, 332),

d) daß das Gericht sich bereits eine Überzeugung von der Sachlage verschafft habe (E. 44, 294).

Schließlich darf nach der ausdrücklichen Bestimmung des § 246 Abs. 1 eine Beweiserhebung nicht deshalb abgelehnt werden, weil das Beweismittel oder die zu beweisende Tatsache zu spät vorgebracht worden ist. Es muß daher jeder im Laufe der Verhandlung gestellte Beweisantrag sachlich geprüft werden. Formell unzulässig wird das Vorbringen neuer Beweisanträge erst mit Beginn der Verkündung des Urteils (E. 59, 420). (Siehe aber die Bestimmung in § 246 Abs. 2 u. 3, wo dem Gedanken Rechnung getragen wird, daß jeder Prozeßbeteiligte dagegen geschützt sein soll, daß neue, ihm bisher nicht bekannte Beweise gegen ihn verwertet werden, ohne daß ihm die Möglichkeit gegeben ist, die Widerlegung derselben vorzubereiten.)

4. In allen Fällen bedarf die Ablehnung eines Beweisantrags eines Gerichtsbeschlusses, der vor Schluß der Beweisaufnahme zu verkünden und zu begründen ist (§ 244 Abs. 6).

5. Eventualanträge sind Anträge, die hilfsweise für den Fall gestellt werden, daß der Angeklagte nicht freigesprochen wird. Ein solcher Antrag braucht erst in den Urteilsgründen beschieden zu werden (E. 29, 438; 62, 76).

IV. Eine Sonderregelung besteht für Privatklagesachen. Hier ist gemäß § 384 Abs. 3 der Umfang der Beweisaufnahme in das Ermessen des Gerichts gestellt.

V. Besonders vorgeschrieben ist für alle Gerichte die Vernehmung eines Arztes als Sachverständigen über den geistigen und körperlichen Zustand des Angeklagten, wenn damit zu rechnen ist, daß die Unterbringung in einer Heil- oder Pflegeanstalt, einer Trinkerheilanstalt oder einer Entziehungsanstalt angeordnet werden wird (§ 246a). Hat der Sachverständige den Angeklagten nicht schon früher untersucht, so „soll" ihm nach § 246a Satz 2 vor der Hauptverhandlung dazu Gelegenheit gegeben werden. Das Gesetz geht hierbei von der Erwägung aus, daß eine rein aktenmäßige Beurteilung von Tat und Täter keine zuverlässige Grundlage für das vom Sachverständigen zu erstattende Gutachten und damit für die Entscheidung des Gerichts bietet. In der Hauptverhandlung selbst kann sich der Sachverständige schon deshalb kein abschließendes Bild von der Person des Angeklagten machen, da dieser in der Verhandlung im Bewußtsein ihrer Bedeutung erfahrungsgemäß kaum aus sich herausgeht oder aber versucht, sich zu verstellen. Die vorherige Untersuchung des Angeklagten durch den medizinischen Sachverständigen muß daher über den Wortlaut des § 246a Satz 2 hinaus als zwingende Voraussetzung für die Einweisung in eine Heil- oder Pflegeanstalt angesehen werden (vgl. BGH 9, 1 im Anschluß an E. 68, 198, 327; 69, 129).

Im übrigen enthält die StPO bezüglich des Sachverständigenbeweises in § 244 Abs. 4 folgende Bestimmung: Ein Beweisantrag auf Vernehmung eines Sachverständigen kann, soweit nichts anderes bestimmt ist, auch abgelehnt werden, wenn das Gericht selbst die erforderliche Sachkunde besitzt (BGH 3, 27, 52; 12, 18). Die Anhörung eines weiteren Sachverständigen kann auch dann abgelehnt werden, wenn durch das frühere Gutachten das Gegenteil der behaupteten Tatsache bereits erwiesen ist; dies gilt nicht, wenn die Sachkunde des früheren Gutachtens zweifelhaft ist, wenn sein Gutachten von unzutreffenden tatsächlichen Voraussetzungen ausgeht, wenn das Gutachten Widersprüche enthält oder wenn der neue Sachverständige über Forschungsmittel verfügt, die denen eines früheren Gutachtens überlegen erscheinen. (Siehe hierzu BGH 2, 164; 10, 116.)

VI. Ein Beweisantrag auf Einnahme eines Augenscheins kann abgelehnt werden, wenn der Augenschein nach dem pflichtgemäßen Ermessen des Gerichts zur Erforschung der Wahrheit nicht erforderlich ist (§ 244 Abs. 5). (Siehe auch Fall 3, Nachtrag B, S. 61 ff.)

ZU FALL 10

A.

Vorbemerkung: Allgemeines über die Wiedereinsetzung in den vorigen Stand

1. Die StPO gewährt in §§ 44ff. den Rechtsbehelf der Wiedereinsetzung gegen die Versäumung prozessualer Fristen.

a) Als Frist gilt der Zeitraum, innerhalb dessen eine bestimmte Prozeßhandlung vorgenommen werden kann oder muß.

b) Die §§ 44ff. beziehen sich nur auf gerichtliche Fristen, d. h. auf Fristen, die bei Gericht einzuhalten sind, nicht auch auf sonstige Fristen, z. B. die Fristen im Klageerzwingungsverfahren (§ 172 Abs. 1 und 2) und die Antragsfrist des § 61 StGB (vgl. Fall 2, Abschn. B VI 2, S. 25 sowie Schwarz-Kleinknecht § 44 Anm. 1 m. weit. Nachw.).

c) Innerhalb der gerichtlichen Fristen macht es keinen Unterschied, ob es sich um gesetzliche oder um richterliche Fristen handelt.

aa) Zu den gesetzlichen Fristen gehören vor allem die Fristen zur Einlegung und Begründung von Rechtsmitteln (vgl. §§ 311 Abs. 2, 314 Abs. 1, 317, 341 Abs. 1, 345 Abs. 1);

bb) Zu den richterlichen Fristen gehört z. B. die Erklärungsfrist des § 201.

2. Wegen der Berechnung der Fristen siehe §§ 42, 43, wobei nach der Neufassung des § 43 Abs. 2 durch das Gesetz v. 10. 8. 1965 (BGBl. I 753) zu beachten ist, daß eine Frist, deren Ende auf einen Sonntag, einen allgemeinen Feiertag oder einen Sonnabend (Samstag) fallen würde, erst mit Ablauf des nächsten Werktags endet.

II. Ausnahmsweise ist Wiedereinsetzung auch gegen Versäumung einer Hauptverhandlung, also eines Termins gegeben, und zwar in folgenden vier Fällen:

1. § 235: Hauptverhandlung I. Instanz ohne Anwesenheit des Angeklagten gemäß § 232. Der Angeklagte hat hier zwei Rechtsbehelfe, nämlich Wiedereinsetzung nach § 235 oder die Anfechtung nach § 315 (Berufung) bzw. 342 (Revision). Erfolgt die Anfechtung nicht innerhalb der einwöchigen Frist in Verbindung mit oder nach dem Antrag auf Wiedereinsetzung, so gilt das als Verzicht auf die Anfechtung. Erfolgt nur Anfechtung, so kann der Antrag auf Wiedereinsetzung auch innerhalb der Frist nicht nachgeholt werden (§ 315 III bzw. § 342 III). Der Angeklagte kann also innerhalb der einwöchigen Frist zuerst Wiedereinsetzung beantragen und später Berufung bzw. Revision. Legt er zunächst nur Berufung ein, dann kommt ein Wiedereinsetzungsantrag nicht mehr in Frage.

2. § 329 II: Ausbleiben des Angeklagten in der Berufungsinstanz. Gegen dieses Urteil hat der Angeklagte außerdem das Rechtsmittel der Revision (§ 333). (Gegen Versäumung der Hauptverhandlung vor dem Revisionsgericht gibt es keine Wiedereinsetzung, weil dort die Anwesenheit des Angeklagten oder eines Vertreters nicht erforderlich ist, § 350.)

3. § 391 IV: Ausbleiben des Privatklägers in I. oder II. Instanz.

4. § 412: Ausbleiben des Angeklagten in der Einspruchsverhandlung (nach Strafbefehl), in der der Einspruch gemäß § 412 Abs. 1 verworfen worden ist. (Siehe aber § 412 Abs. 2.)

Für diese vier Fälle gilt ferner folgendes:

a) Die Vorschriften über die Fristversäumnis gelten entsprechend mit der Maßgabe, daß § 45 II selbstverständlich ausscheidet.

b) Wird dem Antrag auf Wiedereinsetzung stattgegeben, so ist damit das erste Urteil aufgehoben, und eine neue Hauptverhandlung ist anzuberaumen.

c) Die Wiedereinsetzung gegen die Versäumung der Hauptverhandlung ist lediglich davon abhängig, daß der Antragsteller infolge unabwendbaren Zufalls an der Einhaltung des Termins verhindert war; es ist also nicht erforderlich, daß der Antragsteller verhindert war, sein Nichterscheinen zur Hauptverhandlung rechtzeitig zu entschuldigen.

III. Die Wiedereinsetzung des § 44 ist kein Rechtsmittel; die §§ 296 ff. finden daher auf sie keine Anwendung.

Die Wiedereinsetzung dient nicht dem Zwecke, eine gerichtliche Entscheidung anzufechten und ihre Nachprüfung zu veranlassen, sondern sie will der Prozeßpartei eine Handhabe bieten, sich gegen die sie unverschuldet treffenden Folgen zu wehren, welche das Gesetz an die Verabsäumung einer gesetzlichen oder richterlichen Frist knüpft. Das Institut will der Partei die Möglichkeit verschaffen, eine versäumte Prozeßhandlung noch nachzuholen mit der Wirkung der Rechtzeitigkeit. Daraus nun, daß die Nachholung eines prozessualen Aktes lediglich von dem Willen der Prozeßpartei abhängt, folgt, daß die Wiedereinsetzung in den vorigen Stand zu den persönlichen prozessualen Befugnissen gehört, welche nur von demjenigen ausgeübt werden können, welcher ihre Folgen für sich beansprucht. Daraus folgt, daß weder von Amts wegen eine Wiedereinsetzung gewährt werden kann (E. 76, 178) noch daß der Staatsanwaltschaft, ebensowenig wie sie in der Lage ist, die versäumte Prozeßhandlung für den Angeklagten nachzuholen, ein Recht zusteht, das dem Angeklagten gewährte Prozeßrecht der Wiedereinsetzung auszuüben (E. 22, 32). Dagegen kann die Staatsanwaltschaft, wie jeder Prozeßbeteiligte, die Wiedereinsetzung zu eigenen Gunsten in Anspruch nehmen. (Siehe hierzu E. 67, 265.)

IV. Die Versäumnisgründe sind glaubhaft zu machen (§ 45 I). Hierunter ist die Erbringung eines nach billigem Ermessen zur Entscheidung genügenden Maßes von Wahrscheinlichkeit zu verstehen. Dies kann z. B. durch Vorlage eidesstattlicher Versicherungen oder anderer Erklärungen von Zeugen geschehen, und zwar ohne Rücksicht darauf, ob diese Beweismittel sonst zur Erbringung vollen Beweises über die Tat- und Schuldfrage im Strafprozeß genügend und zulässig sind (E. 28, 8). (Siehe auch §§ 26, 56.)

V. Das Gesuch hindert die Vollstreckung einer gerichtlichen Entscheidung nicht. Das Gericht kann jedoch, und zwar auch von Amts wegen, einen Aufschub der Vollstreckung anordnen (§ 47).

VI. Wegen der übrigen Erfordernisse, vor allem wegen des Begriffs „unabwendbarer Zufall", siehe den folgenden Abschn. B.

B.

Lösung des Falles

I. War die Wiedereinsetzung sachlich gerechtfertigt und fristgemäß?

1. Vorbemerkung: Was als „unabwendbarer Zufall" i. S. des § 44 anzusehen ist, läßt sich nicht erschöpfend bestimmen; das Gesetz begnügt sich deshalb damit, die Naturereignisse als die hier hauptsächlich in Betracht kommenden Zufälle beispielsweise anzuführen. Im übrigen entscheidet das richterliche Ermessen darüber, ob dasjenige Vorkommnis, auf welches das Gesuch um Wiedereinsetzung gestützt wird, einen unabwendbaren Zufall darstellt.

Nach der Ansicht des Reichsgerichts ist unter einem unabwendbaren Zufall ein Ereignis zu verstehen, das unter den gegebenen nach der Besonderheit des Falles zu berücksichtigenden Umständen auch durch die äußerste diesen Umständen angemessene und vernünftigerweise zu erwartende Sorgfalt nicht abgewendet werden kann (E. 40, 120). In Betracht kommen also vor allem plötzliche Erkrankung oder Verhinderung durch einen Unglücksfall; ferner gilt immer als „unabwendbarer Zufall" ein amtliches Verschulden wie z.B. verspätete Leerung des gerichtlichen Briefkastens oder Entgegennahme der Revisionsbegründung durch einen unzuständigen Urkundsbeamten oder wenn dieser bei Abgabe der Revisionsbegründung den Angeklagten über die gesetzlichen Erfordernisse überhaupt nicht oder falsch belehrt (siehe E. 67. 197). Als „unabwendbarer Zufall" wird vom Gesetz (§ 44 S. 2) besonders erwähnt die schuldlose Nichterlangung der Kenntnis von einer Zustellung (betrifft vor allem die Ersatzzustellungen nach §§ 181 ff. ZPO, d.h. die Zustellungen in Abwesenheit des Adressaten), sowie die unterlassene Belehrung nach § 35a, § 319 II S. 3 oder § 346 II S. 3.

2. Im Anschluß an obige Definition des „unabwendbaren Zufalls" hatten die Strafsenate des Reichsgerichts für das Gebiet der Strafprozeßordnung früher den Grundsatz aufgestellt, daß ein Verschulden des Verteidigers einen die Wiedereinsetzung in den vorigen Stand begründenden unabwendbaren Zufall nicht darstelle. Konnte demnach bei einem Antrag auf Wiedereinsetzung nichts weiter in Betracht kommen als das geltend gemachte Verschulden des Verteidigers selbst, so konnte das Gesuch als begründet nicht anerkannt werden, es sei denn, daß es sich um das Verschulden eines Verteidigers handelte, der bestellt worden ist; denn es sei, so argumentierte man früher, in diesem Falle nicht zu bezweifeln, daß es für den Angeklagten ein reiner Zufall ist, wen der Vorsitzende aus den ihm zur Verfügung stehenden Personen auswählt. Diese Rechtsprechung wurde in E. 70, 186 aufgegeben. Nunmehr ist auch ein Verschulden des Wahlverteidigers für den Angeklagten ein unabwendbarer Zufall, sofern nicht ein eigenes Verschulden hinzukommt; denn der Verteidiger, und zwar auch der Wahlverteidiger, ist nicht schlechthin der Vertreter des Angeklagten, sondern Organ der Rechtspflege.

3. Ein Verschulden des Geschäftspersonals des Verteidigers war nach der früheren Rechtsprechung nur dann ein „unabwendbarer Zufall", wenn sowohl der Angeklagte als auch der Verteidiger auch bei Anwendung der größten nach den Umständen zu verlangenden Vorsicht außerstande waren es zu verhindern (E. 35, 109), nicht aber dann, wenn der Verteidiger durch gehörige Auswahl, Anleitung und Überwachung die Versäumnis hätte verhindern können. Nunmehr aber ist nach der oben erwähnten Entscheidung (E. 70, 186) in jedem Falle ein Verschulden des Kanzleipersonals ein „unabwendbarer Zufall", also ohne Rücksicht darauf, ob das Verschulden bei gehöriger Leitung und Überwachung der Kanzlei durch den Verteidiger hätte vermieden werden können. Dieser Rechtsprechung hat sich inzwischen auch der Bundesgerichtshof angeschlossen (vgl. BGH 14, 308, 332).

4. Aus diesen Erörterungen ergibt sich für den vorliegenden Fall folgendes:

a) Der „unabwendbare Zufall" i. S. des § 44 bestand in dem pflichtwidrigen Verhalten des Kanzleiangestellten X.

b) Das „Hindernis" i. S. des § 45 bestand in der Unkenntnis von der Versäumung der Frist.

c) Das Hindernis war „beseitigt" am 7. Dezember 1965, d.h. an dem Tag, an dem der Rechtsanwalt durch den Verwerfungsbeschluß Kenntnis von der Fristversäumung erhielt.

d) Da schließlich der Wiedereinsetzungsantrag vom 11. Dezember am 12. Dezember, also „innerhalb einer Woche nach Beseitigung des Hindernisses" beim Landgericht einkam, sind somit sämtliche Voraussetzungen des § 45 Abs. 1 erfüllt.

II. Dagegen war der Beschluß der Strafkammer, was die Zuständigkeit des ihn erlassenden Gerichts betrifft, gesetzwidrig.

1. Es unterliegt keinem Zweifel, daß die Wiedereinsetzung von einem sachlich unzuständigen Gericht gewährt wurde; denn gemäß § 46 Abs. 1 war zur Entscheidung über das Gesuch nicht die Strafkammer des Landgerichts Mannheim, sondern ausschließlich der Bundesgerichtshof zuständig, während das Gesuch selbst gemäß § 45 beim Landgericht einzureichen war.

2. Nach § 46 II ist indes der dem Wiedereinsetzungsgesuch stattgebende Beschluß der Anfechtung entzogen (gegen die das Gesuch verwerfende Entscheidung ist sofortige Beschwerde zulässig). Diese Vorschrift beansprucht Gültigkeit, gleichviel, ob die Wiedereinsetzung sachlich zu Unrecht gewährt oder ob das Verfahren, in dem der Beschluß erlassen wurde, mit Mängeln behaftet ist. Daher ist der Beschluß auch namentlich im vorliegenden Falle der Rechtskraft fähig, obwohl er von einem unzuständigen Gericht erlassen wurde (E. 40, 272).

III. Die Einwendungen des Staatsanwalts

1. Nach § 45 II ist die Nachholung der versäumten Handlung an sich ein notwendiges Erfordernis der Wiedereinsetzung; ihr Fehlen hat ebenso eine Zurückweisung des Antrags zur Folge wie die Rechtsunwirksamkeit der nachgeholten Handlung.

Indes erscheint die „Nachholung" entbehrlich, wenn, wie im vorliegenden Falle, die Vornahme der betreffenden Handlung bereits vor der Anbringung des Gesuchs stattgefunden hatte; es dürfte dann die Bezugnahme auf das diesbezügliche Schriftstück genügen. (Siehe OLG Bremen DRZ 50, 94.)

2. Der Staatsanwalt ist ferner offenbar der Ansicht, daß das Wiedereinsetzungsgesuch deshalb nicht mehr zulässig sei, weil der dem Rechtsanwalt am 7. Dezember 1965 zugestellte Verwerfungsbeschluß nicht angefochten worden sei.

Diese Ansicht ist rechtsirrig:

a) Allerdings wird ein gemäß § 346 Abs. 1 ergehender Beschluß mit fruchtlosem Ablauf der einwöchigen Antragsfrist des § 346 Abs. 2 rechtskräftig, und zwar mit der Wirkung, daß auch das mit der Revision angefochtene Urteil, wenn es nicht schon früher rechtskräftig geworden ist, mit der Rechtskraft des Beschlusses die Rechtskraft erlangt. (N. B. Das gleiche gilt gemäß § 319 für das Berufungsverfahren.)

b) Indes darf hieraus nicht gefolgert werden, daß die Rechtskraft des Urteils nunmehr unabänderlich feststehe und darum für die Wiedereinsetzung gegen die Versäumung der Einlegungsfrist kein Raum mehr sei.

Das Reichsgericht führte in dieser Hinsicht in E. 53, 288 folgendes aus: „Die Wiedereinsetzung ist der außerordentliche Rechtsbehelf, den das Gesetz mit der Macht ausgestattet hat, das Verfahren in einen Abschnitt vor der Versäumung der Frist zurückzuversetzen und ihm einen anderen Verlauf zu geben als den, den es infolge der Versäumung und nach ihr genommen hat. Wenn daher der Zeitpunkt der Versäumung vor der Rechtskraft eines Urteils liegt, so wird das Verfahren in diesen Zeitpunkt zurückversetzt. Insoweit hat die Wiedereinsetzung kraft Gesetzes die Macht, über die Rechtskraft hinwegzugehen. Gerade diese Rechtskraft ist in den Fällen, in denen die Wiedereinsetzung gegen die Versäumung von Rechtsmittelfristen nachgesucht wird, die mit der Fristversäumnis gesetzlich verbundene nachteilige Rechtsfolge, deren Eintritt Voraussetzung des Wiedereinsetzungsgesuches und deren Beseitigung das Ziel der Wiedereinsetzung ist. Es erscheint daher als eine Umkehr des wirklichen Verhältnisses, wenn aus der Rechtskraft, die der Wiedereinsetzung zu weichen hat, ein Grund gegen die Zulassung des Wiedereinsetzungsgesuchs hergeleitet wird.

Daß in den Fällen verspäteter Einlegung der Revision oder der Versäumung der Revisionsbegründungsfrist die Rechtskraft des Urteils nach § 346 durch einen besonderen, selbst der Rechtskraft fähigen Beschluß festgestellt wird, begründet gegenüber dem Falle, daß überhaupt kein Rechtsmittel eingelegt worden ist, keinen wesentlichen Unterschied. Denn die Wiedereinsetzung hat, wie gesagt, den gesetzlichen Zweck und die gesetzliche Wirkung, daß die Fristversäumnis und ihre Folge als nicht eingetreten gelten. Damit wird dem Beschlußverfahren seine gesetzliche Grundlage nachträglich kraft Gesetzes wieder entzogen; es verliert ohne weiteres seinen Rechtsbestand.“ Diese in E. 61, 180 und E. 67, 199 fortgeführte Rspr. wurde inzwischen auch vom Bundesgerichtshof übernommen (vgl. BGH 18, 34, wo gleichzeitig ausgeführt wird, daß die nach Verwerfung der Revision bis zur Wiedereinsetzung in den vorigen Stand verbüßte Strafhaft sich nachträglich nicht wieder in U-Haft umwandelt, sondern Strafhaft bleibt). Nach BGH 17, 94 ist jedoch zu beachten, daß eine Wiedereinsetzung in den vorigen Stand dann nicht mehr möglich ist, wenn in der Revisionsinstanz bereits eine Sachentscheidung ergangen ist, z. B. wenn die Revision gemäß § 349 Abs. 2 als offensichtlich unbegründet verworfen worden ist. Dieser Ausnahmefall liegt hier jedoch nicht vor.

Die Einwendungen des Staatsanwalts, der vor Erlaß des Wiedereinsetzungsbeschlusses gemäß § 33 gehört werden mußte, sind sonach rechtlich nicht haltbar.

ZU FALL 11

A.

Vorbemerkung: Allgemeines über Einlegung und Zurücknahme von Rechtsmitteln und über den Verzicht auf solche

I. Einlegung und Zurücknahme von Rechtsmitteln sowie der Verzicht auf ein solches (§ 302) sind an keine besondere Form gebunden. Es gilt also für alle drei Fälle die allgemeine für die Einlegung von Rechtsmitteln vorgesehene Bestimmung (siehe §§ 306, 314, 341), daß nämlich die diesbezüglichen Erklärungen zu Protokoll der Geschäftsstelle oder schriftlich erfolgen müssen. Eine lediglich mündliche Erklärung reicht in keinem Falle aus. Zur Frage des Rechtsmittelverzichts in der Hauptverhandlung siehe ausführlich BGH 18, 257 sowie Fall 5 Abschn. A I 5b, S. 80.

II. Für den Verteidiger gilt folgendes:

1. Er bedarf zur Einlegung eines Rechtsmittels (sie darf gemäß § 297 nicht gegen den Willen des Beschuldigten erfolgen) keiner besonderen Legitimation; der Nachweis kann vielmehr auch nach Ablauf der Rechtsmittelfrist vorgelegt werden, wenn nur die Bevollmächtigung innerhalb der Rechtsmittelfrist stattgefunden hat (vgl. E. 46, 372; 55, 213; OLG Bremen NJW 54, 46).

2. Er bedarf zur Zurücknahme sowie zum Verzicht auf Einlegung eines Rechtsmittels (beides kann gemäß § 302 I schon vor Ablauf der Frist zur Einlegung wirksam erfolgen) einer ausdrücklichen Ermächtigung, die dem Gericht durch schriftliche oder mündliche Erklärung des Angeklagten nachgewiesen werden muß (§ 302 II und E. 64, 164; BGH 3, 46; siehe auch BGH 10, 245 wegen der Frage des Widerrufs der Ermächtigung).

III. Besonderheiten:

1. Ein von der Staatsanwaltschaft zugunsten des Beschuldigten eingelegtes Rechtsmittel kann ohne dessen Zustimmung nicht zurückgenommen werden (§ 302 I S. 2), weil möglicherweise der Angeklagte gerade im Hinblick auf die Einlegung des Rechtsmittels seitens der Staatsanwaltschaft davon abgesehen hat, selbst ein Rechtsmittel einzulegen. (Siehe hierzu BGH 2, 41.)

2. Der gesetzliche Vertreter des Angeklagten kann ein von ihm gemäß § 298 eingelegtes Rechtsmittel auch ohne ausdrückliche Ermächtigung wieder zurücknehmen. Eine dem § 302 II entsprechende Beschränkung ist für den gesetzlichen Vertreter nicht vorgesehen. Wird der Angeklagte volljährig oder entfällt die gesetzliche Vertretung aus einem sonstigen Grund, so ist nur der Angeklagte selbst befugt, darüber zu entscheiden, ob das Rechtsmittel durchgeführt oder zurückgenommen werden soll. Dieses Recht hat er selbst dann, wenn er in einem früheren Verfahrensstadium seinerseits auf die Einlegung von Rechtsmitteln ausdrücklich verzichtet hat (vgl. BGH 10, 174).

3. Die Zurücknahme eines Rechtsmittels nach Beginn der Hauptverhandlung (hierunter fällt auch die nachträgliche Beschränkung des Rechtsmittels) ist nur mit Zustimmung des Gegners möglich (§ 303). (Durch diese Vorschrift soll vor allem verhütet werden, daß die nach § 301 für das Gericht bestehende Möglichkeit, das Urteil zugunsten des Angeklagten abzuändern, ausgeschaltet wird durch Zurücknahme eines nur von der StA eingelegten Rechtsmittels.)

IV. Wirksam gewordene Erklärungen bezüglich Zurücknahme und Verzicht können weder widerrufen (E. 40, 133) noch wegen Irrtums angefochten werden (E. 57, 83; 64, 15; BGH 2, 63, 67; 10, 245). Ein unter dem Einfluß von Täuschung, Zwang oder Drohung abgegebener Rechtsmittelverzicht ist jedoch als unbeachtlich anzusehen (BGH 17, 14). Eine solche Situation liegt allerdings nicht schon dann vor, wenn der Vertreter der StA nach Verkündung des Urteils einen sachlich nicht gerechtfertigten Haftbefehlsantrag stellt oder wenn der Angeklagte erst nach Erlaß eines wegen Verdunkelungsgefahr ausgesprochenen Haftbefehls auf RM verzichtet, um sich dem Vollzug des Haftbefehls zu entziehen, es sei denn, der Haftbefehl entbehre jeder gesetzlichen Grundlage (BGH a. a. O.).

Durch Zurücknahme und Verzicht ist das Rechtsmittelverfahren ohne weiteres erledigt. Das Urteil wird ohne einen besonderen, das Verfahren beendenden Beschluß des Gerichts rechtskräftig. Eine erneute Einlegung des zurückgenommenen Rechtsmittels ist unwirksam, selbst innerhalb der Rechtsmittelfrist (BGH 10, 245).

V. Zuständig zur Entgegennahme sämtlicher Erklärungen ist das Gericht, das die fragliche Entscheidung erlassen hat. Die bei einem anderen Gericht abgegebene Erklärung wird erst dann rechtswirksam, wenn das betreffende Schriftstück oder Protokoll innerhalb der gesetzlichen Frist beim zuständigen Gericht einkommt.

VI. Ausnahmen von dem Grundsatz zu V sind für die Beschwerde (siehe § 306 I Satz 2 und § 311 II Satz 2) sowie für den Fall vorgesehen, daß der Beschuldigte sich nicht auf freiem Fuß befindet (§ 299). Dann kann er nämlich alle Erklärungen, die sich auf Rechtsmittel beziehen (also nicht nur die Einlegung, sondern auch die Zurücknahme und den Verzicht) zu Protokoll der Geschäftsstelle des Amtsgerichts geben, in dessen Bezirk die Anstalt liegt, in der er auf behördliche Anordnung verwahrt wird. Die Befugnis des Beschuldigten, die Erklärung schriftlich abzugeben, wird durch diese Vorschrift nicht aufgehoben. Dagegen hat der Beschuldigte — und das ist der Sinn dieser Bestimmung — kein Recht, die Vorführung vor das eigentlich zuständige Gericht zu verlangen.

B.

Lösung des Falles

I. Verzicht und Berufungseinlegung des Schwarz

1. Nach den in der Vorbemerkung gemachten Ausführungen muß die Frage, ob die von einem Verhafteten gegenüber einem Gefängnisbeamten abgegebene Verzichtserklärung wirksam ist, an sich verneint werden.

2. Im vorliegenden Falle hat aber Schwarz den Verzicht auf das Rechtsmittel zu Protokoll des Gefängnisaufsehers erklärt, was einer schriftlichen Erklärung gleichkommt, da Schwarz laut Sachverhalt das Protokoll unterschrieben hat. Diese Erklärung wurde rechtswirksam, da sie innerhalb der in § 314 Abs. 1 vorgesehenen Frist von einer Woche beim Amtsgericht einlief.

Da am gleichen Tage auch das persönliche Schreiben des Schwarz, in dem er den Verzicht widerrief und Berufung einlegte, beim Amtsgericht einkam, wurden auch diese Erklärungen rechtswirksam, es sei denn, daß der Verzicht auf das Rechtsmittel vor dem Widerruf und der Berufungseinlegung beim Amtsgericht eintraf. Denn die Verzichtsleistung auf ein Rechtsmittel kann nicht widerrufen werden. (Siehe oben, Abschn. A IV.)

II. Der Beschluß der Strafkammer vom 16. Oktober

1. Der Amtsrichter selbst konnte über die Berufung keine Entscheidung treffen, da seine Prüfung gemäß § 319 ausschließlich die Rechtzeitigkeit der Berufung betrifft, während alle anderen Mängel in der Einlegung des Rechtsmittels der Prüfung des Berufungsgerichts gemäß § 322 unterliegen.

2. Da ebenso wie die Zurücknahme auch der Verzicht nicht widerrufen werden kann und die Strafkammer die Überzeugung erlangt hat, daß der Verzicht zeitlich vor dessen Widerruf mit Berufungseinlegung eingekommen sei, bestehen gegen den Verwerfungsbeschluß vom 16. Oktober 1965 keine rechtlichen Bedenken. (NB. Die beschließende Strafkammer hätte auch von einer Verwerfung Abstand nehmen und die Entscheidung über die Zulässigkeit des Rechtsmittels dem erkennenden Gericht überlassen können.)

III. Der Beschluß des Oberlandesgerichts

1. Das OLG Stuttgart war zur Erledigung der nach § 322 II erhobenen sofortigen Beschwerde (die nach § 311 III von der Strafkammer nicht mehr berücksichtigt werden konnte) gemäß § 121 I Nr. 2 GVG zuständig und hatte seine Entscheidung ohne mündliche Verhandlung zu treffen (§ 309 I).

2. Da die Beschwerde (wie die Berufung, im Gegensatz zur Revision) nicht nur rechtliche Fehler, sondern auch auf rein tatsächlichem Gebiet liegende Fragen der Zweckmäßigkeit und Billigkeit zum Gegenstand haben kann, bestehen gegen die gemäß § 309 II erlassene Entscheidung des Oberlandesgerichts keine Bedenken.

IV. Das Urteil der Strafkammer vom 15. Dezember

1. Der oberlandesgerichtliche Beschluß war für das Berufungsgericht weder als Vorentscheidung noch als rechtskräftige Bejahung der Zulässigkeit der Berufung bindend, sondern hatte nur die

Wirkung, daß der die Berufung verwerfende Beschluß wegfiel und die Strafkammer demgemäß über das Rechtsmittel in der Hauptverhandlung zu entscheiden hatte.

a) Vorausgegangene Entscheidungen beschränken den Strafrichter in seiner Entscheidungsfreiheit nur insoweit, als dies aus dem Gesetz selbst hervorgeht. Um eine solche Einschränkung durch Vorentscheidungen handelt es sich z. B. in den §§ 12—15, 19, 211, 348 Abs. 2 und vor allem in § 358 Abs. 1, der das untere Gericht an die rechtliche Beurteilung bindet, die das Revisionsgericht seiner Entscheidung zugrunde gelegt hat, soweit es sich um ein Urteil handelt.

Dagegen enthält die Strafprozeßordnung nirgends eine Vorschrift, aus der entnommen werden könnte, daß Beschlüsse der oberen Gerichte als Vorentscheidung i. S. des § 358 Abs. 1 für das untere Gericht verbindlich seien. (Abgesehen davon ist nur die rechtliche Beurteilung des Revisionsgerichts für das untere Gericht als Vorentscheidung maßgebend, während bezüglich der Würdigung von Tatsachen das untere Gericht in jedem Falle vollkommen freie Hand behält.)

b) Der Beschluß des Oberlandesgerichts kann aber auch nicht als rechtskräftige und als solche bindende Entscheidung angesehen werden.

aa) Unbestreitbar ist allerdings, daß der die Zulässigkeit der Berufung bejahende Beschluß des Oberlandesgerichts gemäß § 304 IV unanfechtbar gewesen ist.

bb) Die Unanfechtbarkeit hat nun zwar bei Urteilen ohne weiteres nicht nur die formelle, sondern auch die materielle Rechtskraft zur Folge, nicht aber gilt das gleiche für Beschlüsse. Hier bestimmt sich vielmehr der Begriff der Rechtskraft bei den einzelnen Arten von Beschlüssen nach dem Wesen und der prozessualen Bedeutung derselben. Manche Beschlüsse enthalten eine materielle Entscheidung der Sache oder doch eines einzelnen Punktes derselben, und sie stehen daher in Ansehung ihrer Rechtskraft dem Urteil gleich, so z. B. der Beschluß, welcher die nachträgliche Festsetzung einer Gesamtstrafe ausspricht (§ 462), oder der in § 469 vorgesehene Beschluß über die Kosten des Verfahrens, oder der Beschluß, welcher die Berufung oder die Revision als unzulässig verwirft (§§ 322 I, 346 I) sowie §§ 368 I, 372 und schließlich auch der dem Wiedereinsetzungsantrag stattgebende Beschluß nach § 46 II. (Siehe Fall 10, Abschn. B II 2, S. 147 und Löwe-Rosenberg, Anm. 9 zu § 311.)

cc) Im vorliegenden Falle handelt es sich aber nur um einen das Verfahren weiterleitenden Beschluß, der trotz seiner Unanfechtbarkeit nicht die Wirkung einer rechtskräftigen Entscheidung über die Zulässigkeit des Rechtsmittels hat. Es soll also keineswegs durch einen solchen Beschluß das Gericht selbst gebunden werden in der Form, daß es die Zulässigkeit des Rechtsmittels als rechtskräftig feststehend, d. h. unabänderlich anzusehen habe (E. 59, 241).

NB. Bloße Unanfechtbarkeit der Zwischenentscheidung liegt z. B. auch dann vor, wenn eine Sache gemäß § 270 I an das für zuständig erachtete Gericht höherer Ordnung verwiesen wird. Auch in einem solchen Falle ist das Gericht, an das die Sache verwiesen wird, durch die Unanfechtbarkeit der Verweisung nicht gehindert, seinerseits seine sachliche Zuständigkeit gemäß § 6 selbständig zu prüfen und unbeschadet des unanfechtbaren Verweisungsbeschlusses die Sache an das seines Erachtens zuständige höhere Gericht weiterzuverweisen. Eine ganz andere Frage aber ist die, ob ein außerhalb der Hauptverhandlung ergangener rechtskräftiger Beschluß nachträglich wieder aufgehoben werden kann. Diese Frage hat das RG bezüglich § 349 I (Verwerfung der Revision als unzulässig) für den Fall bejaht, daß der Beschluß auf einer tatsächlich unzutreffenden Grundlage beruhte (E. 59, 419). Dagegen ist eine nachträgliche Aufhebung des die Revision als offensichtlich unbegründet verwerfenden Beschlusses gemäß § 349 II mit der Feststellung, daß die Revision tatsächlich doch begründet ist, nicht möglich, BGH 17, 94.

2. Die Strafkammer war also berechtigt, über das Rechtsmittel der Berufung in seinem vollen Umfang, einschließlich der Frage seiner Zulässigkeit zu entscheiden, und zwar gemäß § 322 I Satz 2 durch Urteil, da die Entscheidung in der Hauptverhandlung zu treffen war.

ZU FALL 12

A.

Vorbemerkungen: Die materielle Rechtskraft und ihre Auswirkungen

I. Begriff

Nach Art. 103 III GG darf niemand wegen derselben Tat auf Grund der allgemeinen Strafgesetze mehrmals bestraft werden. Dieser Grundsatz, der in der juristischen Terminologie unter der Formel „ne bis in idem“ bekannt ist, findet sich zwar in der StPO selbst nicht ausdrücklich ausgesprochen, ist jedoch als Wesenszug rechtsstaatlichen Denkens in Literatur und Rechtsprechung schon seit Jahrzehnten anerkannt. Gemeint ist folgendes: Der rechtskräftig Verurteilte oder Freigesprochene soll wegen desselben Sachverhalts nicht nochmal auf die Anklagebank; eine durch rechtskräftiges Urteil entschiedene Strafsache kann daher nicht nochmals zum Gegenstand eines neuen Strafverfahrens gegen denselben Angeklagten gemacht werden. Die Strafklage ist verbraucht.

Es darf nicht verkannt werden, daß der Grundsatz des ne bis in idem in seiner praktischen Auswirkung zu unbefriedigenden Ergebnissen führen kann, insbesondere dort, wo sich nach rechtskräftiger Erledigung des Verfahrens ergibt, daß die Tat in tatsächlicher oder rechtlicher Beziehung schwerwiegender zu beurteilen ist, als ursprünglich angenommen wurde. Das Bedürfnis nach einer Bestrafung entsprechend dem materiellen Unrechtsgehalt der Tat muß jedoch grundsätzlich hinter dem Bedürfnis nach Rechtssicherheit und Rechtsfrieden zurücktreten (BGH 3, 15).

II. Umfang

Die Rechtskraft umfaßt nur solche Taten, zu deren Aufklärung und Aburteilung das Gericht bei der Urteilsfindung berechtigt und verpflichtet war. Als Tat im prozessualen Sinn ist dabei der gesamte historische Vorgang anzusehen, auf den Anklage und Eröffnungsbeschluß hinweisen (vgl. E. 72, 105; BGH 6, 92; Eb. Schmidt Lehrkommentar Teil I Nr. 295—311, Teil II Erl. 5 zu § 264 StPO). Liegt eine Tatidentität in diesem Sinne vor und ist auch Identität des Angeklagten gegeben, so kann ein neues Strafverfahren nicht eingeleitet werden; die Strafklage ist verbraucht.

III. Einzelheiten und Beispiele

1. Auch bei Delikten, die nach materiell-rechtlichen Grundsätzen in Realkonkurrenz zusammentreffen, ist Tatidentität möglich (vgl. BGH 9, 10; 10, 396; 16, 200). Umgekehrt kann der örtliche und zeitliche Zusammenhang nicht in allen Fällen zur Annahme von Tatidentität führen, wenngleich er oft wertvolle Anhaltspunkte geben wird. Entscheidend ist, ob die in Frage stehende, zunächst unberücksichtigt gebliebene Verhaltensweise des Angeklagten nach allgemeiner Lebensauffassung noch zu dem Vorgang gehört, mit dem sich das zunächst mit der Sache befaßte Gericht gemäß §§ 155, 264 auf Grund der Anklage auseinandergesetzt hat. Der sachliche Zusammenhang der Beschuldigung muß so eng sein, daß eine „getrennte Würdigung und Aburteilung als unnatürliche Aufspaltung eines einheitlichen Lebensvorganges empfunden würde" (BGH 13, 21, 26).

Beispiele: **a)** Wer einen Verkehrsunfall schuldhaft verursacht, dabei einen anderen Verkehrsteilnehmer verletzt und anschließend Unfallflucht begeht, hat sich materiell-rechtlich wegen zweier selbständiger Handlungen zu verantworten (§§ 230, 142, 74, 78 StGB). Prozessual liegt dagegen nur eine Tat vor.

b) Wer bei einem Diebstahl auf frischer Tat ertappt wird und Widerstand leistet, um sich im Besitz der Beute zu halten, hat sich materiellrechtlich nur wegen einer Tat zu verantworten, selbst wenn er bei dem Widerstand vorsätzlich einen Menschen getötet hat (§§ 211, 252 [251], 73 StGB). Daß hier auch prozessual nur eine Tat anzunehmen ist, liegt auf der Hand.

c) Anders ist jedoch zu entscheiden, wenn in Beispiel b) der Täter erst nach Beendigung des Diebstahls einen Menschen tötet, um diesen als unliebsamen Tatzeugen zu beseitigen. Hier liegen sowohl materiellrechtlich als auch prozessual zwei rechtlich selbständige Handlungen vor (§§ 211, 242, 74 StGB). Der nach Beendigung des Diebstahls begangene Mord (§ 211 II letzte Alternative) bildet mit dem Diebstahl „nach der Auffassung des Lebens" keinen einheitlichen Vorgang.

d) Tatidentität wiederum ist gegeben bei vorsätzlicher Körperverletzung mit nachfolgender unterlassener Hilfeleistung, obwohl auch diese Delikte materiellrechtlich in Realkonkurrenz stehen (BGH 16, 200).

2. Bei Tatidentität können auch straferhöhende, zunächst unbekannt gebliebene Tatumstände ein neues Verfahren nicht rechtfertigen. Das zuerst mit der Sache befaßte Gericht ist verpflichtet, den Sachverhalt in tatsächlicher und rechtlicher Hinsicht umfassend zu erforschen und zu klären. Kommt es dieser Pflicht zur „allseitigen Kognition" (Eb. Schmidt a. a. O. Teil I Nr. 296) — verschuldet oder unverschuldet — nicht nach, so darf dieser Mangel den Angeklagten nicht belasten.

Beispiele: a) Wer wegen einfachen Diebstahls rechtskräftig verurteilt ist, kann nicht erneut unter Anklage gestellt werden, wenn sich nachträglich ergibt, daß die Tat unter den strafschärfenden Rückfallsvoraussetzungen des § 244 StGB begangen worden war.

b) A ist wegen fahrlässiger Tötung verurteilt. Nach Rechtskraft des Urteils gesteht er, daß er die Tötung vorsätzlich begangen hat. Auch hier ist wegen Tatidentität eine neue Anklage unzulässig. Der Umstand, daß A nicht fahrlässig, sondern vorsätzlich gehandelt hat, ist zwar ein neuer rechtlicher Gesichtspunkt, der die Strafbarkeit erhöhen würde; er betrifft aber den gleichen Vorgang, über den auf Grund einer entsprechenden Anklage bereits rechtskräftig entschieden wurde. Auch eine Wiederaufnahme nach § 362 Ziff. 4 kommt nicht in Betracht, da A nicht freigesprochen wurde. (NB. Hätte sich die Veränderung des rechtlichen Gesichtspunkts schon während des inzwischen rechtskräftig abgeschlossenen Verfahrens ergeben, so hätte ein Hinweis nach § 265 genügt; möglicherweise wäre auch eine Verweisung an das sachlich ausschließlich zuständige Schwurgericht erforderlich gewesen [vgl. §§ 80 GVG, 270 StPO]; eine Nachtragsanklage gemäß § 266 hätte jedenfalls nicht erhoben werden müssen. Es gilt in diesem Zusammenhang folgender Grundsatz: Dort, wo im Verfahren selbst zur Erfassung neu auftretender Umstände ein Hinweis nach § 265 genügen würde, ist nach rechtskräftiger Erledigung des Verfahrens wegen Tatidentität eine erneute Klage unzulässig; dort jedoch, wo neu auftretende Umstände nur im Wege der Nachtragsanklage erfaßt werden könnten, ist auch nach rechtskräftiger Erledigung des Verfahrens unbedenklich eine neue Klage zulässig.)

IV. Besonderheiten

1. Nach § 260 III ist das Verfahren durch Urteil einzustellen, wenn sich in der Hauptverhandlung ein Prozeßhindernis herausstellt. Derartige **Einstellungsurteile** sind dann der materiellen Rechtskraft fähig, wenn sie eine endgültige sachliche Erledigung erstreben, z. B. wenn die Einstellung wegen Verjährung erfolgt. Erfolgt die Einstellung wegen eines Prozeßhindernisses, das im Laufe des weiteren Verfahrens beseitigt werden kann, z. B. wenn ein Strafantrag zwar nicht gestellt ist, aber noch gestellt werden kann, so hat dies keinen Verbrauch der Strafklage zur Folge, so lange der Mangel noch behoben werden kann. Bei einer Einstellung wegen Unzuständigkeit ist nach BGH 18, 1 folgendes zu beachten: Da das die Einstellung aussprechende (unzuständige) Gericht keine endgültige Erledigung der Sache erstrebte, tritt ein Verbrauch der Strafklage nicht ein. Die

StA kann jedoch nach Rechtskraft des Urteils die Sache nicht mehr bei dem Gericht anklagen, das sich für unzuständig erklärt hat, sondern muß prüfen, ob noch ein anderes Gericht zuständig ist. Findet sich ein solches Gericht, so muß dieses erneut über die Eröffnung des Hauptverfahrens entscheiden.

2. Für die **fortgesetzte Straftat** gilt folgendes:

a) Die Einzelakte einer fortgesetzten Tat stellen sich grundsätzlich als einheitlicher historischer Vorgang (= Tat im prozessualen Sinn) dar. Das bedeutet, daß sämtliche vor der Urteilsfindung liegenden Einzelakte der fortgesetzten Tat gemäß §§ 155, 264 der allseitigen Kognitionspflicht des Gerichts unterliegen und damit von der Rechtskraftwirkung des Urteils umfaßt werden. Ob das Gericht sie gekannt hat, ist nicht entscheidend (vgl. BGH 6, 92; Eb. Schmidt a. a. O. Teil I Nr. 304). Hieraus folgt: Unbekannt gebliebene Einzelakte einer fortgesetzten Tat können — sofern sie zeitlich vor Urteilsverkündung liegen — nach rechtskräftiger Erledigung des Verfahrens nicht mehr angeklagt werden; die Strafklage ist verbraucht.

b) Einzelakte einer fortgesetzten Tat nach Urteilsverkündung nehmen an der Rechtskraftwirkung des Urteils nicht teil: die Rechtskraft eines Urteils kann nicht weiter reichen als die Pflicht des Gerichts, einen ihm vorliegenden Sachverhalt zu erforschen. Das Gericht kann aber nur solche Handlungen erforschen, die vor der Urteilsfindung liegen.

c) Unstreitig ist auch, daß sich bei einem freisprechenden Urteil die Rechtskraft auf alle Einzelakte der fortgesetzten Tat erstreckt, die in Anklage und Eröffnungsbeschluß genannt wurden. Bestritten ist aber, ob die unter a) dargelegten Grundsätze auch dann gelten, wenn sich nach Rechtskraft eines Urteils weitere, bisher nicht bekannte Einzelakte herausstellen. Diese Frage dürfte zu bejahen sein; denn es besteht kein Grund, die Rechtskraftwirkungen eines Freispruchs anders zu beurteilen als die einer verurteilenden Entscheidung. Die Pflicht des Gerichts, den ihm vorliegenden Sachverhalt umfassend zu ermitteln und gegebenenfalls bei fortgesetzten Delikten nach weiteren Einzelakten zu forschen, ist unabhängig davon, ob der Angeklagte schließlich verurteilt oder freigesprochen wird (vgl. Eb. Schmidt a. a. O. Teil I Nr. 307; a. A. E. 24, 420; 47, 399; 54, 335; 66, 26; Schwarz Kleinknecht, Einl. 8 Bg).

d) Streitig ist ferner, ob eine neue Anklage zulässig ist, wenn von einer fortgesetzten Tat zunächst nur ein Einzelakt aufgeklärt und rechtskräftig erledigt wird. Auch hier wird man entgegen der h. A. in Lit. und Rspr. (RG JW 28, 2247; BGH MDR 53, 273 bei Dallinger sowie NJW 63, 549; Schwarz-Kleinknecht Einl. 8 B g) ein neues Verfahren für unzulässig halten müssen. Zwar hat das Gericht, das zunächst mit der Sache befaßt war, nur ein Teilstück der fortgesetzten Tat gekannt; es wäre jedoch auf Grund seiner Pflicht zur allseitigen Kognition gehalten gewesen, nach weiteren Teilstücken der fortgesetzten Tat zu forschen. Die dem Gericht bekannte Einzelhandlung und die unbekannt gebliebenen Einzelhandlungen sind Bestandteile desselben historischen Vorgangs. Es muß daher auch hier der Grundsatz des ne bis in idem gelten.

e) Wird Berufung eingelegt, so ist das Berufungsgericht auf Grund seiner Pflicht zur allseitigen Kognition gehalten, sämtliche Einzelakte der fortgesetzten Tat zu erforschen und bei der Strafzumessung zu berücksichtigen. Es kommt hierbei nicht darauf an, ob die Einzelakte der fortgesetzten Tat vor oder nach der Urteilsverkündung in der ersten Instanz liegen. Hat jedoch lediglich der Angeklagte Berufung eingelegt, so hat das Berufungsgericht das Verbot der reformatio in peius (§ 331) zu beachten, d. h. die Strafe darf in Art und Höhe nicht zum Nachteil des Angeklagten abgeändert werden. Das gilt unstreitig für die Einzelakte der fortgesetzten Tat, die vor der Verkündung des erstinstanzlichen Urteils liegen. Das Verbot der reformatio in peius gilt dagegen nicht für die Teilakte, die nach Verkündung des Urteils in erster Instanz begangen wurden. Es wäre unbefriedigend, könnte der Täter während eines noch sachlich im Bereich der Schuldfrage anhängigen Verfahrens „unter den sehenden Augen des Gerichts" sein strafbares Verhalten ungesühnt fortsetzen (BGH 9, 324). Das in § 331 ausgesprochene Verbot der reformatio in peius ist daher dahingehend einzuschränken, daß Einzelhandlungen einer fortgesetzten Tat, die nach dem erstinstanzlichen Urteil liegen, somit bei der Strafzumessung in erster Instanz überhaupt nicht berücksichtigt werden konnten, von dem Verbot der Schlechterstellung nicht betroffen werden. Die vom Berufungsgericht auszusprechende Strafe ist vielmehr in analoger Anwendung der §§ 74ff. StGB zu bilden (vgl. BGH a. a. O.). Diese Einschränkung des Verbots der Schlechterstellung ist zwar dogmatisch nicht unbedenklich (vgl. Eb. Schmidt a. a. O. Teil II Anm. 11 zu § 264); sie ist aber vom Ergebnis her gesehen um so mehr geboten, als wegen des Fortsetzungszusammenhangs und der dadurch bedingten Tatidentität nach Rechtskraft des Berufungsurteils die zwischen erster und zweiter Instanz begangenen Teilakte auch in einem neuen Verfahren nicht mehr verfolgt werden können.

3. Die für die fortgesetzte Tat aufgestellten Grundsätze galten ursprünglich auch für die sogenannten **Sammelstraftaten** oder **Kollektivdelikte** (vgl. E. 47, 400). Nach der Grundsatzentscheidung des Großen Senats des Reichsgerichts in E. 72, 164 ist dagegen jeder Einzelakt einer Sammelstraftat als rechtlich selbständige Handlung zu beurteilen, d. h. durch das Band der Gewerbsmäßigkeit, Gewohnheitsmäßigkeit oder Geschäftsmäßigkeit wird keine Handlungseinheit gebildet, sofern nicht zufällig im Einzelfall auch die Voraussetzungen des Fortsetzungszusammenhangs gegeben sind. Die h. L. im Schrifttum sowie der BGH sind dieser Ansicht des Reichsgerichts in E. 72, 164 gefolgt (vgl. BGH 1, 41 m. weiteren Nachweisen; a. A. Schwarz-Kleinknecht Einl. 8 B g und Eb. Schmidt a. a. O. Teil I Nr. 365). Zur Begründung der heute h. A. wird darauf hingewiesen, daß die Anerkennung der Sammelstraftat als Fall der Handlungseinheit durch den Gesetzeswortlaut nicht geboten ist und zu

einer Privilegierung des Gewohnheitsverbrechertums, somit zu kriminalpolitisch unerträglichen Folgen führen kann. Diese liegen zum Teil in unerwünschten Rechtskraftfolgen, zum Teil aber auch in der fehlenden Möglichkeit, § 20a Abs. II StGB anzuwenden.

4. Strafbefehle sind ungeachtet des an sich entgegenstehenden Wortlauts in § 410 nur beschränkt der materiellen Rechtskraft fähig, d. h. die Rechtskraft des Strafbefehls hindert nicht, dieselbe Tat nochmals unter einem rechtlichen Gesichtspunkt zu verfolgen, der im Strafbefehl noch nicht berücksichtigt wurde und eine erhöhte Strafbarkeit bedingt.

Diese Einschränkung des in Art. 103 III GG verankerten Grundsatzes der Rechtssicherheit nach rechtskräftiger Verurteilung ist ausnahmsweise zulässig, da im Strafbefehlsverfahren eine umfassende Würdigung der Tat unter allen rechtlichen Gesichtspunkten nicht gewährleistet ist (vgl. E. 56, 263; 65, 292; 76, 251; BGH 3, 13; 9, 10; BVerfGer. NJW 54, 69).

Im einzelnen:

a) Ein neuer rechtlicher Gesichtspunkt, durch den die Strafbarkeit erhöht wird, und damit die Zulässigkeit eines neuen Verfahrens ist immer dann gegeben, wenn innerhalb des gleichen historischen Geschehens zu den bisher bekannten und im Strafbefehl bereits gewürdigten Delikten realkonkurrierend ein weiteres Delikt hinzutritt. In einem solchen Fall muß nämlich, sofern die im Strafbefehl ausgesprochene Strafe noch nicht verbüßt ist, gemäß §§ 74, 79 StGB auf eine Gesamtstrafe erkannt werden, die höher ist als die im Strafbefehl ausgesprochene Strafe (vgl. BGH 9, 10). Das gleiche gilt, wenn die Strafe gemäß §§ 77, 78 StGB nach dem Kumulationsprinzip zu bilden ist.

b) Ergibt sich nachträglich ein Delikt, das idealkonkurrierend zu den im Strafbefehl bereits gewürdigten Delikten tritt, so hängt die Entscheidung, ob ein neues Verfahren zulässig ist, davon ab, ob durch das neu hinzutretende Delikt der Strafrahmen erhöht wird. Dies gilt nach BGH 18, 141 (ebenso früher schon OLG Stuttgart JZ 60, 608; a. A. OLG Koblenz JZ 60, 607; Schwarz-Kleinknecht § 410 Anm. 2) auch dann, wenn der neue rechtliche Gesichtspunkt, der im Strafbefehl noch nicht berücksichtigt werden konnte, erst nach Rechtskraft des Strafbefehls eintritt, z. B. wenn das Opfer einer Körperverletzung, die bereits durch Strafbefehl gesühnt worden ist, nach RK des Strafbefehls stirbt. Zur Begründung weist der BGH darauf hin, die Einleitung eines neuen Verfahrens unter einem neuen rechtlichen Gesichtspunkt sei nicht davon abhängig, daß die unrichtige Rechtsanwendung im Einzelfall auf der Unvollkommenheit des Strafbefehls beruht; es genüge vielmehr, daß das Strafbefehlsverfahren als solches ein summarisches Verfahren sei, das nicht in gleichem Maße wie eine HV die Berücksichtigung aller für die rechtliche Beurteilung wesentlichen Gesichtspunkte gewährleiste. Diese Argumentation ist indes nicht unbedenklich, da der Eintritt eines nach RK eingetretenen Ereignisses mit der Unvollkommenheit des Strafbefehlsverfahrens nicht das geringste zu tun hat (vgl. Schwarz-Kleinknecht a. a. O.).

c) Kein neues Verfahren ist zulässig, wenn sich im Rahmen des gleichen historischen Geschehens neue Tatumstände ergeben, welche die Strafbarkeit erhöhen, ohne daß neue rechtliche Gesichtspunkte auftreten (vgl. BGH 6, 122). Beispiel: A ist wegen fortgesetzter Genußmittelentwendung durch Strafbefehl zu einer Haftstrafe von zwei Wochen verurteilt worden. Ergibt sich nach Rechtskraft des Strafbefehls, daß A in Fortsetzung seines ursprünglichen Tatplans noch zwei weitere Genußmittelentwendungen begangen hat, die dem Gericht, das den Strafbefehl erlassen hat, nicht bekannt waren, so ist ein neues Verfahren wegen dieser zwei neu ermittelten Teilakte der fortgesetzten Handlung nur dann zulässig, wenn das Gericht gleichzeitig zu der Überzeugung gelangt, daß sich die Tat bei Würdigung aller Umstände, insbesondere unter Berücksichtigung von Menge und Wert der entwendeten Genußmittel nicht mehr als Übertretung gemäß § 370 Ziffer 5 StGB darstellt, sondern unter § 242 StGB, gegebenenfalls sogar unter § 243 oder 244 StGB zu subsumieren ist.

d) Kommt es nach den vorstehenden Ausführungen in zulässiger Weise zu einer erneuten Verurteilung (auch ein neuer Strafbefehl ist nicht ausgeschlossen!), so ist die frühere Strafe, sofern sie bereits verbüßt ist, anzurechnen. Hierbei ergeben sich drei Möglichkeiten:

aa) Handelt es sich um gleichartige Strafen, so kann die erste ohne weiteres von der zweiten in Abzug gebracht werden.

bb) Bei ungleichartigen Freiheitsstrafen muß der Abzug unter Zugrundelegung des Umwandlungsmaßstabes in § 21 StGB erfolgen.

cc) Ist im Strafbefehl auf eine Geldstrafe erkannt worden und im späteren Urteil auf eine Freiheitsstrafe, so muß nach BGH 3, 13 (17) nicht etwa die Ersatzfreiheitsstrafe auf die neue Strafe angerechnet, sondern die Rückzahlung der Geldstrafe angeordnet werden.

e) War die im Strafbefehl ausgesprochene Strafe noch nicht verbüßt, so ist bei der erneuten Verurteilung auszusprechen, daß die im Strafbefehl erkannte Strafe in Wegfall kommt.

f) Kommt das Gericht nach Einleitung eines neuen Verfahrens durch die Staatsanwaltschaft zu der Überzeugung, daß der Strafbefehl zutreffend war oder daß er zwar nicht zutreffend war, aber die Voraussetzungen für eine Auflockerung der Grundsätze über die Rechtskraft nicht vorliegen, so ist der jeweiligen Prozeßlage entsprechend

aa) die Eröffnung des Hauptverfahrens abzulehnen (§ 204) oder

bb) das Verfahren durch Beschluß gemäß § 206a bzw. durch Urteil gemäß § 260 III einzustellen.

5. **Beschlüsse** sind nur dort der materiellen Rechtskraft fähig, wo ihnen das Gesetz ausdrücklich diese Rechtswirkung beimißt. Es handelt sich dabei ausschließlich um solche Beschlüsse, die ein bereits eingeleitetes Verfahren abschließen. Hierunter fallen

a) der Beschluß, durch den die Eröffnung des Hauptverfahrens abgelehnt oder der Angeschuldigte außer Verfolgung gesetzt wird, § 211;

b) der Verwerfungsbeschluß des Oberlandesgerichts im Klageerzwingungsverfahren, § 174 II;

c) gerichtliche Einstellungsbeschlüsse nach § 206a;

d) gerichtliche Einstellungsbeschlüsse nach § 153 III;

e) der Verwerfungsbeschluß im Wiederaufnahmeverfahren nach § 370 Abs. 1.

Im einzelnen:

Zu a): Hat das Gericht den Antrag der Staatsanwaltschaft auf Eröffnung des Hauptverfahrens abgelehnt (§ 204 I) oder den Angeschuldigten nach Abschluß der gerichtlichen Voruntersuchung außer Verfolgung gesetzt (§ 204 II), so ist der Angeschuldigte — sofern die Staatsanwaltschaft nicht mit Erfolg sofortige Beschwerde einlegt (§ 210 II) — bei unveränderter Sachlage gegen weitere Inanspruchnahme gesichert. Ergeben sich jedoch nach Rechtskraft des Beschlusses neue Tatsachen oder Beweismittel, so tritt ein Verbrauch der Strafklage nicht ein. Man kann auch hier von beschränkter materieller Rechtskraft sprechen. Der Unterschied gegenüber der beschränkten materiellen Rechtskraft des Strafbefehls darf jedoch nicht verkannt werden: Nach Rechtskraft des Strafbefehls kann ein neues Verfahren selbst bei Vorliegen neuer Tatsachen nur dann eingeleitet werden, wenn sich neue rechtliche Gesichtspunkte ergeben, die bisher nicht berücksichtigt wurden und eine erhöhte Strafbarkeit begründen (siehe oben Abschnitt IV 4, S. 158). Nach Rechtskraft des Beschlusses nach § 204 kommt es dagegen nur darauf an, ob sich neue Tatsachen oder Beweismittel ergeben (vgl. § 211). Nicht entscheidend ist jedoch, ob sich auch neue rechtliche Gesichtspunkte ergeben oder ob ein höheres Strafmaß zu erwarten ist. Ändert das Gericht lediglich seine frühere, als unrichtig erkannte Rechtsauffassung, so genügt dies nicht, um die Rechtskraft des Beschlusses gemäß § 204 aufzuheben (vgl. BGH 18, 225).

Zu b): Die in § 174 II getroffene Regelung entspricht der in § 211. Hat das Oberlandesgericht entschieden, daß kein Anlaß zur Erhebung der öffentlichen Klage besteht, so kann eine öffentliche Klage nur auf Grund neuer Tatsachen oder Beweismittel erhoben werden. Aus § 174 II folgt ferner, daß auch der Verletzte ein neues Klageerzwingungsverfahren betreiben kann, wenn er in der Lage ist, neue Tatsachen oder Beweismittel geltend zu machen (vgl. KG JR 57, 150).

Zu c): Für Einstellungsbeschlüsse nach § 206a gelten dieselben Grundsätze wie für Einstellungsurteile nach § 260 III, d. h. ein Verbrauch der Strafklage tritt nur ein, wenn durch den Beschluß eine endgültige sachliche Erledigung erstrebt wurde (siehe oben Abschnitt IV 1, S. 155).

Zu d): Der Umfang der materiellen Rechtskraft von Einstellungsbeschlüssen nach § 153 III (gerichtliche Einstellung von Bagatellsachen mit Zustimmung der Staatsanwaltschaft) ist umstritten.

aa) Nach Ansicht des Reichsgerichts (E. 65, 291; 75, 123) war die Einleitung eines neuen Verfahrens dann zulässig, wenn sich nachträglich ergibt, daß es sich bei der eingestellten Bagatellsache in Wirklichkeit um ein Verbrechen handelt, z. B. wenn sich eine zunächst als fahrlässiger Falscheid gewertete Zeugenaussage nachträglich als Meineid darstellt.

Der Bundesgerichtshof hat diese Auffassung übernommen (vgl. MDR 54, 181 und MDR 54, 400 bei Dallinger). Im Schrifttum findet sie sich bei Heinitz (JZ 63, 132) und Eb. Schmidt (Teil I Rn. 327 unter Aufgabe der noch in der 1. Aufl. vertretenen Ansicht, der Beschuß nach § 153 Abs. 3 habe volle Rechtskraftwirkung).

bb) Das BayObLG (JR 65, 350) hält — ähnlich wie bei der beschränkten Rechtskraft des Strafbefehls — ein neues Verfahren dann für zulässig, wenn sich nach der Einstellung des Verfahrens neue rechtliche Gesichtspunkte ergeben, die den Bagatellcharakter der Tat in Frage stellen. Ebenso Löwe-Rosenberg § 153 Anm. 15.

cc) Schwarz-Kleinknecht § 153 Anm. 5 und Kleinknecht JR 65, 350 wenden die zu §§ 211, 174 Abs. 2 entwickelten Grundsätze (siehe oben a und b) entsprechend an und halten über die bisher dargelegten Auffassungen hinausgehend die Wiederaufnahme des Verfahrens schon dann für zulässig, wenn sich neue Tatsachen oder Beweismittel ergeben, die den Bagatellcharakter der Tat in Frage stellen. Diese Ansicht verdient (unter Aufgabe der in der Vorauflage vertretenen Ansicht) den Vorzug. Eine Parallele zur Rechtskraft des Strafbefehls verbietet sich schon deshalb, weil der Strafbefehl praktisch einem Urteil gleichkommt und schon deshalb mit dem Beschluß nach § 153 Abs. 3 nicht artmäßig verwandt ist. Hinzu kommt, daß der Gesetzgeber im JGG 1953 den hier behandelten Fall praktisch bereits entschieden hat. Die in § 47 Abs. 3 JGG getroffene Regelung ist bewußt der des § 211 nachgebildet (vgl. Dallinger-Lackner § 47 Anm. 24).

Zu e) Wird ein Antrag auf Wiederaufnahme des Verfahrens gemäß § 370 Abs. 1 als unbegründet abgelehnt, so kann ein neuer Wiederaufnahmeantrag nicht mehr auf dieselben Tatsachen und Beweismittel gestützt werden. Dies ergibt sich zwar nicht unmittelbar, wohl aber dem Sinn nach aus § 372, der dem Antragsteller bei Ablehnung seines Antrags einerseits das RM der sofortigen Beschwerde einräumt, andererseits aber verhindern will, daß bereits geprüfte und als unbegründet befundene Wiederaufnahmegründe wiederholt geltend gemacht werden (vgl. Eb. Schmidt § 372 Anm. II 8; KMR § 372 Anm. 6; Schwarz-Kleinknecht § 372 Anm. 2).

V. Kein Verbrauch der Strafklage tritt ein

1. durch ein Urteil im Disziplinarverfahren;

2. durch Einstellungsbeschlüsse der Staatsanwaltschaft;

3. durch Zurücknahme der Klage im Strafbefehlsverfahren nach erfolgtem Einspruch (E. 63, 266);

4. durch eine Einstellung (Urteil oder Beschluß) wegen eines prozessualen Mangels, dessen Behebung möglich ist (siehe oben Abschnitt IV 1 und IV 5c).

5. Urteile der Besatzungsgerichte haben grundsätzlich keine Rechtskraftwirkung, da die Besatzungsgerichte keine deutsche Gerichtsbarkeit ausgeübt haben (BGH 6, 176); die ausgesprochenen Strafen sind jedoch, soweit verbüßt, in analoger Anwendung von § 7 StGB bei einer erneuten Verurteilung durch ein deutsches Gericht anzurechnen (vgl. BGH a. a. O. 178). Für Urteile der amerikanischen, britischen und französischen Besatzung sind außerdem die Besonderheiten des sog. Überleitungsvertrags vom 30. 3. 1955 (BGBl. II 405) zu beachten. Nach Art. 7 I des Überleitungsvertrags bleiben alle Entscheidungen der Besatzungsgerichte auch nach deutschem Recht rechtswirksam (vgl. auch BGH NJW 56, 1766).

6. Wegen der Rechtskraft von Bußgeldbescheiden siehe § 65 OWiG.

7. Zur Rechtskraft gebührenpflichtiger Verwarnungen siehe § 22 Abs. 2 StVG und BGH 17, 101.

B.

Lösung des Falles

I. Die Zurücknahme des Strafantrags

1. Strafanträge können nur dort zurückgenommen werden, wo das Gesetz die Zurücknahme ausdrücklich vorsieht (§ 64 StGB). Dementsprechend ist die Zurücknahme zulässig u. a. in den Fällen der §§ 123, 185ff. (194), 248a, 248b, 265a und 370 Ziff. 5/6 StGB. Sie ist dagegen unzulässig in den Fällen der §§ 170, 172, 182, 236, 237, 299, 300, 301, 302 StGB. Besonderheiten gelten für die Körperverletzung und die Sachbeschädigung. Der ausdrücklichen Regelung in § 232 II bzw. § 303 IV zufolge kann der Strafantrag nur dann zurückgenommen werden, wenn es sich bei dem verletzten Antragsteller um einen Angehörigen des Beschuldigten handelt.

(NB. Auch in anderen Fällen bringt das Gesetz klar zum Ausdruck, daß die Strafverfolgungsorgane bei Delikten im Bereich der Individualsphäre überhaupt nicht oder nicht gegen den Willen des von der Tat betroffenen Angehörigen zum Einschreiten befugt sind, vgl. §§ 247 I/II, 248a III, 248b IV, 263 V, 265a III, 266 III, 294, 370 Ziff. 5).

2. Eine zeitliche Beschränkung für die Zurücknahme des Strafantrags besteht insoweit, als eine Zurücknahme gemäß § 64 StGB nur bis zur Verkündung eines auf Strafe lautenden Urteils zulässig ist. Entscheidend ist dabei der Beginn der Urteilsverkündung (E. 57, 268). In der Rechtsmittelinstanz ist die Zurücknahme nur dann zulässig, wenn der Angeklagte in den Vorinstanzen freigesprochen wurde.

3. Für den vorliegenden Fall gilt somit folgendes: Da der Strafantrag gegen einen Angehörigen gerichtet war und ein auf Strafe lautendes Urteil noch nicht ergangen war, konnte Bruno den Strafantrag gegen seinen Bruder Alexander in der Hauptverhandlung rechtswirksam zurücknehmen.

4. Wird ein Strafantrag zurückgenommen, so muß der Antragsteller damit rechnen, daß ihm bei Einstellung des Verfahrens die Kosten auferlegt werden (§ 470 Satz 1). Er kann diesem Kostenrisiko dadurch entgehen, daß er die Rücknahme davon abhängig macht, daß der Angeklagte die Kosten übernimmt (vgl. BGH 9, 149 m. Anm. Henkel JZ 56, 766).

II. Die Verneinung eines besonderen öffentlichen Interesses

Wird bei einer Körperverletzung ein Strafantrag nicht gestellt oder rechtswirksam zurückgenommen, so kann die Staatsanwaltschaft auch von Amts wegen ein Verfahren einleiten, wenn ein besonderes öffentliches Interesse an der Strafverfolgung besteht (§ 232 StGB). Es handelt sich hierbei um eine Ausnahmebestimmung, die nicht analog auf andere Antragsdelikte übertragen werden darf (BGH 7, 256). Ob ein besonderes öffentliches Interesse an der Strafverfolgung zu bejahen ist, liegt im pflichtgemäßen Ermessen der StA und kann vom Gericht nicht überprüft werden (vgl. BGH 16, 225). Es ist dabei durchaus möglich, daß die Staatsanwaltschaft in den verschiedenen Stadien des Strafverfahrens zu verschiedenen Ergebnissen kommt (vgl. OLG Stuttgart JR 53, 348). Sie ist hierbei an keine Frist gebunden, insbesondere nicht an die Antragsfrist (vgl. BGH 6, 282). Referendar R konnte also in der Hauptverhandlung ein besonderes öffentliches Interesse an der Strafverfolgung verneinen, obwohl das besondere öffentliche Interesse bis dahin bejaht worden war.

(NB. Bei der Verletzung eines Angehörigen sollte die Staatsanwaltschaft ein besonderes öffentliches Interesse an der Strafverfolgung nur ausnahmsweise und nach sorgfältiger Prüfung aller Umstände bejahen, z. B. wenn der Angehörige sehr schwer verletzt wurde oder das Verschulden des Täters besonders ernst zu beurteilen ist.)

III. Die Entscheidung des Amtsrichters

Die rechtswirksame Rücknahme des Strafantrags durch Bruno und die Verneinung eines besonderen öffentlichen Interesses an der Strafverfolgung seitens der Staatsanwaltschaft haben zur Folge, daß dem weiteren Verfahren ein Prozeßhindernis entgegensteht. Das Verfahren ist daher durch Urteil gemäß § 260 III einzustellen.

IV. Die Rechtslage nach dem Tod Brunos

Es ist zu prüfen, ob mit der Einstellung des Verfahrens eine endgültige Erledigung der Sache gewollt war. Hierfür spricht, daß Bruno seinen zurückgenommenen Strafantrag auch zu Lebzeiten — selbst innerhalb der Antragsfrist — nicht mehr hätte erneuern können, da jeder Verzicht auf den Strafantrag endgültig ist (vgl. Dreher-Maassen a. a. O. § 64 Anm. 2). Auch die StA ist in diesem Fall an die Entscheidung des Referendars R, die dieser in der HV getroffen hat, gebunden. Sie kann zwar, wie oben in Abschn. II dargelegt, ein im Ermittlungsverfahren zunächst bejahtes öffentliches Interesse in der HV wieder verneinen und umgekehrt sogar noch in der Revisionsinstanz eine bis dahin unterlassene Strafverfolgungserklärung nachholen (vgl. BGH 6, 282). Dies gilt aber nicht mehr, wenn bereits ein Urteil vorliegt, das mangels einer Strafverfolgungserklärung der StA entweder auf Einstellung oder auf Freispruch erkannt hat (BGH 19, 377, 381). In diesem Fall ist die StA an ihre letzte, vor Erlaß des Urteils abgegebene Erklärung hinsichtlich der Bejahung oder Verneinung des öffentlichen Interesses gebunden (BGH a. a. O.). Hieraus folgt für den vorliegenden Fall: Die Einstellung bezweckte eine endgültige sachliche Erledigung und löste daher die Wirkungen der materiellen Rechtskraft aus. Die Strafklage ist verbraucht. Ein neues Verfahren wegen fahrlässiger Tötung kann nicht eingeleitet werden.

V. Die Entscheidung des Schöffengerichts

Das Schöffengericht hat die Sache durch Beschluß nach § 270 an das Schwurgericht zu verweisen, dessen ausschließliche Zuständigkeit sich aus § 80 GVG ergibt.

(NB. Die Verweisung kann rechtswirksam nur auf Grund der Hauptverhandlung erfolgen; an der Beschlußfassung müssen alle Richter mitwirken, deren Mitwirkung in der Hauptverhandlung erforderlich ist. Mängel beim Zustandekommen des Beschlusses haben zur Folge, daß der Beschluß als rechtlich wirkungslos angesehen werden muß und nicht zur Unterlage des weiteren Verfahrens gemacht werden darf, BGH 6, 109. — Nach BGH 18, 290 kann die Verweisung auch in dem Verfahrensabschnitt zwischen der Eröffnung des Hauptverfahrens und der HV vorgenommen werden. In diesem Fall aber hat der Verweisungsbeschluß für das Gericht, an das verwiesen wird, keine bindende Wirkung.)

VI. Die prozessualen Möglichkeiten der Staatsanwaltschaft

Die Staatsanwaltschaft hätte an sich die Möglichkeit, mit den ordentlichen Rechtsmitteln (Berufung oder Revision) die Aufhebung des Urteils zu erreichen. Die Sache würde dann an das Schöffengericht zurückverwiesen, das sich erneut mit der Sache befassen und diese schließlich nach § 270 an das Schwurgericht verweisen müßte.

(NB. Das Rechtsmittelgericht könnte die Sache nicht unmittelbar an das Schwurgericht verweisen, da das Schöffengericht seine Unzuständigkeit keineswegs verkannt hatte, somit die Voraussetzungen für eine Entscheidung gemäß § 328 III bzw. § 355 nicht vorliegen.)

Diesen recht umständlichen und zeitraubenden Weg kann sich die Staatsanwaltschaft ersparen, indem sie ohne Rücksicht auf das Einstellungsurteil des Schöffengerichts unmittelbar Anklage beim Schwurgericht erhebt bzw. die gerichtliche Voruntersuchung beantragt. Dieser Weg ist ohne weiteres gangbar, da das Einstellungsurteil eine endgültige sachliche Erledigung weder herbeiführen wollte noch konnte. Ein Verbrauch der Strafklage ist daher nicht eingetreten (vgl. E. 26, 150 und Eb. Schmidt Teil I Nr. 180 sowie Löwe-Rosenberg Anm. 22e vor § 151).

VII. Die **Klageerhebung beim Schwurgericht** ist sofort möglich.

Die Rechtshängigkeit beim Schöffengericht endet zwar erst mit der Rechtskraft des Einstellungsurteils. Die Staatsanwaltschaft kann jedoch dessen ungeachtet sofort neue Klage erheben, da das Schwurgericht allein sachlich zuständig ist. Es besteht daher keine Gefahr, daß das Schwurgericht in unzulässiger Weise in die Entscheidungskompetenz des Schöffengerichts eingreift und möglicherweise zwei verschiedene Urteile in derselben Sache ergehen. Die anderweitige Rechtshängigkeit wirkt sich bei dieser Sachlage ausnahmsweise nicht als Prozeßhindernis aus (vgl. Eb. Schmidt a. a. O. Teil I Nr. 180 m. weiteren Nachweisen).

ZU FALL 13

I. Die Entscheidung des Amtsrichters

1. Ein rechtskräftiges Urteil der Kleinen Strafkammer liegt bereits vor:

Wie sich aus den Vorbemerkungen zu Fall 12 Abschnitt IV 2e (S. 157) ergibt, hätte die Kleine Strafkammer als Berufungsgericht auf Grund ihrer allseitigen Kognitionspflicht alle Einzelakte der fortgesetzten Tat erforschen und bei der Strafzumessung berücksichtigen müssen. Diese Pflicht zur Erfassung des gesamten Sachverhalts bezieht sich auch auf solche Teilakte der fortgesetzten Tat, die nach dem erstinstanzlichen Urteil liegen. Auch diese nehmen somit an der Rechtskraft des Urteils teil. Kommt nun das erneut mit solchen Einzelakten befaßte Gericht zu dem Ergebnis, daß die vom Berufungsgericht nicht berücksichtigten Teilakte Bestandteile der bereits vom Berufungsgericht rechtskräftig erledigten fortgesetzten Tat sind, so steht der weiteren Durchführung des Verfahrens das Prozeßhindernis der materiellen Rechtskraft entgegen. Die Strafklage ist verbraucht.

Hieraus folgt:

Erkennt der Amtsrichter das Prozeßhindernis erst nach Eintritt in die Hauptverhandlung, so ist das Verfahren gemäß § 260 III durch Urteil einzustellen.

2. Steht die Berufungsverhandlung noch aus, so steht der weiteren Durchführung des Verfahrens das Prozeßhindernis der anderweitigen Rechtshängigkeit entgegen. Der Amtsrichter wird also auch bei dieser Sachlage nach § 260 III StPO das Verfahren einstellen und die Akten dem Berufungsgericht vorlegen, damit dieses die beiden Vorfälle vom 1. 7. bzw. 8. 7. in das dort anhängige Verfahren einbeziehen kann.

II. Die gesetzlich zulässige Höchststrafe in der Berufungsinstanz

Geht das Berufungsgericht von der Auffassung des Amtsrichters aus, so sind die beiden am 1. 7. bzw. 8. 7., somit nach Erlaß des erstinstanzlichen Urteils begangenen Teilakte der fortgesetzten Tat mit zu erfassen und abzuurteilen. In analoger Anwendung von § 265 ist die Angeklagte darauf hinzuweisen, daß sie auch wegen dieser beiden Teilakte bestraft werden kann. Auf den Grundsatz des Verbots der reformatio in peius (§ 331 I) kann sich Veronika bei der gegebenen Sachlage nach der neuesten Rechtsprechung des BGH nicht berufen (vgl. BGH 9, 324 sowie Vorbemerkungen zu Fall 12, Abschn. IV 2e S. 157); die Strafe ist vielmehr in analoger Anwendung der §§ 74ff. StGB zu bilden. Hieraus folgt:

Veronika kann nach dem für Haftstrafen geltenden Kumulationsprinzip (§ 77 II StGB) zu insgesamt 12 Wochen Haft verurteilt werden (6 Wochen Haft für die Teilakte vor Erlaß des erstinstanzlichen Urteils und 6 Wochen Haft für die Teilakte nach Erlaß des erstinstanzlichen Urteils).

Eine **Einweisung in das Arbeitshaus** gem. § 42d StGB erscheint in Hinblick auf § 331 II bedenklich. Es wirft sich jedoch die Frage auf, ob die Angeklagte durch ihre erneute Straffälligkeit nach Einlegung der Berufung nicht nur den Schutz des § 331 I, sondern auch den des § 331 II StPO verwirkt hat. Der BGH hat sich — soweit ersichtlich — zu dieser Frage noch nicht geäußert. Er müßte sie jedoch in konsequenter Fortführung seiner in BGH 9, 324 niedergelegten Grundsätze bejahen.

III. Die Rechtslage, wenn die Kleine Strafkammer die Ansicht des Amtsrichters hinsichtlich des Fortsetzungszusammenhangs nicht teilt.

Geht die Kleine Strafkammer als Berufungsgericht entgegen der Ansicht des Amtsrichters davon aus, daß die Vorfälle am 1. 7. und 8. 7. 1965 nicht als Teilakte der fortgesetzten Tat, sondern als rechtlich selbständige Handlungen anzusehen sind, so kommt eine Aburteilung in der Berufungsinstanz nicht in Betracht. Mangels Tatidentität reicht ein Hinweis nach § 265 nicht aus; eine Nachtragsanklage gemäß § 266 ist in der Berufungsinstanz grundsätzlich unzulässig, da den Prozeßbeteiligten sonst eine Tatsacheninstanz verloren ginge (vgl. Fall 5, Nachtrag, Abschn. IV 4, S. 89).

Es ist nunmehr zu prüfen, ob das einstellende Urteil der materiellen Rechtskraft fähig war. Wie in den Vorbemerkungen zu Fall 12 Abschn. IV 1 (S. 155) dargelegt, sind auch einstellende Urteile der materiellen Rechtskraft fähig, sofern sie eine endgültige sachliche Erledigung erstreben. Wird — wie hier — wegen anderweitiger Rechtshängigkeit eingestellt, so kann und soll dadurch nicht notwendig das Verfahren endgültig zum Abschluß gebracht werden. Es lassen sich nämlich durchaus Fälle denken, in denen die hindernde anderweitige Rechtshängigkeit nachträglich wegfällt, ohne daß das anderweitig mit der Sache befaßte Gericht eine der materiellen Rechtskraft fähige Entscheidung getroffen hat. So wäre es etwa denkbar, daß Veronika ihre Berufung gegen das Urteil vom 1. 6. 1965 zurücknimmt. In diesem Fall wäre es unbedenklich, wegen der nach dem 1. 6. 1965 begangenen Teilakte der fortgesetzten Handlung ein neues Verfahren einzuleiten. Veronika wäre dann nämlich so zu stellen, wie wenn sie keine Berufung eingelegt hätte.

Zusammenfassend kann festgestellt werden, daß das wegen anderweitiger Rechtshängigkeit einstellende Urteil nicht der materiellen Rechtskraft fähig ist. Die Staatsanwaltschaft ist also nicht gehindert, erneut Klage zu erheben.

ZU FALL 14

A.

Vorbemerkung: Das Strafbefehlsverfahren

I. Bei Übertretungen und Vergehen kann die Strafe durch schriftlichen Strafbefehl des Amtsrichters ohne Hauptverhandlung festgesetzt werden, wenn die Staatsanwaltschaft schriftlich hierauf anträgt (§ 407).

Durch Strafbefehl dürfen nur folgende Strafen, Nebenfolgen und Maßregeln der Sicherung und Besserung, allein oder nebeneinander, festgesetzt werden:

1. Freiheitsstrafe bis zu 3 Monaten,

2. Geldstrafe (vgl. §§ 27, 27a StGB),

3. Fahrverbot (vgl. § 37 StGB),

4. Einziehung (z. B. in den Fällen der §§ 40, 152, 284b, 295 StGB, § 26 WaffG, 20 FernmG),

5. Vernichtung (vgl. z. B. § 13 LebmG),

6. Unbrauchbarmachung (vgl. § 41 StGB),

7. Verfallerklärung (vgl. z. B. §§ 335 StGB, 12 Abs. 3 UWG),

8. Bekanntmachung der Entscheidung (vgl. z. B. §§ 165, 200 StGB, 15 Abs. 1 LebmG),

9. Befugnis zur Beseitigung eines gesetzwidrigen Zustands (in der Praxis kaum vorkommend),

10. Fahrerlaubnisentziehung, soweit die Sperrfrist nicht mehr als ein Jahr beträgt.

Gegen Jugendliche darf kein Strafbefehl erlassen werden (§ 79 I JGG); zulässig ist er aber gegen Heranwachsende (§ 103 JGG).

II. Der Antrag des Staatsanwalts, der eine bestimmte Strafe zum Gegenstand haben muß (§ 408 Abs. 1), enthält verfahrensrechtlich die Erhebung der Anklage und muß daher den Anforderungen des § 200 Abs. 1 genügen (§ 409).

III. Der Amtsrichter hat den Antrag zurückzuweisen:

1. Wenn die Sachlage die Ablehnung der Eröffnung des Hauptverfahrens rechtfertigen würde (§ 204), also insbesondere, wenn der Beschuldigte der ihm zur Last gelegten Straftat nicht hinreichend verdächtig erscheint oder wenn eine Prozeßvoraussetzung fehlt, z. B. der erforderliche Strafantrag nicht gestellt ist.

2. Wenn der Antrag nicht der gesetzlichen Form entspricht oder unstatthaft ist (§ 407), z. B. weil die Tat ein Verbrechen ist.

Die Zurückweisung eines Strafbefehlsanstrags ist im Gesetz nicht besonders erwähnt. Ihre Möglichkeit ergibt sich aber aus § 204, der analog anzuwenden ist. Gegen einen solchen zurückweisenden Beschluß steht der Staatsanwaltschaft die sofortige Beschwerde gemäß § 210 Abs. 2 zu. Wird ihr stattgegeben, so wird das Beschwerdegericht unter Aufhebung des Zurückweisungsbeschlusses den Amtsrichter anweisen, dem Verfahren prozessualen Fortgang zu geben. Da ein Strafbefehl immer nur vom Amtsrichter erlassen werden kann, kann das Beschwerdegericht trotz § 309 II nicht selbst den Erlaß des beantragten Strafbefehls beschließen. Ebensowenig ist es befugt, den Amtsrichter zum Erlaß des beantragten Strafbefehls anzuweisen. Der Amtsrichter kann dann, wenn er seine Bedenken durch den Beschwerdebeschluß behoben sieht, den Strafbefehl wie beantragt erlassen oder aber Hauptverhandlungstermin bestimmen.

IV. Der Amtsrichter hat nach § 408 Abs. 2 Hauptverhandlung anzuberaumen (also ohne Eröffnungsbeschluß):

1. wenn er Bedenken hat, ohne Hauptverhandlung zu entscheiden (weil z. B. Zweifel bestehen, wie die Tat rechtlich zu qualifizieren ist);

2. wenn er hinsichtlich der Strafe von dem Antrag abweichen will. In diesem letzteren Falle wird er zuvor seine abweichende Ansicht der Staatsanwaltschaft mitteilen und diese zur Erklärung darüber auffordern, ob sie bei ihrem Antrag beharre.

In jedem Falle, also auch im Falle 1, kann eine Verständigung zwischen Amtsrichter und Staatsanwalt dahin führen, daß letzterer den Antrag auf Erlaß des Strafbefehls zurücknimmt.

V. Der Strafbefehl wird erlassen, wenn weder tatsächliche noch rechtliche Bedenken entgegenstehen (§ 408 Abs. 1).

Er muß neben der Bezeichnung der strafbaren Handlung, des Strafgesetzes, der Beweismittel und der Strafe die Eröffnung enthalten, daß er vollstreckbar wird, wenn der Beschuldigte nicht binnen einer Woche nach der Zustellung bei dem Amtsgericht schriftlich oder zu Protokoll der Geschäftsstelle Einspruch erhebt (§ 409).

VI. Die Zustellung des Strafbefehls kann in jeder gesetzlich vorgesehenen Form erfolgen, insbesondere auch durch Niederlegung gemäß §§ 182, 195a ZPO (BGH 13, 182; siehe auch Fall 5 Abschnitt II 3 betr. Zustellung von Urteilen, die in Abwesenheit des Angeklagten ergangen sind). Hat der Beschuldigte einen gesetzlichen Vertreter, so hat die Zustellung auch an diesen zu erfolgen (§ 409 II). Hat er einen Verteidiger, so kann die Zustellung auch an diesen erfolgen (vgl. § 145a sowie Fall 6, Abschn. A I 2e, S. 90.

VII. Bei rechtzeitigem Einspruch (bei entschuldbarer Versäumung der Einspruchsfrist ist Wiedereinsetzung möglich), der bis zum Beginn der Hauptverhandlung zurückgenommen werden kann, findet Hauptverhandlung statt (§ 411), ohne daß es eines Eröffnungsbeschlusses bedarf. Grundlage des weiteren Verfahrens ist dann, ebenso wie im Falle des § 408 Abs. 2 (s. o. IV), nicht der Strafbefehl, sondern der Strafbefehlsantrag der StA. Das Fehlen der Unterschrift des Amtsrichters auf dem Strafbefehl ist daher für das weitere Verfahren unschädlich (BayObLG NJW 61, 1782).

Die Staatsanwaltschaft kann gemäß § 411 I im Falle des Einspruchs die Klage zurücknehmen („fallenlassen"), und zwar bis zum Beginn der Hauptverhandlung (im Gegensatz zur Anklage, die gemäß § 156 nur bis zur Eröffnung der Voruntersuchung oder des Hauptverfahrens zurückgenommen werden kann). Wird kein Einspruch erhoben, so kann der Staatsanwalt den erlassenen Strafbefehl nicht mehr außer Kraft setzen.

Der Einspruch, auf den gemäß § 409 Abs. 3 i. V. mit § 302 schon vor Ablauf der Frist verzichtet werden kann, kann nicht wirksam auf das Strafmaß beschränkt werden, E. 76, 251. Ebensowenig ist die Beschränkung auf eines von mehreren realkonkurrierenden Delikten zulässig, E. 63, 345. Im letzteren Falle ist aber Trennungsbeschluß des Gerichts möglich mit der Folge, daß der Angeklagte hinsichtlich des einen oder anderen Delikts den Einspruch zurücknehmen kann und insoweit der Strafbefehl rechtskräftig wird.

VIII. Für die Hauptverhandlung gilt folgendes:

1. Die Hauptverhandlung findet grundsätzlich vor dem Amtsrichter statt, jedoch kann die StA auch Verhandlung vor dem Schöffengericht beantragen.

2. Der Angeklagte kann sich durch einen mit schriftlicher Vollmacht versehenen Verteidiger vertreten lassen (§ 411 Abs. 2).

3. Bleibt der Angeklagte ohne genügende Entschuldigung in der Hauptverhandlung aus und wird er auch nicht durch einen Verteidiger vertreten, so wird der Einspruch ohne Beweisaufnahme durch Urteil verworfen (§ 412 Abs. 1). Gegen ein solches Verwerfungsurteil sind zwei Rechtsbehelfe gegeben: einmal die ordentlichen Rechtsmittel (Berufung und Revision), wobei bei Übertretungen § 313 nicht übersehen werden darf. Zulässig ist ferner die Wiedereinsetzung mit der in Abs. 2 des § 412 vorgesehenen Einschränkung. (NB. Die gegen ein solches Urteil eingelegte Berufung kann nur auf die Behauptung gestützt werden, daß der Einspruch zu Unrecht verworfen worden sei. Stellt sich diese Behauptung als unbegründet heraus, d. h. wurde der Einspruch zu Recht verworfen, so darf auch in der Berufungsinstanz auf die Sache selbst nicht eingegangen werden, sondern die Berufung ist ohne weiteres zu verwerfen. Ist der Einspruch vom Amtsrichter zu Unrecht verworfen worden, so hat das Berufungsgericht gemäß § 328 das Urteil aufzuheben und die Sache an die erste Instanz zurückzuverweisen.)

4. Bei der Urteilsfällung ist das Gericht an den im Strafbefehl enthaltenen Ausspruch nicht gebunden (§ 411 Abs. 3). Es entscheidet so, als wäre ein Strafbefehl nicht ergangen, sondern Anklage erhoben. Es wird daher im Urteil nicht auf den Strafbefehl eingegangen, insbesondere also nicht etwa der Strafbefehl aufgehoben oder der Einspruch verworfen. Auch gilt hier nicht das Verbot der reformatio in peius.

IX. Ein Strafbefehl, gegen den nicht rechtzeitig Einspruch erhoben worden ist, erlangt die Wirkung eines rechtskräftigen Urteils (§ 410). (Siehe hierzu ausführlich Vorbemerkung zu Fall 12, Abschn. IV 4, S. 158.)

Nachtrag: Das Verfahren bei Strafverfügungen ist in § 413 geregelt. Die wichtigsten Bestimmungen sind folgende: das Verfahren ist nur bei Übertretungen möglich (§ 413 I). Der Amtsrichter, der ohne Hauptverhandlung entscheidet, ist an den Vorschlag der Polizeibehörde nicht gebunden, kann also insbesondere eine geringere oder höhere Strafe als die von der Polizei beantragte aussprechen (§ 413 II).

Der Amtsrichter kann nicht mangels Beweises einstellen, sondern muß in diesem Falle die Akten der Staatsanwaltschaft zuleiten (§ 413 III). Dagegen kann der Amtsrichter durch unanfechtbaren Beschluß bei geringer Schuld und fehlendem öffentlichem Interesse gemäß § 153 I einstellen (§ 413 V).

B.

Lösung des Falles

I. Wie wird der Rechtsanwalt die Berufung begründen?

Der Anwalt wird auf folgende Gesichtspunkte hinweisen:

1. Beiden Verfahren liegt derselbe Sachverhalt zugrunde; es besteht somit Tatidentität.

2. Nach der höchstrichterlichen Rechtsprechung zu § 410 ist bei Vorliegen eines rechtskräftigen Strafbefehls ein neues Verfahren wegen derselben Tat nur zulässig, wenn sich neue rechtliche Gesichtspunkte ergeben, die im Strafbefehl nicht berücksichtigt wurden und eine erhöhte Strafbarkeit begründen (vgl. Fall 12, Vorbemerkungen Abschn. A IV 4 S. 158). Diese Voraussetzungen sind hier nicht gegeben:

Auf Einziehung des Gewehrs auf Grund des § 295 StGB konnte und mußte in dem Strafbefehl erkannt werden; mit dem neuen Verfahren sollte lediglich die Behebung dieses Fehlers bezweckt werden, ohne daß die Tat eine abweichende, einem schärferen Strafrahmen unterliegende Beurteilung erfahren konnte.

3. Die Rechtskraftwirkung des Strafbefehls wirkt sich in dem neu eingeleiteten Verfahren als Prozeßhindernis aus, das in jeder Verfahrenslage von Amts wegen zu beachten ist und zur Einstellung führen muß (vgl. Fall 7, Nachtrag, S. 116f).

II. Was hätte der Staatsanwalt tun müssen, um die beantragte Einziehung des Gewehrs durchzusetzen, wenn er nach Zustellung, aber vor der Rechtskraft des Strafbefehls von der unterbliebenen Einziehung Kenntnis bekommen hätte?

1. Kann der Staatsanwalt Einspruch einlegen?

a) An sich stehen die zulässigen Rechtsmittel gegen gerichtliche Entscheidungen nach § 296 sowohl der Staatsanwaltschaft als auch dem Beschuldigten zu.

Der Begriff der Rechtsmittel ist kein absolut feststehender. Die StPO versteht unter Rechtsmitteln nur diejenigen prozessualen Rechtsbehelfe, durch welche gerichtliche Entscheidungen, die noch nicht rechtskräftig sind, vor einem Gericht höherer Instanz angefochten werden. Rechtsmittel i. S. der StPO sind daher nur die Beschwerde, die Berufung und die Revision. Dagegen fallen nicht unter diesen Begriff: der Antrag auf Wiederaufnahme des Verfahrens, das Gesuch um Wiedereinsetzung in den vorigen Stand, der Einspruch gegen den amtsrichterlichen Strafbefehl. (Siehe Fall 6, Abschn. B III 1 a, S. 97.)

b) Da § 409 nur von dem Einspruch des Beschuldigten spricht, muß gefolgert werden, daß ein solcher der Staatsanwaltschaft nicht zusteht. Es folgt dies auch aus der Natur des Strafbefehlsverfahrens insofern, als ja grundsätzlich der Erlaß des Strafbefehls nur genau nach dem Antrag der Staatsanwaltschaft erfolgen darf; es steht dem Amtsrichter nicht zu, in irgendwelcher Richtung von dem Antrag abzuweichen. Trägt der Amtsrichter Bedenken, so hat er die Sache, wie in der Vorbemerkung IV, S. 168 erörtert wurde, gemäß § 408 Abs. 2 zur Hauptverhandlung zu bringen.

2. Hätte der Amtsrichter entgegen der Vorschrift des § 408 Abs. 2 Satz 2 absichtlich die Einziehung unterlassen, dann könnte hierin eine Zurückweisung des Antrags auf Erlaß des Strafbefehls in diesem Teil erblickt werden, und der Staatsanwalt könnte aus diesem Grunde gegen den Strafbefehl sofortige Beschwerde gemäß § 210 Abs. 2 einlegen. (Die Zurückweisung kommt sachlich dem in § 204 Abs. 1 bezeichneten Beschluß gleich, wie schon in Abschn. A III 2, S. 168 erwähnt wurde.)

3. Da der Amtsrichter aber nur versehentlich nicht auf Einziehung erkannt hat, kann der Staatsanwalt vor Rechtskraft des Strafbefehls lediglich dessen Ergänzung beantragen.

4. Wäre lediglich in der Ausfertigung des Strafbefehls die Einziehung unterblieben, während sie in der Urschrift verfügt war, dann wäre die Zustellung des Strafbefehls unwirksam gewesen und infolgedessen die Einspruchsfrist nicht in Lauf gesetzt worden (vgl. OLG Hamburg DAR 58, 274).

III. Hätte der Staatsanwalt nach Rechtskraft des Strafbefehls die Einziehung des Gewehrs gemäß § 430ff. erreichen können?

1. Auf Einziehung, Vernichtung oder Unbrauchbarmachung von Gegenständen ist in der Regel neben einer sonstigen Strafe im Strafurteil gegen eine bestimmte Person zu erkennen.

2. Die das sog. objektive Verfahren regelnden §§ 430—432 behandeln den Fall, in dem unabhängig von jedem auf Bestrafung einer bestimmten Person gerichteten Strafverfahren die Einziehung, Vernichtung oder Unbrauchbarmachung von Gegenständen durch gerichtliches Strafurteil ausgesprochen werden kann.

3. Dieses Verfahren ist nach § 430 nur zulässig „in den Fällen, in welchen nach § 42 StGB oder nach anderweitigen gesetzlichen Bestimmungen auf Einziehung usw. selbständig erkannt werden kann". Das objektive Einziehungsverfahren muß also, wenn nicht auf § 42 StGB, so doch auf eine die selbständige Einziehung ausdrücklich oder stillschweigend gestattende anderweitige Gesetzesvorschrift zurückgeführt werden können.

a) Kann das objektive Verfahren auf § 42 StGB gestützt werden?

aa) Daß ein objektives Einziehungsverfahren gemäß § 42 StGB auch gegen das in § 295 StGB erwähnte Jagdgerät möglich ist, ist unbestritten.

bb) § 42 StGB lautet: Ist in den Fällen der §§ 40 und 41 die Verfolgung oder die Verurteilung einer bestimmten Person nicht ausführbar, so können die daselbst vorgeschriebenen Maßnahmen selbständig erkannt werden, d. h. abweichend von der Regel der §§ 40, 41 StGB, wonach im Strafurteil selbst die fraglichen Maßnahmen auszusprechen sind.

cc) Nach dem in vorliegendem Falle allein in Frage kommenden § 40 StGB können Gegenstände, welche durch ein vorsätzliches Verbrechen oder Vergehen hervorgebracht (producta secleris) oder welche zur Begehung eines vorsätzlichen Verbrechens oder Vergehens gebraucht oder bestimmt sind (instrumenta sceleris), eingezogen werden, sofern sie dem Täter oder einem Teilnehmer gehören.

dd) Da im vorliegenden Falle das Gewehr dem Bruder des Beschuldigten gehörte, scheidet § 42 StGB als Grundlage für ein objektives Verfahren von vornherein aus, ohne daß auf die weitere Voraussetzung des § 42, nämlich die Unausführbarkeit der Verfolgung einer bestimmten Person, eingegangen zu werden braucht. (Siehe hierzu Abschn. IV, Ziff. 3, S, 173.)

b) Auch auf § 295 StGB kann die Einziehung im objektiven Verfahren nicht gestützt werden. Selbst wenn man § 295 nicht als Nebenstrafe auffaßt, sondern als eine polizeiliche Sicherungsmaßnahme, da die Einziehung auch bei täterfremden Sachen möglich ist (vgl. Petters-Preisendanz, Strafgesetzbuch, 25. Aufl. Vorbem. 3c vor § 13), so kann diese

Bestimmung immer nur als Nebenfolge in einem gegen eine bestimmte Person durchgeführten Strafverfahren zur Anwendung kommen. Eine selbständige Anwendung des § 295 StGB, wie sie § 430 StPO voraussetzt, ist dagegen unzulässig. Dies ergibt sich nicht nur aus dem Fehlen einer dem § 42 StGB entsprechenden Vorschrift, sondern auch aus der Gesetzesgeschichte. Nach dem klaren Wortlaut der vor 1935 geltenden Fassung gab es keinen Zweifel, daß die Einziehung nur neben der Hauptstrafe in Betracht kam. Hieran sollte durch die Neufassung, durch die im wesentlichen lediglich die Härteklausel des Abs. 2 eingefügt wurde, nichts geändert werden.

4. Zusammenfassend ist sonach festzustellen, daß keine Möglichkeit besteht, nach Rechtskraft des Strafbefehls eine Einziehung des dem Bruder des Täters gehörigen Gewehrs zu erreichen. (Siehe auch E. 19, 45; 53, 124.)

IV. Wie wäre die Rechtslage bezüglich eines objektiven Verfahrens, wenn das Gewehr dem Täter selbst gehört hätte?

1. Auf § 295 StGB kann das objektive Verfahren schon deshalb nicht gestützt werden, weil diese Bestimmung — wie oben in Abschn. III 3b ausgeführt — nur neben einer Strafe, aber nicht selbständig zur Anwendung kommen kann.

2. Auf § 40 StGB, der durch § 295 nicht ausgeschlossen wird, könnte das objektive Verfahren an sich gestützt werden, da diese Bestimmung gemäß § 42d StGB auch selbständig zur Anwendung kommen kann. Bei den Ausführungen zu Abschn. III wurde eine Anwendung des § 40 StGB im objektiven Verfahren auch nur deshalb abgelehnt, weil § 40 StGB voraussetzt, daß der einzuziehende Gegenstand einem Täter oder Teilnehmer gehört. Diese Voraussetzungen lagen jedoch bei dem Sachverhalt der Frage 3 nicht vor. Es liegt daher nahe, bei der jetzt zu entscheidenden Abwandlung des Sachverhalts, derzufolge das Gewehr dem Täter selbst gehört, eine Einziehung gemäß §§ 40, 42 StGB i. V. mit § 430 ff. für zulässig zu erachten. Dem steht jedoch entgegen, daß es sich bei § 40 StGB — anders als im Falle des § 295 StGB — nicht nur um eine polizeiliche Sicherungsmaßregel, sondern um eine echte Nebenstrafe handelt, da die Einziehung nur bei tätereigenen Gegenständen möglich ist (vgl. Petters-Preisendanz, Strafgesetzbuch, 25. Aufl. Vorbem. 3c vor § 13, § 40 Anm. 1). Damit unterliegt die Einziehung gemäß § 40 StGB dem Grundsatz des „ne bis in idem", der nicht nur ein neues Strafverfahren, sondern auch die Einleitung eines objektiven Verfahrens ausschließt, soweit dieses — wie im vorliegenden Fall — nicht nur auf eine Sicherungsmaßregel, sondern auf eine Nebenstrafe abzielt (vgl. E. 14, 169).

3. Abgesehen davon scheidet das objektive Verfahren im vorliegenden Falle auch schon deshalb aus, weil in § 42 StGB als Voraussetzung für das selbständige Verfahren verlangt wird, daß die Verfolgung oder die Verurteilung einer bestimmten Person nicht ausführbar ist, z. B. wegen Tod, Abwesenheit, Unbekanntheit, dauernder Geisteskrankheit des Täters oder Verjährung (E. 8, 350 und 238).

Von einer „Nichtdurchführbarkeit" kann aber nicht gesprochen werden, wenn die Verfolgung und die Verurteilung einer bestimmten Person stattgefunden hat; denn der Zweck des § 42 StGB ist nur der, der Strafgewalt die nötige Handhabe zu gewähren, dem Gesetz selbst dann Genüge zu verschaffen, wenn aus zufälligen Umständen rechtlicher oder tatsächlicher Natur die Verfolgung oder Verurteilung einer bestimmten Person nicht erfolgen konnte (E. 8, 349). Hat dagegen die Verurteilung einer bestimmten Person stattgefunden, so bedarf es einer solchen Handhabe nicht, da alsdann die Möglichkeit gegeben war, die in § 40 StGB bestimmte Nebenstrafe im Urteil bzw. Strafbefehl gegen den Täter auszusprechen (E. 66, 419).

V. Wie wäre die Rechtslage, wenn das Gewehr dem Landwirt gehört hätte und dieser vor Einleitung eines Strafverfahrens gestorben wäre?

1. Wäre der Täter vor Erlaß des Strafbefehls gestorben, so stünden der Einleitung eines Verfahrens auf Einziehung des ihm gehörigen Gewehrs gemäß §§ 42 StGB und 430 StPO keine Bedenken entgegen, da wie schon oben erwähnt, § 40 StGB nicht durch § 295 StGB ausgeschlossen wird (E. 19, 49).

2. Allerdings ist das in § 40 StGB aufgestellte Erfordernis, daß die einzuziehenden Gegenstände dem Täter oder einem Teilnehmer gehören müssen, regelmäßig auf den Zeitpunkt der im objektiven Verfahren erfolgenden Urteilsfällung zu beziehen. Dieser Grundsatz kann aber dann nicht Platz greifen, wenn der Täter bereits vorher gestorben ist und dadurch das Eigentum an dem Gegenstand auf seine Erben übergegangen ist, denn sonst wäre die selbständige Einziehung gemäß §§ 40, 42 StGB im Falle des Todes des Täters überhaupt nicht statthaft. Es muß daher in einem solchen Falle genügen, wenn dem Täter das Eigentum bis zu seinem Tode zugestanden hat. (E. 53, 181; siehe aber E. 16, 116.)

Nachtrag:

Für das objektive Strafverfahren gelten im übrigen folgende Bestimmungen:

1. Der Antrag wird seitens der Staatsanwaltschaft oder des Privatklägers bei dem Gericht gestellt, welches für den Fall der Verfolgung einer bestimmten Person zuständig sein würde. Die Entscheidung über den Antrag erfolgt durch Urteil auf Grund mündlicher Verhandlung, wenn die Staatsanwaltschaft oder einer der in § 431 II genannten Beteiligten einen entsprechenden Antrag stellt oder wenn das Gericht eine mündliche Verhandlung für erforderlich hält (§ 431 I).

2. Die Hauptverhandlung erfolgt in einem Termin, der ohne besonderen Gerichtsbeschluß vom Vorsitzenden anzuberaumen ist. Auf die Verhandlung finden die Grundsätze des ordentlichen Verfahrens (Besetzung des Gerichts, Öffentlichkeit, Beweisaufnahme) Anwendung (§ 431).

Zur Hauptverhandlung sind Personen, die einen rechtlichen Anspruch auf den Gegenstand der Einziehung usw. haben (die sog. Einziehungsbeteiligten), also vor allem der Eigentümer des Gegenstandes zu laden (§ 431 II), vorausgesetzt, daß der Anspruch mindestens glaubhaft gemacht wird (siehe BGH 2, 295). Diese Personen, die sich durch einen Verteidiger vertreten lassen können, können nicht als Zeugen vernommen werden (E. 46, 88); sie haben die Befugnisse des Angeklagten (§ 431 Abs. 3 Satz 1). Hieraus folgt, daß ihnen auch das Recht auf ausdrückliche Erteilung des letzten Worts zusteht (BGH 17, 28, 33).

3. Wird kein Antrag auf mündliche Verhandlung gestellt und hält auch das Gericht eine mündliche Verhandlung nicht für erforderlich, so entscheidet das Gericht im schriftlichen Verfahren nach Anhörung der Staatsanwaltschaft und der Beteiligten durch Beschluß (§ 431 IV). Diese durch das dritte Strafrechtsänderungsgesetz vom 4. 8. 1953 neu eingefügte Regelung erleichtert das Verfahren vor allem für den in der Praxis sehr häufigen Fall, daß die Beteiligten unbekannt oder nicht auffindbar sind.

4. Das Urteil lautet entweder auf Einziehung usw. der betreffenden Gegenstände oder, falls der Antrag für unzulässig oder unbegründet befunden wird, auf Zurückweisung desselben. Da nicht über eine Schuldfrage zu entscheiden ist, genügt einfache Stimmenmehrheit (§ 196 I GVG).

5. Zur Ergreifung der Rechtsmittel im objektiven Verfahren sind nach § 432 nur die Staatsanwaltschaft und die in § 431 näher bezeichneten Einziehungsinteressenten berechtigt, auch wenn sie in dem Verfahren des ersten Rechtszugs noch nicht als solche aufgetreten waren. (Siehe hierzu E. 66, 419.)

ZU FALL 15

A.

Vorbemerkung: Das Wiederaufnahmeverfahren

I. Ein durch rechtskräftiges Urteil abgeschlossenes Verfahren kann unter gewissen Voraussetzungen wieder aufgenommen werden. Die „Wiederaufnahme des Verfahrens“ ist kein Rechtsmittel; von diesen unterscheidet sie sich dadurch, daß sie nicht auf solche, in dem angefochtenen Urteil enthaltene Fehler gegründet werden kann, welche sich lediglich als rechtliche darstellen, daß sie sich vielmehr — abgesehen von dem absoluten Wiederaufnahmegrund unter Z. 3 der §§ 359 und 362 — gegen die Beweisgrundlagen des Urteils richtet.

II. Die Wiederaufnahme eines durch rechtskräftiges Urteil abgeschlossenen Verfahrens ist allein zu dem Zwecke in die Strafprozeßordnung aufgenommen, um da, wo die Gerechtigkeit es gebietet, die formell unanfechtbare Entscheidung vor allem der Schuldfrage von neuem zur Erörterung zu bringen (E. 19, 323) und dadurch den Widerspruch zwischen der durch das rechtskräftige Urteil geschaffenen formalen Rechtslage und der materiellen Tatlage, die sich nachträglich als nicht der Wahrheit entsprechend herausstellt, zu beseitigen.

Zweck des Wiederaufnahmeverfahrens im einzelnen kann sein:

1. Im Falle der vorangegangenen Verurteilung des Angeklagten:

a) Freispruch, wobei die Einstellung des Verfahrens, die in § 359 Nr. 5 an sich nicht ausdrücklich erwähnt ist, einem Freispruch gleichkommt (vgl. OLG Bamberg NJW 55, 1121; Schwarz-Kleinknecht § 359 Anm. 6 B);

b) die Anwendung eines milderen Strafgesetzes;

c) die Anwendung eines strengeren Strafgesetzes.

2. Im Falle der vorausgegangenen Freisprechung des Angeklagten: die Herbeiführung einer Verurteilung.

III. Ein Wiederaufnahmeverfahren findet nicht statt:

1. Zum Zwecke der Änderung des Strafmaßes auf Grund desselben Strafgesetzes, § 363 Abs. 1. (Dies gilt sowohl für § 359 als auch für § 362.)

2. Zu dem Zwecke, eine Milderung der Strafe wegen verminderter Zurechnungsfähigkeit herbeizuführen, § 363 Abs. 2.

3. Zu dem Zwecke der Erreichung einer dem Angeklagten günstigeren Begründung des freisprechenden Urteils. (Der Angeklagte wurde z. B. wegen Unzurechnungsfähigkeit freigesprochen und erstrebt Freispruch wegen erwiesener Unschuld.)

IV. Die Wiederaufnahme findet nur auf Antrag, der vom Staatsanwalt (auch zugunsten des Verurteilten) oder vom Verurteilten gestellt werden kann, also niemals von Amts wegen statt. Gemäß § 373a ist auch eine Wiederaufnahme gegenüber einem rechtskräftigen Strafbefehl zulässig.

V. Die allgemeinen Bestimmungen über Rechtsmittel, also diejenigen der §§ 296 bis 303, finden auch bei dem Antrag auf Wiederaufnahme des Verfahrens Anwendung (§ 365). Es kann demnach der dem Angeklagten früher bestellte Verteidiger ohne weiteres auch im Wiederaufnahmeverfahren fungieren (§ 297 und E. 22, 97).

VI. Die Wiederaufnahme im einzelnen:

1. Zugunsten und zuungunsten des Verurteilten findet die Wiederaufnahme statt, wenn in dem angegriffenen Verfahren gewisse strafbare Handlungen begangen wurden, nämlich:

a) eine Urkundenfälschung (§§ 359 Nr. 1, 362 Nr. 1), und zwar genügt schon der Gebrauch einer falschen Urkunde schlechthin, mag sie der Gebrauchende auch für echt gehalten haben,

b) eine strafbare Eidesverletzung bzw. eine vorsätzlich falsche uneidliche Aussage eines Zeugen oder Sachverständigen (§§ 359 Nr. 2, 362 Nr. 2),

c) eine kriminell strafbare Amtspflichtverletzung eines Richters, z. B. eine Richterbestechung nach § 334 StGB oder eine Rechtsbeugung nach § 336 StGB, vorausgesetzt, daß diese strafbare Handlung, soweit sie zugunsten des Verurteilten begangen wurde (§ 359), nicht von diesem direkt oder indirekt veranlaßt wurde. Im übrigen ist es gleichgültig, ob die Amtspflichtverletzung des Richters irgendeinen Einfluß auf die Entscheidung gehabt hat (siehe § 370); es liegt also hier ein absoluter Wiederaufnahmegrund vor. (NB. Nur die strafbare Pflichtverletzung eines Richters, nicht eine solche des Staatsanwalts, des Urkundsbeamten oder des Verteidigers kommt hier in Frage.)

2. Zugunsten des Verurteilten findet die Wiederaufnahme statt, wenn neue Tatsachen und Beweismittel beigebracht werden (§ 359 Nr. 5). Siehe hierzu die Erörterung unten in Abschn. II, 1 b. (NB. Der Fall des § 359 Nr. 4 spielt in der Praxis eine geringe Rolle. Siehe hierzu Fall 18, Abschn. A I 4, S, 208.)

3. Zuungunsten des Verurteilten findet ferner die Wiederaufnahme statt, wenn der Freigesprochene vor Gericht oder außergerichtlich ein glaubwürdiges Geständnis der strafbaren Handlung ablegt (§ 362 Nr. 4).

VII. Mit Nr. 1 und 2 der §§ 359, 362 können auch solche Beweisgrundlagen angegriffen werden, welche die Schuldfrage nicht berühren, insbesondere auch diejenigen, welche die Zulässigkeit der Strafverfolgung betreffen; z. B. kann das Wiederaufnahmeverfahren darauf gestützt werden, daß das Schriftstück, welches den zur Strafverfolgung erforderlichen Antrag enthielt, oder das Protokoll, welches einen die Verjährung unterbrechenden Akt beurkundet, sich als fälschlich angefertigt erweist.

Im übrigen ist in den Fällen der Nr. 1 und 2 — im Gegensatz zu dem Falle der Nr. 3 (Richterbestechung und Rechtsbeugung) — immer Voraussetzung, daß die Beweismittel einen Einfluß auf die Entscheidung, und zwar im Falle des § 359 einen dem Verurteilten ungünstigen und im Falle des § 362 einen für den Verurteilten günstigen Einfluß gehabt haben. (Siehe § 370 I 2. Halbsatz.)

VIII. Weder eine schon vollzogene Strafvollstreckung noch der Tod des Verurteilten schließen eine Wiederaufnahme des Verfahrens aus (§ 361 I). (NB. Die Vollstreckung des Urteils wird durch den Wiederaufnahmeantrag nicht gehemmt; es ist aber Aufschub bzw. Unterbrechung der Vollstreckung möglich, siehe § 360.)

IX. Ausnahmsweise findet sofort, d.h. ohne Erneuerung der Hauptverhandlung, eine Sachentscheidung statt, und zwar in folgenden zwei Fällen (§ 371):

1. Wenn der Verurteilte bereits verstorben ist. Eine Entscheidung kann in diesem Falle in doppelter Form ergehen (§ 371 I):

a) Entweder ist unter Aufhebung des früheren Urteils auf Freisprechung zu erkennen, oder

b) falls dies nicht möglich ist, auf Ablehnung des Antrags, und zwar in beiden Fällen, da die Entscheidung außerhalb der Hauptverhandlung erfolgt, ohne Zuziehung von Laienrichtern, d.h. es entscheidet der Amtsrichter ohne Schöffen und die Strafkammer in der Besetzung von drei Mitgliedern.

Antragsberechtigt sind in diesem Falle gemäß § 361 II der Ehegatte, die Verwandten auf- und absteigender Linie sowie die Geschwister des Verstorbenen. (NB. Das Antragsrecht des Staatsanwalts wird durch § 361 II nicht berührt.)

2. Es kann ferner auch bei einem lebenden Verurteilten ohne Erneuerung der Hauptverhandlung sofort sachlich entschieden werden, wenn

a) das vorliegende Beweismaterial so eindeutig ist, daß der Verurteilte sofort freigesprochen werden kann, und

b) bei öffentlicher Klage die Staatsanwaltschaft zustimmt. Auch in diesem Falle erfolgt die Entscheidung ohne Zuziehung von Laienrichtern, und zwar durch Beschluß, nicht durch Urteil, da ein Urteil immer eine mündliche Verhandlung und eine öffentliche Verkündung voraussetzt (BGH 8, 383). (Der Fall des § 371 II wird z.B. vorliegen, wenn wegen derselben Tat nachträglich eine andere Person rechtskräftig verurteilt wurde, so daß an der Unschuld des früher Verurteilten kein Zweifel bestehen kann, oder wenn Verurteilung erfolgt war ausschließlich auf Grund einer Zeugenaussage, deretwegen der Zeuge wegen Meineids verurteilt wurde. Siehe Löwe-Rosenberg Anm. 3 zu § 371.)

X. Erfolgt Freispruch im Wiederaufnahmeverfahren, so muß nach dem Gesetz betr. die Entschädigung der im Wiederaufnahmeverfahren freigesprochenen Personen vom 20. Mai 1898 mit Änderung vom 24. November 1933 zugleich ein Beschluß darüber ergehen, ob dem Angeklagten eine Entschädigung aus der Staatskasse zu gewähren ist. Die Voraussetzungen entsprechen denen der Entschädigung für unschuldig erlittene Untersuchungshaft. (Siehe Nachtrag II zu Fall 18, S. 225.)

XI. Über den Verlauf des Wiederaufnahmeverfahrens siehe Nachtrag 1 zu der jetzt folgenden Lösung des Falles.

B.

Lösung des Falles

I. Die Form des Antrags

1. Der Antrag, der auch nach Verbüßung der Strafe und, wie oben erwähnt, sogar auch nach dem Tode des Verurteilten (im letzteren Falle durch die nächsten Angehörigen, siehe §§ 361 II, 371) gestellt werden kann, kann nach § 366 II nur mittels einer von dem Verteidiger oder einem Rechtsanwalt unterzeichneten Schrift oder zu Protokoll der Geschäftsstelle angebracht werden (wie § 345 II). Ist der Verurteilte in Haft, so kann er gemäß §§ 365, 299 den Antrag zu Protokoll der Geschäftsstelle des Gerichts geben, in dessen Bezirk die Anstalt liegt, in der er auf behördliche Anordnung verwahrt wird, während in allen übrigen Fällen zur Aufnahme des Protokolls nur die Geschäftsstelle des Gerichts zuständig ist, welches das den Gegenstand des Wiederaufnahmeantrags bildende Urteil erlassen hat.

Der Antrag hätte also bei der Geschäftstelle des Amtsgerichts Karlsruhe gestellt werden müssen.

2. Der zu Protokoll der Geschäftsstelle angebrachte Antrag muß vollständig in dieses aufgenommen werden. Es ist nicht statthaft, von dem Antragsteller ein Schriftstück entgegenzunehmen und in dem Protokoll auf dasselbe zu verweisen. Mit der Ausschließung der formlosen Begründung und mit der Zulassung der Protokollierung durch die Geschäftsstelle verfolgt das Gesetz den Zweck, daß der Urkundsbeamte das ihm Vorgetragene nach Form und Inhalt prüft, den Antragsteller belehrt und so zwecklose Belästigungen der Gerichte verhütet (vgl E. 52, 277). Eine als Revisionsbegründung oder Wiederaufnahmeantrag dem Urkundsbeamten übergebene Schrift genügt ausnahmsweise nur dann den Formvorschriften der §§ 345 Abs. 2, 366 Abs. 2, wenn ihr Inhalt vor der Niederschrift mit dem Urkundsbeamten besprochen sowie bei Übergabe von diesem erneut erörtert, geprüft, gebilligt und schließlich unterzeichnet wird (vgl. OLG Köln JR 57, 308 sowie Schwarz-Kleinknecht Einl. 5 E e). Ein derartiger Ausnahmefall liegt hier nicht vor.

Der Formvorschrift ist also auch in dieser Beziehung nicht genügt (siehe auch E. 64, 63).

II. Der Inhalt des Antrags

1. Die angebliche falsche Aussage des Zeugen Kaiser.

a) Auf § 359 Nr. 2 kann sich der Antragsteller nicht stützen, da gemäß § 364 erst eine rechtskräftige Verurteilung wegen der die Wiederaufnahme begründenden strafbaren Handlung vorliegen muß, bevor der Antrag auf Wiederaufnahme des Verfahrens zulässig ist; die rechtskräftige Verurteilung bildet die Grundlage des Antrags.

b) Es erhebt sich aber die Frage, ob Brandel mit seiner ersten Begründung auf § 359 Nr. 5 (neue Tatsachen oder Beweismittel) mit Erfolg Bezug nehmen kann.

aa) Daß es sich im vorliegenden Falle bei der von Brandel vorgebrachten Tatsache, der Hauptbelastungszeuge Kaiser habe an dem fraglichen Tage seine Wohnung überhaupt nicht verlassen, um eine solche Tatsache handelt, die geeignet ist, eine von dem Urteil des Karlsruher Amtsrichters abweichende Entscheidung der Schuldfrage (es käme dann evtl. Notwehr in Frage) herbeizuführen (das beschließende Gericht muß dabei die Frage prüfen, ob die Tatfrage anders, als geschehen, zu entscheiden gewesen wäre, wenn das Beweismoment schon dem erkennenden Richter vorgelegen hätte) unterliegt keinem Zweifel. Es sei ferner unterstellt, daß die Tatsache „neu“ ist, d.h. dem früher erkennenden Gericht nicht bekannt war, bei der Entscheidung also nicht berücksichtigt werden konnte.

bb) Die lange streitig gewesene Frage, ob die Geltendmachung neuer Tatsachen und Beweismittel zur Erschütterung einer den Verurteilten belastenden Zeugenaussage ebenfalls durch § 364 eingeschränkt wird, ist heute durch § 364 S. 2 geklärt. Dieser durch das dritte Strafrechtsänderungsgesetz vom 4. 8. 1953 neu eingeführten Regelung zufolge ist die Anführung neuer Tatsachen und Beweismittel, insbesondere neuer Zeugen zugunsten des Verurteilten, nicht davon abhängig, daß die bisherigen Belastungszeugen wegen Verletzung ihrer Zeugenpflichten rechtskräftig verurteilt wurden. Das gilt selbst dann, wenn für den Fall, daß die neu vorgetragenen Tatsachen sich erweisen lassen, ein früherer Zeuge vorsätzlich oder fahrlässig die Unwahrheit gesagt haben muß. Dieser Ausschluß der einschränkenden Bestimmung des § 364 S. 1 bringt für den Verurteilten eine wesentliche Erleichterung, da der Nachweis einer vorsätzlichen oder fahrlässigen Falschaussage erfahrungsgemäß äußerst schwierig, vor allem aber zeitraubend ist.

c) Wir kommen somit zu dem Ergebnis, daß Brandel mit seinem ersten Wiederaufnahmegrund, was seinen Inhalt anlangt, die Zulassung des Antrags gemäß § 368 erreichen müßte.

2. Die Anfechtung des in der Hauptverhandlung abgegebenen Gutachtens.

a) An sich ist der Sachverständige ein Beweismittel i. S. der StPO, also auch i. S. des § 359 Z. 5. In Frage kann also nur kommen, ob im Einzelfall der Sachverständigenbeweis ein erhebliches neues Beweismittel, d.h. geeignet ist, eine von dem Urteil abweichende Entscheidung der Schuldfrage herbeizuführen. Entscheidend ist dabei der Standpunkt des erkennenden Gerichts, d. h. des Richters, der den Angeklagten rechtskräftig verurteilt hat (vgl. BGH 18, 226 m. weit. Nachweisen).

Die Frage, ob das neue Beweismittel vom Standpunkt des früheren Richters aus eine abweichende Beurteilung der Sachlage herbeizuführen vermag, wird der erneut mit der Sache befaßte Richter (der mit dem früheren nicht identisch sein darf, vgl. § 23 Abs. 2 n. F.) nach freier Überzeugung verneinen können, wenn er entweder glaubt, zu einer selbständigen abschließenden Beurteilung der Frage imstande zu sein, oder wenn er annimmt, daß sie durch ein schon früher erstattetes Gutachten hinreichend entschieden ist (E. 57, 158).

Es ist somit in der Regel die Bezeichnung eines anderen Sachverständigen nicht als Beibringung eines neuen Beweismittels anzusehen, es sei denn, daß in dem Wiederaufnahmeantrag die Behauptung einer neuen Tatsache enthalten ist. Dies wird namentlich dann der Fall sein, wenn sich auf dem Gebiet, auf das sich das Gutachten des vernommenen

Sachverständigen bezieht, nach allgemeinen Begriffen ein Wechsel in den herrschenden Anschauungen vollzogen hat, d.h. wenn das seither Anerkannte und scheinbar Unanfechtbare durch das Ergebnis neuer Forschungen überholt worden ist oder wenn der neue Sachverständige über Forschungsmittel verfügt, die denen des früheren Gutachters überlegen erscheinen. (Siehe hierzu § 244 IV Satz 2, erörtert in Abschnitt II 2 des Nachtrags zu diesem Fall.)

Für den vorliegenden Fall gelangen wir auf Grund dieser allgemeinen Erörterungen zunächst zu folgendem Ergebnis: Im Hinblick darauf, daß der Amtsrichter seiner Entscheidung über die Zurechnungsfähigkeit ein „ausführlich begründetes Gutachten des Gerichtsarztes" zugrunde gelegt hatte, mußte dem Wiederaufnahmeantrag des Brandel, soweit er die Benennung eines neuen Sachverständigen zum Gegenstand hat, der Erfolg versagt bleiben. Der Antrag wäre daher, wenn kein anderer Wiederaufnahmegrund vorgebracht worden wäre, gemäß § 368 zu verwerfen, da in ihm „kein geeignetes Beweismittel angeführt ist."

b) Sollte der Amtsrichter aber aus irgendeinem hier nicht interessierenden Grunde zu der Überzeugung gelangen, daß zur Verbescheidung des Wiederaufnahmeantrags ein weiteres Gutachten erforderlich sei, dann würden sich bezüglich des Vorbringens des Brandel folgende Möglichkeiten ergeben:

aa) Würde der neue Sachverständige Dr. Blum zu dem Ergebnis kommen, daß Brandel unzurechnungsfähig i. S. des § 51 Abs. 1 StGB gewesen ist, und würde sich der Amtsrichter diesem neuen Gutachten anschließen, dann läge ein neues Beweismittel vor, das im Hinblick auf den Schuldausschließungsgrund des § 51 Abs. 1 StGB die Freisprechung des Angeklagten zu begründen geeignet wäre (§ 359 Nr. 5).

bb) Würde Dr. Blum lediglich feststellen können, daß bei Brandel eine verminderte Zurechnungsfähigkeit vorgelegen habe, dann wäre die Wiederaufnahme des Verfahrens gemäß § 363 Abs. 2 ausgeschlossen. Der Wiederaufnahmeantrag müßte gemäß § 370 Abs. 1 als unbegründet abgelehnt werden (Rechtsmittel: sofortige Beschwerde, § 372).

cc) Käme der neue Sachverständige Dr. Blum bei der Begutachtung des Brandel zu dem Ergebnis, daß weder die Voraussetzungen des Abs. 1 noch diejenigen des Abs. 2 des § 51 StGB vorliegen, daß aber vom ärztlichen Standpunkt aus dem Brandel mildernde Umstände zuzubilligen seien, dann wäre der Fall des § 363 I gegeben. Hier wird ausdrücklich eine Wiederaufnahme (zugunsten und zuungunsten des Angeklagten) zum Zwecke einer anderen Strafbemessung innerhalb desselben Strafgesetzes herbeizuführen, für ausgeschlossen erklärt. (Daß die Frage, ob mildernde Umstände vorhanden sind, lediglich in den Bereich der Strafzumessung fällt, die Annahme derselben die strafbare Handlung also nicht zu einer anderen macht und nicht die Anwendung eines anderen „milderen" Strafgesetzes zur Folge hat, ist zweifelsfrei; die mildernden Umstände sind lediglich privilegierte Strafzumessungsgründe.

Als ein „anderes Strafgesetz“ i. S. des § 363 I kommt vor allem der Rückfall in §§ 244, 261, 264 StGB gegenüber §§ 242, 259, 263 StGB in Frage. Die Wiederaufnahme des Verfahrens kann also darauf gestützt werden, daß die Voraussetzungen des Rückfalls zu Unrecht als vorliegend bzw. nicht als vorliegend erachtet worden seien.)

(NB. Bei Anwendung des § 359 Nr. 5 ist noch folgendes zu beachten: Ist festgestellt, daß ein „milderes Strafgesetz“ in Frage kommen kann, so ist die Zulässigkeit der Wiederaufnahme noch davon abhängig, ob von letzterer auch in Ansehung der Strafe ein praktischer Erfolg zugunsten des Verurteilten zu erwarten ist; beide Ergebnisse, die Anwendbarkeit des milderen Strafgesetzes und die Wahrscheinlichkeit einer Strafmilderung, müssen zusammentreffen. Die Wiederaufnahme findet also nicht statt, wenn trotz der Anwendung des milderen Strafgesetzes entweder die erkannte Strafe aufrechterhalten werden müßte, oder doch ihre Aufrechterhaltung zulässig wäre und dieselbe von dem beschließenden Gericht nach Lage der Sache auch für angemessen erachtet wird; über die Frage, ob eine geringere Strafe zu erwarten ist, entscheidet das über die Wiederaufnahme beschließende Gericht nach freiem Ermessen (vgl. Löwe-Rosenberg, Anmerkung 20b zu § 359.)

III. Der Gerichtsbeschluß

1. Die Zuständigkeit

Nach § 367 Abs. 1 Satz 1 entscheidet grundsätzlich das Gericht, dessen Urteil mit dem Antrag angefochten wird. Dies ist im vorliegenden Fall das Amtsgericht Karlsruhe.

(NB. Sind Urteile verschiedener Rechtszüge ergangen, so gilt folgendes:

a) Hat zuletzt das Berufungsgericht entschieden, so ist grundsätzlich dieses zuständig, es sei denn, daß die Berufung nur als unzulässig oder gemäß § 329 Abs. 1 verworfen wurde oder daß das Berufungsgericht infolge Rechtsmittelbeschränkung nur mit der Straffrage befaßt war. In diesen Fällen entscheidet das Amtsgericht über den Wiederaufnahmeantrag, vgl. OLG Celle JR 60, 229 m. weit. Nachw.

b) Hat zuletzt das Revisionsgericht entschieden, so ist dieses nur dann zuständig, wenn der Wiederaufnahmeantrag auf § 359 Nr. 3 bzw. § 362 Nr. 3 gestützt ist. In allen übrigen Fällen entscheidet das Gericht, dessen Urteil mit der Revision angefochten war, vgl. § 367 Abs. 1 Satz 2.)

2. Der Amtsrichter in Karlsruhe wird also nach Anhörung der Staatsanwaltschaft seine Entscheidung dahin treffen, daß der Antrag des Josef Brandel als unzulässig gemäß § 368 zu verwerfen ist, da er nicht in der vorgeschriebenen Form angebracht wurde. Die Kosten trägt der Antragsteller. (NB. Sowohl der den Antrag zulassende als auch der ihn verwerfende Beschluß kann mit der sofortigen Beschwerde angefochten werden, § 372.)

Bei nur unvollständigem Antrag oder einem anderen leicht zu behebenden Mangel kann das Gericht, statt den Antrag alsbald zu verwerfen, zunächst den Antragsteller unter Bestimmung einer Frist zur Vervollständigung auffordern. Ein solches Verfahren wird sich in den geeigneten Fällen um so mehr empfehlen, als der Antragsteller jederzeit befugt ist, einen verworfenen Antrag nach Behebung des betreffenden Mangels zu erneuern. (Siehe Löwe-Rosenberg, Anm. 5 zu § 368.)

Nachtrag 1

Allgemeines über den Verlauf des Wiederaufnahmeverfahrens

1. Das Gericht hat zunächst darüber zu entscheiden, ob der Antrag zulässig ist.

a) Ist der Antrag nicht in der vorgeschriebenen Form (siehe oben Abschn. I) angebracht oder ist kein gesetzlicher Grund der Wiederaufnahme geltend gemacht oder sind keine geeigneten Beweismittel angeführt (z. B. weil sie nicht neu sind), so ist der Antrag — nach Anhörung der Staatsanwaltschaft gemäß § 33 — als unzulässig zu verwerfen (§ 368).

b) Andernfalls wird der Antrag für zulässig erklärt (§ 369 I).

2. Das Gericht hat nunmehr in die Prüfung der Frage einzutreten, ob der Antrag begründet ist. Da in der Praxis die meisten Wiederaufnahmeanträge auf § 359 Nr. 5 (neue Tatsachen und Beweismittel) gestützt werden, wird das Gericht in der Regel nicht sofort die Wiederaufnahme des Verfahrens anordnen, sondern gemäß § 369 Abs. 1 durch einen beauftragten oder ersuchten Richter die notwendigen Erhebungen vornehmen lassen. (Handelt es sich um das Urteil eines Amtsrichters, dann wird in der Regel dieser selbst die Erhebungen vornehmen.) Für die Beweiserhebung gelten, soweit § 369 nicht ausdrücklich etwas anderes bestimmt, dieselben Grundsätze wie für die Beweisaufnahme in der HV. Eidesstattliche Versicherungen sind daher unzulässig und wirkungslos (BGH 17, 303).

3. Kommt das Gericht auf Grund dieser Erhebungen zu dem Ergebnis, daß der Antrag nicht begründet ist (weil z. B. die vom Verurteilten benannten Zeugen dessen Behauptungen nicht bestätigen konnten), dann wird der Antrag, nachdem Staatsanwaltschaft und Antragsteller (Verurteilter) gemäß § 369 Abs. 4 vorher gehört wurden, als unbegründet verworfen (§ 370 Abs. 1). Ebenso ist zu entscheiden, wenn die in §§ 359 Nr. 1 und 2, 362 Nr. 1 und 2 genannten strafbaren Handlungen offensichtlich keinen Einfluß auf das Urteil gewonnen haben. Die durch Zurückweisung der sofortigen Beschwerde gegen diesen Beschluß (siehe § 372) oder durch Ablauf der Beschwerdefrist eintretende Rechtskraft des Beschlusses hat zur Folge, daß auf dieselben Tatsachen und Beweismittel ein neuer Antrag nicht gestützt werden kann (vgl. KMR § 372 Anm. 6; Schwarz-Kleinknecht § 372 Anm. 2 sowie Fall 12 Abschn. A IV 5 a. E.).

4. Ist der Antrag begründet, so verfügt das Gericht die Wiederaufnahme des Verfahrens und die Erneuerung der Hauptverhandlung (§ 370 Abs. 2).

Dieser Beschluß bildet die Grundlage des Wiederaufnahmeverfahrens. Durch ihn wird das rechtskräftige Urteil beseitigt und eine neue Hauptverhandlung nötig gemacht, deren Grundlage die Anklageschrift bildet und die gegenüber der früheren Hauptverhandlung völlig selbständig ist, d.h. mit ihr (mit Ausnahme der in § 373 Abs. 2 getroffenen Bestimmung des Verbots der reformatio in peius) in keinem inneren verfahrensrechtlichen Zusammenhang steht (E. 58, 52). Das neu erkennende Gericht hat insbesondere die Frage der Zulässigkeit des Wiederaufnahmeantrags nicht mehr zu prüfen, auch nicht, wenn die Entscheidung von einem unzuständigen Gericht getroffen wurde; das neue Gericht hat nur in der Sache selbst zu entscheiden. Ebenso wie der Eröffnungsbeschluß die notwendige Grundlage der Hauptverhandlung bildet dergestalt, daß ein Urteil, das erlassen wurde, obgleich ein Eröffnungsbeschluß nicht ergangen war, der Aufhebung unterliegt, so kann auch das im wiederaufgenommenen Verfahren ergangene Urteil nicht zu Recht bestehen, wenn ihm ein Beschluß nach § 370 nicht vorausgegangen ist (E. 35, 351).

5. Die erneute Hauptverhandlung endet nach § 373 I

a) mit der Aufrechterhaltung des früheren Urteils, wenn das Gericht zu dem gleichen Ergebnis wie das erste Urteil gelangt (siehe E. 57, 317),

b) mit der Aufhebung des früheren Urteils und einer anderweitigen Entscheidung, wenn das Gericht zu einem anderen Ergebnis kommt. Die Wirkungen des früheren Urteils sind nach Möglichkeit rückgängig zu machen (z.B. durch Erstattung bezahlter Geldstrafen und Kosten). Wird in dem neuen Urteil wiederum auf Strafe erkannt, so ist eine bereits vollstreckte Strafe auf die neue Strafe anzurechnen. Daß für das neue Urteil das Verbot der reformatio in peius gilt, wurde bereits erwähnt.

6. Gegen das neue Urteil sind die Rechtsmittel zulässig (siehe hierzu E. 77, 282), die gegen das Ursprungsurteil zulässig gewesen wären, d.h. gegen das Urteil, gegen das die Wiederaufnahme beantragt worden ist.

7. Wegen des Gesetzes betreffend die Entschädigung der im Wiederaufnahmeverfahren freigesprochenen Personen vgl. Nachtrag I zu Fall 18, S. 224.

Nachtrag 2

Der Sachverständige

I. Sachverständige sind dritte Personen, die mittels eines Gutachtens dem Gericht helfen sollen, Tatsachen, zu deren Beurteilung eine besondere Fachkunde gehört, richtig zu würdigen.

II. Der Hauptunterschied zwischen dem Sachverständigen und Zeugen liegt in folgendem:

1. Der Zeuge hat nur über von ihm wahrgenommene tatsächliche Vorgänge auszusagen, während der Sachverständige über die Schlüsse, die er aus den tatsächlichen Vorgängen zieht, Auskunft zu geben hat. Innerhalb der Tatsachen, auf denen der Sachverständige sein Gutachten aufbaut, den sogen. Anknüpfungstatsachen, sind zwei Gruppen zu unterscheiden: die sogen. Befundtatsachen und die sogen. Zusatztatsachen. Im einzelnen:

a) Unter Befundtatsachen versteht man solche Tatsachen, die von einem Sachverständigen aufgrund seiner besonderen Fachkunde, z. B. von einem medizinischen Sachverständigen aufgrund eines ärztlichen Eingriffs, ermittelt werden. Die Befundtatsachen können durch die gutachtlichen Ausführungen des Sachverständigen in die Hauptverhandlung eingeführt und vom Gericht uneingeschränkt verwertet werden (vgl. BGH 9, 292; 18, 107, 108).

b) Unter Zusatztatsachen versteht man demgegenüber solche Tatsachen, die der Gutachter im Rahmen seiner Tätigkeit durch Befragung des Angeklagten oder eines Zeugen ermittelt hat und zu deren Ermittlung es an sich nicht eines Sachverständigen bedürfte, z. B. wenn ein Psychiater sich von einem Kind, dessen Glaubwürdigkeit er zu prüfen hat, einen Bericht über die häuslichen Verhältnisse geben läßt. Die Zusatztatsachen können nur im Wege des Zeugenbeweises in die Hauptverhandlung eingeführt werden. Der Sachverständige muß also vor der Erstattung seines Gutachtens als Zeuge gehört und vereidigt werden. Handelt es sich hierbei um Vorgänge, die der Sachverständige durch die Vernehmung oder Untersuchung eines Zeugen ermittelt hat, der in der Hauptverhandlung von seinem Zeugnisverweigerungsrecht Gebrauch macht, so sind die zu § 252 entwickelten Grundsätze zu beachten. (Siehe hierzu BGH 13, 1; 13, 250; 18, 107f. und Nachtrag A zu Fall 3, S. 54 ff.)

2. Gebunden ist der Richter an das Gutachten des Sachverständigen nur, wenn er von dessen Richtigkeit überzeugt ist, ebenso wie er auch die Aussagen des Zeugen nur zu glauben braucht, wenn er sie für wahrheitsgemäß hält. Nimmt der Sachverständige zu einer Rechtsfrage Stellung, z. B. zu der Frage, ob und in welchem Umfang der Angeklagte zurechnungsfähig ist, so darf das Gericht sich dem Gutachten nicht einfach anschließen; das Gericht entscheidet vielmehr in eigener Verantwortung. Auf jeden Fall aber, also auch wenn das Gericht sich die Auffassung des Sachverständigen zu eigen macht, müssen die Ausführungen des Sachverständigen im Urteil wiedergegeben werden und erkennen lassen, daß sie von richtigen rechtlichen Vorstellungen ausgehen (BGH 7, 238). Zur selbstständigen Stellung des Richters zum Sachverständigen siehe auch BGH 8, 113.

3. Während ein Zeugenbeweis nur nach Maßgabe des § 244 Abs. 3 abgelehnt werden kann, darf ein Sachverständigenbeweis auch ab-

gelehnt werden, wenn das Gericht selbst die erforderliche Sachkunde besitzt (§ 244 Abs. 4 Satz 1), und während der Zeugenbeweis insbesondere nicht mit der Begründung abgelehnt werden darf, daß durch andere gehörte Zeugen bereits das Gegenteil der zu beweisenden Tatsache bewiesen sei (siehe Nachtrag zu Fall 9 Abschn. B III, S. 140f.), bestimmt § 244 Abs. 4 Satz 2, daß ein Beweisantrag auf Vernehmung eines weiteren Sachverständigen auch dann abgelehnt werden kann, wenn durch das frühere Gutachten das Gegenteil der behaupteten Tatsache bereits erwiesen ist, es sei denn, daß die Sachkunde des früheren Gutachters zweifelhaft ist, daß sein Gutachten von unzutreffenden tatsächlichen Voraussetzungen ausgeht, daß das Gutachten Widersprüche enthält oder daß der neue Sachverständige über Forschungsmittel verfügt, die denen eines früheren Gutachters überlegen erscheinen (siehe Nachtrag zu Fall 9 Abschn. B V, S. 142).

4. Dem Sachverständigen kann im Gegensatz zum Zeugen die Akteneinsicht sowie die Anwesenheit während der ganzen Hauptverhandlung gestattet werden; auch kann ihm erlaubt werden, an den Beschuldigten und die Zeugen unmittelbar Fragen zu stellen (siehe § 80). (Wegen des Umfangs der Ermessensfreiheit des Gerichts siehe BGH 2, 25.)

5. Gegen einen zur Erstattung des Gutachtens verpflichteten Sachverständigen kann sowohl im Falle des Nichterscheinens als auch bei Weigerung der Aussagen eine Ordnungsstrafe in Geld, aber nicht wie beim Zeugen zwangsweise Vorführung und Haft verhängt werden (§ 77).

6. Der Sachverständige hat, im Gegensatz zur allgemeinen Zeugenpflicht, eine Gutachterpflicht nur in den in § 75 genannten Fällen. Er kann ferner aus denselben Gründen wie der Richter abgelehnt werden (§ 74), z. B. deshalb, weil er Angestellter der durch die strafbare Handlung geschädigten Firma ist (E. 58, 262). Im übrigen ist die Frage, ob ein Mißtrauensgrund vorliegt, tatsächlicher Natur und unterliegt daher insoweit nicht der Nachprüfung durch das Revisionsgericht (E. 25, 361; BGH 8, 144, 226). Das Zeugnis verweigern kann der Sachverständige aus denselben Gründen, die den Zeugen hierzu berechtigen (§ 76).

III. Eine unbedingte Verpflichtung zur Zuziehung eines Sachverständigen besteht nur in folgenden Fällen:

1. bei der Einweisung in eine Heil- oder Pflegeanstalt zur Beobachtung auf den Geisteszustand (§ 81);

2. wenn damit zu rechnen ist, daß die Unterbringung in einer Heil- oder Pflegeanstalt, Trinkerheilanstalt oder Entziehungsanstalt (insbesondere im Sicherungsverfahren der §§ 429a ff.) angeordnet wird (§§ 80a, 246a);

3. bei Leichenschau und Leichenöffnung (§ 87);

4. beim Verdacht einer Vergiftung (§ 91);

5. bei Münzdelikten (§ 92).

6. Außerdem bildet die Nichthinzuziehung eines Sachverständigen immer dann einen Revisionsgrund, wenn durch diese Unterlassung gegen den Grundsatz des § 244 II (Pflicht zur Wahrheitsermittlung) verstoßen wurde (siehe BGH 2, 14, 16; 8, 130).

7. Schließlich muß ganz allgemein die Beweisaufnahme immer auf den Sachverständigen erstreckt werden, wenn derselbe geladen und erschienen ist (§ 245 Satz 1). Siehe Fall 9, Nachtrag Abschnitt B II 1, S. 140.

IV. Das Gutachten ist in der Hauptverhandlung grundsätzlich mündlich zu erstatten. Ausnahmsweise können nach § 256 verlesen werden Gutachten öffentlicher Behörden und ärztliche Atteste über andere als schwere Körperverletzungen. (Siehe Fall 3, Nachtrag A, Abschn. B II 2, S. 55.)

V. Der nach Erstattung des Gutachtens zu leistende Sachverständigeneid (ob der Sachverständige zu vereidigen ist, liegt grundsätzlich im Ermessen des Gerichts, § 79 I) lautet nach § 79 II dahin, daß der Sachverständige das Gutachten unparteiisch und nach bestem Wissen und Gewissen erstattet habe. Dieser Eid deckt auch die Zeugenaussage des Sachverständigen insoweit, als er Wahrnehmungen bekundet, die einen untrennbaren Bestandteil des Gutachtens bilden (E. 69, 97). (Im Zweifelsfalle empfiehlt es sich für die Praxis, dem Sachverständigen auch den Zeugeneid abzunehmen.)

Der sachverständige Zeuge des § 85, auf den die Vorschriften über den Zeugenbeweis zur Anwendung gelangen, ist ein Zeuge, der über Wahrnehmungen aussagt, zu denen eine besondere Sachkunde erforderlich ist (z. B. der Weichenwärter über die Bedeutung bestimmter Signale).

VI. Wegen der Spezialbestimmungen für körperliche Untersuchungen (§§ 81 a, 81 c und 81 d) siehe Nachtrag B zu Fall 3 Abschn. 4d, S. 62.

ZU FALL 16

A.

Vorbemerkung: Die Grundsätze des Privatklageverfahrens

I. Grundsätzlich ist es Sache des Staates, sein Recht zu strafen, selbst auszuüben, und zwar durch die mit der Strafrechtspflege betrauten Organe. Nur ausnahmsweise überläßt der Staat dieses Recht dem durch die Straftat Verletzten (Privatklage nach § 374, für deren Verhandlung und Entscheidung der Amtsrichter zuständig ist, § 25 Nr. 2a GVG).

II. Neben dem Verletzten sind zur Privatklage auch legitimiert diejenigen Personen, welche nach den Vorschriften des Strafgesetzbuchs (§§ 65 Abs. 1 S. 2, 189, 196, 232 Abs. 3 StGB) neben dem Verletzten selbst und unabhängig von dem Willen desselben die Strafverfolgung zu beantragen berechtigt sind (§ 374 Abs. 2).

Sind mehrere Personen zur Privatklage berechtigt, d. h. sind durch dieselbe strafbare Handlung mehrere Personen verletzt, oder sind neben dem Verletzten noch andere Personen privatklageberechtigt, so ist jedes von dem anderen bei Ausübung dieses Rechts unabhängig, § 375.

III. Die Privatklage wird erhoben zu Protokoll der Geschäftsstelle oder durch Einreichung einer Anklageschrift (§ 381). Der Privatklage hat in der Mehrzahl der Fälle des § 374 ein Sühneversuch voranzugehen, § 380.

Der Privatkläger muß parteifähig und prozeßfähig sein, andernfalls die Privatklage unzulässig ist bzw. durch den gesetzlichen Vertreter geführt werden muß (§ 374 Abs. 3). Ein Minderjähriger, auch wenn er das 18. Lebensjahr vollendet hat, ist also zur selbständigen Erhebung der Privatklage nicht befugt.

IV. Nach Erhebung der Privatklage setzt das Gericht dem Privatkläger, soweit ihm nicht das Armenrecht bewilligt ist, eine Frist zur Zahlung eines Gebührenvorschusses.

Nach § 379a Abs. 3 tritt bei Nichteinhaltung der Zahlungsfrist die Zurückweisung der Privatklage und die Verwerfung des etwa vom Privatkläger (Nebenkläger) eingelegten Rechtsmittels oder Wiederaufnahmeantrags ein. Die rechtskräftige Zurückweisung der Privatklage hat den endgültigen Verlust des Privatklagerechts zur Folge (BayObLG NJW 56, 758).

V. Nach Zahlung des Vorschusses und Erklärung des Beschuldigten bzw. nach Ablauf der hierzu gesetzten Frist beschließt der Amtsrichter, entweder das Hauptverfahren zu eröffnen oder die Klage zurückzuweisen. Wie im Offizialverfahren kann auch der Amtsrichter vor der Entscheidung Beweiserhebung vornehmen (§ 383 Abs. 1). Eine Zurückweisung kommt vor allem in Frage, wenn eine strafbare Handlung überhaupt nicht vorliegt (z. B. wenn es sich um eine wegen Vorliegens des § 193 StGB straflose Beleidigung handelt) oder wenn die Klage nicht den Erfordernissen des § 200 Abs. 1 entspricht (§ 381 S. 2) oder wenn der Amtsrichter eine Straftat für vorliegend erachtet, welche das Privatklageverfahren ausschließt.

VI. Nach § 383 Abs. 2 kann das Gericht bei einem im Wege der Privatklage zu verfolgenden Vergehen bei geringer Schuld des Täters und unbedeutenden Folgen der Tat das Verfahren durch Beschluß einstellen. Nach Abs. 2 S. 3 ist die Einstellung mit der sofortigen Beschwerde anfechtbar. Wegen der Rechtskraftwirkung siehe die entsprechenden Ausführungen zu § 153 Abs. 3 (vgl. Fall 12, Abschn. A IV 5, S. 159).

VII. Das weitere Verfahren richtet sich nach den Bestimmungen, welche für das Offizialverfahren gelten. Der Privatkläger übernimmt im allgemeinen die Rolle des Staatsanwalts (§§ 384, 385). Der Eröffnungsbeschluß wird jedoch wie früher vom Vorsitzenden verlesen. § 243 Abs. 3 findet im Privatklageverfahren keine entsprechende Anwendung (vgl. § 384 Abs. 2).

Im übrigen ist folgendes zu beachten:

1. Sowohl der Angeklagte als auch der Privatkläger können sich durch einen mit Vollmacht versehenen Rechtsanwalt vertreten lassen (§§ 387, 378).

2. Das Gericht bestimmt den Umfang der Beweisaufnahme (§ 384 Abs. 3).

3. Kommt das Gericht im Laufe der Verhandlung zu der Überzeugung, daß das Privatklageverfahren keine Anwendung finden kann, so ist das Verfahren einzustellen (§ 389).

4. Die oben in Ziff. VI erwähnte Einstellung bei Bagatellsachen kann auch nach Anordnung der Hauptverhandlung und auch noch in der Berufungsinstanz erfolgen (vgl. §§ 383 II 2, 390 V 1).

5. Die Privatklage kann in jeder Lage des Verfahrens, also bis zu dessen rechtskräftiger Erledigung, zurückgenommen werden. Nach Beginn der Vernehmung des Angeklagten zur Sache in der HV des I. Rechtszugs bedarf die Zurücknahme jedoch der Zustimmung des Angeklagten (§ 391 Abs. 1). Fingiert wird die Zurücknahme, wenn der Privatkläger nicht erscheint und sich auch nicht durch einen Rechtsanwalt vertreten läßt. (Siehe § 391 Abs. 2.)

VIII. Bleibt in der Berufungsinstanz der Privatkläger bzw. sein Anwalt aus, so ist die Rechtslage folgende:

1. Der Privatkläger hat Berufung eingelegt:

a) Im Falle der Freisprechung des Angeklagten im I. Rechtszug: Verwerfung der Berufung (§ 391 Abs. 3).

b) Im Falle der Verurteilung des Angeklagten im I. Rechtszug: Prüfung, ob das Urteil zugunsten des Angeklagten abzuändern ist. (Siehe Wortlaut des Abs. 3 des § 391 „Unbeschadet der Vorschrift des § 301".)

2. Der Angeklagte hat Berufung eingelegt: Die Privatklage gilt als zurückgenommen (§ 391 Abs. 2).

3. Der Privatkläger und der Angeklagte haben Berufung eingelegt: wie zu 2).

IX. Bleibt in der Berufungsinstanz der Angeklagte bzw. sein Anwalt aus, so ist die Rechtslage folgende:

1. Der Privatkläger hat Berufung eingelegt: Es wird über die Berufung des Privatklägers verhandelt (§§ 384, 329).

2. Der Angeklagte hat Berufung eingelegt: Die Berufung wird verworfen (§§ 384, 329).

X. Der Beschuldigte kann bis zur Beendigung der Schlußvorträge im I. Rechtszug Widerklage erheben, wenn zwischen ihr und der Privatklage ein tatsächlicher Zusammenhang besteht (§ 388). Sie kann auch mündlich erhoben werden. Abs. 2 des § 388 enthält die Möglichkeit der Widerklage gegen den Verletzten für den Fall, daß nicht dieser selbst, sondern eine der in § 384 Abs. 2 genannten Personen die Privatklage erhoben hat. (Zu § 374 Abs. 2 s. o. II).

XI. Der Tod des Privatklägers hat die Einstellung des Verfahrens zur Folge (§ 393). (Siehe aber Abs. 2 u. 3 des § 393.)

XII. Durch den vor der Vergleichsbehörde im Sühneverfahren abgeschlossenen Vergleich bzw. den dort erklärten Verzicht auf das Privatklagerecht wird dieses aufgehoben.

Der Vergleich, der vor dem Gericht, bei dem das Privatklageverfahren anhängig ist, abgeschlossen wird, bringt das Privatklageverfahren zum Abschluß. Er enthält in der Regel die Verpflichtung des Privatklägers zur Zurücknahme der Privatklage unter gleichzeitiger Regelung der Frage, wer die gerichtlichen und außergerichtlichen Kosten zu tragen hat.

Ein außergerichtlicher Vergleich ist, sofern sein Inhalt nicht auch noch vor Gericht erklärt wird, auf das weitere Verfahren ohne Einfluß. Verpflichtet sich z. B. der Privatkläger dem Beschuldigten gegenüber außergerichtlich, die Privatklage unter bestimmten Voraussetzungen zurückzunehmen, so ist er an diese Erklärung im Verfahren nicht gebunden. Die außergerichtlich eingegangene Verpflichtung kann auch nicht im Zivilrechtsweg durchgesetzt werden (vgl. Hartung ZStW 63, 414; Schwarz-Kleinknecht, Einl. 4 H).

XIII. Die Stellung des Staatsanwalts im Privatklageverfahren ist folgende:

1. Die Staatsanwaltschaft erhebt wegen der in § 374 bezeichneten Delikte (z. B. Körperverletzung nach §§ 223, 223a, nicht 224 StGB) die öffentliche Klage nur dann, wenn dies im öffentlichen Interesse liegt (§ 376). Sie ist zu einer Mitwirkung im Privatklageverfahren nicht verpflichtet. Das Gericht legt ihr die Akten vor, wenn es die Übernahme der Verfolgung durch sie für geboten hält (§ 377).

Die Entscheidung darüber, ob ein öffentliches Interesse an der Verfolgung vorliege, steht allein der Staatsanwaltschaft zu. Der Beschuldigte hat kein Recht, der Erhebung der öffentlichen Klage wegen vermeintlichen Mangels des öffentlichen Interesses zu widersprechen, und ebensowenig steht dem Gericht die Befugnis zu, aus diesem Grunde die von der Staatsanwaltschaft beantragte Anordnung der Hauptverhandlung abzulehnen.

Ist das Delikt von einem Jugendlichen begangen, so erhebt die Staatsanwaltschaft öffentliche Klage, wenn es wegen der öffentlichen Belange oder aus Gründen der Erziehung geboten ist (§ 80 JGG).

2. Lehnt die Staatsanwaltschaft die Erhebung der öffentlichen Klage ab, weil ein öffentliches Interesse nicht vorliegt, so steht dem Verletzten nur die Beschwerde an die vorgesetzten Beamten der Staatsanwaltschaft zu; der Antrag auf gerichtliche Entscheidung ist ausgeschlossen, denn die Vorschrift des § 172 II hat nur den Zweck, die Durchführung des Legalitätsprinzips zu gewährleisten (vgl. Fall 2 Abschn. B IV 6, S. 24).

3. Die Staatsanwaltschaft kann die Verfolgung übernehmen in jeder Lage des Verfahrens bis zum Eintritt der Rechtskraft des Urteils (§ 377 Abs. 2). Durch die Übernahme wird das Privatklageverfahren nicht einfach beseitigt mit der Folge, daß es einzustellen wäre; es ist vielmehr in der Lage des Verfahrens, in der es sich zur Zeit der Übernahme befindet, nach den Vorschriften des ordentlichen Strafverfahrens fortzusetzen (BGH 11, 61 im Anschluß an E. 41, 277; 46, 119; 57, 349). Auch die Zuständigkeit des bisherigen Gerichts wird durch die Übernahme des Verfahrens durch die StA nicht berührt, und zwar selbst dann nicht, wenn es sich um den besonderen Gerichtsstand des § 7 Abs. 2 Satz 2 handelt (sog. perpetuatio fori, vgl. BGH a. a. O.).

Die Übernahmeerklärung kann nicht widerrufen werden, da dies einer gemäß § 156 unzulässigen Rücknahme der öffentlichen Klage gleichkäme (vgl. Schwarz-Kleinknecht § 374 Anm. 4).

B.

Lösung des Falles

I. Die Verstöße gegen Verfahrensnormen in dem Privatklageverfahren und ihre Wirkungen

1. Nichtbeachtung der in der Beleidigung enthaltenen Anschuldigung gegen die Eheleute Leicht, Ehebruch und Kuppelei begangen zu haben.

Zwar wird das Gericht, schon wenn es erhebliche Verdachtsmomente für eine strafbare Handlung aus dem Inhalt der Klageschrift entnehmen zu können glaubt, in der Regel von der Eröffnung des Hauptverfahrens absehen und die Akten der Staatsanwaltschaft zur weiteren Veranlassung vorlegen; indes besteht hierzu eine rechtliche Verpflichtung, deren Nichtbeachtung eine Verletzung einer Verfahrensnorm bedeuten würde, gemäß § 191 StGB nur dann, wenn bei der Behörde wegen der angeblichen strafbaren Handlung eine Anzeige zum Zwecke der Herbeiführung eines Strafverfahrens gemacht worden ist.

Hätte also im vorliegenden Falle eine Anzeige vorgelegen, so hätte der Amtsrichter bis zu dem Beschluß, daß die Eröffnung der Untersuchung nicht stattfinde, oder bis zur Beendigung der eingeleiteten Untersuchung mit dem Verfahren und der Entscheidung über die Beleidigung zuwarten müssen.

2. Der unterlassene Sühneversuch.

a) Vorbemerkung:

aa) Nach § 380 ist bei Hausfriedensbruch, Beleidigung, leichter vorsätzlicher und fahrlässiger Körperverletzung u. a. die Erhebung der Privatklage erst möglich, nachdem von einer durch die Landesjustizverwaltung zu bezeichnenden Vergleichsbehörde die Sühne erfolglos versucht worden ist, worüber der Kläger eine Bescheinigung mit der Klage einzureichen hat.

bb) Die Vorschrift über den Sühneversuch ist im öffentlichen Interesse erlassen; sie verfolgt den Zweck, der leichfertigen und übereilten Erhebung von Privatklagen vorzubeugen, und will die Geltendmachung des Klagerechts erschweren. Infolgedessen hat das Gericht von Amts wegen zu prüfen, ob ein Sühneversuch stattgefunden hat.

cc) Erst wenn der Nachweis erbracht ist, daß ein Sühneversuch stattgefunden hat, ist die Klage vorschriftsmäßig i. S. des § 382 erhoben. Fehlt dieser Nachweis, so wird die Klage aber nicht etwa gemäß § 383 sofort zurückgewiesen, sondern der Amtsrichter bestimmt dem Privatkläger eine Frist zur Nachholung des Versäumten unter Androhung der Zurückweisung.

Wird der Nachweis innerhalb der Frist nicht erbracht, so ist die Klage durch Beschluß zurückzuweisen. Gegen diesen Beschluß steht dem Privatkläger die sofortige Beschwerde gemäß § 210 Abs. 2 zu.

dd) Wird die Privatklage mangels Sühneversuchs als unzulässig zurückgewiesen, so ist dieser Beschluß, da er keine abschließende Erledigung der Sache anstrebt, zwar der formellen, nicht aber der materiellen Rechtskraft fähig (vgl. Schwarz-Kleinknecht § 380 Anm. 5m. weit. Nachw. sowie Fall 12, Abschn. A IV 1 und 5, S. 155, 159). Der abgewiesene Privatkläger kann also, ohne daß §211 zu beachten wäre, den unterlassenen Sühneversuch nachholen und erneut Privatklage erheben.

b) § 380 enthält keine echte Prozeßvoraussetzung, sondern eine sog. Klagevoraussetzung, die als solche nur für den Prozeßabschnitt Bedeutung hat, welcher mit Erhebung der Klage beginnt und mit der Eröffnung des Hauptverfahrens endigt; mit diesem Zeitpunkt wird der Mangel zwar nicht geheilt, aber gegenstandslos (OLG Hamburg NJW 56, 522).

c) Eine Nachholung des Sühneversuchs im Hauptverfahren oder in höherer Instanz wäre schon deshalb überflüssig, weil das Gericht ja selbst in jeder Lage des Verfahrens eine gütliche Erledigung der Sache im Wege des Vergleichs versuchen kann. Daß der Amtsrichter im vorliegenden Falle das Hauptverfahren ohne vorangegangenes Sühneverfahren eröffnet hat, ist demnach für den weiteren Verlauf des Privatklageverfahrens ohne Bedeutung (OLG Hamburg a. a. O.).

3. Die eidliche Vernehmung der Ehefrau Leicht als Zeugin.

a) Nach § 384 richtet sich nach der Eröffnung des Hauptverfahrens das weitere Verfahren nach den Bestimmungen, welche für das Verfahren auf erhobene öffentliche Klage gegeben sind, soweit nicht die dem § 384 folgenden Paragraphen Abweichungen enthalten oder solche aus der Natur des Privatklagerechts hergeleitet werden müssen.

b) So muß z.B. als dem Wesen der Privatklage widersprechend die Vernehmung des Privatklägers als Zeuge abgelehnt werden.

Zwar kann der Privatkläger zwecks Aufklärung zum persönlichen Erscheinen genötigt werden (§ 387 Abs. 3); aus der Natur der Privatklage ergibt sich aber, daß der Kläger als eine der Staatsanwaltschaft verwandte

Prozeßpartei anzusehen ist und somit, da nicht dritte Person, im Strafverfahren auch nicht als Zeuge auftreten kann. (Siehe Fall 3, Abschn. B I 1 a, S. 36 und BayObLG NJW 61, 2318.)

Die Vernehmung der Ehefrau Leicht, in deren Namen ihr Ehemann Privatklage erhoben hatte, die also Privatklägerin war, enthält demnach einen Verstoß gegen eine Verfahrensnorm, der zur Aufhebung des auf diesem Verstoß beruhenden Urteils führen müßte.

II. Die Verstöße gegen Verfahrensnormen in dem Offizialverfahren und ihre Wirkungen

1. Die Verlesung der Aussagen der Ehefrau Leicht.

a) Nach dem in § 250 deklarierten Grundsatz der Unmittelbarkeit ist die Verlesung eines Protokolls über eine Zeugenaussage grundsätzlich unzulässig, wenn dadurch die Vernehmung des Zeugen ersetzt werden soll (vgl. Fall 3, Nachtrag A, Abschn. D, S. 56 sowie BGH 20, 160).

b) In Abweichung von dieser Regel darf in den in § 251 aufgeführten Fällen an Stelle der mündlichen Vernehmung einer Person vor dem erkennenden Gericht die Verlesung des Protokolls über eine frühere Vernehmung derselben erfolgen. Absatz 1 Nr. 1 enthält die Fälle absoluter, Absatz 1 Nr. 2 und 3 die Fälle relativer Hinderung.

In den ersteren Fällen, wenn also ein Zeuge, Sachverständiger oder Mitbeschuldigter verstorben oder in Geisteskrankheit verfallen oder sein Aufenthalt nicht zu ermitteln gewesen ist, ist die Zulässigkeit der Verlesung des Protokolls über seine frühere (auch nichtrichterliche) Vernehmung an keine Beschränkung geknüpft, insbesondere ist nicht Voraussetzung, daß es sich dabei um ein in der anhängigen Sache aufgenommenes Protokoll handeln muß. (Siehe Nachtrag A zu Fall 3, Abschn. D III 1, S. 57.)

Voraussetzung der Anwendbarkeit des § 251 ist also an sich nur, daß ein ordnungsmäßiges gerichtliches Protokoll vorliegt, d. h. ein solches, das den Erfordernissen der §§ 168, 187, 188 (vor allem Unterschriften des Richters und zugezogenen Urkundsbeamten) entspricht.

c) Im vorliegenden Falle entsteht nun die Frage, welche Bedeutung der Tatsache zukommt, daß die Vernehmung der Ehefrau Leicht als Zeugin im Privatklageverfahren gesetzwidrig war.

Diese Frage ist unter Bezugnahme auf die Erörterungen in Fall 3, Abschn. B II 2, S. 44 dahin zu beantworten, daß die Verlesung der zwar ordnungsmäßig protokollierten, aber auf Grund einer illegalen Vernehmung erfolgten Aussagen der Ehefrau Leicht einen Verstoß gegen eine Verfahrensnorm enthält.

2. Nichtbeachtung des Einwandes des Angeklagten, er sei wegen der Äußerung bereits verurteilt.

Abgesehen davon, daß keine rechtskräftige Entscheidung über die Schuldfrage vorliegt (das Privatklageverfahren schwebt ja noch in der Berufungsinstanz), scheidet der Grundsatz „ne bis in idem" (siehe hierüber Fall 12, Abschn. A, S. 153ff.) schon deshalb aus, weil im vorliegenden Falle, wo ein Privatklageverfahren in Frage kommt, die Vorschrift des § 375 die entscheidende Norm enthält.

a) Diese Vorschrift gilt sowohl für den Fall, daß neben dem Verletzten selbst eine andere zur Privatklage selbständig berechtigte Person vorhanden ist (§ 374 Abs. 2), als auch dann, wenn mehrere Personen durch dieselbe Handlung verletzt sind.

b) Darüber, daß sowohl die Eheleute Leicht als auch der Regierungsbaumeister Hergert die Beleidigung im Wege der Privatklage zu verfolgen berechtigt sind, kann ebensowenig ein Zweifel bestehen, wie in der Richtung, daß beiden Beleidigungen dieselbe strafbare Handlung zugrunde liegt.

Die grundsätzlichen Voraussetzungen für die Anwendbarkeit des § 375 sind demnach gegeben.

Hätte also im vorliegenden Falle das im Privatklageverfahren ergangene Urteil vom 30. November 1965 Rechtskraft erlangt, so hätte diese Entscheidung gemäß § 375 Abs. 3 die Wirkung gehabt, daß nicht nur wegen der gleichen Tat ein weiteres Privatklageverfahren, sondern auch eine nachträgliche Verfolgung derselben Handlung durch die Staatsanwaltschaft auf Grund eines Antrags eines anderen Berechtigten ausgeschlossen gewesen wäre (E. 3, 365).

Das Urteil des Amtsrichters im Offizialverfahren vom 10. Dezember 1965 hätte in diesem Falle auf Einstellung lauten müssen.

c) Im vorliegenden Falle handelt es sich aber nur um die Frage, welche Wirkung die Tatsache der Rechtshängigkeit des Privatklageverfahrens auf das Offizialverfahren ausüben mußte.

aa) Handelt es sich um zwei Offizialverfahren, so gilt der Grundsatz, daß die Rechtshängigkeit der Strafklage bei einem Gerichte der Anhängigmachung derselben Sache bei einem anderen Gerichte entgegensteht, und daß, wenn unter Verletzung dieses Grundsatzes dennoch die Strafsache bei dem später angerufenen Gerichte gleichzeitig anhängig geworden sein sollte, dieses das bei ihm schwebende Verfahren einzustellen hat.

bb) Handelt es sich um das Zusammentreffen eines Offizial- mit einem Privatklageverfahren, so greift die Spezialvorschrift des § 375 Abs. 2 Platz, wonach während der Dauer des Privatklageverfahrens die Verfolgung derselben Handlung in einem anderen Verfahren unzulässig ist, den anderen Berechtigten während der Dauer des ersten Verfahrens vielmehr nur der Beitritt zu diesem zusteht.

Der mit dem Offizialverfahren befaßte Amtsrichter hätte also, wenn er bei Einkunft der Anklageschrift des Staatsanwalts von dem Privatklageverfahren Kenntnis gehabt hätte, die Eröffnung des Hauptverfahrens als z. Z. unzulässig ablehnen müssen; da er aber erst in der Hauptverhandlung durch die Verteidigung des Angeklagten von dem nebenher laufenden Privatklageverfahren erfuhr, hätte er durch Beschluß das Offizialverfahren für vorläufig beruhend erklären müssen; denn erst nach Beendigung des Privatklageverfahrens konnte unter Berücksichtigung der Art der Beendigung desselben eine definitive Entscheidung darüber getroffen werden, ob das Klagerecht der Staatsanwaltschaft erloschen sei.

(Ein solches Erlöschen des staatsanwaltschaftlichen Klagerechts würde z. B. dann nicht vorliegen, wenn das Privatklageverfahren durch Zurücknahme der Privatklage gemäß § 391 seine Erledigung fände; denn eine solche Erledigung hätte lediglich die Wirkung, daß die Privatklage nicht von neuem erhoben werden kann [§ 392], während bezüglich der öffentlichen Klage das Gesetz eine entsprechende Bestimmung nicht enthält, die Erhebung einer solchen also an sich durchaus möglich ist, zumal in der Zurücknahme der Privatklage nicht ohne weiteres auch die Zurücknahme des Strafantrags zu liegen braucht, E. 19, 285.)

III. Welche Schritte wird angesichts dieser Sach- und Rechtslage der Staatsanwalt unternehmen, um eine Verurteilung des Stein wegen der Beleidigung der Eheleute Leicht und des Hergert zu erreichen?

1. Der Staatsanwalt, der auf Grund der obigen Erwägungen zu dem Schluß kommen muß, daß das Offizialverfahren in der Berufungsinstanz unbedingt für vorläufig beruhend erklärt werden muß, wird sich zum Eintritt in das Privatklageverfahren entschließen, d. h. er wird die Verfolgung gemäß § 377 Abs. 2 übernehmen.

a) Die durch ausdrückliche Erklärung zu bewirkende Übernahme durch den Staatsanwalt hat zur Folge, daß das Privatklageverfahren nicht einfach beseitigt wird und entsprechend § 389 einzustellen ist, sondern daß es vielmehr in der Lage, in der es sich zur Zeit der Übernahme befindet, nach den Formen des amtlichen, öffentlich eingeleiteten Verfahrens fortzuführen ist. Die Privatklage ist nunmehr als öffentliche Klage zu behandeln.

b) Da nunmehr zwei Offizialverfahren nebeneinander herlaufen, wird der Staatsanwalt weiter bezüglich des ersten Offizialverfahrens die Einstellung beantragen.

c) Da die Einlegung eines Rechtsmittels seitens des Staatsanwalts noch nach Ablauf der dem Privatkläger gesetzlich zustehenden Rechtsmittelfristen nicht zulässig ist — besondere Rechtsmittelfristen für die Staatsanwaltschaft sind im Gesetz nicht vorgesehen — vielmehr das Privatklageverfahren in der Lage übernommen werden muß, in welcher es sich gerade prozessual befindet, kann der Staatsanwalt, der also an die vorhandene Prozeßlage gebunden ist, im vorliegenden Falle, wo die dem Privatkläger Leicht zustehende Frist zur Einlegung der Berufung bereits abgelaufen ist, von diesem Rechtsmittel keinen Gebrauch mehr machen.

d) Trotzdem kann das Gericht ohne weiteres den Angeklagten Stein in der Berufungsinstanz auch wegen Verleumdung des Regierungsbaumeisters Hergert bestrafen, da nach § 264 den Gegenstand der Urteilsfindung die in der Anklage bezeichnete Tat bildet, d. h. der geschichtliche Vorgang (die Beleidigung in ihrem gesamten Wortlaut), der der Anklage zugrunde gelegt ist.

Wir kommen demnach zu dem Ergebnis, daß der Staatsanwalt durch Übernahme des Privatklageverfahrens die Bestrafung des Stein wegen Verleumdung der Eheleute Leicht **und** des Regierungsbaumeisters Hergert erreichen kann.

Voraussetzung hierfür ist aber, daß die Aussagen des Zeugen Hergert, der nach § 55 auskunftsverweigerungsberechtigt ist, als Grundlage für ein verurteilendes Erkenntnis ausreichen; denn die Aussagen der zu Unrecht als Zeugen vernommenen Ehefrau Leicht können natürlich auch in dem Berufungsverfahren nicht verwertet werden (siehe oben Abschn. I, 3).

IV. Kann der Staatsanwalt eine Verurteilung zu drei Monaten Gefängnis erreichen?

Eine Erhöhung der Strafe von 6 Wochen Gefängnis ist im Hinblick auf den Grundsatz des Verbots der reformatio in peius unmöglich, denn der Staatsanwalt konnte ja, wie wir oben (siehe Abschn. III 1 c) gesehen haben, Berufung nicht mehr einlegen.

ZU FALL 17

A.

Vorbemerkung: Die Nebenklage

I. Während das Privatklagerecht den Verletzten gegen Klageunterlassungen schützen will, bezweckt die Nebenklage, die eine weitere Durchbrechung des staatsanwaltschaftlichen Anklagemonopols bedeutet, dem Verletzten eine Möglichkeit zu geben, etwaigen Mängeln in der Klagdurchführung durch Teilnahme an dem Strafprozeß vorzubeugen.

II. Der Nebenkläger ist eine Privatperson, der das Gesetz die Befugnis zugesprochen hat, an dem Strafverfahren nach erhobener Klage in jeder Lage des Verfahrens neben der Staatsanwaltschaft teilzunehmen. Im Gegensatz zum Privatkläger tritt der Nebenkläger nicht an die Stelle des mit der Strafverfolgung regelmäßig betrauten staatlichen Organs, sondern es soll ihm lediglich die Möglichkeit gegeben werden, neben dem Staatsanwalt seine besonderen an der Verurteilung des Angeklagten beteiligten Interessen wahrzunehmen.

III. Berechtigt zu der Anschlußerklärung sind:

1. die nach Maßgabe des § 374 zur Privatklage Berechtigten, sobald die öffentliche Klage erhoben ist (§ 395 I), unter der selbstverständlichen Voraussetzung, daß das Privatklagerecht nicht etwa durch Ablauf einer Antragsfrist bereits erloschen ist;

2. die Eltern, Kinder, Geschwister und der Ehegatte eines durch eine mit Strafe bedrohten Handlung Getöteten (§ 395 II Ziff. 1), selbst wenn es sich nicht um ein Privatklagerecht handelt (BGH 6, 103);

3. wer durch einen Antrag auf gerichtliche Entscheidung (§ 172 II) die Erhebung der öffentlichen Klage herbeigeführt hat (§ 395 II). (NB. Der innere Grund für die Berechtigung aus § 395 II Z. 2 ist ein gewisses Mißtrauen gegen die Staatsanwaltschaft. Derjenige, der die Staatsanwaltschaft genötigt hat, wider ihren Willen die öffentliche Klage zu erheben, soll auch die Möglichkeit haben, auf den weiteren Fortgang des Verfahrens einen wesentlichen Einfluß auszuüben.)

4. der Bundespräsident im Falle des § 95 StGB sowie bestimmte Staatsorgane und ihre Mitglieder im Falle des § 97 StGB (§ 395 III).

IV. Der Anschluß kann in jeder Lage des Verfahrens erfolgen, auch nach Erlaß des Urteils zwecks Einlegung von Rechtsmitteln (§ 395 I S. 2).

V. Kraft Gesetzes wird zum Nebenkläger:

1. Der Privatkläger, wenn die Staatsanwaltschaft die Verfolgung übernommen hat (§ 377 Abs. 3),

2. das Finanzamt bei Steuerstrafsachen nach der RAbgO, wenn der Beschuldigte Antrag auf gerichtliche Entscheidung gestellt oder die Staatsanwaltschaft Anklage erhoben hat (§§ 467, 472 RAbgO).

VI. Durch den Anschluß erlangt der Nebenkläger die Rechte des Privatklägers (§ 397); er kann sich insbesondere unabhängig von der Staatsanwaltschaft der Rechtsmittel bedienen (§ 401 I). Legt nur der Nebenkläger ein Rechtsmittel ein (er kann es nur zu Ungunsten des Angeklagten tun), dann hat trotzdem die Staatsanwaltschaft in dem Verfahren der höheren Instanz mitzuwirken, und zwar in der gleichen Weise, wie wenn sie selbst das Rechtsmittel eingelegt hätte (siehe Löwe-Rosenberg Anm. 9 zu § 401). Nicht erforderlich ist die Anwesenheit des Nebenklägers während der ganzen Hauptverhandlung, da er nicht zu den in § 226 aufgezählten notwendigen Personen des Verfahrens gehört; § 391 Abs. 2 kommt demnach auf ihn nicht zur Anwendung, d. h. eine fingierte Zurücknahme der Nebenklage gibt es nicht; auch § 391 Abs. 3 findet keine Anwendung (OLG Frankfurt NJW 56, 1250).

VII. Die Anschlußerklärung muß bei dem Gericht schriftlich (eine mündliche Erklärung in der Hauptverhandlung ist unwirksam) eingereicht werden (§ 396). Die Entscheidung über die Berechtigung (die nach BGH MDR 54, 152 von Amts wegen nachzuprüfen ist) hat durch ausdrücklichen Beschluß zu erfolgen. Schließt sich jemand durch Rechtsmitteleinlegung der öffentlichen Klage an, so ist für die Entscheidung über die Zulassung des Nebenklägers allein das Rechtsmittelgericht zuständig.

Dieser Zulassungsbeschluß, der konstitutive Wirkungen hat, ist zu erlassen, wenn nach dem tatsächlichen Inhalt der Anklage oder dem jeweiligen Verhandlungsergebnis die rechtliche Möglichkeit besteht, das den Gegenstand der Anklage oder der Verhandlung bildende Tun des Angeklagten unter einem rechtlichen Gesichtspunkt zu betrachten, der die Zulassung des Nebenklägers nach § 395 rechtfertigt (E. 43, 262). (Siehe hierzu die Ausführungen in Abschn. B V.)

VIII. Wird der Antrag auf Zulassung der Nebenklage abgelehnt, so hat der Antragsteller das Rechtsmittel der Beschwerde. § 305 Abs. 1 steht nicht entgegen, da der Anschluß des Nebenklägers eine selbständige prozessuale Bedeutung hat (Schwarz-Kleinknecht § 396 Anm. 5 m. weit. Nachw.; str.). Umgekehrt haben die StA und der Angeklagte das RM der Beschwerde, wenn dem Antrag auf Zulassung der Nebenklage zu Unrecht stattgegeben wurde.

IX. Sowohl die gesetzwidrige Ablehnung einer Zulassung als auch die zu Unrecht erfolgte Zulassung einer Nebenklage können die Revision gemäß § 337 begründen (E. 59, 100; 66, 346).

X. Die für die Privatklage geltenden Bestimmungen über Zahlung eines Gebührenvorschusses (siehe Fall 16, Abschn. A IV, S. 188) finden auf den Nebenkläger und das von ihm betriebene Verfahren in der RM-Instanz entsprechende Anwendung (§ 401).

XI. Das Nebenklage-Prozeßverhältnis dauert, einmal gültig begründet, grundsätzlich solange wie das Haupt-Prozeßverhältnis. Vorher verliert es seine Wirkung nur durch Widerruf sowie durch den Tod des Nebenklägers (§ 402).

1. Der Widerruf ist zulässig bis zum rechtskräftigen Abschluß des Verfahrens. Er hindert nicht, im Laufe des weiteren Verfahrens erneut den Anschluß als Nebenkläger zu erklären (E. 61, 99).

2. Der Tod des Nebenklägers führt, ohne daß eine besondere Entscheidung des Gerichts erforderlich ist, zur Beendigung des Nebenklage-Prozeßverhältnisses. Ein Recht der Angehörigen, den Prozeß weiterzuführen, besteht entgegen der in § 393 II für die Privatklage getroffenen Regelung nicht.

B.

Lösung des Falles

I. Durfte der Kaufmann als Nebenkläger zugelassen werden?

1. Das Anschlußrecht aus der Privatklageberechtigung.

§ 395 Abs. 1 bestimmt: Wer nach Maßgabe der Bestimmung des § 374 als Privatkläger aufzutreten berechtigt ist, kann sich der erhobenen öffentlichen Anklage in jeder Lage des Verfahrens als Nebenkläger anschließen. Der Anschluß kann zur Einlegung von Rechtsmitteln auch nach ergangenem Urteil geschehen.

a) Die Privatklageberechtigung aus § 374 Abs. 1 und 3.

aa) Die den Gegenstand des Strafverfahrens bildende gefährliche Körperverletzung i. S. des § 223a StGB gehört nach § 374 Abs. 1 Z. 3 zu den Körperverletzungen, die im Wege der Privatklage verfolgt werden können. (NB. § 226 StGB kommt deshalb nicht in Frage, weil laut Sachverhalt ein ursächlicher Zusammenhang zwischen Körperverletzung und Tod nicht vorgelegen hat.)

bb) Als Privatkläger aufzutreten berechtigt ist nach § 374 Abs. 1 der Verletzte. Dies gilt aber nur, soweit der Verletzte prozeßfähig ist. Die Prozeßfähigkeit ist dabei nach den Grundsätzen der ZPO zu beurteilen. Ist der Verletzte minderjährig, so hat nach § 374 Abs. 3 dessen Vater als gesetzlicher Vertreter die Befugnis zur Erhebung der Privatklage. Da aber die gesetzliche Vertretung mit dem Tode des vertretenen Minderjährigen ihr Ende erreicht, so muß auch in diesem Zeitpunkt die Befugnis des Vaters zur Erhebung der Privatklage bzw. Nebenklage erlöschen (E. 29, 141).

Der Kaufmann kann demnach sein Anschlußrecht nicht aus der Privatklageberechtigung gemäß §§ 395 Abs. 1, 374 Abs. 1 und 3 herleiten.

b) Die Privatklageberechtigung aus § 374 Abs. 2.

aa) In Abs. 2 des § 374 werden diejenigen Personen dem Verletzten gleichstellt, welche gemäß §§ 189, 196, 232 Abs. 3 StGB neben dem Verletzten selbst und unabhängig von dem Willen desselben die Strafverfolgung zu beantragen berechtigt sind.

bb) Es ist nun die Frage zu prüfen, ob zu dem Personenkreis des Abs. 2 des § 374 auch der gesetzliche Vertreter i. S. des § 65 StGB gehört, d. h. ob der gesetzliche Vertreter eines Minderjährigen oder Geschäftsunfähigen ebenfalls ein selbständiges, auch dessen Tod überdauerndes, also materiell eigenes Strafantragsrecht besitzt. Die Meinungsverschiedenheit in dieser Frage ist darauf zurückzuführen, daß der Ausdruck „selbständiges Antragsrecht" sowohl im Sinne von eigenem Recht als auch im Sinne von unabhängigem Recht gebraucht wird.

Das Reichsgericht hat, entgegen seiner früheren Stellungnahme (siehe E. 35, 133; 38, 37) in E. 57, 241 die Frage nach dem Antragsrecht des gesetzlichen Vertreters i. S. des § 374 Abs. 2 dahin entschieden, daß der gesetzliche Vertreter des noch nicht 18jährigen Minderjährigen kein eigenes, den Tod des Minderjährigen überdauerndes Antragsrecht i. S. von § 374 Abs. 2 besitze. Er übe, so sagt das Reichsgericht, nur das Recht des Verletzten aus, zwar unabhängig von dessen Willen und insofern „selbständig", aber nur für ihn als den alleinigen Träger des materiellen Antragsrechts und in seinem

Namen, also nicht mehr, nachdem der Verletzte gestorben ist, ohne daß der gesetzliche Vertreter Strafantrag gestellt hatte. Die Frage, ob der gesetzliche Vertreter eines Minderjährigen, der das 18. Lebensjahr vollendet hat, ein eigenes, den Tod des Minderjährigen überdauerndes Antragsrecht i. S. des § 374 Abs. 2 besitze, hat das Reichsgericht unentschieden gelassen. Wir verneinen diese Frage und kommen somit zu dem Schluß, daß mit dem Tode des Minderjährigen (gleichgültig, ob er unter oder über 18 Jahre alt ist) nicht nur die gesetzliche Vertretung zur Erhebung der Privatklage (§ 374 Abs. 3), sondern auch das Antragsrecht nach § 374 Abs. 2 erlischt.

Der Kaufmann kann demnach seinen Beitritt als Nebenkläger auch nicht auf die Bestimmung des § 374 Abs. 2 stützen.

2. Die Anschlußberechtigung aus § 395 Abs. 2.

a) § 395 II Ziff. 1 entfällt, da der Tod des Sohnes nicht auf die Mißhandlung zurückzuführen ist.

b) Zu prüfen ist weiter, ob sich die Zulassung als Nebenkläger auf § 395 II Ziff. 2 stützen läßt. Auch diese Frage ist zu verneinen, da ein Klageerzwingungsverfahren gemäß § 172 II S. 3 überhaupt nicht möglich war, eine erfolgreiche Beschwerde nach § 172 I aber noch nicht die Rechtsfolge des § 395 II Ziff. 2 auslösen kann.

3. Da somit keine gesetzliche Möglichkeit für die Zulassung des Kaufmanns als Nebenkläger bestand, kommen wir zu dem Ergebnis, daß der diesbezügliche Beschluß des Amtsrichters der gesetzlichen Grundlage entbehrte.

II. Die eidliche Vernehmung des Nebenklägers als Zeugen

1. Daß der Nebenkläger als Zeuge vernommen werden kann, begründet das RG in E. 2, 385 vor allem damit, daß, abgesehen von Erwägungen allgemeiner Art, weder an irgendeiner Stelle im Gesetz der Nebenkläger als unfähig zum Zeugnis erklärt werde, noch die prozessuale Stellung des Nebenklägers als solche zur Annahme der Zeugnisunfähigkeit zwinge. „Der Nebenklage ist vor allem Raum gewährt für alle Fälle der Körperverletzung. Berücksichtigt man die tatsächliche Bedeutung dieser Deliktsart in der Rechtspflege, erwägt man den Wert des Zeugnisses des Verletzten für den Beweis und die empfindliche Schädigung der Interessen der Anklage wie auch des Verletzten selbst, wenn das Zeugnis des letzteren nach der Anschlußerklärung unzulässig sein soll, so wird es schon nach diesen Erwägungen der zwingendsten Gründe für die Annahme bedürfen, daß die Strafprozeßordnung dem Nebenkläger die Fähigkeit zum Zeugnisse habe absprechen wollen."

2. Wird der Nebenkläger als Zeuge vernommen, so kann er auch beeidigt werden, sofern nicht ein gesetzlicher Grund zur uneidlichen Vernehmung (§ 60) vorliegt.

Gegen die eidliche Vernehmung des Nebenklägers im vorliegenden Falle bestehen demnach keine Bedenken.

III. Unterliegt die Frage der Anschlußberechtigung der Prüfung des Berufungsgerichts?

1. Jede Berufung kann sich, wie in Fall 7 Abschn. A II 2 S. 108 ausgeführt wurde, ebenso wie die Revision sowohl gegen das Urteil in seiner Gesamtheit als auch gegen jede im Urteil enthaltene, von den übrigen Urteilsbestandteilen rechtlich loslösbare Einzelentscheidung richten, so z. B. gegen Höhe und Art der erkannten Strafe (im Gegensatz zur Schuldfrage), Verhängung oder Nichtverhängung einer Nebenstrafe, Ehrverlust usw.; sie kann schließlich auch auf den Kostenpunkt beschränkt werden.

Immer hat die ausdrückliche Beschränkung der Berufung auf einen Teil des Urteils selbst zur Folge, daß gemäß § 327 nur dieser eine Teil der Prüfung des Berufungsgerichts unterliegt.

Dadurch also, daß im vorliegenden Falle der Verteidiger des Angeklagten ausdrücklich erklärt hat, daß sich sein Angriff nur gegen die Ablehnung seines Antrags auf Überbürdung der Kosten auf den Nebenkläger richte, kann Gegenstand der Prüfung nur die Kostenfrage werden, es sei denn, daß das Berufungsgericht zur Prüfung der Zulassungsfrage usw. von Amts wegen verpflichtet war.

2. Eine Prüfung der Zulassungsfrage von Amts wegen kommt zwar für das Revisionsgericht (siehe E. 77, 324), nicht aber für das Berufungsgericht in Betracht; eine solche müßte nur dann eintreten, wenn der Nebenkläger der Beschwerdeführer wäre; dann wäre allerdings der Berufungsrichter verpflichtet, in eine Prüfung dieser Frage von Amts wegen einzutreten, denn nach § 322 hat das Berufungsgericht die Beachtung der Bestimmungen über die Einlegung der Berufung — und hierzu gehören auch die Bestimmungen über das Recht zur Einlegung des Rechtsmittels — von Amts wegen zu prüfen (E. 62, 209); stellt sich dabei heraus, daß die Zulassung als Nebenkläger zu Unrecht erfolgt ist, so ist der angebliche Nebenkläger auch nicht zur Berufungseinlegung berechtigt; die Berufung ist alsdann als unzulässig zu verwerfen.

Wir kommen also zu dem Schluß, daß der Prüfung der Strafkammer im vorliegenden Falle nur die Kostenfrage unterliegt, und daß ohne jede Nachprüfung die Berechtigung des Kaufmanns zur Beteiligung an dem vorinstanzlichen Verfahren als Nebenkläger unterstellt werden muß. (NB. Zu dem gleichen Ergebnis müßte man gelangen, wenn es sich um ein Revisionsverfahren handelte. Dem § 327 entspricht § 352, und dem § 322 der § 349.)

IV. Auf welche Bestimmung gründet sich der Antrag des Verteidigers in der Kostenfrage?

1. Kostenrechtlich ist für die Nebenklage folgendes zu beachten:

a) Wird der Angeklagte verurteilt, so fallen die gerichtlichen Kosten (Verfahrenskosten) gemäß § 465 dem Angeklagten zur Last. Eine Pflicht des Angeklagten, auch die notwendigen Auslagen des Nebenklägers zu tragen, ergibt sich aus dem Gesetz zwar nicht unmittelbar, wohl aber in analoger Anwendung des § 471 Abs. 1. Dieser Vorschrift zufolge hat der Verurteilte nicht nur die Kosten des Verfahrens, sondern auch die notwendigen Auslagen des Privatklägers zu tragen. Da aber gemäß § 397 Abs. 1 der Nebenkläger nach erfolgtem Anschluß die Rechte des Privatklägers hat, bestehen keine Bedenken, § 471 Abs. 1 analog anzuwenden (vgl. BGH 11, 195, 197).

b) Wird der Angeklagte freigesprochen, so sind die Kosten des Verfahrens im Offizialverfahren gemäß § 467 Abs. 1 der Staatskasse, im Privatklageverfahren gemäß § 471 Abs. 2 dem Privatkläger aufzuerlegen. Eine entsprechende Vorschrift für die Kostenerstattungspflicht des Nebenklägers fehlt, es sei denn, daß im Einzelfall die besonderen Voraussetzungen der §§ 469 Abs. 1, 470, 472a Abs. 2 vorliegen (zu § 469 Abs. 1 s. u. 2). Eine analoge Anwendung der für die Privatklage geltenden Kostenbestimmungen auf die Nebenklage ist nicht ohne weiteres möglich. Sie kann insbesondere nicht auf § 397 Abs. 1 gestützt werden, da diese Gesetzesstelle nur von den Rechten des Nebenklägers, nicht auch von seinen Pflichten handelt. Der Bundesgerichtshof hat sich daher in BGH 11, 189ff. unter Fortführung der Rechtsprechung des Reichsgerichts auf den Standpunkt gestellt, daß der Nebenkläger nur dann kostenpflichtig ist, wenn er allein ein Rechtsmittel eingelegt hat und dieses Rechtsmittel verworfen wird. Nur in diesem Fall ist er dem Privatkläger, dessen Kostenpflicht sich bei einem erfolglosen Rechtsmittel aus § 473 Abs. 1 ergibt, gleichzustellen. Die Berechtigung dieser ausnahmsweisen Gleichstellung hinsichtlich der Kostenpflicht ergibt sich aus der Erwägung, daß sich bei einem nur vom Nebenkläger eingelegten Rechtsmittel der Nebenkläger und der Angeklagte in ähnlicher Weise wie die Parteien im Privatklageverfahren gegenüberstehen und der Nebenkläger nur in diesem Fall eine das weitere Verfahren beherrschende Stellung einnimmt. Aus der in diesem Fall ausnahmsweise zulässigen analogen Anwendung des § 473 Abs. 1 folgt weiter, daß der Nebenkläger bei einem nur von ihm eingelegten, erfolglos gebliebenen Rechtsmittel nicht nur die Verfahrenskosten, sondern auch die notwendigen Auslagen des Angeklagten zu tragen hat (BGH a. a. O.). Ein solcher Fall liegt hier aber nicht vor.

2. Im vorliegenden Falle nun hat der Verteidiger seinen Antrag, die der Staatskasse und dem freigesprochenen Angeklagten erwachsenen Kosten des Verfahrens dem Nebenkläger aufzuerlegen, damit begründet, daß der Kaufmann bei der Anzeigeerstattung und den späteren Vernehmungen grob fahrlässig den Schreiner als den Täter bezeichnet habe.

Der Verteidiger stützt also seinen Antrag auf die Bestimmung des § 469, wonach im Falle einer vorsätzlich oder leichtfertig erstatteten unwahren Anzeige das Gericht dem Anzeigenden die der Staatskasse und dem Beschuldigten erwachsenen Kosten auferlegen kann.

Diese Entscheidung, die nicht nur von dem Betroffenen selbst, sondern auch von der Staatsanwaltschaft und dem Beschuldigten, von letzterem insbesondere auch dann angegriffen werden kann, wenn die Kosten nicht dem Anzeigenden auferlegt wurden, ist, selbst wenn sie in Verbindung mit dem Urteil erlassen wird, eine selbständige, und hat auch in diesem Falle mittels besonderen Beschlusses zu erfolgen, wie sich daraus ergibt, daß sie nach Abs. 3 mit der sofortigen Beschwerde anfechtbar ist. Der Amtsrichter hat also zu Unrecht die Entscheidung nach § 469 in die Urteilsformel aufgenommen.

(NB. Das RG vertritt den Standpunkt — siehe E. 7, 233 und E. 54, 331 —, daß im Falle des § 469 die sofortige Beschwerde auch dann das allein zulässige Rechtsmittel sei, wenn die Entscheidung, wie im vorliegenden Falle, unrichtigerweise im Urteil erfolgt ist. Die „Berufung" des freigesprochenen Angeklagten muß daher als sofortige Beschwerde behandelt und als solche von der Strafkammer verbeschieden werden.)

V. Wie wäre die Frage der Zulassung als Nebenkläger zu entscheiden, wenn eine schwere Körperverletzung i. S. des § 224 StGB in Frage stünde?

1. Eine Anschlußberechtigung aus § 395 Abs. 1 entfällt, da der Kaufmann nach dem Tod seines Sohnes weder als dessen Vertreter noch in eigenem Namen Privatklage erheben könnte (s. o. Abschn. B I 1).

2. § 395 Abs. 2 Ziff. 1 entfällt, da der Tod des Sohnes nicht auf die Mißhandlung zurückzuführen ist. Auch insoweit ergeben sich keine Abweichungen gegenüber Frage 1.

3. Eine Anschlußberechtigung aus § 395 Abs. 2 Ziff. 2 würde voraussetzen, daß ein Klageerzwingungsverfahren gemäß § 172 Abs. 2 durchgeführt worden wäre. Aus dem Sachverhalt ergibt sich jedoch nicht, daß das Oberlandesgericht mit der Sache befaßt worden ist. Die StA Mannheim ist vielmehr bereits aufgrund der gemäß § 172 Abs. 1 an den Generalstaatsanwalt gerichteten Einstellungsbeschwerde angewiesen worden, Anklage zu erheben. Aber selbst wenn ein Klageerzwingungsverfahren gemäß § 172 Abs. 2 durchgeführt worden wäre, so hätte der Kaufmann den Antrag auf gerichtliche Entscheidung nicht in eigenem Namen, sondern nur in seiner Eigenschaft als gesetzlicher Vertreter seines Sohnes stellen können. In eigenem Namen konnte er das Klageerzwingungsverfahren nicht betreiben, da er selbst durch die Tat nicht unmittelbar verletzt worden ist, was jedoch eine unabdingbare Voraussetzung sowohl für § 172 als auch für § 395 Abs. 2 Ziff. 2 darstellt (vgl. OLG Hamburg NJW 55, 1770; Schwarz-Kleinknecht § 172 Anm. 3; siehe auch Fall 2 Abschn. B IV 3, S. 24). Der Umstand, daß der Kaufmann für die Krankenhauskosten seines Sohnes aufkommen mußte, genügt, da es sich nur um einen mittelbaren Schaden handelt, entgegen der noch in der Vorauflage vertretenen Ansicht nicht, hieraus eine Nebenklageberechtigung gemäß §§ 172 Abs. 2, 395 Abs. 2 Ziff. 2 abzuleiten. Hatte der Kaufmann aber das Klageerzwingungsverfahren nur als gesetzlicher Vertreter betrieben, so entfällt nach dem Tod des Sohnes mit der gesetzlichen Vertretung auch die Nebenklageberechtigung.

VI. Wie ist die Frage V zu entscheiden, wenn der Sohn nicht gestorben ist?

1. Lebt der Sohn noch und wurde ein Klageerzwingungsverfahren durchgeführt, so ergibt sich die Berechtigung zum Anschluß als Nebenkläger aus § 395 II Ziff. 2. Daß § 224 StGB nicht zu den Privatklagedelikten gehört, ist unbeachtlich, da sich § 395 II Ziff. 2 gerade nicht auf Privatklagedelikte erstreckt; für diese ist ja ein Klageerzwingungsverfahren überhaupt nicht möglich (§ 172 II S. 3).

2. Wurde kein Klageerzwingungsverfahren durchgeführt, so ergibt sich das Recht zum Anschluß als Nebenkläger aus § 374 I Ziff. 3 i. V. mit Abs. 2 und 3 sowie § 395 I. Dem steht auch hier nicht entgegen, daß § 224 StGB nicht zu den Privatklagedelikten gehört.

Die Anschlußberechtigung hängt nämlich nicht davon ab, daß die Tat in der Anklageschrift unter den rechtlichen Gesichtspunkt gestellt ist, unter dem allein der Anschluß zulässig sein würde, ebensowenig davon, daß die Tat schließlich auch im Urteil unter einem solchen Gesichtspunkt gewertet ist.

Die Zulassung der Nebenklage ist vielmehr lediglich dadurch bedingt, daß nach dem tatsächlichen Inhalt der Anklage oder dem jeweiligen Verhandlungsergebnis die rechtliche Möglichkeit vorliegt, das den Gegenstand der Anklage oder der Verhandlung bildende Tun des Angeklagten, sei es auch nur in bestimmter Richtung, unter einem solchen rechtlichen Gesichtspunkt zu betrachten, der nach den gesetzlichen Bestimmungen (§§ 374, 395) die Erhebung einer Nebenklage zuläßt.

Nachtrag

Die Entschädigung des Verletzten (Adhäsionsprozeß)

Der Sinn und Zweck des in §§ 403—406d geregelten Verfahrens ist es, Doppelarbeit zu vermeiden, indem in einem Verfahren nicht nur über die strafrechtliche Schuld entschieden, sondern zugleich der durch die strafbare Handlung begründete zivilrechtliche Schadensersatzanspruch geregelt werden kann, soweit eine solche Zusatzentscheidung ohne wesentliche Verzögerung des Strafverfahrens möglich ist. Immer aber bleibt es dem Verletzten überlassen, ob er seinen Entschädigungsanspruch im Strafverfahren oder im Zivilprozeß verwirklichen will.

I. Gegenstand des Adhäsionsprozesses

1. Es können geltend gemacht werden alle vermögensrechtlichen Ansprüche, die aus der strafbaren Handlung gegen den Beschuldigten entstanden sind, soweit sie zur Zuständigkeit der ordentlichen Gerichte gehören (arbeitsgerichtliche Ansprüche können z. B. nicht geltend gemacht werden) und noch nicht anderweitig gerichtlich anhängig gemacht sind (§ 403 Abs. 1). In Frage kommen nicht nur Schadensersatzansprüche in Geld, sondern insbesondere auch Ansprüche auf Rückgabe der durch die strafbare Handlung (z. B. einen Diebstahl) erlangten Sache oder Rentenansprüche (z. B. bei Verletzungen durch einen fahrlässig verursachten Autounfall).

2. Die Höhe der Entschädigung ist unbegrenzt. In amtsgerichtlichen Strafverfahren kann aber der Entschädigungsanspruch nur insoweit geltend gemacht werden, als der Anspruch die zivilrechtliche Zuständigkeitsgrenze (z. Z. 1500,— DM) nicht übersteigt. Den diese Grenze überschreitenden Teil seines Entschädigungsanspruchs kann der Antragsteller vor den Zivilgerichten weiter verfolgen.

II. Das Verfahren

1. Antragsberechtigt ist der Verletzte oder sein Erbe. (Wegen des Begriffs „Verletzter" s. o. B V 3).

a) Der Antrag kann schriftlich oder mündlich zu Protokoll des Urkundsbeamten oder mündlich in der Hauptverhandlung bis zu Beginn der Schlußvorträge gestellt und bis zur Verkündung des Urteils zurückgenommen werden (§ 404 Abs. 1 und 4).

b) Die Antragstellung entspricht einer Klageerhebung im bürgerlichen Rechtsstreit (§ 404 II), hat also die Wirkung der Rechtshängigkeit (Unterbrechung der Verjährung).

2. Der Antragsteller ist, wenn er seinen Antrag schon im Vorverfahren gestellt hat, von Ort und Zeit der Hauptverhandlung zu benachrichtigen, damit er in der Hauptverhandlung erscheinen und zur Sache gehört werden kann (§ 404 Abs. 3 Satz 1. Eine Anwesenheitspflicht besteht für den Antragsberechtigten nicht (§ 404 Abs. 3 Satz 2).

3. Für die Entscheidung selbst gilt folgendes:

a) Eine Verurteilung zur Entschädigung ist davon abhängig, daß der Angeklagte einer Straftat schuldig gesprochen oder eine Maßregel der Sicherung und Besserung gegen ihn angeordnet wird und daß der Antrag begründet ist (§ 405 Satz 1). In diesem Falle ist die Entscheidung über den Entschädigungsanspruch in den Tenor des Strafurteils aufzunehmen (§ 406 Abs. 1). Die Entscheidung kann für vorläufig vollstreckbar erklärt werden (§ 406 Abs. 2). Die Urteilsformel müßte also lauten: „Der Angeklagte wird wegen Betrugs zu acht Monaten Gefängnis verurteilt. Er wird ferner zur Zahlung eines Schadensersatzes von 500,— DM an den Verletzten X verurteilt. Der Angeklagte hat die Kosten des Verfahrens zu tragen. Das Urteil ist, soweit es auf Zahlung des Schadensersatzes lautet, gegen Sicherheitsleistung in Höhe von 500,— DM vorläufig vollstreckbar."

b) Das Gericht sieht gemäß § 405 Satz 2 von der Entscheidung ab,

aa) wenn die zu a) genannten Voraussetzungen nicht gegeben sind,

bb) wenn sich der Antrag zur Erledigung im Strafverfahren nicht eignet, insbesondere wenn seine Prüfung das Verfahren verzögern würde, cc) wenn der Antrag unzulässig ist, d. h. wenn die in §§ 403, 404 bezeichneten Verfahrensvoraussetzungen nicht gegeben sind.

In diesen drei Fällen kann das „Absehen von einer Entscheidung" durch Beschluß geschehen, der in der Regel zusammen mit dem Urteil ergehen wird (§ 405 letzter Halbsatz). Dieser Beschluß steht einer weiteren Verfolgung der Schadensersatzansprüche im Zivilprozeß natürlich nicht entgegen. (Siehe Ziff. 4a.)

c) Siehe im übrigen Abs. 2, 3 und 4 des § 406.

4. Die Rechtsmittel

a) Der Antragsteller hat kein Rechtsmittel (§ 406a I). Soweit sein Anspruch nicht zuerkannt ist, kann er, wie erwähnt, anderweit geltend gemacht werden (§ 406 Abs. 3 Satz 2). Der Entschädigunsganspruch kann also im Strafverfahren nicht rechtskräftig aberkannt werden.

b) Der Angeklagte kann, soweit das Gericht dem Antrag stattgibt, die Entscheidung auch ohne den strafrechtlichen Teil des Urteils mit den sonst zulässigen Rechtsmitteln anfechten (§ 406a Abs. 2 Satz 1). In diesem Falle kann über das Rechtsmittel durch Beschluß in nicht öffentlicher Sitzung entschieden werden (§ 406a II Satz 2).

c) Wird auf ein Rechtsmittel unter Aufhebung der Verurteilung der Angeklagte einer Straftat nicht schuldig gesprochen und auch nicht eine Maßregel der Sicherung und Besserung gegen ihn angeordnet, so ist zugleich die dem Antrag stattgebende Entscheidung aufzuheben, auch wenn das Urteil insoweit nicht angefochten ist (§ 406a Abs. 3).

5. Wegen Vollstreckung vgl. § 406b und wegen Wiederaufnahme, die nur vom Angeklagten und nicht auch vom Antragsteller betrieben werden kann, siehe § 406c.

6. Verlangt der Verletzte eine Buße (gemäß §§ 188, 231 StGB), so finden die Vorschriften des Adhäsionsprozesses sinngemäße Anwendung (§ 406d Abs. 1) mit der Abweichung, daß der Antrag, falls er unzulässig oder unbegründet ist, im Urteil abgelehnt wird und somit im Falle der Rechtskraft des Urteils nicht mehr anderweitig geltend gemacht werden kann (§ 406d Abs. 2).

7. Die Kostenfrage ist in § 472a geregelt.

ZU FALL 18

A.

Vorbemerkung: Das Urteil

I. Wie kommt ein Strafurteil zustande?

1. Nach § 261 entscheidet das Gericht über das Ergebnis der Beweisaufnahme nach seiner freien, aus dem Inbegriff der Verhandlung geschöpften Überzeugung. Die Strafgerichte haben also bei Beur-

teilung der Schuld oder Nichtschuld und bei Festsetzung der Strafe nach ihrer pflichtmäßigen tatsächlichen und rechtlichen Überzeugung zu entscheiden, ohne an bestimmte Beweisregeln gebunden zu sein. Kann der Tatrichter trotz Ausnutzung der vorhandenen Beweismittel die Überzeugung von einem bestimmten Geschehnisablauf nicht gewinnen, so darf er ihn nach dem Grundsatz „in dubio pro reo" keiner dem Angeklagten ungünstigen Entscheidung zugrundelegen (BGH 10, 208). Das Revisionsgericht ist nicht befugt, dies deshalb zu beanstanden, weil nach seiner eigenen Überzeugung dieser Geschehnisablauf mit einer „an Sicherheit grenzenden Wahrscheinlichkeit" festgestellt sei (BGH a. a. O.). Ein mit der Revision angreifbarer Rechtsfehler liegt nur dann vor, wenn das Gericht zwar von der Täterschaft des Angeklagten überzeugt ist, aber dennoch freispricht mit der Begründung, es bestehe rein theoretisch die Möglichkeit, daß der tatsächliche Geschehnisablauf doch von dem abweicht, der nach der Überzeugung des Gerichts als erwiesen anzusehen ist (BGH 10, 211). Umgekehrt liegt ein mit der Revision angreifbarer Rechtsfehler auch dann vor, wenn das Urteil erkennen läßt, daß das Gericht seine eigenen Zweifel an der Richtigkeit des der Verurteilung zugrundegelegten Sachverhalts nicht überwunden hat oder daß es seine Überzeugung aus Vorgängen schöpft, die gar nicht Gegenstand der HV waren.

2. Eine Durchbrechung des Grundsatzes der freien Beweiswürdigung enthält § 190 StGB. Der Zweck dieser Bestimmung, die auf alle Tatbestände der §§ 185ff. StGB Anwendung findet, bei denen der Wahrheitsbeweis von Bedeutung ist, besteht in folgendem: Es soll verhindert werden, daß der Verdacht einer strafbaren Handlung, der bereits Gegenstand eines rechtskräftig durch Sachurteil abgeschlossenen Strafverfahrens war, im Rahmen eines neuen Verfahrens wegen Beleidigung, übler Nachrede oder Verleumdung nochmals geprüft werden kann oder muß. Es ist ein Anliegen der Rechtssicherheit und des Rechtsfriedens, daß über die gleiche Frage keine abweichenden Entscheidungen ergehen. Wegen Einzelheiten siehe Petters-Preisendanz, Strafgesetzbuch, § 190 Anm. 2 sowie BayObLG JR 60, 468.

3. Keine Durchbrechung des Grundsatzes der freien Beweiswürdigung enthalten die §§ 245a, 259 StGB. Hier handelt es sich um gesetzliche Beweisvermutungen, die im Einzelfall widerlegbar sind, dem Angeklagten jedoch — ähnlich wie im Falle des § 186 StGB bei Mißlingen des Wahrheitsbeweises — zwar keine Beweislast, wohl aber ein Beweisrisiko auferlegen. Sowohl bei § 245a StGB als auch bei § 259 StGB wird der Nachweis des Vorsatzes dadurch erleichtert, daß bei besonders belastenden Umständen, die jedem unbefangenen Betrachter im Falle des § 245a den Verwendungszweck bestimmter Sachen als Diebeswerkzeug bzw. — im Falle des § 259 — die strafbare Herkunft der Sache hätten aufdrängen müssen, von diesen Umständen auf den Vorsatz geschlossen werden kann. Einzelheiten siehe Petters-Preisendanz, Strafgesetzbuch, § 245a Anm. 4, § 259 Anm. V 1. Auch der neue § 42 m Abs. 2 StGB enthält eine solche Beweisvermutung.

4. Bezüglich der Gebundenheit des Strafrichters an frühere Urteile ergibt sich aus dem Grundsatz der freien Beweiswürdigung folgendes:

Zu früheren Strafurteilen besteht keinerlei Bindung (mit Ausnahme des oben erwähnten, in § 190 StGB geregelten Falles). Ebenso hat das Gesetz bezüglich der Frage einer Bindung an Zivilurteile in Abs. 1 des § 262 die Regel aufgestellt, daß die Entscheidung zivilrechtlicher Vorfragen Sache des Strafrichters ist. Der Strafrichter ist daher in einem Verfahren wegen Unterhaltspflichtverletzung (§ 170b StGB) nicht gehindert, das Bestehen einer Unterhaltspflicht zu verneinen, obwohl der Angeklagte im Zivilprozeß bereits rechtskräftig zur Unterhaltszahlung verurteilt worden ist (BGH 5, 106). Umgekehrt kann er die Unterhaltspflicht bejahen, obwohl der Unterhaltsanspruch rechtskräftig abgewiesen wurde (OLG Stuttgart NJW 60, 2204).

Bestritten ist, ob diese Grundsätze auch bei sog. Statusurteilen gelten, d. h. bei Urteilen, die rechtsgestaltende Wirkung haben (vgl. §§ 640, 644 ZPO). Die h. L. steht hier auf dem Standpunkt, daß solche Urteile, sofern sie vor dem Strafverfahren ergangen sind, eine Rechtslage begründet haben, die auch für den später entscheidenden Strafrichter verbindlich ist. Ist z. B. eine Ehe rechtskräftig geschieden worden, so existiert sie auch für den Strafrichter nicht mehr (vgl. Eb. Schmidt, Lehrkommentar, Teil II, § 262 Rn. 21). Entsprechendes gilt für rechtsgestaltende Verwaltungsakte (Eb. Schmidt a. a. O.).

5. Gegenstand der Urteilsfindung ist nach § 264 die in der gerichtlich zugelassenen Anklage bezeichnete Tat, wie sie sich nach dem Ergebnis der Hauptverhandlung darstellt. (Siehe hierzu Nachtrag zu Fall 5, S. 86ff.).

6. Beratung und Abstimmung finden unter Ausschluß der Öffentlichkeit statt, und zwar regelmäßig im Beratungszimmer, also räumlich außerhalb des Sitzungszimmers (siehe § 193 GVG). (NB. Abstimmungen, die nicht das Urteil selbst, sondern Fragen des dem Urteil vorangehenden Verhandlungsverfahrens betreffen, wie Beurteilung eines Beweisantrags, Verlesen von Urkunden, Aussetzung der Verhandlung usw. können in Gegenwart der Prozeßbeteiligten und Zuhörer mit leiser, für andere nicht wahrnehmbarer Stimme erfolgen, siehe E. 22, 396; 42, 85.)

7. Die Abstimmung muß sich auf folgende Punkte erstrecken:

a) auf die Frage, ob überhaupt eine Sachentscheidung ergehen darf. Hieran fehlt es, wenn eine Prozeßvoraussetzung (z. B. ein Strafantrag) fehlt oder wenn ein Prozeßhindernis vorliegt, z. B. wenn die Tat bereits verjährt ist.

b) auf die Schuldfrage, d. h. ob der Angeklagte tatbestandsmäßig, rechtswidrig und schuldhaft gehandelt hat. Auch die Prüfung der objektiven Strafbarkeitsbedingungen und der Strafausschließungs- bzw. Strafaufhebungsgründe gehört zur Schuldfrage, nicht dagegen die Rückfallsvoraussetzungen (vgl. § 263 Abs. 3) und die Strafaussetzung zur Bewährung (vgl. § 263 Abs. 4). Die Schuldfrage wird grundsätzlich nur ungeteilt zur Abstimmung gebracht. Es wird also nicht getrennt über Tatbestandsmäßigkeit, Rechtswidrigkeit und Schuld abgestimmt.

c) auf die Straffrage einschließlich etwaiger Nebenstrafen;

d) auf die Frage, ob Maßregeln der Sicherung und Besserung in Betracht kommen;

e) auf die Entschädigung des Verletzten im Adhäsionsverfahren (vgl. Nachtrag zu Fall 17);

f) auf die Kostenfrage.

8. Die zur Entscheidung berufenen Richter sind verpflichtet, sich an der Beratung und Abstimmung zu beteiligen, insbesondere darf kein Richter, falls mehrere Fragen zur Entscheidung stehen, die Abstimmung über eine Frage verweigern, weil er bei der Abstimmung über eine vorhergegangene Frage in der Minderheit geblieben ist (§ 195 GVG). Falls er z. B. die Schuldfrage verneint hat, muß er trotzdem noch zur Straffrage Stellung nehmen.

9. Beratung und Abstimmung werden vom Vorsitzenden geleitet (§ 194 GVG). Abgestimmt wird gemäß § 197 GVG in folgender Reihenfolge:

a) der Berichterstatter,

b) die ehrenamtlichen Richter; sie stimmen nach dem Lebensalter, der Jüngere vor dem Älteren,

c) die übrigen beisitzenden Berufsrichter, und zwar in der Reihenfolge nach dem Dienstalter,

d) der Vorsitzende.

Ergänzungsrichter (§ 192 Abs. 2 GVG) dürfen sich an der Beweisaufnahme beteiligen, dagegen bei der Beratung nicht zugegen sein.

10. Regelmäßig erfolgen die Entscheidungen nach der absoluten Mehrheit der Stimmen, § 196 Abs. 1 GVG.

a) Die absolute (einfache) Mehrheit bilden: im Schöffengericht, in der kl. Strafkammer und den Strafsenaten der Oberlandesgerichte (als Revisionsgerichte) zwei Richter; in der großen Strafkammer und den Strafsenaten des Bundesgerichtshofs drei Richter; im Schwurgericht fünf Richter. Beim erweiterten Schöffengericht gibt bei Stimmengleichheit die Stimme des Vorsitzenden den Ausschlag, § 196 IV.

b) Mit der absoluten (einfachen) Mehrheit wird entschieden:

aa) über die in Abschnitt 7 geannnten Fragen mit Ausnahme der Schuldfrage und Straffrage (siehe folgender Abschnitt 11);

bb) in allen das Verfahren, also nicht das Urteil selbst betreffenden Fragen, wie Verbescheidung eines Beweisantrags, Verlesung von Urkunden, Aussetzung der Verhandlung;

cc) über die Frage der Entschädigung für unschuldig erlittene Untersuchungshaft und der im Wiederaufnahmeverfahren Freigesprochenen.

dd) Daß kraft ausdrücklicher Bestimmung in § 263 Abs. 3 auch über Rückfall und Verjährung mit absoluter Mehrheit abgestimmt wird, wird oft übersehen. Werden also z. B. in der gr. StrK die Rückfallvoraussetzungen des Diebstahls von drei Richtern bejaht, während sie zwei Richter verneinen, so muß Urteil wegen Rückfalldiebstahls ergehen; ebenso muß Verurteilung erfolgen, wenn von den fünf Richtern drei die Verjährung verneinen.

ee) über Strafaussetzung zur Bewährung (§ 263 Abs. 4).

11. Über die für das Strafverfahren wichtigsten Fragen wird mit der Mehrheit von zwei Dritteln entschieden, nämlich in jeder dem Angeklagten nachteiligen Entscheidung, die die Schuldfrage, die Straffrage und die Anordnung einer Maßregel der Sicherung und Besserung betrifft (§ 263 Abs. 1).

Für das Schöffengericht, die kleine Strafkammer und das Oberlandesgericht als Revisionsgericht ist diese Vorschrift ohne Bedeutung, da bei diesen Gerichten die Zweidrittelmehrheit mit der einfachen Mehrheit zusammenfällt. Dagegen kann in der großen Strafkammer und im Bundesgerichtshof (fünf Richter) eine Verurteilung nur erfolgen, wenn vier Mitglieder, und im Schwurgericht (neun Richter), wenn sechs Mitglieder die Schuldfrage bejahen. Beim erweiterten Schöffengericht muß eine qualifizierte Mehrheit von drei Richtern zustandekommen.

12. Abstimmungsbeispiele betr. die Schuldfrage:

a) Die Putzfrau X hat ihrer Arbeitgeberin ein Kleid entwendet; Strafantrag wurde nicht gestellt. Es wird gegen die X zusammen mit anderen Anklagepunkten Anklage wegen Diebstahls (§ 242 StGB) vor dem Schöffengericht erhoben. Richter A ist der Ansicht, daß die Angeklagte X sich als Gesinde in der häuslichen Gemeinschaft befunden habe und daß der Wert des Kleides gering war; er stimmt daher für Einstellung mangels Strafantrags (§§ 247 I StGB, 260 III StPO). Richter B verneint das Tatbestandsmerkmal „häusliche Gemeinschaft". Richter C verneint die Geringwertigkeit. Die Angeklagte muß wegen Diebstahls nach § 242 verurteilt werden, da zwei Richter die Voraussetzungen des § 247 StGB, wenn auch aus verschiedenen Gründen, verneint und damit diejenigen des § 242 bejaht haben.

b) In einem Strafverfahren vor dem Schöffengericht wegen gefährlicher Körperverletzung hält der Richter A die Täterschaft nicht für erwiesen, während der Richter B Notwehr für vorliegend erachtet und der Richter C die Zurechnungsfähigkeit des Angeklagten verneint. Bei einer Abstimmung nach Teilen müßte der Angeklagte verurteilt werden (während doch jeder der drei Richter seine Freisprechung wünscht), denn die Täterschaft wird mit Zweidrittelmehrheit bejaht, ebenso die Zurechnungsfähigkeit, während die Notwehr mit Zweidrittelmehrheit verneint wird. Der Angeklagte ist aber freizusprechen, da sich keine Zweidrittelmehrheit für eine Bejahung der Schuldfrage ergeben hat.

13. Die Straffrage betrifft auch die Fragen, ob und auf welche Nebenstrafen zu erkennen ist, ob mildernde Umstände zuzubilligen sind, ob ein besonders schwerer Fall i. S. des § 263 Abs. 4 oder des § 266 Abs. 2 StGB vorliegt, ob bei Jugendlichen von Strafe abzusehen ist und schließlich ob die erlittene Untersuchungshaft anzurechnen ist. (Mildernde Umstände können also in der gr. StrK. nur dann abgelehnt werden, wenn mindestens vier Richter dagegen sind; stimmen zwei Richter für mildernde Umstände, dann müssen sie zugebilligt werden.)

Bei der Abstimmung über die Strafbemessung ist noch folgendes zu beachten:

a) Bilden sich zwei Meinungen, ohne daß eine die erforderliche Mehrheit für sich hat, so gilt die mildere Meinung (196 III S. 2 GVG).

Beispiel: In der großen Strafkammer stimmen die Richter A, B und C für sechs Monate Gefängnis und die Richter D und E für vier Monate Gefängnis. Es ist auf vier Monate zu erkennen. (NB. Ist das Gericht mit drei Richtern besetzt, dann hat bei zwei Meinungen immer eine die erforderliche Mehrheit.)

b) Bilden sich mehr als zwei Meinungen, von denen keine die erforderliche Mehrheit für sich hat, so werden die dem Beschuldigten nachteiligsten Stimmen den zunächst minder nachteiligen Stimmen so lange hinzugerechnet, bis sich die erforderliche Mehrheit ergibt (§ 196 III Satz 1.)

Beispiel: In der großen Strafkammer stimmt der Richter A für fünf Jahre, der Richter B für vier Jahre, der Richter C für drei Jahre, der Richter D für zwei Jahre und der Richter E für ein Jahr Zuchthaus. Es ist auf zwei Jahre Zuchthaus zu erkennen. (NB. § 196 Abs. 2 kommt in Frage bei Strafsachen, in welchen auf Buße erkannt werden kann, sowie beim Verfahren nach §§ 403 ff.)

14. Über Beratung und Abstimmung haben alle Beteiligten Stillschweigen zu bewahren. Dies ergibt sich für die Berufsrichter aus § 43 DRiG, für die Laienrichter aus § 45 Abs. 3 DRiG. Aus dem Beratungsgeheimnis folgt, daß es prozessual grundsätzlich unzulässig ist, einen Richter über die Vorgänge bei der Beratung als Zeugen zu vernehmen (E. 26, 202; 36, 371; 61, 217). Der Richter kann nicht zur Aussage gezwungen werden. Dies hindert ihn jedoch nicht, sich freiwillig als Zeuge zur Verfügung zu stellen, wenn die Frage zu klären ist, ob einer der beteiligten Richter sich bei der Beratung einer strafbaren Handlung (z. B. Rechtsbeugung, Amtsbegünstigung) schuldig gemacht hat (vgl. Schwarz-Kleinknecht, § 43 DRiG Anm. 3 B).

II. Die Verkündung des Urteils, § 268

1. Die Verkündung des Urteils, das im Namen des Volkes ergeht (§ 268 I), besteht aus:

a) der Verlesung der Urteilsformel (sie muß also vor Verkündung des Urteils niedergeschrieben werden),

b) der Eröffnung der Urteilsgründe, § 268 Abs. 2.

2. Die Verkündung erfolgt (§ 268 II):

a) entweder am Schluß der Verhandlung (das ist die Regel),

b) oder spätestens am vierten Tage nach dem Schluß der Verhandlung.

Dieser Vorschrift liegt der Gedanke zugrunde, daß Beratung und Entscheidung unter dem frischen Eindruck der Verhandlung stehen sollen. Andererseits ist es in größeren Verfahren oft kaum möglich, innerhalb von 3 bzw. 4 Tagen nach Schluß der Verhandlung ein allseits befriedigendes Urteil zu finden. Rechtsprechung und Schrifttum haben sich daher überwiegend auf den Standpunkt gestellt, daß § 268 Abs. 2 Satz 1 nur eine Sollvorschrift enthält. Hieraus folgt (entgegen der noch in der Vorauflage vertretenen, strengeren Ansicht): Wird die 4-Tagefrist des § 268 Abs. 2 Satz 1 überschritten, das Urteil aber noch innerhalb der (zwingenden!) Frist des § 229, d. h. spätestens am 11. Tag nach Schluß der Verhandlung verkündet, so bedeutet dies keinen Verfahrensfehler, auf den die Revision gestützt werden könnte (vgl. BGH 9, 302; Eb. Schmidt, Lehrkommentar, Teil II § 268 Rn. 15; Schwarz-Kleinknecht § 268 Anm. 2).

3. Auf dem gleichen Grundgedanken beruht die weitere Vorschrift des § 268 Abs. 3, daß nämlich im Falle der Aussetzung der Verkündung die Urteilsgründe schon vor der Verkündung schriftlich niedergelegt sein sollen. Auch mit dieser Vorschrift soll eine Sicherheit dafür geschaffen werden, daß die schriftlichen Urteilsgründe (dazu gehört auch die Unterschrift sämtlicher Berufsrichter, welche bei der Entscheidung mitgewirkt haben) unter dem frischen Eindruck der mündlichen Verhandlung festgestellt werden. Diese Vorschrift ist aber ebenfalls nur eine Sollvorschrift. Dasselbe gilt für § 275 Abs. 1, wonach das verkündete Urteil mit den Gründen binnen einer Woche nach der Verkündung zu den Akten zu bringen ist (BGH JZ 53, 284).

4. Lange streitig war die Frage, ob ein Amtsrichter gegen das Gesetz verstößt, wenn er die Urteilsformel während der Schlußvorträge niederschreibt. Der Bundesgerichtshof hat sich hierzu in BGH 11, 74 (79) wie folgt geäußert: „Der Einzelrichter berät nur mit sich selbst. Bei ihm ist im Gegensatz zum Kollegialgericht die Beratung ein Vorgang, der sich im Innern eines einzelnen Menschen abspielt. Er bedeutet im Gegensatz zur Beratung des Kollegialgerichts, daß der Richter nicht mit anderen berät, sondern bei sich überlegt, wie zu entscheiden ist. Mit vorbereitenden Überlegungen hierzu beginnt ein Richter in aller Regel nicht erst nach dem Schlußwort des Angeklagten, sondern schon vorher. Die Beratung des Einzelrichters ist im Grunde genommen nur eine unmittelbare Fortsetzung dieser Überlegungen. Sie endet in dem Augenblick, in dem der Richter seine Überlegungen abschließt, d.h. sich endgültig entscheidet. Hierzu kann es nach dem Schlußwort des Angeklagten längerer Überlegungen bedürfen. Es gibt aber auch Fälle, die so klar liegen, daß Sekunden genügen. Die so geartete Beratung des Einzelrichters kann zwar äußerlich in Erscheinung treten, braucht dies aber nicht unbedingt zu tun. Es gibt weder

ein Gesetz noch einen Rechtsgrundsatz des Inhalts, daß der Einzelrichter nach dem Schlußwort des Angeklagten Vorkehrungen treffen muß, die äußerlich erkennbar machen, daß er noch überlegt." Der BGH kommt nach diesen Ausführungen zu dem Ergebnis, daß das Niederschreiben des Urteilstenors vor Beendigung der Schlußvorträge für sich allein weder einen Verstoß gegen § 261 StPO noch gegen Art. 103 I GG darstellt.

III. Das Urteil besteht aus vier Teilen:

1. dem sog. Rubrum: Bezeichnung der Strafsache (Namen des Angeklagten und Bezeichnung der Tat), Bezeichnung des Tages der Sitzung, Namen der Richter, der Geschworenen, der Schöffen, des Staatsanwalts, des Verteidigers und des Urkundsbeamten, § 275 Abs. 3,

2. der Urteilsformel (Tenor), § 260,

3. den Urteilsgründen, § 267,

4. den Unterschriften, § 275 Abs. 2.

IV. Die Urteilsformel (der Tenor) enthält den entscheidenden Teil des Urteils. Eine gesetzliche Vorschrift über ihren Inhalt gibt es, abgesehen von der allgemeinen Bestimmung des § 260, nicht.

1. Die Urteilsformel muß, da sie allein die maßgebende Entscheidung enthält, aus sich selbst heraus verständlich sein und keiner Ergänzung aus den Gründen bedürfen, zumal gemäß § 451 eine beglaubigte Abschrift der Urteilsformel die Grundlage der Strafvollstreckung bildet.

2. Wird der Angeklagte wegen mehrerer tateinheitlich i. S. des § 73 StGB zusammentreffender Straftaten verurteilt, so muß der Urteilstenor die sämtlichen Straftaten enthalten wie beim Vorliegen von Tatmehrheit i. S. des § 74 StGB. Nimmt das Gericht entgegen der Würdigung im Eröffnungsbeschluß eine von mehreren tateinheitlich zusammentreffenden Straftaten nicht für erwiesen an, so darf hinsichtlich dieser Straftat nicht Freisprechung erfolgen. Ist bei tateinheitlich zusammentreffenden Straftaten die eine nicht nachweisbar und die andere verjährt, so ist auf Freisprechung zu erkennen, nicht auf Einstellung. Siehe hierzu ausführlich E. 66, 51 sowie Fall 7 Abschn. B II 2, S. 113 m. weit. Nachweisen.

V. Die Urteilsgründe müssen nach § 267 enthalten:

1. den als erwiesen angesehenen Sachverhalt, aus dem sich die gesetzlichen Tatbestandsmerkmale ergeben (Abs. 1 Satz 1).

a) Der festgestellte Sachverhalt muß so eindeutig dargestellt werden, daß er die Verurteilung nicht nur hinsichtlich der objektiven, sondern auch hinsichtlich der subjektiven Tatseite trägt. Bei einer Verurteilung wegen Kreditbetrugs beispielsweise ist auszuführen, daß der Angeklagte wußte, zumindest damit rechnete, er würde seinen Rückzahlungsverpflichtungen nicht nachkommen können, daß er sich aber dennoch zur Aufnahme des Kredits entschloß, obwohl er sich darüber im klaren war, daß er bei pflichtgemäßer Offenbarung seiner schlechten Vermögenslage keinen Kredit erhalten hätte.

b) Im Falle einer sog. Wahlfeststellung muß das Gericht sämtliche Möglichkeiten darlegen, die seiner Überzeugung nach in Betracht kommen. Eine eindeutige Feststellung der Tat ist in diesem Fall nicht möglich. Man spricht daher besser nicht von „Wahlfeststellung", sondern von wahldeutiger oder doppeldeutiger Tatfeststellung. Über deren Zulässigkeit siehe ausführlich Petters-Preisendanz, Strafgesetzbuch, Anm. zu § 2b.

c) Die Sachverhaltsdarstellung darf keine abstrakten Rechtsbegriffe enthalten, sondern hat sich auf die festgestellten Tatsachen zu beschränken, aus denen sich die Verwirklichung des gesetzlichen Tatbestands ergibt. Bei einer Verurteilung wegen Straßenverkehrsgefährdung gemäß § 315c Abs. 1 Nr. 2a StGB wäre es z. B. falsch, bei der Sachverhaltsschilderung folgende Formulierung zu wählen: „Bei Überqueren der gleichberechtigten Rathausstraße nahm der Angeklagte dem mit seinem PKW von rechts kommenden Zeugen X grob verkehrswidrig und rücksichtslos die Vorfahrt, was zur Folge hatte, daß beide Fahrzeuge zusammenstießen und beschädigt wurden". Die gesetzlichen Tatbestandsmerkmale „grob verkehrswidrig" und „rücksichtslos" sind Rechtsbegriffe, die in der Sachverhaltsschilderung nichts verloren haben, sondern sich aus dieser schlüssig ergeben müssen. Der Richter muß den Sachverhalt so schildern, daß erkennbar ist, warum die Fahrweise des Angeklagten grob verkehrswidrig und rücksichtslos erscheint. Dies könnte er etwa wie folgt zum Ausdruck bringen: „Der Angeklagte überquerte die gleichberechtigte Rathausstraße mit einer Geschwindigkeit von ca. 50 km/h, obwohl er erkannte, daß der von rechts mit seinem PKW kommende Zeuge X, der eine Geschwindigkeit von ca. 30 km/h einhielt, sich bereits auf etwa 10 m der Kreuzung genähert hatte. Er erkannte auch die Gefährlichkeit seiner Fahrweise, verdrängte aber die bei ihm aufkommenden Bedenken, da er den Anfang einer bestimmten Fernsehsendung unter keinen Umständen versäumen und daher rechtzeitig zu Hause sein wollte. Dies hatte zur Folge, daß ..."

2. die sog. Beweiswürdigung. In diesem Abschnitt des Urteils legt der Richter dar, welche Beweismittel und Erwägungen ihn dazu bewogen haben, den festgestellten Sachverhalt als erwiesen anzusehen. Einer ausführlichen Beweiswürdigung bedarf es insbesondere dann, wenn der Angeklagte die ihm zur Last gelegte Tat bestreitet. Ist der Angeklagte geständig, so hat der Richter darzulegen, daß er das Geständnis für glaubhaft hält. § 267 Abs. 1 Satz 2 befaßt sich mit dem Indizienbeweis. Ein Indizienbeweis ist dann erforderlich, wenn ein direkter Beweis nicht geführt werden kann, d. h. wenn die Tatsachen, aus denen sich die gesetzlichen Merkmale einer strafbaren Handlung ergeben (sog. Haupttatsachen) nicht unmittelbar bewiesen werden können, sondern nur mit Hilfe von anderen Tatsachen (sog. Hilfstatsachen). Beide Arten des Beweises stehen prozessual gleichberechtigt nebeneinander und werden oft miteinander verbunden. Die Beweismittel sind dabei die gleichen. Es wäre daher völlig verfehlt (dieser Fehler wird aber im Examen immer wieder gemacht!), den

Indizienbeweis begrifflich dem Zeugenbeweis gegenüberzustellen. Beispiel: Dem Angeklagten wird zur Last gelegt, er habe einen PKW entwendet. Er bestreitet den ihm zur Last gelegten Diebstahl. Gelingt es, einen Zeugen zu ermitteln, der gesehen hat, wie der Angeklagte den PKW aufgebrochen, kurzgeschlossen und weggefahren hat, so ist das Tb.-Merkmal „wegnehmen" in § 242 StGB im Wege des direkten Beweises bewiesen. Kann der Zeuge dagegen nur bekunden, daß er den Angeklagten kurz nach der Tat am Steuer des gestohlenen PKW gesehen hat, so käme ein Indizienbeweis in Betracht. In beiden Fällen aber handelt es sich, vom Beweismittel her gesehen, um einen Zeugenbeweis.

3. die sog. rechtliche Würdigung. In diesem Abschnitt des Urteils legt der Richter dar, unter welchem gesetzlichen Tatbestand der von ihm als erwiesen angesehene Sachverhalt zu „subsumieren", d. h. einzuordnen ist (vgl. § 267 Abs. 3, S. 1, 1. Halbsatz). So hat der Richter z. B. bei einem Autodiebstahl auszuführen, daß der Angeklagte dadurch, daß er den PKW des X aufbrach, kurzschloß und wegfuhr in der Absicht, das Fahrzeug nach Gebrauch irgendwo seinem Schicksal zu überlassen, eine fremde bewegliche Sache weggenommen hat, in der Absicht, dieselbe sich rechtswidrig zuzueignen. Er hat weiter auszuführen, daß die Tat ein Vergehen gemäß § 242 StGB darstellt.

4. die Strafzumessungsgründe (vgl. § 267 Abs. 3, S. 1, 2. Halbsatz). Hierbei sind alle Umstände des Einzelfalls sowohl hinsichtlich der Bedeutung der Tat als auch hinsichtlich der Schuld des Täters ausführlich zu erörtern und zu würdigen, insbesondere

a) die persönlichen Verhältnisse des Angeklagten (Elternhaus, Ausbildung, häusliche Verhältnisse, Einkommens- und Vermögensverhältnisse, Vorstrafen);

b) der objektive Unrechtsgehalt der Tat (Folgen der Tat für den Verletzten, Höhe des Schadens);

c) die Intensität des verbrecherischen Willens bei der Tatausführung;

d) generalpräventive Erwägungen;

e) die innere Einstellung des Täters nach der Tat (z. B. Reue, Geständnisfreudigkeit, Bereitschaft, den Schaden wieder gutzumachen).

5. Als rechtsirrig werden in der Rspr. folgende Strafzumessungsgründe angesehen:

a) strafschärfende oder strafmildernde Berücksichtigung von Umständen, die zum gesetzlichen Tb. gehören oder den Grundgedanken des Gesetzes bilden. So wäre es unzulässig, bei fahrlässiger Tötung strafschärfend zu berücksichtigen, daß der Angeklagte durch sein Verhalten ein blühendes Menschenleben vernichtet hat (E. 57, 379).

b) die Erwägung des Tatrichters, er hätte dieselbe Strafe auch dann ausgesprochen, wenn der Entscheidung ein in tatsächlicher oder rechtlicher Beziehung abweichender Sachverhalt zugrunde zu legen wäre. Die Strafe kann sich nämlich nur — abgesehen von den Fällen zulässiger Wahlfeststellung, für die besondere Grundsätze gelten — auf ein in tatsächlicher und rechtlicher Beziehung eindeutig festgelegtes Verhalten beziehen (vgl. E. 71, 104; BGH 7, 359). Derartige unzulässige Hilfserwägungen können zwar für sich allein nicht zur Aufhebung des Urteils führen, wenn das Revisionsgericht die Rechtsansicht des Tatrichters teilt; sie können aber andererseits nicht hindern, daß das Urteil aufgehoben und die Sache zurückverwiesen wird, wenn das Revisionsgericht die Sach- und Rechtslage für gegeben hält, für die die Hilfserwägung gelten soll (BGH 7, 359).

c) strafschärfende Berücksichtigung des Umstands, daß ein Angeklagter, der von seinem Recht, die Tat zu bestreiten, Gebrauch macht, sich weigert, den durch die Tat verursachten Schaden wiedergutzumachen.

6. Besondere Ausführungen in den Urteilsgründen sind erforderlich:

a) wenn in der Verhandlung Umstände behauptet werden, die

aa) die Strafbarkeit ausschließen. Hierher gehören nicht nur die Strafausschließungsgründe i. e. S. (z. B. die Ehegatteneigenschaft bei § 247 Abs. 2 StGB), sondern auch alle Rechtfertigungs-, Schuldausschließungs- und Strafaufhebungsgründe.

bb) die Strafbarkeit vermindern, z. B. die Notlage in §§ 248a, 264a StGB, die besonderen Situationen der §§ 157, 158, 213, 216, 217 StGB oder verminderte Zurechnungsfähigkeit gemäß § 51 Abs. 2 StGB;

cc) die Strafbarkeit erhöhen, z. B. die Rückfallsvoraussetzungen in §§ 244, 261, 264 StGB, die Gewerbsmäßigkeit in § 260 StGB oder die Eigenschaft als gefährlicher Gewohnheitsverbrecher gemäß § 20a StGB.

Werden solche Umstände behauptet, so müssen sich gemäß § 267 Abs. 2 die Urteilsgründe darüber aussprechen, ob diese Umstände für festgestellt oder für nicht festgestellt erachtet werden.

b) wenn das Gesetz bei Vorliegen mildernder Umstände die Möglichkeit einer Strafmilderung vorsieht und das Gericht entweder mildernde Umstände annimmt oder entgegen einem in der HV gestellten Antrag verneint. In diesem Fall gelten die Ausführungen zu a) entsprechend (vgl. § 267 Abs. 3 S. 2).

c) wenn die Strafe gemäß § 23 StGB zur Bewährung ausgesetzt oder entgegen einem in der HV gestellten Antrag nicht zur Bewährung ausgesetzt wird (§ 267 Abs. 3 S. 3);

d) wenn das Gericht von Strafe absieht oder entgegen einem in der HV gestellten Antrag nicht von Strafe absieht (§ 267 Abs. 3 S. 3). Hierher gehören u. a. die Fälle der §§ 157, 158, 199, 233 StGB.

e) wenn eine Maßregel der Sicherung und Besserung angeordnet oder entgegen einem in der HV gestellten Antrag oder entgegen der gesetzlichen Regel des § 42m Abs. 2 StGB nicht angeordnet wird (§ 267 Abs. 6).

7. Bei allseitigem, vor Ablauf der RM-Frist erklärtem Rechtsmittelverzicht kann das Urteil in abgekürzter Form abgefaßt werden (§ 267 Abs. 4).

8. Bei einem Freispruch müssen die Urteilsgründe erkennen lassen, ob der Freispruch aus tatsächlichen oder rechtlichen Gründen erfolgt (§ 267 Abs. 5).

9. Ein mit der Revision angreifbarer Rechtsfehler liegt vor,

a) wenn das Urteil keine Entscheidungsgründe enthält (§ 338 Nr. 7),

b) wenn die Urteilsgründe so mangelhaft sind, daß sie entweder den festgestellten Sachverhalt nicht erkennen lassen oder dieser so mangelhaft dargestellt ist, daß er die Verurteilung nicht zu tragen vermag,

c) wenn die Entscheidungsgründe Widersprüche oder Denkfehler enthalten,

d) wenn die gesetzlich erforderlichen besonderen Ausführungen über Zubilligung mildernder Umstände, über Strafaussetzung zur Bewährung usw. fehlen (s. o. Abschnitt 6),

e) wenn die Strafzumessungsgründe so mangelhaft sind, daß sie nicht erkennen lassen, ob der Richter wesentliche Gesichtspunkte, die sich aus dem festgestellten Sachverhalt ergeben, entsprechend ihrer Bedeutung gewürdigt hat (vgl. BGH NJW 60, 1869).

VI. Die Unterschriften, § 275 Abs. 2

Unterschreiben müssen sämtliche Berufsrichter, die bei der Entscheidung mitgewirkt haben, wodurch dokumentiert werden soll, daß die in dem Urteil niedergelegten Gründe diejenigen sind, auf welche das Gericht die Entscheidung gestützt hat (E. 23, 261). Ist ein Richter verhindert (z. B. infolge eines inzwischen angetretenen Urlaubs), so vermerkt dies der Vorsitzende unter dem Urteil unter Angabe des Verhinderungsgrundes.

VII. Berichtigung und Änderung eines Strafurteils

1. Berichtigung oder Änderung der Urteilsformel.

a) Urteilsformel und Urteilsgründe bilden, wie oben erwähnt, ein Ganzes. Die Verkündung des Urteils ist also erst mit dem Zeitpunkt vollendet, in dem die vorgeschriebene Mitteilung beider Urteilsteile — der Formel und der Gründe — beendet ist. Bis zu diesem Zeitpunkt ist das Gericht an die von ihm beschlossene Entscheidung noch nicht gebunden; es ist vielmehr jederzeit in der Lage, auch noch nach Verlesung der Urteilsformel und während der Eröffnung der Urteilsgründe mit der weiteren Verkündung innezuhalten und nochmals in die Verhandlung und Beweisaufnahme einzutreten (E. 57, 142) oder, wenn sich hierzu ein Anlaß gibt, die Urteilsformel zu ändern (E. 61, 390).

b) Ist die Verkündung des Urteils nebst Gründen beendet, so ist die Hauptverhandlung gemäß § 260 zu schließen; eine Abänderung oder Ergänzung der Urteilsformel durch nachträgliche Verkündung oder in einem späteren Termin ist dann nicht mehr möglich (vgl. E. 61 391, wo die in E. 15, 271 vertretene gegenteilige Ansicht aufgegeben wird). Eine interessante Durchbrechung dieses Grundsatzes findet sich in BGH 5, 6: In dieser Entscheidung hatte sich der BGH mit einem Revisionsurteil des OLG München zu befassen, das versehentlich bei der mündlichen Urteilsverkündung die Revision des Angeklagten verworfen hatte, obwohl es ihr an sich stattgeben wollte, was aus den Urteilsgründen auch klar zu erkennen war. Der Urteilstenor wurde zwei Tage später, noch vor der Zustellung des Urteils an die Beteiligten, durch Beschluß berichtigt. Der BGH stellte (a. a. O. 8) zunächst klar, daß der Urteilstenor nur in ganz wenigen Ausnahmefällen noch nachträglich berichtigt werden kann, kam dann aber doch zu dem Ergebnis, daß in dem zur Entscheidung stehenden Fall die Berichtigung zulässig war. Er wollte offensichtlich vermeiden, daß der Angeklagte durch ein reines Verkündigungsversehen in seinen Rechten unanfechtbar benachteiligt wurde. Es sei dem Betroffenen nicht zuzumuten, dort, wo er Recht fordern kann, um Gnade zu bitten. Alle Senate des BGH hatten zuvor auf Anfrage der Entscheidung zugestimmt. Es wäre jedoch verfehlt, ihren Inhalt auch auf anfechtbare Urteile zu übertragen.

2. Berichtigung oder Änderung der Urteilsgründe

a) Eine Abänderung der Urteilsgründe (auch sachlicher Art) ist so lange zulässig, als ihre Feststellung eine innere Angelegenheit des Gerichts geblieben und das Urteil noch nicht zur Kenntnisnahme durch irgendeine außerhalb des Gerichts stehende Person bestimmt war. (Siehe hierzu E. 54, 21.)

b) Nachträgliche Änderungen in den Urteilsgründen sind grundsätzlich unzulässig.

3. Von diesen zu 1 und 2 erörterten Grundsätzen hat die Praxis eine unbedingt notwendige Ausnahme zugelassen. Eine Berichtigung des Urteils ist dann zulässig, wenn dem Gericht bei der Abfassung offenbare Schreibfehler, Rechenfehler oder ähnliche äußere Unstimmigkeiten unterlaufen sind. Diese müssen allerdings ohne weiteres als solche erkennbar sein (E. 61, 391; BGH 2, 248, 7, 75; 12, 374). Sachliche Änderungen sind unzulässig und daher unwirksam. Sie haben darüber hinaus zur Folge, daß unklar wird, welche Tatsachen nunmehr als festgestellt gelten sollen, denn die bisherige Fassung des Urteils wird ja nach dem (unzulässigen) Berichtigungsbeschluß durch die Unterschrift des Gerichts nicht mehr gedeckt. Diese Unklarheit im Urteil kann zur Aufhebung des Urteils führen, da das Revisionsgericht die entstandenen Lücken in den Feststellungen nicht schließen kann (BGH 7, 77). Nachträgliche Berichtigungen des Urteils sind — soweit überhaupt zulässig — durch Beschluß vorzunehmen. Der Beschluß ist von allen Richtern zu unterschreiben (siehe hierzu E. 28, 57; 61, 392) und den Beteiligten zuzustellen. Werden durch die Berichtigung die Gründe eines der Revision unterliegenden Urteils ergänzt, so wird die Frist zur Begründung der Revision erst durch die Zustellung des Berichtigungsbeschlusses in Lauf gesetzt (BGH 12, 374).

(Wegen der Möglichkeit nachträglicher Berichtigungen und Ergänzungen des Protokolls s. Fall 5, Abschn. A I 5c, S. 80.)

VIII. Wiederherstellung eines Urteils

Bei Aktenverlust können sowohl die Urteilsformel als auch die Urteilsgründe wiederhergestellt werden. Ein solches rekonstruiertes Urteil ist, falls nach den dienstlichen Äußerungen der richterlichen Mitglieder des erkennenden Gerichts die neue Urschrift mit der früheren Urschrift (das gilt vor allem für die Urteilsformel) übereinstimmt, der früheren Urschrift in jeder Beziehung gleich. (Siehe Alsberg, Strafprozessuale Entscheidungen der Oberlandesgerichte Bd. 2 S. 133.)

B.

Lösung des Falles

I. Die Entscheidung der Strafkammer

1. Die in den Urteilsgründen des Landgerichts vertretene, noch in der Vorauflage gebilligte Ansicht, als Verurteilter sei immer der anzusehen, der vor Gericht gestanden hat oder gegen den sich das in seiner Abwesenheit geführte Verfahren gerichtet hat, kann in dieser Formulierung nicht als richtig angesehen werden. Verurteilt ist vielmehr immer nur die Person, die in Anklage, Eröffnungsbeschluß und Urteil tatsächlich gemeint ist, und zwar ohne Rücksicht darauf, ob die tatsächlich gemeinte Person mit der Person, auf die der angegebene Name hinweist, identisch ist (vgl. Eb. Schmidt Teil I, Rn. 290, 293, 294). Im vorliegenden Fall ist daher als Verurteilter nicht der wahre Weltz, sondern der Pseudo-Weltz anzusehen. Nur er wurde zur Hauptverhandlung geladen; nur er kann als der angesehen werden, der in Anklage, Eröffnungsbeschluß und Urteil gemeint war.

2. Geht man davon aus, daß nicht der wahre Weltz, sondern der Pseudo-Weltz der Verurteilte ist, so muß der wahre Weltz nach Aufdeckung des Irrtums keinen Freispruch, sondern lediglich eine Berichtigung des Urteils anstreben, in dem er nur versehentlich als Verurteilter bezeichnet worden ist.

a) Eine Berichtigung der Urteilsformel ist in der StPO an sich nicht vorgesehen. In analoger Anwendung von § 319 Abs. 1 ZPO wird es jedoch allgemein als zulässig angesehen, offensichtliche Verkündungsversehen im Wege der Berichtigung durch Beschluß zu korrigieren. Ein solcher Fall liegt hier nicht vor. Von einem Verkündungsversehen kann nur dort gesprochen werden, wo der Urteilstenor nicht den Gedanken zum Ausdruck bringt, den das Gericht zum Ausdruck bringen wollte. Dies gilt vor allem für Schreibfehler (vgl. BGH 3, 245; 5, 5; BVerfGer 9, 235; Schwarz-Kleinknecht § 260 Anm. 2). So bestünden keine Bedenken, den Namen des Verurteilten zu ändern, wenn dieser nur falsch geschrieben worden wäre, z. B. wenn Weltz versehentlich ohne „t" geschrieben worden wäre. Sachliche Änderungen des Urteils sind dagegen unzulässig und für den Fall, daß sie gleichwohl vorgenommen werden, unwirksam.

b) Im vorliegenden Fall kann man zwar, wie dargelegt, nicht von einem offensichtlichen Verkündungsversehen oder einem Schreibfehler sprechen. Andererseits handelt es sich auch um keine sachliche Änderung des Urteils, wenn das Gericht nachträglich feststellt, daß der Verurteilte mit dem Träger des im Urteil bezeichneten Namens nicht identisch ist. Das Gericht darf in seiner Möglichkeit, den Tenor zu berichtigen, nicht auf offensichtliche Schreibfehler und auf mangelnden Ausdruck des erkennbar Gewollten beschränkt werden; es muß vielmehr auch das Recht haben, offenbare Unstimmigkeiten anderer Art zu berichtigen, sofern dadurch die Rechtsstellung des wahren Verurteilten nicht beeinträchtigt wird (vgl. OLG Darmstadt bei Alsberg Bd. 2, S. 131). Da die Rechtsstellung des Pseudo-Weltz durch die Berichtigung des Urteilstenors in keiner Weise beeinträchtigt wird, andererseits aber der wahre Träger des Namens Weltz ein verständliches Interesse an der Berichtigung des gegen ihn lautenden Urteils hat, bestehen rechtlich keine Bedenken, das Urteil in der Weise zu berichtigen, daß festgestellt wird, daß der Verurteilte mit dem Träger des Namens Weltz nicht identisch ist.

c) Geht man entsprechend den bisherigen Ausführungen davon aus, daß einerseits eine Berufung des wahren Weltz weder erforderlich noch zulässig ist, da das Verfahren sich nicht gegen ihn gerichtet hat, andererseits einer Berichtigung des Urteilstenors in der unter b) angedeuteten Weise rechtlich nichts entgegensteht, so bleibt nur noch zu klären, ob die Berichtigung durch Beschluß des Amtsgerichts zu erfolgen hat (so Eb. Schmidt Teil I Rn. 294) oder ob es hierzu einer Entscheidung des Berufungsgerichts bedarf (so die Vorauflage). Der erstgenannte Weg ist zweifellos der einfachere. Eine Entscheidung des Rechtsmittelgerichts wird — wie auch in den sonstigen Fällen der Urteilsberichtigung — erst erforderlich, wenn dem Antrag auf Berichtigung nicht stattgegeben wird. Folgt man dieser Ansicht, so hätte das Landgericht die Berufung des Weltz entweder in analoger Anwendung von § 300 als Antrag auf Urteilsberichtigung behandeln oder aber Weltz nach Belehrung über die Rechtslage nahelegen müssen, seine Berufung zurückzunehmen und anstattdessen beim Amtsgericht Antrag auf Berichtigung des Urteils zu stellen. Keinesfalls jedoch durfte Weltz — wie geschehen — freigesprochen werden. Freigesprochen werden kann nur der, gegen den sich das Verfahren richtet. Dies war, wie dargelegt, nicht der wahre Weltz, sondern der Pseudo-Weltz.

3. Nach erfolgter Berichtigung des Urteils ist das Verfahren gegen den Pseudo-Weltz fortzusetzen. Einer neuen Anklage bedarf es ebensowenig wie einer neuen Hauptverhandlung. Da der Pseudo-Weltz, wie dargelegt, bereits verurteilt ist, muß ihm das Urteil — sofern es gelingt, seine neue Anschrift zu ermitteln — nur noch zugestellt werden.

II. Welche Wirkungen hätte das Urteil des Amtsgerichts gehabt, wenn es rechtskräftig geworden wäre?

1. Vorbemerkung: Die formelle Rechtskraft und ihre Wirkungen

a) Ein Urteil wird rechtskräftig, wenn es mit den ordentlichen Rechtsmitteln (Berufung, Revision) nicht mehr anfechtbar ist. Diese sog. **formelle Rechtskraft** tritt ein:

aa) bei Urteilen des Bundesgerichtshofs und der Oberlandesgerichte, gegen die das Gesetz keine Rechtsmittel vorsieht, mit der Verkündung,

bb) bei allen übrigen Urteilen (Urteile des Amtsrichters, des Schöffengerichts, der Strafkammern und des Schwurgerichts) entweder

α) durch allseitigen Rechtsmittelverzicht oder

β) durch Rücknahme des eingelegten Rechtsmittels oder

γ) durch ungenutzten Ablauf der Rechtsmittelfrist oder

δ) durch rechtskräftige Verwerfung des Rechtsmittels.

b) Von **absoluter Rechtskraft** spricht man, wenn das Urteil von keinem Anfechtungsberechtigten mehr angefochten werden kann. Ist das Urteil nur für einen von mehreren Anfechtungsberechtigten unanfechtbar geworden, so spricht man von **relativer Rechtskraft.**

aa) Die absolute Rechtskraft hat folgende Wirkungen:

α) Die Strafklage ist verbraucht („ne bis in idem"). Siehe hierzu ausführlich Fall 12 Abschn. A, S. 153ff.

β) Das Urteil wird zur Grundlage der Strafvollstreckung. Siehe hierzu §§ 449ff.

bb) Von den Auswirkungen der relativen Rechtskraft sind hervorzuheben:

α) Hat nur der Angeklagte (bzw. sein Verteidiger oder gesetzlicher Vertreter) oder die StA zu seinen Gunsten Rechtsmittel eingelegt, so gilt das Verbot der reformatio in peius. Siehe hierzu §§ 331 Abs. 1, 358 Abs. 2 sowie Nachtrag zu Fall 6.

β) Hat nur die StA Rechtsmittel eingelegt, so kann die angefochtene Entscheidung auch zugunsten des Angeklagten abgeändert werden (vgl. § 301).

γ) Wurde dem in Untersuchungshaft befindlichen Angeklagten im Urteil gemäß § 60 StGB die U-Haft auf die erkannte Strafe angerechnet, so wird ihm die nach Erlaß des Urteils verbüßte weitere Haft nur von dem Tage an angerechnet, an dem er auf Rechtsmittel verzichtet oder das eingelegte Rechtsmittel zurückgenommen hat oder an dem das Urteil infolge Ablaufs der Rechtsmittelfrist rechtskräftig geworden ist (vgl. § 450 Abs. 1).

2. Der vorliegende Fall:

a) Der richtige Weltz kann ebenso wie im Falle der Frage I Antrag auf Berichtigung des Urteilstenors stellen. Daß das Urteil inzwischen rechtskräftig geworden ist, steht dem nicht entgegen. Nach § 319 Abs. 1 ZPO, der hier analog anzuwenden ist, kann die erforderliche Berichtigung „jederzeit", gegebenenfalls sogar von Amts wegen erfolgen.

b) Droht bereits die Strafvollstreckung, so kann Weltz gemäß § 458 Abs. 1 Einwendungen gegen deren Zulässigkeit erheben. Gelingt es ihm, glaubhaft darzutun, daß er mit dem Verurteilten nicht identisch ist, so wird das Gericht gemäß § 462 Abs. 1 durch Beschluß die Unzulässigkeit der Strafvollstreckung aussprechen.

c) Hinsichtlich des Pseudo-Weltz ergeben sich keine Abweichungen gegenüber der Lösung von Frage I. Da ihm als dem eigentlichen Verurteilten, gegen den das Verfahren sich gerichtet hat, das Urteil noch nicht zugestellt worden ist, konnte es auch ihm gegenüber noch nicht in Rechtskraft erwachsen. Das Gericht wird also die zur Ermittlung des Pseudo-Weltz erforderlichen Fahndungsmaßnahmen einleiten, um ihm das Urteil zustellen zu können.

III. Die Ersatzansprüche des wahren Weltz, wenn an ihm eine Geld- oder Freiheitsstrafe vollstreckt worden wäre.

1. Eine Entschädigung nach dem Gesetz betr. Entschädigung der im Wiederaufnahmeverfahren freigesprochenen Personen vom 20. 5. 1898 (vgl. Nachtrag I) entfällt, da Weltz überhaupt nicht verurteilt worden ist, also auch kein Wiederaufnahmeverfahren betreiben kann.

2. Eine bezahlte Geldstrafe, deren Vollstreckung sich gemäß § 463 nach den Vorschriften der ZPO (§§ 704 ff.) richtet, kann nach den allgemeinen bereicherungsrechtlichen Grundsätzen (§§ 812 ff. BGB) auf dem Zivilrechtsweg zurückgefordert werden.

3. Eine Entschädigung für unschuldig erlittene Strafhaft könnte nur gemäß § 839 BGB i. V. mit Art. 34 GG beansprucht werden, was jedoch voraussetzt, daß der Beamte, der die Strafe vollstreckt hat, hinsichtlich der Identitätsprüfung mindestens fahrlässig gehandelt hat.

IV. Die Rechtslage, wenn sich ergibt, daß
1. die Ladung nicht dem Angeklagten, sondern einer anderen Person gleichen Namens zugestellt worden ist.

a) Wird der Irrtum sofort aufgeklärt, so ist die versehentlich geladene, nicht angeklagte Person unverzüglich zu entlassen. Die Verhandlung wird vertagt, um den richtigen Angeklagten zu laden.

b) Wird der Irrtum nicht aufgeklärt, so besteht die Gefahr, daß der Erschienene unbeschadet seines Bestreitens verurteilt wird. Für diesen Fall wirft sich die Frage auf, ob überhaupt eine rechtlich beachtliche richterliche Entscheidung vorliegt und — wenn man dieses Frage bejahen wollte — gegen wen sie rechtliche Wirkungen erzeugt. Der Fall unterscheidet sich von dem oben behandelten Fall I wie folgt: Bei dem Sachverhalt zu Fall I hat das Gericht den verurteilt, gegen den sich das Verfahren gerichtet hat; lediglich die Zustellung des Urteils erfolgte an einen anderen, der in Anklage, Eröffnungsbeschluß und Urteil infolge der Namensverwechslung nicht gemeint war. Bei dem hier zu entscheidenden Fall dagegen verurteilt das Gericht zwar den Erschienenen, der aber nicht identisch ist mit dem, auf den sich Anklage und Eröffnungsbeschluß beziehen. Es liegt also bereits bei Erlaß (nicht erst bei Zustellung) des Urteils ein Irrtum über die Identität des Erschienenen vor. Hieraus folgt: Der Erschienene kann nicht als verurteilt gelten, da als Verurteilter nur der in Betracht kommt, gegen den sich die gerichtlich zugelassene Anklage gerichtet hat. Dies ergibt sich schon aus § 155 Abs. 1, wonach die Untersuchung und Entscheidung nur auf die in der Klage beschuldigten Personen erstreckt werden darf (sog. Akkusationsprinzip). An dieser Stelle zeigt sich wieder, daß es — wie bereits unter I dargelegt — nicht richtig ist, schlechthin den als Verurteilten anzusehen, der sich vor Gericht verantwortet hat. Aber auch die in Anklage und Eröffnungsbeschluß gemeinte Person kann nicht als verurteilt gelten, da gegen sie die Hauptverhandlung nicht durchgeführt wurde. Die vom LG Lüneburg in MDR 49, 767 vertretene abweichende Ansicht ist allgemein auf Ablehnung gestoßen. Hieraus folgt: Das gegen die erschienene, aber nicht angeklagte Person ergangene Urteil ist rechtlich unbeachtlich. Es kann, auch wenn kein Rechtsmittel eingelegt wird, keine Rechtskraftwirkung ausstrahlen. Auch ein Wiederaufnahmeverfahren ist weder erforderlich noch überhaupt zulässig (vgl. Eb. Schmidt Teil I Rn. 293, Oehler JR 62, 277).

(Beachte: Man unterscheidet unbeachtliche und anfechtbare Urteile. Das unbeachtliche, zuweilen auch unwirksam oder nichtig genannte Urteil ist eine in der Praxis äußerst seltene Erscheinung. Insbesondere das Reichsgericht war in der Annahme unbeachtlicher Entscheidungen sehr zurückhaltend. So hat das RG nur Anfechtbarkeit angenommen, wenn eine unzulässige Verfahrensart gewählt wurde oder wenn das Gericht sachlich unzuständig war (vgl. E. 9, 14; 22, 113; 32, 89; 56, 351; 66, 410). Selbst bei einem nicht ordnungsgemäß verkündeten Urteil wurde in E. 71, 378 Nichtigkeit verneint. Andererseits muß man Nichtigkeit immer dann annehmen, wenn das Urteil oder eine andere gerichtliche Entscheidung mit den Grundprinzipien unserer rechtsstaatlichen Ordnung in evidentem Widerspruch steht (Eb. Schmidt Teil I Rn. 251 ff.; Schwarz-Kleinknecht Einl. 4 Fa), z. B. wenn der Angeklagte nicht der deutschen Gerichtsbarkeit unterliegt oder wenn auf eine Strafe erkannt wird, die das deutsche Strafrecht schon der Art nach nicht vorsieht (Prügelstrafe, Todesstrafe, Verstümmelung) oder wenn ein Strafunmündiger zu Strafe verurteilt wird oder wenn das Urteil einen Verstoß gegen den Grundsatz des „ne bis in idem" darstellt (RG 54, 12). Hierher kann unbedenklich auch der Fall gerechnet werden, daß ein Urteil ergeht, das sich auf keine Anklage stützen kann).

2. der Erschienene nicht der Angeklagte ist, sondern dessen Bruder, der sich für den Angeklagten verurteilen lassen will.

a) Wird der Irrtum sofort aufgeklärt, so ist wie im Falle IV 1 a der Erschienene zu entlassen und gemäß § 230 Abs. 2 entweder die Vorführung oder die Verhaftung des wahren Angeklagten zu veranlassen.

b) Wird der Irrtum nicht aufgedeckt, so ist die Rechtslage die gleiche wie im Falle IV 1 b, d. h. die gegen den Bruder des Angeklagten ergehende Entscheidung ist unbeachtlich.

3. der unter dem Namen Karl Maier Erschienene zwar der Angeklagte ist, in Wirklichkeit aber August Müller heißt.

a) Wird der Irrtum sofort aufgeklärt, so wird, falls nicht zwecks Feststellung der Vorstrafen Vertagung angebracht ist, gegen Müller unter seinem richtigen Namen verhandelt. Er ist der, gegen den sich das Verfahren richtet und gegen den das Hauptverfahren eröffnet worden ist.

b) Wird der Irrtum erst nach der Verurteilung aufgedeckt, so genügt wie im Falle I die Berichtigung der Urteilsformel.

4. der Erschienene nicht der Angeklagte, sondern eine andere Person gleichen Namens ist, der jedoch infolge eines hier nicht interessierenden Irrtums schon Anklage und Eröffnungsbeschluß zugestellt worden sind.

Hier liegt der Fall anders als in Frage I. Der Erschienene ist zwar nicht der richtige Täter, aber der richtige Angeklagte. Es muß daher gegen ihn verhandelt werden. Gelingt es, den Irrtum bereits in der Hauptverhandlung aufzudecken, so muß das Urteil auf Freispruch lauten. Wird der Angeklagte jedoch ungeachtet seines Bestreitens verurteilt, so muß er mit dem Ziel des Freispruchs Rechtsmittel einlegen. Ist der Rechtsmittelweg erschöpft, so bleibt nur die Möglichkeit der Wiederaufnahme, um das materiell unrichtige Urteil wieder zu beseitigen.

Nachtrag

I. Das Gesetz betreffend die Entschädigung der im Wiederaufnahmeverfahren freigesprochenen Personen vom 20. Mai 1898 (RGBl. S. 345).

In diesem Gesetz ist bestimmt, daß Personen, die im Wiederaufnahmeverfahren freigesprochen oder in Anwendung eines milderen Gesetzes mit einer geringeren Strafe belegt werden, Entschädigung aus der Staatskasse beanspruchen können, wenn die frühere Strafe ganz oder teilweise gegen sie vollstreckt worden ist. Anspruchsberechtigt sind auch die Unterhaltsberechtigten.

Das Gesetz wurde durch Gesetz vom 24. November 1933 dahin erweitert, daß auch demjenigen, der im Wiederaufnahmeverfahren die Aufhebung einer Maßregel der Sicherung und Besserung erreicht, nachdem sie ganz oder teilweise vollstreckt oder wirksam geworden ist (letzterer Ausdruck bezieht sich auf die Untersagung der Berufsausübung), unter den im Gesetz genannten Voraussetzungen für den entstandenen Vermögensschaden Ersatz aus der Staatskasse gewährt werden muß.

1. Ein Anspruch auf Entschädigung besteht nur, wenn das Wiederaufnahmeverfahren die Unschuld des Verurteilten bezüglich der ihm zur Last gelegten Tat oder bezüglich eines die Anwendung eines schwereren Strafgesetzes begründenden Umstands ergeben oder dargetan hat, daß ein begründeter Verdacht gegen den Angeklagten nicht mehr vorliegt.

2. Ersetzt wird der durch die Strafvollstreckung entstandene Vermögensschaden. Durch das erwähnte Gesetz vom 24. November 1933 wurde die Höchstgrenze des zu gewährenden Entschädigungsanspruchs auf 75000 RM (jetzt DM) oder einen Rentenbetrag von jährlich 4500 RM (jetzt DM) festgesetzt. Beruht das Fehlurteil auf einem Verschulden des Gerichts, so ist die Haftung der Staatskasse nach § 839 BGB unbeschränkt.

3. Die Verpflichtung der Staatskasse zur Entschädigung wird durch besonderen Beschluß des im Wiederaufnahmeverfahren erkennenden Gerichts verfügt, der nicht verkündet, sondern nur zugestellt wird.

4. Der Anspruch auf Entschädigung ist ausgeschlossen, wenn der Verurteilte die frühere Verurteilung vorsätzlich herbeigeführt oder durch grobe Fahrlässigkeit verschuldet hat.

Für den Entschädigungsanspruch bei Aufhebung einer Maßregel der Sicherung und Besserung sieht das Gesetz vom 24. November 1933 als besonderen Ausschließungsgrund die Tatsache vor, daß der Verurteilte unabhängig von der Tat oder der Verurteilung eine Gefahr für die öffentliche Sicherheit oder Ordnung gebildet hat. Die amtliche Begründung sagt hierzu: „Es wäre z. B. keineswegs gerechtfertigt, einem gefährlichen Geisteskranken eine Entschädigung zu gewähren, wenn das Gericht die ihm zur Last gelegte Tat mit Unrecht festgestellt hat, die Polizeibehörde ihn aber wegen seiner Gefährlichkeit ohnedies in einer Heil- oder Pflegeanstalt hätte unterbringen müssen."

II. Das Gesetz betreffend die Entschädigung für unschuldig erlittene Untersuchungshaft vom 14. Juli 1904 in der Fassung des Gesetzes vom 17. August 1920 (RGBl. 1904 S. 321; 1920 S. 1579).

Dieses Gesetz gewährt denjenigen Personen einen Entschädigungsanspruch, die im Strafverfahren freigesprochen oder durch Beschluß des Gerichts außer Verfolgung gesetzt worden sind, nicht dagegen denjenigen, die nur im vorbereitenden Verfahren in Untersuchungshaft gewesen sind und gegen die von der Staatsanwaltschaft das Verfahren eingestellt worden ist. In diesem Fall sieht jedoch die bundeseinheitliche AV vom 15. 12. 1956 (BAnz. Nr. 247) die Möglichkeit einer Haftentschädigung vor, die im Verwaltungsweg beantragt und gewährt werden kann.

1. Ein Anspruch auf Entschädigung besteht nur, wenn das Verfahren die Unschuld ergeben oder dargetan hat, daß ein begründeter Verdacht nicht mehr vorliegt. Erfolgt aber die Freisprechung nach dem Grundsatz „in dubio pro reo", so ist ein Entschädigungsanspruch nicht gegeben.

2. Ersetzt wird der durch die Untersuchungshaft entstandene Vermögensschaden. (Wegen der Höchstgrenze siehe oben Abschnitt I, 2.)

3. Über die Verpflichtung der Staatskasse zur Entschädigung ist von dem Gericht gleichzeitig mit dem freisprechenden Urteil bzw. dem außer Verfolgung setzenden Beschluß zu entscheiden. Der Beschluß wird nicht verkündet, sondern nur zugestellt, sobald das freisprechende Urteil bzw. der außer Verfolgung setzende Beschluß rechtskräftig geworden ist.

4. Der Anspruch auf Entschädigung ist ausgeschlossen, wenn der Verhaftete die Untersuchungshaft vorsätzlich herbeigeführt oder durch grobe Fahrlässigkeit verschuldet hat. Außerdem kann der Anspruch ausgeschlossen werden, u. a. wenn die Tat in einem die Zurechnungsfähigkeit ausschließenden Rausch begangen worden ist. (NB. Nichteinlegung eines Rechtsmittels kann niemals als Fahrlässigkeit gewertet werden.)

Wird gegen den zurechnungsunfähigen Verhafteten die Unterbringung in einer Heil- oder Pflegeanstalt nach § 42b StGB angeordnet, so ist ein Entschädigungsanspruch nicht gegeben. (Siehe Gesetz vom 24. November 1933.) Dieses Gesetz enthält des weiteren eine Ergänzung des Gesetzes vom 17. August 1920 insofern, als der Verhaftung und der Untersuchungshaft die einstweilige Unterbringung, dem Verhafteten der einstweilig Untergebrachte, dem Haftbefehl der Unterbringungsbefehl gleichgestellt wird. Das Gesetz schließt ferner, entsprechend der oben in Abschn. I, 4 erwähnten Bestimmung, auch für die einstweilige Unterbringung den Entschädigungsanspruch aus, wenn das Gemeinwohl unabhängig von der Tat die einstweilige Unterbringung erfordert hätte.

Alphabetisches Sachregister

(Die Ziffern bedeuten die Seitenzahlen)

Z

Erster Teil

Die Fälle

FALL 1

Schwierige Zuständigkeitsfragen

A.

Der Untersuchungsrichter beim Landgericht Heidelberg hat die Voruntersuchung eröffnet gegen die Angeschuldigten A, B und C, und zwar gegen den in Heidelberg wohnhaften Angeschuldigten A wegen einer in Heidelberg begangenen schweren Brandstiftung i. S. des § 307 StGB und eines in Stuttgart in Mittäterschaft mit den dort wohnhaften B und C begangenen Betrugs (§§ 263, 47 StGB; gegen B und C wegen dieses in Stuttgart begangenen Betrugs).

Die Angeschuldigten B und C beantragen gemäß § 12 Abs. 2 StPO durch ihren Verteidiger die Übertragung der Strafsachen nach Stuttgart.

Welches Gericht wird über diesen Antrag entscheiden und wie wird die Entscheidung lauten? Ist sie anfechtbar?

B.

Der in Karlsruhe wohnhafte Schriftsteller A hatte in einem Artikel, der in einer Stuttgarter Zeitung erschienen war, einen in Nürnberg wohnhaften Arzt beleidigt. Kurze Zeit darauf ließ A den gleichen Artikel auch in einer Karlsruher Zeitung zum Abdruck bringen.

Nachdem der beleidigte Arzt wegen des in beiden Zeitungen erschienenen Artikels frist- und formgerecht Strafantrag bei der Staatsanwaltschaft Karlsruhe gestellt hatte, erhob diese gemäß § 376 StPO vor dem Schöffengericht in Karlsruhe am 1. Dezember 1965 Anklage wegen der durch Veröffentlichung in den beiden Zeitungen begangenen Beleidigungen.

A erhob auf die gemäß § 201 StPO erlassene Aufforderung den Einwand, daß im Hinblick auf den ausschließlichen Gerichtsstand des § 7 Abs. 2 StPO die Zuständigkeit des Schöffengerichts in Karlsruhe für die in Stuttgart begangene Beleidigung nicht begründet sei. Dieser Einwand wurde durch Beschluß vom 20. Dezember 1965 mit der Begründung, daß sich die Karlsruher Zuständigkeit aus § 8 StPO ergebe, verworfen. Gleichzeitig wurde das Hauptverfahren vor dem Schöffengericht in Karlsruhe eröffnet.

In der Hauptverhandlung wiederholte der Verteidiger des Angeklagten nach dessen Vernehmung zur Sache den Einwand der Unzuständigkeit. Das Gericht wies unter Bezugnahme auf § 16 StPO diesen Einwand, weil verspätet erhoben, durch Beschluß als unzulässig zurück und verurteilte A wegen der beiden Beleidigungen zu je 1000 DM Geldstrafe, im Uneinbringlichkeitsfall zu je einem Monat Gefängnis.

War das Schöffengericht in Karlsruhe zur Aburteilung zuständig?

FALL 2

Die streitsüchtigen Nachbarn

A wurde von seinem Nachbarn N, mit dem er schon seit vielen Jahren im Streit lebte, bei der Staatsanwaltschaft wegen Hausfriedensbruchs zur Anzeige gebracht. In seiner am 8. 3. 1965 bei der StA eingegangenen schriftlichen Anzeige stellte N die Behauptung auf, A habe trotz wiederholter Abmahnung am 22. 2. 1965 beim Schneiden seiner Obstbäume unbefugt sein (des B) Grundstück betreten. Mit Rücksicht auf die geringe Bedeutung des Vorfalls verneinte die StA ein öffentliches Interesse an der Strafverfolgung und verwies N, ohne weitere Ermittlungen einzuleiten, auf den Privatklageweg.

Als A durch Zufall am 1. 4. 1965 von der gegen ihn gerichteten Strafanzeige hörte, entschloß er sich sofort zu einer Gegenanzeige wegen falscher Anschuldigung und übler Nachrede. Um keine Zeit zu verlieren, ließ er sich fernmündlich mit der nächsten Polizeidienststelle verbinden, der er den Sachverhalt unterbreitete. Der diensthabende Polizeibeamte weigerte sich jedoch, die Anzeige fernmündlich aufzunehmen, und erklärte, A möge persönlich erscheinen oder die Anzeige schriftlich erstatten. Infolge starker beruflicher Inanspruchnahme kam A aber erst am 8. 7. 1965 dazu, seine Anzeige schriftlich zu formulieren und der Staatsanwaltschaft vorzulegen. Er vertrat dabei den Standpunkt, er habe das Grundstück des N überhaupt nicht betreten; aber selbst wenn er es doch betreten hätte, so wäre dies nicht rechtswidrig gewesen.

1. Durfte der Polizeibeamte sich weigern, die fernmündlich erstattete Strafanzeige entgegenzunehmen?

2. Welche Möglichkeiten der Verfahrensgestaltung hat die StA nach Eingang der schriftlichen Anzeige am 8. 7. 1965?

3. Könnte A auf den Privatklageweg verwiesen werden?

4. Welche Rechtsmittel stehen A zur Verfügung, wenn die StA das Verfahren einstellt mit der Begründung, hinsichtlich der falschen Anschuldigung sei kein hinreichender Tatverdacht gegeben und hinsichtlich der üblen Nachrede sei der Strafantrag nicht rechtzeitig gestellt?

5. Welche Rechtsmittel stehen A zur Verfügung, wenn die StA das Verfahren nicht mangels hinreichenden Tatverdachts, sondern (mit Zustimmung des zuständigen Amtsgerichts) gemäß § 153 Abs. 2 StPO einstellt?

6. Könnte A zum Zwecke der Erhebung der Privatklage wegen übler Nachrede wegen der Versäumung der Antragsfrist Wiedereinsetzung in den vorigen Stand beantragen?

FALL 3

Ein fehlerhaftes Vorverfahren

Bei der Vorbereitung der Hauptverhandlung (also nach Eröffnung des Hauptverfahrens) vor dem Amtsgericht (Schöffengericht) gegen H und Genossen wegen gewerbsmäßiger Hehlerei findet der Amtsrichter, der den fraglichen Fall in Vertretung seines plötzlich erkrankten Kollegen übernommen hat, beim Studium der Akten:

1. daß in dem vorbereitenden Verfahren (unter Beobachtung der Vorschrift der §§ 169, 193 StPO) ein zur Hauptverhandlung nicht geladener Zeuge beeidigt worden ist, mit der im Protokoll angegebenen Begründung, daß dem Zeugen das Erscheinen in der Hauptverhandlung wegen der Schwierigkeit der Verkehrsverhältnisse nicht zugemutet werden könne;

2. daß in der später durchgeführten Voruntersuchung der Neffe N des Angeschuldigten H gemäß § 66 Nr. 4 StPO eidlich vernommen worden ist, ohne daß er ausweislich des Protokolls über sein Zeugnisverweigerungsrecht und Eidesverweigerungsrecht belehrt worden war, und daß, wie spätere Feststellungen ergaben, auch gegen ihn der Verdacht der Beteiligung an der gewerbsmäßigen Hehlerei besteht;

3. daß in der Voruntersuchung ein Augenschein in einem dem Gerichtsgebäude gegenüberliegenden Privathaus eingenommen worden ist, ohne daß der in Untersuchungshaft befindliche Angeschuldigte H von dem Termin benachrichtigt worden, geschweige denn anwesend war;

4. daß der Angeschuldigte S während der Voruntersuchung die Bestellung eines Verteidigers schriftlich beantragt hatte, dieser Antrag aber, wohl versehentlich, nicht verbeschieden worden war;

5. daß er selbst in der Voruntersuchung als Stellvertreter des Untersuchungsrichters das Ersuchen um Einvernahme eines Zeugen an ein auswärtiges Gericht sowohl in den Akten als auch in der Ausfertigung unterschrieben hat;

6. daß die Ladung zur Hauptverhandlung auf den 25. Mai dem Angeklagten T am 20. Mai zugestellt worden ist.

Welche Folgerungen ergeben sich hieraus für die Obliegenheiten des Amtsrichters?

FALL 4

Der Streit um den Haftbefehl

In der Hauptverhandlung vor dem Amtsrichter in Mannheim wurde der in Untersuchungshaft befindliche Angeklagte wegen Rückfalldiebstahls unter Annahme mildernder Umstände zu sechs Monaten Gefängnis verurteilt, wobei drei Monate der erlittenen Untersuchungshaft auf die Strafe angerechnet wurden. Nachdem sowohl er als auch der Staatsanwalt auf Rechtsmittel verzichtet hatten, stellte der Angeklagte den Antrag, ihn aus der Untersuchungshaft zu entlassen, damit er zu Hause seine dringenden Feldgeschäfte erledigen könne.

Der über diesen Antrag gehörte Staatsanwalt beantragte Abweisung desselben mit der Erklärung, er halte zwar auch eine Fluchtgefahr nicht mehr für vorliegend, allein er erachte es für rechtlich unzulässig, in diesem Stadium des Verfahrens noch einen Beschluß auf Aufhebung des Haftbefehls zu fassen.

Als der Amtsrichter trotzdem einen dahingehenden Beschluß erließ, daß der Haftbefehl aufgehoben werde, erklärte der Staatsanwalt, daß er gegen diesen Beschluß Beschwerde einlege und deshalb beantrage, den Vollzug der Entscheidung auszusetzen.

Der Amtsrichter gab diesem letzteren Antrag des Staatsanwalts statt und legte die Akten mit dem alle diese Vorgänge beurkundenden Hauptverhandlungsprotokoll dem Landgericht (Strafkammer) Mannheim zur Entscheidung vor.

Wie sind die Stellungnahme des Staatsanwalts und das Verfahren des Amtsrichters zu beurteilen?

FALL 5

Der flüchtige Angeklagte

In der Hauptverhandlung vor dem Schöffengericht stellte der wegen Erpressung unter Anklage stehende Angeklagte Müller nach seiner Einvernahme den Antrag auf Ladung neuer Zeugen, durch welche er nachweisen werde, daß er nicht die Absicht gehabt habe, sich zu Unrecht zu bereichern. Durch Gerichtsbeschluß wurde dieser Antrag verworfen. Darauf verließ der Angeklagte in einem unbewachten Augenblick den Verhandlungssaal.

Der Staatsanwalt beantragte, die Verhandlung zu Ende zu führen, den Angeklagten jedoch unter weitgehender Berücksichtigung seiner Verteidigung nicht wegen Erpressung, sondern wegen Nötigung zu verurteilen. Das Schöffengericht ging nicht auf diesen Antrag ein, beraumte Termin zur Fortsetzung der unterbrochenen Hauptverhandlung auf den elften Tag nach der Unterbrechung an und erließ gegen den Angeklagten wegen Fluchtverdachts Haftbefehl.

Ein Freund des Angeklagten, Bankier Ohnesorg, leistete sofort durch Hinterlegung von 5000 DM in bar Sicherheit und wendete dadurch die Vollstreckung des Haftbefehls ab.

Als Müller von dem gegen ihn erlassenen Haftbefehl hörte, tauchte er bei Verwandten auf dem Land unter, so daß es nicht möglich war, die Hauptverhandlung rechtzeitig, d. h. am 11. Tag nach der Unterbrechung, fortzusetzen. Als Ohnesorg dies erfuhr, fürchtete er um die von ihm geleistete Sicherheit. Es gelang ihm auch, innerhalb kürzester Zeit den Aufenthalt des Müller zu ermitteln und der StA mitzuteilen. Diese bewirkte daraufhin die Verhaftung des Müller. Gleichwohl stellte sie den Antrag, die Sicherheit für verfallen zu erklären.

1. Hätte das Schöffengericht, als Müller aus der Hauptverhandlung weglief, Urteil erlassen können?

2. Ist die Sicherheit als für die Staatskasse verfallen zu erklären?

FALL 6

Der Tod des Angeklagten vor der Hauptverhandlung

Nach Eröffnung des Hauptverfahrens vor dem Amtsrichter war der Angeklagte gestorben, bevor es zur Hauptverhandlung gekommen war. Der Verteidiger des Angeklagten, der seine Vollmacht dem Gericht bereits vor diesem Zeitpunkt vorgelegt hatte, richtete nun an das Amtsgericht den Antrag, das Verfahren einzustellen und gemäß § 467 StPO auszusprechen, daß die dem Angeklagten erwachsenen Kosten der Verteidigung der Staatskasse auferlegt würden. Der Amtsrichter wies diesen Antrag durch Beschluß ab mit der Begründung, daß der vorliegende Fall Anlaß zu einer Einstellung des Verfahrens nicht biete.

Hierauf stellte die Staatsanwaltschaft beim Amtsrichter den Antrag auf Anberaumung eines Termins zur Hauptverhandlung, damit durch Urteil die Einstellung des Verfahrens ausgesprochen werde. Der Amtsrichter lehnte diesen Antrag ab mit der Begründung, daß im Hinblick auf den Tod des Angeklagten eine Hauptverhandlung nicht mehr stattfinden könne.

Die Staatsanwaltschaft legte nun gegen die bezeichneten beiden Entscheidungen Beschwerde ein und beantragte in erster Reihe, die Einstellung des Verfahrens zu verfügen. Fürsorglich stellte sie den Antrag, zwecks Einstellung durch Urteil einen Termin zur Hauptverhandlung zu bestimmen.

Wie wird das Beschwerdegericht entscheiden?

FALL 7

Der verjährte Mundraub

A hat sich vor dem Amtsgericht — Einzelrichter — wegen Diebstahls zu verantworten. In der vom Gericht zugelassenen Anklage wird ihm zur Last gelegt, er habe am 10. Januar einen Stallhasen im Wert von etwa 20,— DM auf nicht erschwerte Weise entwendet. Die Anklage war am 8. April gemäß § 201 StPO mitgeteilt worden; der Eröffnungsbeschluß erging am 20. April.

In der Hauptverhandlung am 10. Mai stellt sich der Amtsrichter auf den Standpunkt, daß die dem Angeklagten zur Last gelegte Tat rechtlich nicht als Diebstahl gemäß § 242 StGB, sondern lediglich als Übertretung gemäß § 370 Abs. 1 Nr. 5 StGB zu beurteilen sei.

1. Worauf wird er in der weiteren Verhandlung zu achten haben, um eine Verurteilung wegen einer Übertretung gemäß § 370 Abs. 1 Nr. 5 aussprechen zu können?

2. Wie wird die Entscheidung lauten, wenn der Amtsrichter feststellt, daß ein Strafantrag nicht gestellt ist und auch nicht mehr gestellt werden kann?

3. Welche Rechtsmittel hat A, wenn er gemäß § 370 Abs. 1 Nr. 5 zu einer Geldstrafe von DM 200,— verurteilt wird?

4. Welche verfahrensrechtlichen Konsequenzen ergeben sich, wenn A mit einem am 12. Mai beim Amtsgericht eingegangenen Schreiben erklärt, er lege gegen das Urteil vom 10. Mai Beschwerde ein, da ihm die Strafe zu hoch erscheine?

5. Wie ist die Rechtslage, wenn sich in der Berufungsinstanz ergibt, daß die Tat nicht erst am 10. Januar, sondern bereits am 6. Januar begangen worden ist?

6. Wie ist die Rechtslage, wenn sich in der Berufungsinstanz nicht mehr mit Sicherheit klären läßt, ob die Tat am 6. oder am 10. Januar begangen worden ist?

FALL 8

Der beleidigte Gemeinderat

Gegen den Schneider Nörgelmann wurde das Hauptverfahren eröffnet, weil er den Gemeinderat von X. als solchen und die Gemeinderatsmitglieder mit dem Bürgermeister durch eine in der Anklage näher bezeichnete Äußerung beleidigt habe.

Eine Ermächtigung i. S. des § 197 StGB liegt vor; außerdem haben sämtliche Gemeinderatsmitglieder und der Bürgermeister Strafantrag gestellt.

Der Amtsrichter verurteilte den Angeklagten nur wegen Beleidigung des Gemeinderats. Bezüglich der Frage, ob auch eine Beleidigung der einzelnen Mitglieder und des Bürgermeisters vorliege, enthalten die Urteilsgründe keine Feststellungen.

Die Strafkammer erläßt auf die Berufung des Angeklagten, der die ihm zur Last gelegten Äußerungen bestreitet, folgendes Urteil: „Das Urteil des Amtsgerichts vom . . . wird aufgehoben. Der Angeklagte wird freigesprochen, soweit er wegen Beleidigung des Gemeinderats verurteilt worden ist. Insoweit treffen die Kosten die Staatskasse. Im übrigen wird die Sache an das Amtsgericht zur Erledigung des Eröffnungsbeschlusses zurückverwiesen".

Auch die Strafkammer hält, wie in den Urteilsgründen ausgeführt wird, die dem Angeklagten zur Last gelegten Äußerungen für erwiesen, ist aber der Ansicht, daß eine Beleidigung des Gemeinderats nicht vorliege, und hält mit Rücksicht auf den Inhalt des Eröffnungsbeschlusses eine Prüfung für nötig, ob nicht durch die den Gegenstand der Anklage bildende Äußerung die einzelnen Gemeinderatsmitglieder und der Bürgermeister beleidigt seien.

In der erneuten Hauptverhandlung erkennt der Amtsrichter abermals dahin, daß der Angeklagte wegen Beleidigung des Gemeinderats verurteilt wird, und führt in den Urteilsgründen aus, warum eine gleichzeitige Beleidigung auch der einzelnen Gemeinderatsmitglieder und des Bürgermeisters nicht vorliege.

Gegen dieses Urteil legt der Staatsanwalt Revision ein lediglich mit der Begründung, daß das Amtsgericht bei seiner zweiten Entscheidung an die rechtliche Beurteilung des Berufungsgerichts gebunden gewesen sei. Es liege eine Verletzung des § 328 Abs. 2 StPO vor; es werde daher Aufhebung des Urteils und Zurückverweisung beantragt.

1. Die Urteile des Amtsgerichts und der Strafkammer sind auf ihre Richtigkeit nachzuprüfen.

2. Wie wird das Revisionsgericht, das der Ansicht ist, daß nicht eine Beleidigung des Gemeinderats, sondern eine solche der Gemeinderatsmitglieder und des Bürgermeisters vorliege, entscheiden?

FALL 9

Ein kompliziertes Revisionsverfahren

Der Amtsrichter in Mannheim hat am 1. März 1965 auf Antrag der Staatsanwaltschaft Mannheim gegen den Tüncher Rudolf Finzer und den Gipser Otto Brunner aus Mannheim durch Strafbefehl eine Gefängnisstrafe von je zwei Monaten festgesetzt unter der Beschuldigung, sie hätten in gemeinschaftlicher Ausführung am 5. Februar 1965 dem Kohlenhändler Friedrich Krause in Mannheim aus seiner unverschlossenen Ladenkasse 500 DM gestohlen. Der Strafbefehl wurde rechtskräftig. Nachdem beide die gegen sie erkannte Gefängnisstrafe verbüßt hatten, erfuhr der Kriminalkommissar Benz, der den Fall bearbeitet hatte, daß Finzer an seinen Bruder, den Arbeiter Karl Finzer, einen Brief geschrieben habe, der das Geständnis enthalte, Brunner und er hätten bei dem Diebstahl noch eine verschlossene Kassette mit einem Inhalt von DM 2000 entwendet und nachher in der Wohnung des Finzer erbrochen. Krause, der das Fehlen der Kassette noch nicht bemerkt hatte, bestätigte dem Kommissar Benz auf Vorhalt ihren Verlust. Kommissar Benz begab sich darauf zu Karl Finzer und vernahm ihn zur Sache. Dieser bestritt, von seinem Bruder einen Brief des besagten Inhalts erhalten zu haben, und verbat sich die Durchsuchung seiner Person und seiner Wohnung, die ihm der Kommissar androhte, wenn er den Brief nicht freiwillig herausgebe. Bei der trotzdem vorgenommenen Durchsuchung fand der Beamte den Brief, beschlagnahmte ihn und legte ihn mit entsprechender Meldung der Staatsanwaltschaft vor. Mittlerweile hatte die Staatsanwaltschaft in Erfahrung gebracht, daß Finzer in seiner Jugend mehrere Vorstrafen wegen einfachen und schweren Diebstahls erlitten hatte. (Diese Tatsache war infolge eines Irrtums der Strafregisterbehörde dem Amtsrichter bei Erlaß des Strafbefehls nicht bekannt.) Die Staatsanwaltschaft erwirkte gegen R. Finzer und Brunner Haftbefehl und erhob vor der Strafkammer Mannheim eine neue Anklage wegen gemeinschaftlich verübten schweren Diebstahls i. S. der §§ 242, 243 Z. 2, 47 StGB, begangen seitens Finzer unter den Rückfallvoraussetzungen des § 244 StGB. Gleichzeitig wurde gegen diesen Beschuldigten als gefährlichen Gewohnheitsverbrecher die Sicherungsverwahrung beantragt.

In der Hauptverhandlung vor der Strafkammer am 16. August 1965, in der die beiden Angeklagten von Rechtsanwalt Dr. Fischer verteidigt wurden, gaben die Angeklagten den einfachen Diebstahl wieder zu, bestritten aber, auch die Kassette gestohlen zu haben. Der Brief des Rudolf Finzer an seinen Bruder Karl kam zur Verlesung. Kommissar Benz bestätigte als Zeuge den Hergang bei der Beschlagnahme des Briefes. Ein zweiter Zeuge, der Schlosser Fritz Brenneisen, dessen Ladung vor der Hauptverhandlung von dem Verteidiger zur Entlastung der Angeklagten beantragt und von dem Vorsitzenden des Gerichts auch verfügt worden war, war trotz ordnungsgemäßer Ladung in der Hauptverhandlung nicht erschienen. Der Verteidiger beantragte wegen Ausbleibens dieses Zeugen die Vertagung der Hauptverhandlung und erneute Ladung des Zeugen. Der Antrag wurde vom Gericht ohne Angabe von Gründen abgelehnt.

Die Beweisaufnahme wurde darauf geschlossen und von dem Vorsitzenden nach Anhörung des Staatsanwalts und des Verteidigers, und nachdem die beiden Angeklagten das letzte Wort erhalten hatten, nach geheimer Beratung folgendes Urteil verkündet:

„Die Angeklagten Rudolf Finzer und Otto Brunner aus Mannheim werden wegen gemeinschaftlich verübten schweren Diebstahls i. S. der §§ 242, 243 Z. 2, 47 StGB verurteilt, und zwar Finzer zu einer Gefängnisstrafe von 1 Jahr und 2 Monaten und Brunner zu einer Gefängnisstrafe von 8 Monaten. Die Angeklagten haben die Kosten des Verfahrens zu tragen. Der gegen den Angeklagten Finzer gestellte Antrag auf Sicherungsverwahrung wird abgelehnt".

Gleichzeitig wurde durch Gerichtsbeschluß die Fortdauer der Untersuchungshaft verkündet.

Bei der Eröffnung der Urteilsgründe führte der Vorsitzende aus, daß das Gericht auf Grund des verlesenen Briefes des Angeklagten Rudolf Finzer an seinen Bruder Karl die volle Überzeugung gewonnen habe, daß beide Angeklagten gemeinschaftlich bei dem Diebstahl auch die Kassette des Kohlenhändlers Krause entwendet, diese nachher in der Wohnung des Rudolf Finzer erbrochen und ihren Inhalt sich angeeignet hätten. Diese Tat erfülle den Tatbestand der §§ 242, 243 Z. 2, 47 des StGB. Im übrigen machte der Vorsitzende eingehende, in der Hauptsache rechtliche Ausführungen über die Gründe, die für das Gericht bestimmend gewesen seien, bezüglich der Tat des Angeklagten Finzer das Vorliegen der Rückfallvoraussetzungen nach § 244 StGB zu verneinen und den Antrag auf Sicherungsverwahrung abzulehnen. Schließlich nahm der Vorsitzende noch zur Frage des Strafmaßes Stellung und gab zum Schluß die Gründe bekannt, die zur Nichtanrechnung der Untersuchungshaft führten. Die schriftlichen Urteilsgründe hatten im wesentlichen den gleichen Inhalt.

Gegen das Urteil legten beide Angeklagte Revision ein, und zwar Finzer mit einem Schreiben vom 23. August 1965, das am 24. August 1965, und Brunner mit einem Schreiben vom 19. August, das am 20. August 1965 bei der Strafkammer einkam. Nachdem den Angeklagten am 15. September 1965 das Urteil zugestellt war, beauftragten sie ihren Verteidiger, der schon aufgrund seiner in erster Instanz vorgelegten Vollmacht zur Einlegung von Rechtsmitteln befugt war, die Revision zu begründen. Er tat dies mit folgender Revisionsrechtfertigung, die am 20. September 1965 bei der Strafkammer einkam:

Mannheim, den 19. September 1965.

Strafsache gegen Rudolf Finzer und Otto Brunner aus Mannheim wegen schweren Diebstahls.

Ich beantrage die Aufhebung des gegen Finzer und Brunner erlassenen Urteils der Strafkammer in Mannheim vom 16. August 1965 und Zurückverweisung der Sache zur anderweiten Verhandlung und Entscheidung an die Vorinstanz.

Es wird Verletzung von Rechtsnormen über das Verfahren gerügt, und zwar:

1. Es wird gerügt, daß das Gericht die Beweisaufnahme nicht auf den vorgeladenen Zeugen Schlosser Brenneisen erstreckt und dem auf Vertagung der Hauptverhandlung wegen Ausbleibens dieses Zeugen gestellten Antrage nicht stattgegeben und zudem den ablehnenden Beschluß nicht begründet hat.

2. Es wird weiter gerügt, daß der Brief des Angeklagten Finzer an seinen Bruder Karl als Urkunde in der Hauptverhandlung verlesen worden ist, anstatt den Karl Finzer über den Inhalt des Briefes zu vernehmen.

3. Es wird außerdem Verletzung des Grundsatzes „ne bis in idem" gerügt. Die beiden Angeklagten hätten von der Strafkammer nicht verurteilt werden dürfen, weil sie wegen derselben Tat durch den Strafbefehl des Amtsrichters vom 1. März 1965 bereits rechtskräftig bestraft worden sind. Die Anwendung des Strafgesetzes auf den festgestellten Sachverhalt ist daher fehlerhaft und somit auch das materielle Recht verletzt.

Dr. Fischer, Rechtsanwalt.

Am 15. November 1965 fand die Hauptverhandlung vor dem Revisionsgericht statt. Während gerade der Fall verhandelt wurde, kam ein Telegramm des Rechtsanwalts Dr. Fischer folgenden Inhalts ein:

„Ich nehme die Revision des Angeklagten Rudolf Finzer gegen das Urteil der Strafkammer Mannheim vom 15. August 1965 hiermit zurück".

Dr. Fischer, Rechtsanwalt.

Das Telegramm kam in der Hauptverhandlung, noch bevor sich das Gericht zur Beratung zurückgezogen hatte, zur Verlesung. Der Vertreter der Staatsanwaltschaft stimmte der Zurücknahme der Revision zu.

1. Entspricht die Revisionsrechtfertigung des Rechtsanwalts Fischer den Vorschriften der Strafprozeßordnung?

2. Sind die Revisionsrügen berechtigt?

3. Wie wird das Revisionsgericht über die Revisionen der beiden Angeklagten Finzer und Brunner entscheiden?

FALL 10

Unzuverlässiges Kanzleipersonal

Am 16. November 1965 wurde der Angeklagte Karl Weiß von der Strafkammer Mannheim wegen mehrerer Verbrechen nach § 176 Abs. 1 Nr. 3 StGB zu einer Zuchthausstrafe von zwei Jahren verurteilt. Am 19. November 1965 bat Weiß seinen Verteidiger, gegen dieses Urteil Revision einzulegen. Infolge Verschuldens des Kanzleipersonals des Rechtsanwalts gelangte das die Revisionseinlegung enthaltende Schriftstück mit Vollmacht erst am 24. November 1965 zum Landgericht. Dieses verwarf gemäß § 346 StPO durch Beschluß, der dem Rechtsanwalt am 7. Dezember 1965 zugestellt wurde, die Revision als unzulässig.

Am 12. Dezember 1965 kam beim Landgericht ein auf die Revisionseinlegung Bezug nehmender Antrag des Rechtsanwalts vom 11. Dezember auf Wiedereinsetzung in den vorigen Stand ein. Diesem Antrag hatte der Verteidiger eine eidesstattliche Versicherung seines Bürovorstehers beigefügt, in der dieser bekundete, daß der Kanzleiangestellte X, der im Auftrage des Bürovorstehers am 23. November 1965 mit dem die Revisionseinlegung enthaltenden Schriftstück zum Landgericht geschickt worden sei, auf ausdrückliches Befragen nach seiner Rückkehr die Ausführung des Auftrags behauptet, in Wirklichkeit aber das Schriftstück erst zwei Tage später beim Gericht abgegeben habe. Hierauf gewährte die Strafkammer entgegen dem Antrag des Staatsanwalts, der unter Hinweis auf § 45 Abs. 2 und unter Bezugnahme auf § 346 Abs. 2 StPO die Verwerfung des Gesuchs beantragte, Wiedereinsetzung in den vorigen Stand.

1. War die Wiedereinsetzung in den vorigen Stand sachlich gerechtfertigt und entsprach das Verfahren den gesetzlichen Vorschriften?

2. Welche Bedeutung kommt den Einwendungen des Staatsanwalts zu?

FALL 11

Der wankelmütige Angeklagte

Am 15. September 1965 wurde der Händler Emil Schwarz vom Amtsrichter in Stuttgart wegen Urkundenfälschung, begangen in Tateinheit mit Betrug, zu neun Monaten Gefängnis verurteilt. Der Angeklagte, dessen Antrag auf Aufhebung des Haftbefehls abgelehnt worden war, verzichtete am 20. September 1965 zu Protokoll des Gefängnisaufsehers auf das Rechtsmittel der Berufung, erklärte dann aber am gleichen Tage in einem Schreiben seine „Unterschrift für hinfällig“ und legte Berufung ein.

Beide Schriftstücke sind am 21. September beim Amtsgericht eingegangen.

Das Landgericht — Strafkammer — Stuttgart, an das die Akten gemäß § 321 StPO gelangt waren, verwarf gemäß § 322 Abs. 1 S. 1 als Berufungsgericht durch Beschluß am 16. Oktober 1965 die Berufung als unzulässig mit der Begründung, es sei nach den angestellten Ermittlungen anzunehmen, daß dem Amtsgericht der Widerruf des Rechtsmittelverzichts mit der Berufungseinlegung erst nach Eingang des Verzichts zugegangen sei.

Auf sofortige Beschwerde des Verteidigers des Angeklagten wurde der Beschluß des Landgerichts durch das Oberlandesgericht Stuttgart aufgehoben und das Landgericht angewiesen, der Berufung des Angeklagten Fortgang zu geben. Das Oberlandesgericht stellte sich dabei auf den Standpunkt, daß zugunsten des Angeklagten anzunehmen sei, daß der Widerruf des Verzichts mit der Berufungseinlegung zuerst eingegangen sei, da eine Klarstellung nach dieser Richtung nicht habe geschaffen werden können.

In der darauf anberaumten Berufungsverhandlung vom 15. Dezember 1965 beantragte der Verteidiger lediglich Herabsetzung der vom Amtsrichter ausgesprochenen Strafe, da die Notlage, in der sich sein Mandant zur Zeit der Tat befunden habe, nicht genügend berücksichtigt worden sei. Der Staatsanwalt stellte den Antrag, die Berufung abermals als unzulässig zu verwerfen, da der Gerichtsbeschluß vom 16. Oktober 1965 zu Recht ergangen sei; eine Herabsetzung der Strafe komme jedenfalls nicht in Frage. Der Verteidiger erhielt auf seinen Antrag nochmals das Wort und erklärte, die Strafkammer dürfe gar nicht prüfen, ob der oberlandesgerichtliche Beschluß zu Recht ergangen sei, sondern habe ihn als rechtskräftige und bindende Vorentscheidung anzusehen und demgemäß in Befolgung der vom Oberlandesgericht erteilten Weisung in der Sache selbst zu entscheiden.

Die Strafkammer gelangte nach abermaliger Prüfung der Frage, ob wirksam Berufung eingelegt sei, zu dem in dem Beschluß vom 16. Oktober 1965 festgestellten Ergebnis und verwarf daher durch Urteil die Berufung als unzulässig gemäß § 322 Abs. 1, S. 2 StPO.

Enthält das Urteil der Strafkammer eine Gesetzesverletzung?

FALL 12

Der Autounfall des Alexander Schnell

Der Autoverkäufer Alexander Schnell hat mit dem Vorführwagen seiner Firma einen Verkehrsunfall verschuldet und dabei seinen im PKW mitfahrenden Bruder Bruno verletzt. Bruno stellt zunächst Strafantrag, worauf die Staatsanwaltschaft gegen Alexander Schnell Anklage vor dem

Amtsgericht (Einzelrichter) erhebt. Als Bruno auf Drängen seines Bruders in der Hauptverhandlung seinen Strafantrag zurücknimmt, verneint der als Vertreter der Staatsanwaltschaft erschienene Referendar (R) ein besonderes öffentliches Interesse an der weiteren Strafverfolgung.

1. Konnte Bruno Schnell in der Hauptverhandlung den bereits gestellten Strafantrag wieder zurücknehmen? Konnte die Zurücknahme für ihn nachteilige Folgen haben?

2. Konnte Referendar R in der Hauptverhandlung das besondere öffentliche Interesse an der Strafverfolgung verneinen, nachdem die Staatsanwaltschaft das besondere öffentliche Interesse bis dahin bejaht hatte?

3. Wie wird das Gericht bei der gegebenen Sachlage entscheiden?

4. Wie ist die Rechtslage, wenn das Gericht das Verfahren gemäß § 260 III einstellt und Bruno nach Rechtskraft des Urteils an den Folgen seiner durch den Unfall erlittenen Verletzungen stirbt? Kann in diesem Fall ein neues Verfahren eingeleitet werden?

5. Angenommen, Bruno wäre schon während des Ermittlungsverfahrens gestorben und die StA hätte gegen Alexander wegen fahrlässiger Tötung Anklage vor dem Schöffengericht erhoben. Wie wäre in diesem Fall die Rechtslage, wenn in der Hauptverhandlung vor dem Schöffengericht der begründete Verdacht aufkommt, daß Alexander den Unfall vorsätzlich verschuldet hat, um seinen Bruder, mit dem er schlecht stand, zu töten und gleichzeitig auch sich das Leben zu nehmen?

6. Das Schöffengericht erkennt zwar seine sachliche Unzuständigkeit, übersieht aber § 270 und stellt das Verfahren durch Urteil nach § 260 III ein: welche prozessualen Möglichkeiten hat in diesem Fall die Staatsanwaltschaft?

7. Die Staatsanwaltschaft entschließt sich für eine Anklage vor dem Schwurgericht: muß sie die Rechtskraft des vom Schöffengericht erlassenen Einstellungsurteils abwarten oder kann sie sofort die Klage erheben?

FALL 13

Die unbelehrbare Dirne

Die Dirne Veronika Horr wird am 1. Juni 1965 vom Amtsgericht (Einzelrichter) wegen fortgesetzten öffentlichen Anbietens zur Unzucht (§ 361 Ziffer 6 StGB) zu einer Haftstrafe von 6 Wochen verurteilt. Gegen dieses Urteil legt sie form- und fristgerecht Berufung ein. Am 1. Juli und 8. Juli 1965 kommt sie erneut wegen Übertretung gem. § 361 Ziff. 6 StGB zur Anzeige. Der Staatsanwalt erhebt wiederum Anklage vor dem Amtsgericht wegen zweier rechtlich selbständiger Handlungen. In der Hauptverhandlung vor dem Einzelrichter am 2. August 1965 beantragt er für jede der beiden Handlungen eine Haftstrafe von 4 Wochen, außerdem Einweisung in ein Arbeitshaus.

1. Wie wird der Amtsrichter entscheiden, wenn er nach Eintritt in die Hauptverhandlung zur Überzeugung kommt, daß die beiden angeklagten Vorfälle am 1. Juli und 8. Juli 1965 als Teilakte der bereits am 1. Juni 1965 abgeurteilten fortgesetzten Tat anzusehen sind und

a) die Sache durch Urteil der Kleinen Strafkammer vom 15. Juli 1965 bereits rechtskräftig abgeschlossen ist,

b) die Berufungsverhandlung noch aussteht?

2. Welche Höchststrafe kann die Kleine Strafkammer im Falle b) aussprechen, wenn sie die Auffassung des Amtsrichters teilt? Kann die Einweisung in ein Arbeitshaus ausgesprochen werden?

3. Wie ist die rechtliche Situation, wenn die Kleine Strafkammer entgegen der Ansicht des Amtsrichters davon ausgeht, daß die beiden Vorfälle am 1. Juli und 8. Juli rechtlich selbständige Handlungen darstellen?

FALL 14

Die Einziehung des Jagdgewehrs

Der Staatsanwalt hat bei dem Amtsrichter Erlaß eines Strafbefehls gegen einen Landwirt beantragt, weil er unter Verletzung fremden Jagdrechts dem Wilde nachgestellt hat (§ 292 StGB). Der Antrag lautete auf einen Monat Gefängnis und Einziehung des Gewehrs, das dem Bruder des Landwirts gehörte. Der Amtsrichter erkannte auf die beantragte Gefängnisstrafe, die Einziehung des Gewehrs ist jedoch nicht ausgesprochen worden. Nachdem der Landwirt die Gefängnisstrafe bereits verbüßt hatte, kamen die Akten dem Staatsanwalt wieder in die Hände, und er ersah aus ihnen, daß seinem Antrag auf Einziehung des Gewehrs nicht entsprochen war. Er erhob darauf wegen derselben Tat Anklage vor dem Amtsrichter unter Hinweis darauf, daß dem Antrag auf Einziehung des Gewehrs nicht entsprochen sei, in diesem Umfange deshalb Rechtskraft nicht habe eintreten können. Der Amtsrichter, der lediglich infolge eines Irrtums die Einziehung des Gewehrs nicht ausgesprochen hatte, schloß sich dieser Auffassung an und verurteilte den Landwirt zu einer Gefängnisstrafe von einem Monat unter Anrechnung der bereits verbüßten Strafe und sprach die Einziehung des Gewehrs aus. Der Landwirt und dessen Bruder begaben sich darauf unmittelbar nach der Verkündung des Urteils zu einem Rechtsanwalt und berieten sich mit ihm, ob mit Aussicht auf Erfolg das Urteil des Amtsrichters angefochten werden könne. Man entschloß sich, Berufung einzulegen.

1. Wie wird der Rechtsanwalt die Berufung begründen?

2. Was hätte der Staatsanwalt tun müssen, um die beantragte Einziehung des Gewehrs durchzusetzen, wenn er vor der Rechtskraft des Strafbefehls von der unterbliebenen Einziehung Kenntnis bekommen hätte?

3. Hätte der Staatsanwalt nach Rechtskraft des Strafbefehls die Einziehung des Gewehrs gemäß §§ 430ff. StPO erreichen können?

4. Wie wäre die Frage 3 zu beantworten, wenn das Gewehr dem Landwirt selbst gehört hätte?

5. Wie wäre die Rechtslage, wenn das Gewehr dem Landwirt gehört hätte und dieser vor Erlaß des Strafbefehls gestorben wäre?

FALL 15

Das Wiederaufnahmeverfahren des Josef Brandel

Josef Brandel wurde vom Amtsgericht Karlsruhe wegen gefährlicher Körperverletzung (§ 223a StGB) zu einer Gefängnisstrafe von einem Monat verurteilt, weil er in der Nacht vom 28. auf 29. Oktober dem Ignaz Treiber auf der Straße aufgelauert und mit einem starken Stock einen Schlag auf den Kopf versetzt hatte. Das Urteil stützte sich hauptsächlich auf das Zeugnis des beeidigten Gustav Kaiser, der angab, er habe unmittelbar vor dem Überfall den Angeklagten Brandel mit einem Prügel bewaffnet hinter der Wirtschaft gesehen, in der sich der überfallene Treiber befunden habe.

Der Angeklagte hatte in der Hauptverhandlung zwar zugegeben, daß er den Treiber mit seinem Stock geschlagen, dagegen in Abrede gestellt, daß er ihm aufgelauert habe. Er machte geltend,

1. er sei von Treiber überfallen worden und habe lediglich in Notwehr gehandelt;

2. überdies sei er unter den Nachwirkungen eines epileptischen Anfalles gestanden und zurechnungsunfähig gewesen.

Der Amtsrichter hatte den ersten Teil der Verteidigung durch das Zeugnis des Kaiser und den zweiten durch ein ausführlich begründetes Gutachten eines Facharztes für Neurologie als widerlegt angesehen.

Nach Eintritt der Rechtskraft des Urteils erschien der auf freiem Fuß befindliche Verurteilte auf der Geschäftsstelle des Amtsgerichts seines Wohnortes (Durlach), übergab eine von ihm verfaßte und unterzeichnete Erklärung und trug vor, er wolle einen Antrag auf Wiederaufnahme des Verfahrens stellen, die Begründung sei in der übergebenen Schrift enthalten. Dementsprechend nahm der Urkundsbeamte zu Protokoll, daß der Erschienene den Antrag auf Wiederaufnahme stelle und sich trotz gegenteiliger Belehrung zur Begründung auf die dem Protokoll als Anlage beigefügte, vom Verurteilten übergebene schriftliche Erklärung beziehe. In dem übergebenen Schriftstück ist gesagt, daß sich der Antrag auf § 359 Ziffer 5 der StPO stütze, und hierzu folgendes vorgetragen:

1. Der Zeuge Kaiser sei wissentlich von der Wahrheit abgewichen; man berufe sich auf Schulze und Müller, die bezeugen würden, daß Kaiser gar keine Wahrnehmungen gemacht haben konnte, weil er an fraglichem Abend seine fern vom Tatort gelegene Wohnung nicht verlassen hatte; mithin lägen eine neue Tatsache und neue Beweismittel vor, die geeignet seien, seine Freisprechung zu begründen.

2. Es werde das in der Hauptverhandlung abgegebene Gutachten angefochten.

a) Er berufe sich auf den praktischen Arzt Dr. Blum, der als Sachverständiger begutachten werde, daß er bei Begehung der Tat zurechnungsunfähig gewesen sei. Auch dieses neue Beweismittel sei zur Begündung seiner Freisprechung geeignet.

b) Zum mindesten werde der Sachverständige Blum dartun, daß bei Begehung der Tat seine Zurechnungsfähigkeit gemindert gewesen sei. In diesem Falle werde ihm das Gericht mildernde Umstände zubilligen und eine geringere Strafe gegen ihn aussprechen.

Das Amtsgericht Durlach legte den Antrag dem Amtsgericht Karlsruhe zur Entschließung vor. Wie ist der Antrag zu beurteilen

1. nach Form,
2. nach Inhalt (das Vorbringen unter 1 und 2a—b soll im einzelnen behandelt werden)

und welchen Beschluß wird der Amtsrichter in Karlsruhe auf den Antrag erlassen?

FALL 16

Die Privatklage des Agenten Fritz Leicht

Dem in Köln wohnhaften Agenten Fritz Leicht hatte am 1. November 1965 der ebenfalls in Köln wohnhafte Maurermeister August Stein bei einem Wirtshausstreit vorgeworfen, die Ehefrau Leicht treibe Ehebruch mit dem in Bonn wohnhaften Regierungsbaumeister Franz Hergert. Es sei eine Schande für einen Staatsbeamten, dem man so etwas nachsage, eine noch größere Schande aber sei es für den „gefälligen" Ehemann, der diesem Treiben ruhig zusehe. Leicht erhob am 2. November 1965 Privatklage für sich und namens seiner Ehefrau, von der er Vollmacht vorlegte, gegen Stein wegen Verleumdung (§ 187 StGB) beim Amtsrichter in Köln. Die Privatklage wurde dem Stein vorschriftsmäßig mitgeteilt und nach Zahlung des Gebührenvorschusses am 16. November 1965 das Hauptverfahren antragsgemäß eröffnet. Am 30. November 1965 fand Hauptverhandlung vor dem Amtsrichter in Köln statt, zu der die Eheleute Leicht und Stein erschienen. Letzterer gab die Äußerung zu und beantragte lediglich die eidliche Vernehmung der Ehefrau Leicht als Zeugin über ihre Beziehungen zu Hergert. Der Amtsrichter gab dem Antrag statt; die Ehefrau Leicht wurde als Zeugin vernommen und beschwor, daß sie zu Hergert in keinerlei geschlechtsvertraulichen Beziehungen stehe. Daraufhin verurteilte der Amtsrichter den Angeklagten auf Grund des § 187 StGB zu sechs Wochen Gefängnis. Hiergegen legte der Angeklagte frist- und formgerecht Berufung ein. Nach Ablauf der Fristen der §§ 314, 317 StPO wurden die Akten der Strafkammer des Landgerichts Köln prozeßordnungsgemäß vorgelegt.

Inzwischen hatte aber auch Hergert durch Leicht von der Äußerung des Stein erfahren. Er machte davon seiner vorgesetzten Behörde Mitteilung. Diese stellte auf Grund des § 196 StGB am 10. November 1965 Strafantrag gegen Stein bei der Staatsanwaltschaft Köln. Die Staatsanwaltschaft ließ Stein, Hergert und die Eheleute Leicht durch die Kriminalpolizei vernehmen; dabei war wohl von dem Privatklageverfahren die Rede, der Kriminalbeamte war aber der Ansicht, daß dieses für das staatsanwaltschaftliche Verfahren ohne Bedeutung sei, belehrte auch die Beteiligten in diesem Sinne und unterließ es zudem, die betreffenden Angaben in seiner Meldung zu erwähnen. Die Staatsanwaltschaft erhob nunmehr öffentliche Klage vor dem Amtsgericht Köln, und die zuständige Abteilung des Amtsgerichts (eine andere als die mit der Privatklage befaßte) eröffnete am 25. November 1965 das Hauptverfahren. In der Sache fand am 10. Dezember 1965 Hauptverhandlung vor dem Amtsrichter statt. Zu dieser war außer dem Angeklagten nur Hergert als Zeuge erschienen, die weiter geladene Ehefrau Leicht war am Tage vor der Verhandlung an einem Herzschlag verstorben. Der Angeklagte bestritt auch jetzt die Äußerung nicht und wendete gegenüber der Anklage nur ein, er sei ja wegen der Äußerung bereits verurteilt. Der Amtsrichter erhob kurzerhand die Akten des Privatklageverfahrens, entnahm daraus, daß dieses noch nicht rechtskräftig abgeschlossen sei, beachtete aber den Einwand des Angeklagten nicht weiter, da das Offizialverfahren dem Privatklageverfahren vorgehe. Er vernahm dann den Hergert als Zeugen, verlas nach Verkündung eines entsprechenden Gerichtsbeschlusses trotz Widerspruchs des Angeklagten aus dem Protokoll der Hauptverhandlung vom 30. November 1965 die Aussagen der Ehefrau Leicht und verurteilte schließlich den Stein wegen Verleumdung des Hergert zu drei Monaten Gefängnis.

Auch hiergegen legte der Verurteilte form- und fristgerecht Berufung mit dem Antrag auf Freisprechung ein.

Gemäß § 321 StPO gelangen die Akten an den Staatsanwalt. Er zieht die Akten des Privatklageverfahrens bei und prüft die beiden Verfahren hinsichtlich etwaiger Verfahrensverstöße, um die Aussichten der jeweils eingelegten Rechtsmittel beurteilen zu können.

Welches wird das Ergebnis dieser kritischen Prüfung sein? Welche Erklärungen wird er abzugeben, welche Anträge zu stellen haben, wenn er die Verurteilung des Stein wegen Beleidigung der Eheleute Leicht und des Hergert erzielen will?

Kann er die Verurteilung des Stein zu der als angemessen zu erachtenden Strafe von drei Monaten Gefängnis erreichen?

FALL 17

Eine überstürzte Anzeige

Der 18 Jahre alte Sohn eines Kaufmanns war in Mannheim eines Nachts auf der Straße vor einer Wirtschaft, in der er vorher mit seinem Vater gewesen war, mit einem Schlosser in Streit geraten, in dessen

Verlauf der Schlosser dem Sohne des Kaufmanns mit einem kräftigen Stock einen schweren Schlag auf den Kopf versetzte und ihn nicht unerheblich verletzte.

Bei dem Schlosser befand sich in der Unglücksnacht dessen Freund, ein Schreiner, der sich aber bei dem ganzen Streit passiv verhielt. In dem Augenblick, als der Sohn des Kaufmanns den Schlag erhielt, kam sein Vater gerade aus der Wirtschaft heraus. Er sah noch, wie sein Sohn den Schlag bekam und zusammenbrach und wie unmittelbar darauf zwei jüngere Männer davonsprangen. Als den einen erkannte er in der Dunkelheit den Schreiner, den Schlosser erkannte er dagegen nicht. Obwohl nun der Kaufmann darüber, wer von den beiden den Schlag geführt hatte, sich keineswegs ganz sicher war, erklärte er schon bei der Anzeige und auch bei späteren Vernehmungen mit Bestimmtheit, der Schreiner sei der Täter gewesen. Der Schreiner, der in Haft genommen wurde, bestritt mit allem Nachdruck, der Täter gewesen zu sein, und erklärte immer und immer wieder, er sei nur zufällig Zeuge des Streites gewesen, der andere junge Mann habe die Tat vollführt; wie dieser heiße und wer er sei — er wollte seinen Freund in der Hoffnung, daß er selbst bald wieder auf freien Fuß komme, schonen — wisse er aber nicht; er sei nur deshalb davongesprungen, weil er eben den Unannehmlichkeiten, denen Zeugen zumeist ausgesetzt seien, habe aus dem Wege gehen wollen.

Die Staatsanwaltschaft erwirkte die Aufhebung des Haftbefehls und stellte das Verfahren mangels hinreichenden Tatverdachts ein. Der Generalstaatsanwalt wies auf die Beschwerde des Vaters die Staatsanwaltschaft Mannheim zur Erhebung der öffentlichen Klage gegen den Schreiner wegen Vergehens nach § 223a StGB an. Diese erhob demgemäß Anklage gegen den Schreiner vor dem Amtsrichter in Mannheim. Kurz darauf starb der Sohn, und zwar an einer Lungenentzündung, die in keinerlei ursächlichem Zusammenhang mit der Mißhandlung stand.

Nach Eröffnung des Hauptverfahrens schloß sich der Kaufmann der erhobenen öffentlichen Klage als Nebenkläger an. Der Amtsrichter sprach nach Anhörung der Staatsanwaltschaft durch Beschluß die Berechtigung des Nebenklägers zum Anschluß aus.

In der Hauptverhandlung vor dem Amtsrichter erschien der Kaufmann in Begleitung eines mit Vollmacht versehenen Rechtsanwalts. Der Nebenkläger wurde als Zeuge vernommen. Er bestätigte unter Eid seine schon bei der Anzeige und im Vorverfahren gemachten Angaben, allerdings mit der Einschränkung, daß er nicht mehr mit Bestimmtheit wie bisher aufrechterhalten könne, daß der Angeklagte tatsächlich der Täter gewesen sei. Nach reiflicher Überlegung sei er zu der Überzeugung gelangt, daß er sich in der Person getäuscht und auch der andere junge Mann den Schlag geführt haben könne. Nach seiner Vernehmung war die Beweislage trotzdem immerhin so, daß mit der Verurteilung des Schreiners zu rechnen war. Da trat der im Gerichtssaal anwesende Schlosser an den Richtertisch und bat um seine Vernehmung; er sei in der Lage, wichtige Angaben zu machen. Das Gericht beschloß, ihn — zunächst unbeeidigt — zu hören. Der Schlosser gab darauf eine wahrheitsgemäße Schilderung des ganzen Verlaufes des Streites und versicherte, daß nicht der Schreiner, sondern er der Täter gewesen sei.

Der Staatsanwalt beantragte Freispruch. Der Verteidiger stellte außerdem den Antrag, sämtliche der Staatskasse und dem Schreiner erwachsenen Kosten des Verfahrens dem Nebenkläger aufzuerlegen, da der Nebenkläger durch seine ursprüngliche bestimmte Angabe bei der Anzeigeerstattung und den späteren Vernehmungen, der Schreiner sei der Täter gewesen, zum mindesten grob fahrlässig gehandelt und dadurch das Verfahren gegen diesen veranlaßt habe.

Der Amtsrichter sprach darauf zwar den Angeklagten von der erhobenen Anklage frei, wies aber den Antrag des Verteidigers, die der Staatskasse und dem Angeklagten erwachsenen Kosten des Verfahrens dem Nebenkläger aufzuerlegen, in der Formel des Urteils mit der in den Entscheidungsgründen gegebenen Begründung zurück, das Gericht habe sich nicht davon überzeugen können, daß die Anzeige des Nebenklägers auf grober Fahrlässigkeit beruhe.

Gegen das Urteil hat der Verteidiger des freigesprochenen Angeklagten form- und fristgerecht Berufung eingelegt und in seiner Berufungsrechtfertigung folgendes ausgeführt:

Die Frage, ob der Kaufmann überhaupt als Nebenkläger von dem Erstinstanzgericht hätte zugelassen werden dürfen, wolle er dahingestellt sein lassen. Sein Angriff richte sich lediglich gegen die Ablehnung seines Antrags auf Überbürdung der Kosten des Verfahrens auf den Nebenkläger. Der Nebenkläger habe durch seine bestimmte Angabe bei der Anzeigeerstattung und den späteren Vernehmungen, der Schreiner sei der Täter gewesen, zum allermindesten grob fahrlässig gehandelt, und deshalb beantrage er, das Urteil des Amtsrichters bezüglich dieses Punktes aufzuheben und seinem von ihm in der ersten Instanz gestellten Antrag, den er wiederhole, zu entsprechen.

1. Durfte der Kaufmann als Nebenkläger zugelassen werden?

2. Durfte er als Zeuge eidlich vernommen werden?

3. Unterliegt die Frage der Anschlußberechtigung der Prüfung des Berufungsgerichts?

4. Auf welche Bestimmung gründet sich der Antrag des Verteidigers in der Kostenfrage?

5. Wie wäre die Frage der Zulassung als Nebenkläger zu entscheiden, wenn eine schwere Körperverletzung i. S. des § 224 StGB in Frage stünde?

6. Wie ist die Frage 5 zu entscheiden, wenn der Sohn nicht gestorben ist?

FALL 18

Der falsche Angeklagte

Ein in Karlsruhe unter dem Namen Erwin Weltz wohnhafter Mechaniker war vom dortigen Amtsgericht wegen Übertretung nach § 360 Nr. 4 StGB im Abwesenheitsverfahren nach § 232 StPO zu einer Haftstrafe von 2 Wochen verurteilt worden. Die Zustellung des Urteils an ihn erwies sich als unmöglich, weil er kurz nach der Urteilsverkündung Karlsruhe verlassen hatte und sein Aufenthalt nicht ermittelt werden konnte. Es wurde deshalb ein Suchvermerk bei der Strafregisterbehörde niedergelegt. Diese teilte nach 4 Monaten mit, Weltz sei inzwischen in Stuttgart verurteilt worden und wohne noch dort. Nunmehr wurde das Urteil dem Weltz in Stuttgart gemäß § 232 IV StPO durch Übergabe zugestellt. Er legte rechtzeitig Berufung ein mit der Begründung, er sei nicht der Täter; zur Zeit der Tat habe er sich im Rheinland aufgehalten, es liege jedenfalls ein Mißbrauch seines Namens und seiner Ausweispapiere vor, die ihm vor Jahresfrist gestohlen worden seien.

Die Erhebungen ergaben die Richtigkeit dieser Angaben, worauf die Strafkammer den Erwin Weltz, der die Berufung eingelegt hatte, unter Aufhebung des amtsrichterlichen Urteils freisprach. In den Gründen wurde ausgeführt: Als Verurteilter sei immer der anzusehen, der vor Gericht gestanden oder gegen den sich die in seiner Abwesenheit durchgeführte Verhandlung gerichtet habe. Trotzdem müsse demjenigen, der dem Namen nach verurteilt worden sei, solange die Persönlichkeit des wahren Täters noch nicht feststehe, das Recht zustehen, das gegen ihn ergangene, äußerlich zu Recht bestehende Urteil aus der Welt zu schaffen. Hierzu stehe ihm nur das ordentliche Rechtsmittel zur Verfügung, nachdem das Urteil ihm zugestellt worden sei. Der dem Namen nach verurteilte Nichttäter müsse danach freigesprochen werden, während gegen den wahren Täter, dessen Persönlichkeit zunächst nicht feststeht, für den Fall der Ermittelung eine neue Anklage zu erheben sei.

I. Ist das Verfahren und das Urteil des Berufungsgerichts richtig? Wenn nicht, wie hätte es verfahren und entscheiden müssen?

II. Welche Wirkungen hätte das Urteil des Amtsrichters für den Verurteilten, und welche für den richtigen Namensträger gehabt, wenn Weltz kein Rechtsmittel eingelegt hätte?

III. Welche Ersatzansprüche hätte der richtige Erwin Weltz gehabt, und gegen wen, wenn gegen ihn eine Geldstrafe oder Freiheitsstrafe infolge eines hier nicht interessierenden Irrtums vollstreckt worden wäre?

IV. Was hat zu geschehen, wenn sich in einer Hauptverhandlung folgendes herausstellt:

1. Der geladene Erschienene ist nicht der Täter; die Ladung war nicht dem Täter, sondern einer anderen Person gleichen Namens zugestellt worden;
2. Der Erschienene ist nicht der Täter, sondern dessen Bruder, der sich für den Täter verurteilen lassen will;
3. Der unter dem Namen Karl Maier Erschienene ist zwar der Täter; er heißt aber in Wirklichkeit August Müller und hat sich vor Jahren den Namen Karl Maier zu Unrecht beigelegt;
4. Der Erschienene ist nicht der Täter August Müller, sondern eine andere Person gleichen Namens, der infolge eines hier nicht interessierenden Irrtums schon die Anklageschrift zugestellt worden ist.

Kolibri 360 GmbH
Ferdinand-Jühlke-Straße 7
99095 Erfurt, Deutschland
produktsicherheit@kolibri360.de